左傳注疏

四部備要

經部

上海中華書局據阮刻本校刊

桐鄉 陸費逵 總勘
杭縣 高時顯 吳汝霖 輯校
杭縣 丁輔之 監造

附釋音春秋左傳注疏卷第十五 僖二十二年盡二十四年

杜氏注　孔穎達疏

經二十有二年春公伐邾取須句須句雖。別國而削弱不能自通爲魯私屬若顓臾之比魯謂之社稷之臣故滅奔及反其君皆略不備書。惟書伐邾取須句○比必二反【疏】注須句至須句○正義曰上傳云須句子則須句爵故云雖別國而不能自通爲魯私屬若襄公之世鄫國屬魯故知如顓臾之比略不備書也○夏宋公衞侯許男滕子伐鄭○秋八月丁未及邾人戰于升陘升陘魯地邾人縣公胄于魚門故深恥之不言公又不言師敗績○陘音刑縣音玄胄直救反○冬十有一月己巳朔宋公及楚人戰于泓宋師敗績泓水名宋伐鄭楚救之故戰也楚告命不以主帥人數故略稱人○帥所類反

傳二十二年春伐邾取須句反其君焉禮也得恤寡小之禮○三月鄭伯如楚○夏宋公伐鄭子魚曰所謂禍在此矣怒鄭至楚故伐之爲下泓戰起○初平王之東遷也周幽王爲犬戎所滅平王嗣。位故東遷洛邑辛有適伊川見被髮而祭於野者辛有周大夫伊川周地伊水也○被皮寄反下注同曰不及百年此其戎乎其禮先亡矣被髮而祭有象夷狄【疏】其禮先亡矣○正義曰其中國之禮先亡矣秋秦晉遷陸渾之戎于伊川允姓之戎居陸渾在秦晉西北二國誘而從之伊川遂從戎號至今爲陸渾縣也計此去辛有過百年而云不及百年傳舉其事驗不必其年信○渾戶門反一音胡困反【疏】注允姓至年信○正義曰昭九年傳曰先王居檮杌于四裔故允姓之姦居于瓜州伯父惠公歸自

秦而誘以來是此戎爲允姓也彼注云瓜州今敦煌則陸渾是敦煌之地名也徙之伊川復以陸渾爲名故至今爲陸渾縣十一年傳稱伊洛之戎同伐京師則伊洛先有戎矣而以今始遷戎爲辛有言驗者蓋今之遷戎始居被髮祭野之處故耳○晉大子圉爲質於秦將逃歸謂嬴氏曰與子歸乎嬴氏秦所妻子圉懷嬴也○質音致妻七計反對曰子晉大子而辱於秦子之欲歸不亦宜乎寡君之使婢子侍執巾櫛婢子婦人之卑稱也○櫛側己反稱尺證反下之稱同疏注婢子婦人之卑稱○正義曰曲禮云夫人自稱於其君曰小童世婦以下自稱曰婢子是婢子爲婦人之卑稱以固子也從子而歸弃君命也不敢從亦不敢言遂逃歸傳終史蘇之占○富辰言於王曰請召大叔富辰周大夫大叔王子帶十二年奔齊○大叔音泰注同詩曰協比其鄰昏姻孔云詩小雅言王者爲政先和協近親則昏姻甚相歸附也鄰猶近也孔甚也云旋也○比毗志反疏詩曰至孔云○正義曰詩小雅正月之篇也毛傳云洽合鄰近云旋也言王者和合親比其近親則昏姻甚迴旋而相歸附其詩之意欲令王親親以及遠吾兄弟之不協焉能怨諸侯之不睦王說王子帶自齊復歸于京師王召之也傳終仲孫湫之言也爲二十四年天王出居于鄭起○焉於虔反說音悅湫子小反○邾人以須句故出師公卑邾不設備而禦之卑小也○禦本亦作御音魚呂反臧文仲曰國無小不可易也無備雖衆不可恃也詩曰戰戰兢兢如臨深淵如履薄冰詩小雅言常戒懼○易以豉反下同兢居陵反本或作矜又曰敬之敬之天惟顯思顯明也思猶辭也命不易哉周頌言有國宜敬戒天明臨下奉承其命甚難疏敬之至易哉○

正義曰詩周頌羣臣進戒成王之辭言爲國君者宜敬之哉敬之哉天之道唯明見思言天之臨下善惡必察奉承天命不易哉言其承天命甚爲難先王之明德猶無不難也無不懼也況我小國乎君其無謂邾小蠭。蠆。有毒疏蠭蠆有毒○正義曰說文云蠭飛蟲螫人者也蠆毒蟲也方言云燕趙謂蠭爲蠓螉其小者謂之蠮螉通俗文云蠆長尾謂之蠍蠍毒傷人曰蛆。張。列。反字或作蠆

而況國乎弗聽八月丁未公及邾師戰于升。陘。我師敗績邾人獲公冑縣諸魚門冑兜鍪魚門邾城門○蠭芳容反本又作蠭俗作蜂皆同蠆勑邁反一音勑戒反字林作蠆丑介反又他割反升陘本亦作登陘縣音玄兜丁侯反鍪莫侯反疏注冑兜鍪○正義曰說文云冑兜鍪首鎧也書傳皆云冑無兜鍪之文言兜鍪舉今以曉古蓋秦漢以來語

○楚人伐宋以救鄭宋公將戰大司馬固諫曰天之弃商久矣君將興之弗可赦也已大司馬固莊公之孫公孫固也言君與天所弃必不可不如赦楚勿與戰弗聽○冬十一月己巳朔宋公及楚人戰于泓宋人既成列楚人未既濟未盡渡泓水司馬曰子魚也彼衆我寡及其未既濟也請擊之公曰不可既濟而未成列又以告公曰未可既陳而後擊之宋師敗績公傷股門官殲焉門官守門者師行則在君左右殲盡也○陳直覲反殲子廉反疏注門官至盡也正義曰周禮虎賁氏掌先後王而趨以卒伍軍旅會同亦如之舍則守王閑王在國則守王宮國有大故則守王門諸侯之禮亡其官屬不可得而知此門官蓋亦天子虎賁氏之類故在國則守門師行則在君左右近公故盡死也殲盡釋詁文舍人云殲衆之盡也

國人皆咎公公曰君子不重傷不禽二毛二毛頭白有二色○

咎其九反重直用反下同古之爲軍也不以阻隘也不因阻隘以求勝○隘於賣反寡人雖亡國之餘宋商紂之
後不鼓不成列恥以詐勝疏不鼓不成列○正義曰軍法鳴鼓以戰因謂交戰爲鼓彼不成列而鼓以擊之是詐以求勝故注云恥以詐勝
子魚曰君未知戰勍敵之人隘而不列天贊我也勍強也言楚在險隘不得陳列天所以佐宋○勍其京反
阻而鼓之不亦可乎猶有懼焉雖因阻擊之猶恐不勝且今之勍者皆吾敵也疏且今至吾敵也
○正義曰用兵之法前敵無問彊弱不可遺留且復若留彊者還爲己害故曰且今之陳上不被損傷材力彊者皆能與吾相敵若其不殺還來害我是以雖
及胡耇獲則取之何有恩義於二毛之人雖及胡耇疏雖及胡耇○正義曰謚法保民耆艾曰胡胡是老之稱也釋詁云耇壽也舍人曰耇覯也
血氣精華覯竭言色赤黑如狗矣孫炎曰耇面如凍梨色似浮垢老人壽徵也獲則取之何有於二毛今之勍者謂與吾競者胡耇元
老之稱○耇音苟明恥教戰求殺敵也明設刑戮以恥不果傷未及死如何勿重言尚能害己若愛重
傷則如勿傷愛其二毛則如服焉言苟不欲傷殺敵人則本可不須鬭疏若愛至服焉○正義曰如猶不如古人之語然
猶似敢卽不敢若愛彼重傷則不如本勿傷之若愛其二毛不欲傷害則不如早服從之何須與戰三軍以利用也爲利興○爲于僞反金
鼓以聲氣也鼓以佐士衆之聲氣疏注鼓以至聲氣○正義曰言金鼓以聲氣謂金鼓佐士衆之聲氣下文聲盛致志者謂士衆由聞金鼓聲
氣滿盛能致勇武之志以擊前敵爲此前敵儳巖未陳鼓而擊之可也注不言金當以金有止衆之時不是盡以聲氣故也周禮鼓人掌教六鼓四金之音聲
以節聲樂以和軍旅以正田役以金錞和鼓以金鐲節鼓以金鐃止鼓以金鐸通鼓是錞鐲鐸皆助鼓以聲氣其鐃則鳴之以止鼓大司馬教戰法亦云三刺

之後乃鼓退鳴鐃且卻哀十一年傳。書曰此行也吾聞鼓而已不聞金矣杜云鼓以進軍金以退軍不聞金言將死也是金有止鼓之時非盡用以聲氣注不言金見此意也利而用之阻隘可也聲盛致志鼓儳可也儳嚴未整陳○儳仕銜反又仕減反陳直覲反又如字

○丙子晨鄭文夫人芊氏姜氏勞楚子於柯澤楚子還過鄭鄭文公夫人芊氏楚女姜氏齊女也柯澤鄭地○芊彌爾反楚姓也勞力報反柯音哥【疏】注楚子至鄭地○正義曰以芊是楚姓姜是齊姓故云楚女齊女耳亦無明文言之二者共以夫人冠之蓋俱是夫人禮無二適而有兩夫人者當時僭恣不如禮也楚子使師縉示之俘馘師縉楚樂師也俘所得囚馘所截耳○縉音晉俘芳扶反因也馘古獲反戰所獲【疏】注師縉至截耳○正義曰書傳所言師曠。師曹。師觸之類皆是樂師知此師縉亦樂師也釋詁云俘取也馘獲也李巡云因敵曰俘伐執之曰取郭璞云今以獲賊耳爲馘毛詩傳曰殺而獻其耳曰馘鄭箋云馘所格者左耳也然則俘者生執因之馘者殺其人截取其左耳欲以計功也君子曰非禮也婦人送迎不出門見兄弟不踰閾閾門限○閾音域一音況域反【疏】注閾門限○正義曰釋宮云。柣謂之閾孫炎曰柣門限也經傳諸注皆以閾爲門限謂門下橫木爲外內之限也戎事不邇女器邇近也器物也言俘馘非近婦人之物○近如字又附近之近下同

丁丑楚子入饗于鄭爲鄭所饗。○爲于僞反九獻用上公之禮九獻酒而禮畢【疏】注用上至禮畢○正義曰周禮大行人云上公九獻侯伯七獻子男五獻案儀禮主人酌以獻賓賓酢主人主人又酌以。酬賓乃成一獻之禮九獻者九爲獻酬而禮始畢也楚。賓子爵以霸主自許故鄭以極禮待之庭實旅百。庭中所陳品數。百也【疏】注庭中至百也○正義曰饗禮既亡庭實所有及所加籩豆無以言之然鄭注周禮享禮兼燕禮食禮與。飧禮略同掌客云饔餼之禮其死牢如。飧之陳上公。飧五牢飪一牢陳在西階之前正鼎九牛一羊二豕

三魚四腊五腸胃六膚七鮮魚八鮮腊九從北南陳又有陪鼎三膷鼎一在牛鼎之後臐鼎一在羊鼎之後膮鼎一在豕鼎之後腥四牢陳於東階之前牢引九鼎無陪鼎也侯伯飧四牢餁一牢腥三牢子男飧二牢餁一牢腥二牢其陳列皆如上公又上公醯六十甕從陳於庭碑東醢六十甕從陳於碑西侯伯醯醢百甕子男八十甕其陳如上公又上公米百有二十筥橫陳於醯醢之間侯伯百筥子男八十筥陳如上公此飧禮庭實之物饔餼亦然掌客上公豆四十侯伯三十二子男二十四鄭注云公四十豆堂上十六西夾東夾各十二侯伯三十二豆堂上十二西夾東夾各十子男二十四豆堂上十二西夾東夾各六然籩數亦然其籩豆之物者周禮籩人掌四籩之實朝事之籩其實麷蕡白黑形鹽膴鮑魚鱐饋食之籩其實棗栗桃乾䕩榛實加籩之實蔆芡栗脯羞籩之實糗餌粉餈醢人掌四豆之實朝事之豆其實韭菹醓醢昌本麋臡菁菹鹿臡茆菹麇臡饋食之豆其實葵菹蠃醢脾析蠯醢蜃蚳醢豚拍魚醢加豆之實芹菹兔醢深蒲醓醢箈菹鴈醢筍菹魚醢羞豆之實酏食糝食此等所陳雖爲祭祀下云賓客亦如之是賓客與祭祀不異故三十年饗有昌歜白黑形鹽公食大夫禮亦有昌本之屬此云加籩豆六品必是此等之物但傳文不具無以言之

加籩豆六品食物六品加於籩豆籩豆禮食器饗畢夜出文芊送于軍取鄭二姬以歸二姬文芊女也叔詹曰楚王其不沒乎不以壽終○詹章廉反沒門忽反爲禮卒於無別無別不可謂禮將何以沒諸侯是以知其不遂霸也言楚子所以師敗城濮終爲商臣所弒○卒子恤反別彼列反下同濮音卜弒音試

經二十有三年春齊侯伐宋圍緡緡宋邑高平昌邑縣東南有東緡城○緡亡巾反○夏五月庚寅宋公茲父卒三同盟【疏】注三同盟○正義曰茲父以九年即位其年盟于葵丘十五年于牡丘唯與魯同此二盟而已而云三者幷數盟于薄釋

宋公也案經盟于薄始云釋宋公則盟薄之時宋公未得與盟而數之者以凡盟之法皆舍其前惡結其後好故宣十五年楚人圍宋圍後始盟及城下之盟皆是其事今釋宣公之後恐楚人伐宋宋公恨楚故盟以結之若未釋宋公之前何須盟誓但經文欲顯公會之事故盟在釋前劉炫以宋公不與薄盟而規杜云非也

○秋楚人伐陳

疏 楚人伐陳○正義曰傳稱楚成得臣帥師伐陳則是楚之貴卿也而稱人者釋例曰楚之君臣最多混錯此乃楚之初興未閑周之典禮告命之書自生異同猶秦之辟陋不與中國準故成二年以上春秋未以入例也如杜彼言楚不以得臣名告故稱人耳

○冬十有一月杞子卒傳例曰不書名未同盟也杞入春秋稱侯莊二十七年絀稱伯至此用夷禮貶稱子○絀本又黜勑律反

傳二十三年春齊侯伐宋圍緡以討其不與盟于齊也十九年盟于齊以無忘桓公之德而宋獨不會復召齊人共盟鹿上故今討之○與音預復扶又反下不復成嫁同

○夏五月宋襄公卒傷於泓故也終子魚之言得死爲幸

○秋楚成得臣帥師伐陳討其貳於宋也成得臣子玉也遂取焦夷城頓而還焦今譙縣也夷一名城父今譙郡城父縣二地皆陳邑頓國今汝陰南頓縣○焦子消反子文以爲之功使爲令尹叔伯曰子若國何叔伯楚大夫薳呂臣也以爲子玉不任令尹○薳爲彼反不任音壬對曰吾以靖國也夫有大功而無貴仕貴仕貴位○靖音靜其人能靖者與有幾言必矜功爲亂不可不賞○其人能靖者與絕句與音餘幾居宜反

○九月晉惠公卒經在明年從赴懷公命無從亡人懷公子圉亡人重耳○重直龍反期期而不至無赦狐突之子毛及偃從重耳在秦弗召偃子犯也○期期上如字下音基下亦作朞下注未期亦音基從才用反後皆同○冬懷公執

狐突曰子來則免未期而執突以不召子故對曰子之能仕父教之忠古之制也策名委質貳乃辟也名書於所臣之策屈膝而君事之則不可以貳辟罪也○質如字辟婢亦反注同膝星歷反○疏注名書至罪也○正義曰策簡策也○質形體也古之仕者於所臣之人書己名於策以明繫屬之也拜則屈膝而委身體於地以明敬奉之也名繫於彼所事之君則不可以貳心辟罪釋詁文○今臣之子名在重耳有年數矣若又召之教之貳也父教子貳何以事君刑之不濫君之明也臣之願也淫刑以逞。誰則無罪臣聞命矣乃殺之卜偃稱疾不出曰周書有之乃大明服周書康誥言君能大明則民服○濫力暫反○己則不明而殺人以逞不亦難乎民不見德而唯戮是聞其何後之有言懷公必無後於晉爲二十四年殺懷公張本○逞勑景反本亦作逞之

○十一月杞成公卒書曰子杞夷也成公始行夷禮以終其身故於卒貶之杞實稱伯仲尼以文貶稱子故傳言書曰子以明之○疏注成公至明之○正義曰何休膏肓難左氏云杞子卒豈當用夷禮死乎故解之此杞成公始行夷禮以終其身故於卒貶之卒者人之終於終貶之見其終身行夷禮也於時杞實稱伯唯此獨稱子是仲尼以文貶之稱子貶之而曰子者曲禮曰其在東夷北狄西戎南蠻雖大曰子四夷之君爵不稱過子故貶之爲子言如夷狄之大國耳不書名未同盟也凡諸侯同盟死則赴以名禮也隱七年已見今重發不書名者疑降爵故也此凡又爲國史承告而書例○見賢遍反重而用反下重詳同又爲于僞反又如字赴以名則亦書之謂未同盟不然則否謂同盟而不以名告辟不敏也敏猶審也同盟然後告名赴者之禮也承赴然後書策史官之制也內外之宜不同故傳

重詳其義【疏】不書至敏也○正義曰隱七年已有例矣今重發者釋例曰杞侯降爵嫌有異同。盟傳重發不書之例又更發凡者以明雖薨赴有法若或違之國史亦承告而書不必改正也赴以名則亦書之者謂諸侯雖不同盟或以名赴也不然則否辟不敏者謂雖同盟而赴不以名則亦不書名以審違謬也

○晉公子重耳之及於難也晉人伐諸蒲城事在五年難乃旦反蒲城人欲戰重耳不可曰保君父之命而享其生祿享受也保猶恃也○【疏】享其生祿○正義曰人以祿生故謂之生祿○於是乎得人以祿致衆有人而校罪莫大焉校報也○校音教吾其奔也遂奔狄從者狐偃趙衰衰趙夙弟○衰初危反顛頡魏武子武子魏犨○頡戶結反犨尺由反○司空季子胥臣臼季也時狐毛賈佗皆從而獨舉此五人賢而有大功○臼其九反佗徒何反【疏】胥臣至大功○正義曰胥氏也臣名也晉有臼邑蓋食采於臼邑字。季子而為司空之官故名氏互見也不言狐毛賈佗而獨舉此五人者賢而有大功故也顛頡歸晉尋即被戮而言大功者當為從亡之時有大功也晉語稱公子長事賈佗佗非不賢蓋傳文意之所在便即言之未必五人皆賢於賈佗狄人伐廧。咎如廧咎如赤狄之別種也隗姓○廧在良反咎古刀反隗五罪反下文皆同【疏】注廧咎至隗姓○正義曰成三年晉郤克衞孫良夫伐廧咎如傳曰討赤狄之餘焉彼言赤狄之餘知是赤狄之別種也女曰叔隗季隗知為隗姓也獲其二女叔隗季隗納諸公子公子取季隗生伯鯈叔劉以叔隗妻趙衰生盾盾趙宣子○鯈直由反妻七計反下同盾徒本反將適齊謂季隗曰待我二十五年不來而後嫁對曰我二十五年矣又如是而嫁則就木焉言將死入木。不復成嫁○請待子處狄十二年而行以五年奔狄至十六年而去○請待

子絕句○過衛衛文公不禮焉出於五鹿五鹿衛地今衛縣西北有地名五鹿陽平元城縣東亦有五鹿乞食於野人野人與之塊公子怒欲鞭之子犯曰天賜也得土有國之祥故以爲天賜○塊苦對反又苦怪反稽首受而載之

【疏】乞食至載之○正義曰晉語云過五鹿乞食於野人野人舉塊以與之公子怒將鞭之子犯曰天賜也民以土服又何求焉天事必象十二年必獲此土二三子志之歲在壽星及鶉尾其有此土乎天以命矣復於壽星獲於諸侯天之道也由是始之有此其以戊申乎所以申土也再拜稽首受而載之○

及齊齊桓公妻之有馬二十乘四馬爲乘八十匹也○乘繩證反注及下皆同○公子安之從者以爲不可將行謀於桑下齊桓既卒知孝公不可恃故○蠶妾在其上以告姜氏姜氏殺之姜氏重耳妻恐孝公怒其去故殺妾以滅口○

【疏】及齊至殺之○正義曰晉語云齊侯妻之甚善焉有馬二十乘將死於齊而已曰民生安樂孰知其他桓公卒孝公即位諸侯叛齊子犯知齊之不可以動而知文公之安齊有終焉之心而欲行而患之與從者謀於桑下蠶妾在焉莫知其在也妾告姜氏姜氏殺之

謂公子曰子有四方之志其聞之者吾殺之矣公子曰無之姜曰行也懷與安實敗名公子不可姜與子犯謀醉而遣之醒以戈逐子犯無去志故怒○敗必邁反醒星頂反

【疏】醒以戈逐子犯○正義曰晉語云逐子犯曰若無所濟吾食舅氏肉其知饜乎舅犯走且對曰若無所濟吾未知死所誰能與豺狼爭食若克有成公子無亦晉之柔嘉是以甘食偃之肉腥臊將焉用之遂行○

及曹曹共公聞其駢脅欲觀其裸浴薄而觀之薄迫也駢脅合幹○共音恭聞其駢幹絕句駢薄賢反脅許業反說文云駢脅幷也廣雅云脅幹謂之肋通俗云腋下謂之脅欲觀如字絕句一讀至裸字絕句裸力果

反又戶化反浴音欲薄如字〇國語云薄簾也幹古旦反〇疏及曹至觀之〇正義曰斷其裸以上爲句裸謂赤體無衣也駢脅非裸不見故欲觀其裸伺其浴乃逼迫以觀之晉語云曹共公聞其駢脅欲觀其狀止其舍諜其將浴設微薄而觀之孔晁云諜候也微蔽也〇注薄迫。也。駢。脅合幹〇正義曰薄者逼近之意故爲迫也說文云駢脅幷幹也肋脅骨也廣雅云脅幹謂之肋孔晁云聞公子脅幹是一骨故欲觀之通俗文曰腋下謂之脅如此諸說則脅是腋下之名其骨謂之肋幹是肋之別名駢訓比也骨相比迫若一骨然

僖負羈。之妻曰吾觀晉公子之從者皆足以相國若以相若遂以爲傳相〇羈紀宜反相息亮反下及注同夫子必反其國反其國必得志於諸侯得志於諸侯而誅無禮曹其首也子盍蚤自貳焉自貳自別異於曹〇盍戶臘反蚤音早別彼列反乃饋盤飧寘璧焉臣無竟外之交故用盤藏璧飧中不欲令人見〇饋其貴反遺也飧音孫說文云餔也字林云水澆飯也寘之豉反竟音境令力呈反公子受飧反璧及宋宋襄公贈之以馬二十乘贈送也及鄭鄭文公亦不禮焉叔詹諫曰臣聞天之所啓。疏天之所啓〇正義曰啓開也凡是天開道者非人所能及欲令鄭伯禮之人弗及也啓開也晉公子有三焉天其或者疏天其或者〇。正義曰天意不可必知故言或者謂天意或當然也將建諸君其禮焉男女同姓其生不蕃蕃息也〇蕃音煩注同疏男女至不蕃〇正義曰禮取妻不取同姓。辟違禮而取故其生子不能蕃息昌盛也晉語曰同姓不。昏懼不殖也又曰異姓則異德異德則異類異類雖近男女相及以生民也同姓則同德同德則同心同心則同志同志雖遠男女不相及畏黷故也黷則生怨怨亂育災災育滅姓是故取辟同姓畏亂災也周禮不得取同姓彼遂演說其意耳未必取同姓者皆滅姓也晉公子

姬出也而至于今一也犬戎狐姬之子故曰姬出離外之患出奔在外而天下不靖晉國殆將啓之二也有三士足以上人而從之三也國語狐偃趙衰賈佗三人皆卿才○從如字一音才用反【疏】注國語至卿才○正義曰晉語云僖負羈言於曹伯曰晉公子生十七年而亡卿才三人從之可謂賢乎宋公孫固言於襄公曰晉公子好善不厭父事狐偃師事趙衰而長事賈佗此三人者實左右之公子居則下之動則諮焉僖負羈言有卿才公孫固說其名氏知是一物故幷引之晉鄭同儕儕等也○儕士皆反其過子弟固將禮焉況天之所啓乎弗聽及楚楚子饗之曰公子若反晉國則何以報不穀對曰子女玉帛則君有之羽毛齒革則君地生焉其波及晉國者君之餘也其何以報君曰雖然何以報我對曰若以君之靈得反晉國晉楚治兵遇於中原其辟君三舍若不獲命三退不得楚止命也○過王古禾反其左執鞭弭右屬櫜鞬以與君周旋弭弓末無緣者櫜以受箭鞬以受弓屬著也周旋相追逐也○弭莫爾反爾雅云弓有緣者謂之弓無緣者謂之弭屬音燭注同櫜古刀反受箭器鞬九言反弓衣緣悅絹反【疏】注弭弓至逐也○正義曰釋器云弓有緣者謂之弓無緣者謂之弭李巡曰骨飾兩頭曰弓不以骨飾兩頭曰弭孫炎曰緣謂繳束而漆之弭謂不以繳束骨飾兩頭者也二說雖反俱以弭為弓末也詩云載櫜弓矢則弓矢所藏俱名櫜也昭元年傳伍舉請垂櫜而入注云示無弓則櫜亦受弓之物方言云弓藏謂之鞬此櫜鞬二物必一弓一矢以鞬是受弓故云櫜以受箭因對文而分之耳孔晁云馬鞭及弓分在兩手欲辟右帶櫜鞬之文故云左執之子玉請殺之畏其志大楚子曰晉公子廣而儉志廣而體儉文而有禮其

從者肅而寬也肅敬忠而能力疏廣而至能力○正義曰廣大者失於奢僭故美其能儉也文華者失於傲慢故美其能有禮也能敬者失於褊急故美其能寬容也忠誠者未必有力故美其能勤也此四者每兩事相反而美其能兼有之晉侯無親外內惡之晉侯惠公也○惡烏路反吾聞姬姓唐叔之後其後衰者也其將由晉公子乎天將興之誰能廢之違天必有大咎乃送諸秦秦伯納女五人懷嬴與焉懷嬴子圉妻子圉諡懷公故號爲懷嬴○咎其九反與焉音預奉匜沃盥既而揮之匜沃盥器也揮湔也○奉芳勇反匜以支反一音以紙反說文云似羹魁柄中有道可注水盥古緩反揮許韋反湔音薦王音贊一音箭又音牋疏注匜沃至湔也○正義曰說文云匜似羹魁柄中有道可以注水盥澡手也從臼水臨皿然則匜者盛水器也盥謂洗手也沃謂澆。水也懷嬴奉匜盛水爲公子澆水令公子洗手既而以。濕手揮之使水湔污其衣故云揮湔也怒曰秦晉匹也何以卑我匹敵也公子懼降服而囚去上服自拘囚以謝之○去起呂反拘音俱疏注去上至謝之○正義曰晉語說此事云公子欲辭司空季子子犯子餘勸取之乃歸女而納幣且逆孔晁云歸懷嬴更以貴妾禮迎之也服虔云申意於楚子。伸於知。己降服於懷嬴屈於不知己他日公享之子犯曰吾不如衰之文也有文辭也○衰初危反下同請使衰從公子賦河水河水逸詩義取河水朝宗于海海喻秦公賦六月六月詩小雅道尹吉甫佐宣王征伐喻公子還晉必能匡王國○古者禮會因古詩以見意故言賦詩斷章也其全稱詩篇者多取首章之義他皆放此○見賢遍反斷端緩反疏注六月至放此○正義曰杜言全引詩篇者多取首章之義劉炫規過云案春秋賦詩有雖舉篇名不取首章之義者故襄二十七年公孫段賦桑扈趙孟曰匪交匪敖乃是卒章又昭元年云令尹賦大明之首章既特言首章明知舉篇名者不是首章今刪定知不然者以文四年賦湛露云天子當陽又文十三年文子賦四月是皆取首章若取餘章者傳皆指言其事則賦載馳之四章緣衣之卒章是也所以令尹特言大明首章者令尹意特取首章明德故傳指言首章與餘別也杜言多取首章言多則非是總皆如此劉以春秋賦詩有不取首章以規杜氏非也

趙衰曰重耳拜賜公子降拜稽首公降一級而辭焉下階一級辭公子稽首○級音急衰曰君稱所以佐天子者命重耳重耳敢不拜詩首章言匡王國次章言佐天子故趙衰因通言之為明年秦伯納之張本

經二十有四年春王正月○夏狄伐鄭○秋七月○冬天王出居于鄭襄王也天子以天下為家故所在稱居天子無外而書出者譏王蔽於匹夫之孝不顧天下之重因其辟母弟之難書出言其自絕於周○蔽必世反難乃旦反

疏天王出居于鄭○正義曰出居實出奔也出謂出畿內居若移居然天子以天下為家所在皆得安居故為天子別立此名釋例曰天子以天下為家故傳曰凡自周無出今以出居為名而不書奔殊之於別國

晉侯夷吾卒文公定位而後告未同盟而赴以名

傳二十四年春王正月。秦伯納之不書不告入也納重耳也及河子犯以璧授公子曰臣負羈。絏。從君巡於天下羈馬羈絏馬繮○羈紀宜反說文云馬絡頭也絏息列反說文云繫也從才用反又如字繮居良反

疏注羈馬羈絏馬繮○正義曰說文云羈馬絡頭也又曰馬絆紲係也少儀云犬則執紲牛則執紖馬則執靮。服虔云一曰犬繮曰紲古者行則有犬杜今正以紲為馬繮者紲是係之別名係馬係。狗皆得稱紲彼對文耳散則可以通巡於天下用馬為多故主於馬耳

臣之罪甚多矣臣猶

知之而況君乎請由此亡公子曰所。不與舅氏同心者有如白水子犯重耳舅也言與舅氏同心之明如此白水猶詩言謂予不信有如。皦日○皦古了反【疏】注子犯至皦日○正義曰諸言有如皆是誓辭有如日有如河有如皦日有如白水皆取明白之義言心之明白如日如水也有如上帝有如先君言上帝先君明見其心意亦同也投其璧于河質信於河○質音致濟河圍令狐入桑泉取臼衰桑泉在河東解縣西解縣東南有臼城○令力丁反衰初危反解戶買反二月甲午晉師軍于廬柳懷公遣軍距重耳○廬力居反柳力久反秦伯使公子縶如晉師師退軍于郇解縣西北有郇城○縶張立反郇音荀辛丑狐偃及秦晉之大夫盟于郇壬寅公子入于晉師丙午入于曲沃丁未朝于武宮文公之祖武公廟戊申使殺懷公于高梁不書亦不告也懷公奔高梁高梁在平陽。楊縣西南再發不告者言外諸侯入及見殺亦皆須告乃書于策呂郤畏偪呂甥郤。芮惠公舊臣故畏爲文公所偪害○偪音逼爲于僞反將焚公宮而弒。晉侯寺人披請見公使讓之且辭焉辭不見○弒音試又作殺寺本又作侍披普皮反請見賢遍反曰蒲城之役。在五年君命一宿女即至郎日至○女音汝下皆同其後余從狄君以田渭濱田獵○渭音謂水名濱音賓女爲惠公來求殺余命女三宿女中宿至雖有君命何其速也夫祛猶在披所斬文公衣袂也○爲于僞反中丁仲反下注中鉤同女中宿至或無至字祛起魚反袂滅制反【疏】夫祛猶在○正義曰夫辭也彼時斬祛之恨。今。日。猶。在女其行乎對曰臣謂君之入也其知之矣知君人之道若猶未也又將及難君命無二古之制也除君之惡唯力是視蒲人狄人余何有焉當二君世君為蒲狄之人於我有何義○難乃旦反下及注皆同今君卽位其無蒲狄乎疏蒲人至狄乎○正義曰言獻公之時君為蒲邑人惠公之時君為狄國人余未事君何有恩義於君。為今君卽位其無蒲狄在狄為君猶是也齊桓公置射鉤而使管仲相時乾之役管仲射桓公中帶鉤○射食亦反注同相息亮反君若易之何辱命焉言。若反齊桓己將自去不須辱君命行者甚衆豈唯刑臣披奄人故稱刑臣○甚衆一本甚作其疏行者至刑臣○正義曰公言女其行乎欲使之出奔也公若反齊桓念舊惡則出奔者甚衆多矣豈唯刑臣一人乎言畏罪者皆將去公見之以難告告呂郤欲焚公宮三月晉侯潛會秦伯于王城己丑晦公宮火瑕甥郤芮不獲公乃如河上秦伯誘而殺之晉侯逆夫人嬴氏以歸。秦穆公女文嬴也秦伯送衛於晉三千人實紀綱之僕新有呂郤之難國未。輯睦故以兵衛文公諸門戶僕隸之事皆秦卒共之為之紀綱○輯音集又七入反本亦作集卒子忽反共音恭本亦作供疏注新有至紀綱○正義曰新有呂郤之難國未輯睦恐晉人情不可信故秦伯以兵衛文公也說文云綱維紘繩也紀絲別也則綱是維之大繩紀者別理絲縷諸門戶僕隸之事皆使秦卒共之與晉人為紀綱謂為之首領主帥也初晉侯之豎頭須守藏者也頭須一曰里鳧須豎左右小吏○豎上注反藏才浪反下同里鳧須房孚反韓詩外傳云晉文公亡過曹里鳧須從因盜重耳資而亡重耳無糧餒不能行介子推割股以食重耳然後能行疏注頭須至小吏○正義曰一曰里鳧須者史記謂之里鳧須與傳文不同必有一謬故辨出其別不敢正之鄭玄周禮注云豎未冠者之官名其出也竊藏以逃文公出時盡用以

求納之求納文公盡津忍反○及入求見公辭焉以沐謂僕人曰沐則心覆【疏】沐則心覆○正義曰

韋昭云沐則低頭故心反覆也心覆則圖反宜吾不得見也居者為社稷之守行者為羈紲之

僕其亦可也何必罪居者國君而讎匹夫懼者甚衆矣僕人以告公遽見之言弃

小怨所以能安衆○求見賢遍反下得見同覆芳服反下同守手又反又如字甚衆本或作其衆遽其處反狄人歸季隗于晉而請

其二子二子伯儵叔劉文公妻趙衰生原同屏括樓嬰原屏樓三子之邑○妻七計反屏步平反括古活反趙姬

請逆盾與其母趙姬文公女也盾狄女叔隗之子子餘辭子餘趙衰字姬曰得寵而忘舊何以使人

必逆之固請許之來以盾為才固請于公以為嫡子而使其三子下之以叔隗

為內子而己下之卿之嫡妻為內子皆非此年事蓋因狄人歸季隗遂終言叔隗○嫡本亦作適丁歷反注下遐嫁反下同○晉侯

賞從亡者介之推不言祿祿亦弗及介推文公微臣之語助○從才用反介音界推昌誰反推曰獻公之

子九人唯君在矣惠懷無親外內弃之天未絕晉必將有主主晉祀者非君而

誰天實置之而二三子以為己力不亦誣乎竊人之財猶謂之盜況貪天之功

以為己力乎下義其罪上賞其姦上下相蒙蒙欺也難與處矣【疏】下義至處矣○正義曰在下者

以貪天之功為立君之義是下義其罪也在上者以立君之勳賞盜天之罪是

上賞其姦也居下者義其罪是下欺上也居上者賞其姦是上欺下也如此上

下相欺蒙難可與並居處矣其母曰盍亦求之以死誰懟對曰尤而效之罪又甚焉且出怨言不食其食怨言謂上下相蒙難與處○盍戶臘反懟直類反其母曰亦使知之若何既不求之且欲令推達言於文公○令力呈反對曰言身之文也身將隱焉用文之是求顯也其母曰能如是乎與女偕隱偕俱也○焉於虔反女音汝遂隱而死晉侯求之不獲以緜上為之田曰以志吾過且旌善人旌表也西河界休縣南有地名緜上○鄭之入滑也滑人聽命入滑在二十一年師還又即衛鄭公子士洩堵俞彌帥師伐滑堵俞彌鄭大夫○俞羊朱反彌亡皮反王使伯服游孫伯如鄭請滑二子周大夫鄭伯怨惠王之入而不與厲公爵也事在莊二十一年又怨襄王之與衛滑也怨王助衛為滑請○為于偽反故不聽王命而執二子王怒將以狄伐鄭富辰諫曰不可臣聞之大上以德撫民無親疏也○聽吐鄭反而執二子本或作而執其二子其衍字也大音泰其次親親以相及也先親以及疏推恩以行義【疏】大上至及也○正義曰曲禮云大上貴德其次務施報鄭玄以大上為帝皇之世其次謂三王以來則以大上其次為世代之先後也襄二十四年傳曰大上立德其次立功其次立言杜以立德謂黃帝堯舜立功謂禹稷立言謂史佚周任則以人之賢愚為上次非復年代之先後也然則大上謂人之最大上上聖之人也以德撫民唯能是用不簡親疏也其次聖之人則親其所親以漸相及而至於遠人為下周公親親之事張本也周公亦是上聖不以德而先親者制法為後不獨為身聖人之身不恃親也昔周公弔二叔之不咸故封建親戚以蕃屏

周。弔傷也咸同也周公傷夏殷之叔世疏其親戚以至滅亡故廣封其兄弟○蕃方元反管蔡郕霍魯衞毛聃郜雍曹滕畢原酆郇文之昭也十六國皆文王子也管國在滎陽京縣東北雍國在河內山陽縣西畢國在長安縣西北酆國在始平鄠縣東○郕音成聃乃甘反雍於用反注同酆音豐郇音荀邘晉應韓武之穆也。四國皆武王子應國在襄。陽城父縣西。韓國在河東郡界河內野王縣西北有邘城○邘音于凡蔣邢茅胙祭周公之胤也胤嗣也蔣在弋陽期思縣。高平昌邑縣西。有茅鄉東郡燕縣西南有胙亭○蔣將丈反茅亡交反胙才故反下注祭胙同祭則界反

疏昔周至胤也○正義曰伯仲叔季長幼之次也故通謂國衰爲叔世將亡爲季世昔周公傷彼夏殷二國叔世疏其親戚令使宗族之不同心以相匡輔至於滅亡故封立親戚爲諸侯之君以爲蕃籬屏蔽周室言封此以下文武周公之子孫爲二十六國也此二十六國武王克商之後下及成康之世乃可封建畢矣非是一時封建非盡周公所爲富辰盡以其事屬周公者以武王克殷周公爲輔又攝政制禮成一代大法雖非悉周公所爲皆是周公之法故歸之於周公耳昭二十八年傳曰昔武王克商光有天下兄弟之國十有五人姬姓之國四十人彼言由其克商乃得封建兄弟歸功於武王耳亦非武王之時已建五十五國其後不復封人也昭二十六年傳曰昔武王克殷成王靖四方康王息民並建母弟以蕃屏周昭九年傳曰。文。武成康之建母弟以蕃屏周則康王之世尚有封國非獨周公時也且見於經傳者管叔蔡叔霍叔周公攝政之初以流言見黜則三叔之國已是武王封矣尚書康誥之篇周公營洛之時始封康叔于。衞洛誥之篇周公致政之月始封伯禽于魯書傳稱成王削桐葉爲珪以封唐叔如此之類不得爲武王封也凡蔣邢茅胙祭周公之胤也豈周公自封哉。固當成王卽政之後或至康王之時始封之耳○注弔傷至兄弟○正義曰弔傷俱是悼往之辭咸訓爲皆故爲同也昭六年傳曰夏有亂政而作禹刑商有亂政而作湯刑周有亂政而作九刑三辟之興皆叔世也彼叔世。爲三代之末世知此二叔

亦二代之末世也二代之末疏其親戚以至滅亡周公創其如此故制禮設法親其所親廣封兄弟以自蕃衛也蕃屏者分地以建諸侯使與京師作蕃籬屏扞也鄭衆賈逵皆以二叔爲管叔蔡叔傷其不和睦而流言作亂故封建親戚鄭玄詩箋亦然案其封建之中方有管蔡豈傷其作亂始封建之馬融以爲夏殷叔世故杜同之○注十六至縣東○正義曰文之昭者自后稷以後一昭一穆文王於次爲穆故文子爲昭武子爲穆昭二十八年傳稱武王兄弟之國十五人此十六彼十五者人異故說異耳非武王時十五而周公加。一也此十六國所在之地蔡郕魯衛郜曹滕七國當時皆在已經解訖霍在閔元年原在隱十一年郇在此年春亦已解訖其毛聃闕故唯解管雍畢酆也武穆四國晉時見在故唯解應韓邘也周公之。胤邢國見在隱。五年解訖凡祭闕故唯解蔣茅胙也

召穆公思周德之不類故糾合宗族于成周而作詩類善也糾收也召穆公周卿士名虎召采地扶風雍縣東南有召亭周厲王之時周德衰微兄弟道缺召穆公于東都收會宗族特作此周公之樂歌常棣詩屬小雅○召上照反注同糾居黝反棣大計反字林大內反○

曰常棣之華鄂不韡。韡。常棣棣也鄂鄂然華外發不韡韡言韡韡以喻兄弟和睦則強盛而有光輝韡韡然○鄂五各反不方九反韡韋鬼反

凡今之人莫如兄弟言致韡韡之盛莫如親兄弟○

其四章曰兄弟鬩于牆外禦其侮鬩訟爭貌言內雖不和猶宜外扞異族之侮○鬩呼歷反毛詩傳云狠也禦魚呂反下同侮亡甫反詩作務爭爭鬩之爭本又作諍扞戶旦反

疏召穆至其侮○正義曰常棣之詩周公所作故周語說此事云周文公之詩曰卽明是周公作也召穆公厲王時人於時周德既衰兄弟道缺召穆公思周德之不善致使兄弟之恩缺收合宗族於成周爲設燕會而作此周公樂歌之詩曰常棣之木華鄂鄂然外發之時豈不韡。韡。而光明乎以衆華俱外發實韡。韡。而光明以喻兄弟衆多而相和睦豈不彊盛而有光輝乎言兄弟和睦實彊盛而有光輝兄弟和睦則彊盛如是然則凡今日天下之人欲致此。韡。韡之

鬩莫如兄弟之相親也其四章曰兄弟或有自不相善可爭訟于牆內若有他人侵之則同心合意外禦其他人之侵侮也○注類善至小雅○正義曰類善
釋詁文糾者聚合之意故爲收也召穆公厲王宣王之臣詩江漢序云命召公平淮夷經曰王命召虎是也思周德之不善故知是厲王之時周德衰微兄弟
道缺也召穆公於東都會宗族蓋當宣王之時若當厲王之時天子疏之召公雖則聚會不能使之親也於會之上作此周公之樂歌欲感切宗族使相親也
劉炫云杜云常棣詩屬小雅一明是周公所作也○注常棣至韡然○正義曰常棣棣釋木文也舍人曰常棣一名棣郭璞曰今關西山中有棣樹子似櫻桃可
啖鄂鄂然華外發者華聚而發於外鄂鄂然而光明也不韡韡乎言其實韡韡也古之人語有聲而倒者詩文多有此類○注鬩訟爭貌○正義曰釋言云鬩
很也孫炎云相很戾也李巡本作恨注云相怨恨以心相怨恨而爲鬩是爲爭訟貌也
如是則兄弟雖有小忿不廢懿親
懿美也
今天子不忍小忿以棄鄭親其若之何庸勳親親暱近尊賢德之大者也
庸用也暱親也○暱女乙反
即聾從昧與頑用嚚姦之大者也
疏。庸勳至姦之大○正義曰親暱尊是愛敬之辭也即
從與是依就之意也其庸即用也用其有功勳者親其親族親者暱其道路近者尊其有賢行者此四事是德之大者也即訓就也就其耳聾者從其目昧者
與其心頑者用其口嚚者此四事是姦之大者也勳親近賢據事上爲名聾昧頑嚚據身上爲名以狄無他事故於耳目心口之上爲惡名耳下文名以四事
覆之唯棄嬖寵而用三良是言鄭伯之賢與上文倒隨便言耳杜言三良叔詹堵叔師叔所謂尊賢如杜此注則謂鄭伯尊賢與上文尊賢乖者能用三良則
是鄭伯之賢王則當尊此鄭伯但杜注省略耳
弃德崇姦禍之大者也
崇聚也○聾鹿工反昧音妹嚚魚巾反
鄭有平惠之勳
平王東遷晉鄭是依惠王出奔虢鄭納之是其勳也
又有厲宣之親
鄭始封之祖桓公友周厲王之子宣王之母弟
弃嬖寵

而用三良七年殺嬖臣申侯十六年殺寵子子華也三良叔詹堵叔師叔所謂尊賢○堵丁古反又音者於諸姬為近道近當暱之
四德具矣耳不聽五聲之和為聾目不別五色之章為昧心不則德義之經為
頑口不道忠信之言為嚚狄皆則之四姦具矣周之有懿德也猶曰莫如兄弟
故封建之當周公時故言周之有懿德○別彼列反其懷柔天下也猶懼有外侮扞禦侮者莫如親
親故以親屏周召穆公亦云周公作詩召公歌之故言亦云今周德既衰於是乎又渝周召以
從諸姦無乃不可乎變周召親兄弟之道○渝羊朱反變也民未忘禍王又興之前有子頹之亂中有叔帶召狄
故曰民未忘禍○頹徒回反其若文武何言將廢文武之功業王弗聽使頹叔桃子出狄師二子周大夫○桃如
字本或作姚亦宜音桃○夏狄伐鄭取櫟王德狄人【疏】。王德狄人正義曰荷其恩者謂之為德古人有此語也將以
其女為后富辰諫曰不可臣聞之曰報者倦矣施者未厭施功勞也有勞則望報過甚○櫟力狄反
施如字注同厭於豔反又於鹽反狄固貪惏【疏】。狄固貪惏○正義曰方言云殺人取財曰惏王又啓之女德無極婦
怨無終婦女之志近之則不知止足遠之則忿怨無已終猶已也○惏力南反方言云殺人而取其財曰惏近附近之近遠于萬反狄必為
患王又弗聽初甘昭公有寵於惠后甘昭公王子帶也食邑於甘河南縣西南有甘水惠后將立之未
及而卒昭公奔齊奔齊在十二年王復之在二十二年又通於隗氏隗氏王所立狄后王替隗氏替廢

也○替他計反頹叔桃子曰我實使狄狄其怨我遂奉大叔以狄師攻王王御士將禦之周禮王之御士十二人疏注周禮至二人○正義曰周禮無御士之官唯夏官大僕之屬有御僕。下士十有二人掌王之燕令鄭玄云燕居時之令以親近王故欲為王禦寇王曰先后其謂我何先后惠后也誅大叔恐違先后志寧使諸侯圖之王遂出及坎欿國人納之坎欿周地在河南鞏縣東○坎苦感反欿大感反鞏九勇反秋頹叔桃子奉大叔以狄師伐周大敗周師獲周公忌父原伯毛伯富辰原毛皆采邑○疏注原毛皆采邑正義曰此原伯毛伯蓋是文王之子原毛之後世為王臣仍為伯爵或本封絕滅食采畿內故云皆采邑也王出適鄭處于氾鄭南氾也在襄城縣南○氾音凡後皆同疏注鄭南至縣南○正義曰南氾是襄城縣南則鄭之西南之竟南近楚西近於周故王處于氾及楚伐鄭師于氾皆以為南氾其東氾在中牟縣南去鄭城既近三十年秦晉圍鄭秦軍氾南故為東氾各隨其所近而言也大叔以隗氏居于溫○鄭子華之弟子臧出奔宋十六年殺子華故○好聚鷸冠鷸鳥名聚鷸羽以為冠非法之服○好呼報反鷸尹橘反翠鳥也疏注鷸鳥至之服○正義曰釋鳥云翠鷸李巡曰鷸一名為翠其羽可以為飾樊光云青羽出交州郭璞云似燕紺色生鬱林說文云翠青羽雀也案漢書尉佗獻文帝翠鳥。毛然則鷸羽可以飾器物聚此鷸羽以為冠也鄭伯聞而惡之○惡其服非法惡烏路反使盜誘之八月盜殺之于陳宋之間君子曰服之不衷身之災也衷猶適也○衷音忠一音丁仲反注同詩曰彼己之子不稱其服詩曹風刺小人在位言彼人之德不稱其服○己音記稱尺證反注及下同刺七賜反子臧之服不稱也夫詩曰自詒伊

感其子臧之謂矣（詩小雅詒遺也感憂也取其自遺憂○之服本作之及夫音扶詒以支反遺唯季反下同）夏書曰地平
天成稱也（夏書逸書地平其化天成其施上下相稱爲宜○夏戶雅反後夏書皆放此施始豉反）〔疏〕注夏書至爲宜○正義曰此是大禹謨之
文以說禹事故傳通以其篇爲夏書彼孔安國云水土治曰平五行序曰成水土既治是地平其化五行既序是天成其施杜雖不見孔傳於義亦不相違也
○宋及楚平宋成公如楚還入於鄭鄭伯將享之問禮於皇武子（皇武子鄭卿）對曰
宋先代之後也於周爲客天子有事膰焉（有事祭宗廟也膰祭肉尊之故賜以祭胙○膰符袁反周禮又作燔字音
義皆同）有喪拜焉（宋弔周喪王特拜謝之）〔疏〕注宋弔至謝之○正義曰禮弔喪之法皆主人拜其弔者謝其勤勞弔者不荅拜以其爲事而
來不自同於賓客此皆據弔及主人敵禮以上若其臣下來弔則主人不拜宋是先代之後王以敵禮待之故拜其來弔其餘諸侯則否 豐厚可也
鄭伯從之享宋公有加禮也（禮物事事加厚○善鄭能尊先代○享宋公有加絕句禮也一本無也字讀則總爲句）○冬王
使來告難曰不穀不德得罪于母弟之寵子帶鄙在鄭地氾（鄙野也○難乃旦反下同）敢告
叔父（天子謂同姓諸侯曰叔父）臧文仲對曰天子蒙塵于外敢不奔問官守（官守王之羣臣○守手又反注
及下同）王使簡師父告于晉使左鄢父告于秦（二子周大夫○鄢於晚反）天子無出書曰天王
出居于鄭辟母弟之難也（叔帶襄王同母弟）天子凶服降名禮也（凶服素服降名稱不穀）○鄭伯
與孔將鉏石甲父侯宣多省視官具于氾（三子鄭大夫省官司具器用○鉏仕居反）〔疏〕省視官具○正義曰鄭伯

與三大夫每日親自省視當國官司令具其器用送之于汜而後聽其私政也而後聽其私政禮也禮〇聽吐定反得先君之〇

衛人將伐邢禮至曰不得其守國不可得也禮至衛大夫守謂邢正卿國子我請昆弟仕焉乃往得仕為明年滅邢傳

附釋音春秋左傳注疏卷第十五

春秋左傳注疏卷十五校勘記　阮元撰盧宣旬摘錄

附釋音春秋左傳注疏卷第十五　僖二十二年盡二十四年

〔經二十二年〕

須句雖別國　山井鼎云別國諸本皆然唯宋板改作列國不知據何本也

唯書伐邾取須句　纂圖本閩本監本毛本唯作惟

〔傳二十二年〕

平王嗣位　宋本淳熙本岳本足利本位作立

婢子婦人之卑稱也　宋本淳熙本足利本無也字

詩小雅言常戒懼　宋本常作嘗

天惟顯思　岳本惟作維非

蠭蠆有毒　釋文蠭本又作螽俗作蜂蠆字林作蠤

張列反字或作蜇　宋本張列反三字作雙行

公及邾師戰于升陘　釋文升作登云本亦作升陘案玉篇郅胡經切鄉名在高密引傳作戰於升郅

隘而不列李善注魏都賦辨亡論顏延年陽給事誄陸士衡弔魏武帝文引作隘而不成列今諸本無成字

前敵無問彊弱閩本問誤間毛本弱作焉亦非

書曰此行也宋本書上有陳字是也

書傳所言師曠師曹觸師觸之類閩本毛本曠誤矌宋本曹下有師字

柣謂之閾閩本監本毛本柣誤秩

丁丑楚子入饗于鄭宋本淳熙本足利本饗作享石經此處闕下饗畢作享畢此亦當作享也

為鄭所饗足利本饗作享

主人又酌以酹賓宋本監本毛本酹作酬

楚賔子爵各本賔作賓

庭實旅百足利本百作伯注同

兼燕禮食禮與飧禮略同毛本飧誤餐下如飧公飧侯伯飧子男飧此飧並誤作餐案當作飧

膷鼎一閩本監本毛本膷作腳非也

牢引九鼎無陪鼎也宋本監本毛本引作別字按當作列

茆菹麋臡 宋本麋作麇是也

豚拍魚醢 毛本拍誤柏

筍菹鴈醢 毛本筍字墨釘

荀菹魚醢 宋本監本毛本作筍此本誤荀

（經二十三年）

春齊侯伐宋圍緡 釋文亦作緡石經經傳皆作緡避唐太宗諱

而規杜云非也 宋本云作氏不誤

（傳二十三年）

淫刑以逞 釋文逞作呈云本或作逞按作呈字是古文假借

嫌有異同盟傳重發不書之例 宋本監本毛本盟作故

字季子而爲司空之官 宋本閩本監本毛本作季此本誤乎今訂正

狄人伐廧咎如 石經廧作廧釋文亦作廧毛氏六經正誤以作廧爲非案九經字樣云廧音牆左傳廧咎如

請待子 請上石經旁增然字非唐刻也

懷其安實敗名 石經宋本岳本其作與案岳珂九經三傳沿革例云建本及諸俗本多作懷其安今從監本蜀本及諸善本作與字是也○今依訂正

醉而遣之 石經醉字上有飲之酒三字乃後人所增也

欲觀其裸 宋本岳本纂圖本毛本裸作裸釋文亦作裸○今訂作裸

注薄迫也駢脅合幹 宋本作注薄迫至合幹

僖負羈之妻曰 纂圖本閩本監本毛本羈作覊俗字

臣聞天之所啓 監本啓下誤衍注字

正義曰天意不可必知 宋本此節正義在將建諸句下

辟違禮而取 考文辟作嬖盧文弨校本亦作嬖

晉語曰同姓不昬 監本毛本昬作婚

犬戎狐姬之子 宋本淳熙本岳本足利本犬作大

而天下不靖晉國 石經宋本淳熙本岳本纂圖本閩本監本毛本無下字此本誤衍

國語狐偃趙衰賈佗三人皆卿才 淳熙本衰誤襄

其過子弟　盧文弨校本過下增王字非也

三退不得楚止命也　閩本止作王非也

晉侯惠公也　岳本脫也字

沃謂澆水也　毛本水作手非

既而以濕手揮之　毛本濕作溼案經典多以濕爲溼

伸於知已　宋本伸作申已作己

〔經二十四年〕

殊之於別國　閩本監本毛本別作列

〔傳二十四年〕

春王正月　石經此行十一字初刻似脫王字

臣負羈絏　案說文引作臣負羈紲水經注四亦引作紲石經避廟諱偏傍作緤閩本監本毛本羈作羇

馬則執鞫　宋本鞫作靮不誤與少儀合○今依訂正

係馬係狗　監本毛本狗誤駒

所不與舅氏同心者禮記檀弓正義引傳所下有反國二字案誓詞多云所不襄二十五年傳所不與崔慶者論語予所不者是也檀弓正義反國二字疑後人妄加

有如皦日宋本作曒注及正義同

高梁在平陽楊縣西南監本毛本楊作揚非也

呂甥郤丙宋本岳本纂圖本毛本丙作芮不誤淳熙本監本作苪亦非○今訂作芮

將焚公宮而弑晉侯釋文弑作殺案李善幽通賦注引傳作殺後漢書宦者傳論注引同

蒲城之役宋本役作伇說文云古文役从人

彼時斬袪之恨今日猶在監本毛本脫今日猶在四字

余未事君何有恩義於君焉毛本焉誤爲

言若反齊桓岳本若誤君

秦穆公女文嬴也淳熙本文作之非

國未輯睦釋文輯本亦作集案集輯古多通用

屏括摟嬰摟石經宋本淳熙本岳本足利本作樓不誤注同

入滑在二十一年宋本淳熙本岳本纂圖本足利本作二十年是也

推恩以行義宋本淳熙本岳本足利本行作成

以蕃屏周李善注文選曹子建求通親親表任彥升齊竟陵文宣王行狀並作以藩屏周室

應國在襄陽城父縣西宋本淳熙本岳本足利本西下有南字段玉裁校作襄城父城縣西南是也

馬平昌邑縣西有茅鄉宋本淳熙本岳本纂圖本監本毛本馬作高不誤案惠棟校本西下增南字蓋據後漢書郡國志

文武成康之建母弟監本毛本文武誤武王

封康叔于南補各本南作衞是也今依訂正

周當成王即政之後宋本周作固是也

彼叔世爲三代之末世宋本爲作謂

非武王時十五而周公加一也毛本一作之誤

周公之胤監本毛本胤誤亂

隱七年解詁段玉裁校本七作五是也

鄂不韡韡石經宋本淳熙本岳本纂圖本足利本韡韡作韡韡注同釋文亦作韡韡

豈不韡韡而光明乎宋本韡韡作韡韡下同

暱近李善注宣德皇后令引作昵近案昵爲暱之或體

庸勳至姦之大宋本此節正義在注崇聚也之下

心不則德義之經爲頑淳熙本德義誤倒

王德狄人宋本此節正義在將以其女爲后之下

狄固貪惏宋本此節正義在王又啓之句下

下士十有二人毛本下作卜非也

處于氾石經作汜岳本作氾釋文亦作氾盧文弨云當從釋文下同〇今從釋文

郭璞云似燕紺色閩本監本毛本紺作組非也

案漢書尉他獻文帝翠鳥毛閩本監本毛本他作佗毛宋本作干與漢書南粵傳合

天子有事膰焉釋文云周禮作繙字音義皆同案說文繙字下云宗廟火孰肉从炙番聲春秋傳曰天子有事繙焉

得罪于母弟之寵子帶宋本無弟字考文提要據僖五年正義弟作氏是也

春秋左傳注疏卷十五校勘記

杜氏注　孔穎達疏

經二十有五年春王正月丙午衛侯燬滅邢衛邢同姬姓惡其親親相滅故稱名罪之○燬況委反惡烏路反

疏注衛邢至罪之○正義曰曲禮曰諸侯不生名滅同姓名傳云同姓也故名然則諸侯位貴居尊故不斥其名書名則是罪絕之事故云罪之也○

夏四月癸酉衛侯燬卒無傳五同盟○疏注五同盟○正義曰燬以元年即位四年盟于召陵五年于首止八年于洮九年于葵丘十五年于牡丘皆魯衛俱在是五同盟也

○宋蕩伯姬來逆婦無傳伯姬魯女爲宋大夫蕩氏妻也自爲其子來逆稱婦姑存之辭婦人越竟迎婦非禮故書○爲于僞反越竟音境○疏注伯姬至故書○正義曰伯姬魯女而以宋蕩寇之知爲宋大夫蕩氏妻也婦者對姑之文姑即伯姬故知自爲子來逆婦公羊傳曰宋蕩伯姬者何蕩氏之母也其稱婦何有姑之辭也穀梁傳曰婦人既嫁不踰竟是婦人越竟逆婦非禮也以非禮故書之紀裂繻來逆女此云逆婦者姑自來逆故即稱婦也宋有蕩氏者宋桓公生公子蕩蕩生公孫壽壽生蕩意諸意諸之後以蕩爲氏則此人字蕩也故云蕩氏妻○

○宋殺其大夫無傳其事則未聞於例爲大夫無罪故不稱名

○秋楚人圍陳納頓子于頓頓迫於陳而出奔楚故楚圍陳以納頓子不言遂明一事也子玉稱人從告頓子不言歸興師見納故○疏注頓迫至納故○正義曰圍陳而納頓子明頓子迫於陳而出奔也楚人納之知其出奔楚也公羊傳曰何以不言遂兩之也一舉兵而行此兩意非因前生後故不言遂明此圍陳納頓子正是一事釋例曰傳稱諸侯納之曰歸今經諸稱納者皆有興師見納之事不待例而自明故但言納不復言歸納不須兩見故云頓子不言歸興師見納故○

○葬衛文公無傳○

冬十有二月癸亥公會衛子莒慶盟于洮洮魯地衛文公既葬成公不稱爵者述父之志降名從未成君故書子以善之莒慶不稱氏未賜族〇洮吐刀反〇疏注洮魯至賜族〇正義曰八年盟于洮杜云曹地三十一年魯始得曹田此時不得為魯地注誤耳禮先君既葬則嗣子成君此文公既葬成公不稱爵者釋例曰文公欲平莒於魯未終而薨故衛子尋父之志魯人由此亦脩文公之好此孝子之至感而人情之所篤故成公雖已免喪至於此盟會降以在喪自名猶武王伐紂稱大子發故經隨而書子傳從而釋之曰脩文公之好也是說書子善之事

傳二十五年春衛人伐邢二禮從國子巡城掖以赴外殺之疏掖以赴外〇正義曰說文云掖持臂也謂執持其臂投之城外也掖本持臂之名遂謂臂下為掖是因名轉而相生也〇正月丙午衛侯燬滅邢同姓也故名禮至為銘曰余掖殺國子莫余敢止惡其不知恥詐以滅同姓而反銘功於器〇掖音亦說文云以手持人臂曰掖惡為路反〇秦伯師于河上將納王狐偃言於晉侯曰求諸侯莫如勤王勤納王也諸侯信之且大義也繼文之業疏繼文之業〇正義曰言欲繼文侯之功業而使信義宣布於諸侯今日納王是為可矣〇而信宣於諸侯今為可矣晉文侯仇為平王侯伯匡輔周室〇仇音求〇使卜偃卜之曰吉遇黃帝戰于阪泉之兆黃帝與神農之後姜氏戰于阪泉之野勝之今得其兆故以為吉〇疏注黃帝至為吉〇正義曰大戴禮五帝德曰黃帝與赤帝戰于阪泉之野晉語云昔少典娶於有蟜氏生黃帝炎帝黃帝為姬炎帝為姜二帝用師以相濟也韋昭注云濟當為擠擠滅也史記稱黃帝伐炎帝之後于阪泉之野炎帝即神農也黃帝將戰卜得吉兆今卜復得彼兆故以為吉也〇公曰吾不堪也文公自以為己當此兆故曰不堪〇對曰周

禮未改今之王古之帝也言周德雖衰其命未改今之周王自當帝兆不謂晉公曰筮之筮之遇大有䷍乾下離上大有之睽䷥兌下離上睽大有九三變而爲睽○曰吉遇公用享于天子之卦也。大有九三爻辭也三爲三公而得位變而爲兌兌爲說得位而說故能爲王所宴饗。戰克而王饗【疏】戰克而王饗○正義曰卜遇黃帝吉兆是戰克也筮得大有是王享也吉孰大焉言卜筮協吉且是卦也方更總言二卦之義不繫於一爻天爲澤以當日天子降心以逆公不亦可乎乾爲天兌爲澤乾變爲兌而上當離離爲日日之在天垂曜在澤天子在上說心在下是降心逆公之象大有去睽而復亦其所也言去睽卦還論大有亦有天子降心之象乾尊離卑降尊下卑亦其義也○下遐嫁反晉侯辭秦師而下辭讓秦師使還順流故曰下三月甲辰次于陽樊右師圍溫大叔在溫故左師逆王○夏四月丁巳王入于王城取大叔于溫殺之于隰城戊午晉侯朝王王饗醴命之宥。既行饗禮而設醴酒又加之以幣帛以助歡也宥助也○隰音習醴音禮宥音又請隧弗許。闕地通路曰隧王之葬禮也諸侯皆縣柩而下○隧音遂今之延道闕其月反縣音玄柩其九反【疏】注闕地至而下○正義曰隱元年傳曰闕地及泉隧而相見是闕地通路曰隧也天子之葬棺重禮大尤須謹慎去壙遠而闕地通路從遠地而漸邪下之諸侯以下棺輕禮小臨壙上而直縣下之故隧爲王之葬禮諸侯皆縣柩而下故不得用隧晉侯請隧者欲請以王禮葬也曰王章也章顯王者與諸侯異未有代德而有二王亦叔父之所惡也與之陽樊溫原欑。茅之田晉於是始起。南陽在晉山南河北故曰南陽○惡烏路反欑才官反陽樊不服圍之蒼。

葛呼曰○蒼葛。樊。陽人。呼喚故反德以柔中國刑以威四夷宜吾不敢服也此誰非王之親
姻其俘之也乃出其民取其土而已○俘芳扶反○秋秦晉伐鄀鄀本在商密秦楚界上小國其後遷於南郡鄀縣○
鄀音若國名字林云楚邑楮矸反疏注鄀本至鄀縣○正義曰言本在商密者據在後移都稱舊鄀以爲本耳其實此時在商密後始遷於鄀縣國至彼
縣而滅故彼縣專得鄀名當此秦晉伐鄀之時國名爲鄀所都之邑名商密楚以申息之師戍商密者正謂戍鄀國也析是鄀之別邑戍人居析地爲商密之
援楚鬬克屈禦寇以申息之師戍商密鬬克申公子儀屈禦寇息公子邊商密鄀別邑今南鄉丹水縣戍守也二子屯
兵於析以爲商密援○禦魚呂反屯徒門反援于眷反秦人過析隈入而係輿人以圍商密昏而傳。焉析楚
邑一名白羽今南鄉析縣隈隱蔽之處係縛輿人詐爲克析得其囚俘者昏而傳城不欲令商密知囚非析人○過古臥反王音戈析星歷反俗作析隈烏回
反係音計輿音餘傳音附注同處昌慮反令力呈反宵坎血加書僞與子儀子邊盟者。掘地爲坎以埋盟之餘血加盟書其
上○掘其勿反又其月反本又作闕其月反商密人懼曰秦取析矣戍人反矣乃降秦。師。因申公子
儀息公子邊以歸商密既降析戍亦敗故得因二子○降戶江反後除注降名皆同楚令尹子玉追秦師弗及
不復言晉者秦爲兵主○復扶又反遂圍陳納頓子于頓爲頓圍陳○爲于僞反○冬晉侯圍原命三日之
糧原不降命去之諜出諜間也○諜音牒間間廁之間曰原將降矣軍吏曰請待之公曰信國
之寶也民之所庇也得原失信何以庇之所亡滋多退一舍而原降遷原伯貫

于冀伯貫周守原大夫也○庛必利反又音祕貫古亂反趙衰爲原大夫狐溱爲温大夫狐溱狐毛之子○溱側巾反

○衛人平莒于我十二月盟于洮脩衛文公之好且及莒平也莒以元年酈之役怨魯衛文公將平之未及而卒成公追成父志降名以行事故曰脩文公之好○好呼報反注同酈力知反

○晉侯問原守於寺人勃鞮勃鞮披也○守手又反勃步忽反鞮丁兮反對曰昔趙衰以壺。飧。從徑。餒而弗食言其廉且仁不忘君也徑猶行也○飧音孫從才用反舊如字徑古定反一讀以壺飧從絕句讀徑爲經連下句乖於杜意餒如罪反餓也○疏注言其至行也○正義曰杜以徑猶行者以傳文爲徑故釋爲行上讀爲義劉炫改徑爲經謂經歷飢餒下屬爲句輒改其字以規杜氏非也故使處原從披言也衰雖有大功猶簡小善以進之示不遺勞○披普皮反○

經二十有六年春王正月己未公會莒子衛甯速盟于向向莒地甯速衛大夫莊子也○向舒亮反

○齊人侵我西鄙公追齊師至酅不及。公逐齊師遠至齊地故書之濟北穀城縣西有地名酅下○酅本又作巂戶圭反注同一音以轉反疏齊人至。弗及○正義曰於例將卑師少稱人將卑師衆稱師此來去一也而師人異文者穀梁傳曰其侵也曰人其追也曰師以公之弗及大之也此傳無解或如穀梁之言美公能逐其師若言追大師然變文以美公猶嘉季子之獲而書莒。挐也公追戎于濟西不言所至此言至酅者美公遠追能追至齊地故書之也桓十年齊侯衛侯鄭伯來戰于郎傳曰不書侵伐我有辭也此齊人侵我討洮向二盟與莒和好我亦無罪而書侵者於時晉文初起諸侯無伯齊侯是桓公之子欲以盟主自居魯不告齊而私爲此盟非有正禮可辭齊侯容得侵伐故從本文○

○夏齊人伐我北

鄙孝公未入魯竟先使微者伐之○竟音境傳同○衛人伐齊○公子遂。如楚乞師公子遂魯卿也乞不保得之辭疏注公子至之辭○正義曰公子遂名書於經則是卿也而云大夫者大夫是總辭也今定本爲魯卿乞則自我之心得否在於彼國乞者執謙之意不保必得之辭釋例曰凡乞者。深求過理之辭執謙以偪成其。計故雖小國之乞大國大國之乞小國亦皆從不與謀之例臧宣叔郤錡乞師是也然則與謀者彼此合。計同謀共行乞師者取彼之力我獨用之故不從與謀之例公羊傳曰乞者何卑辭也曷爲內外同辭重師也曷爲重師師出不正反戰不正勝穀梁亦同其意以爲兵凶器戰危事用師必有死傷不可必全得歸本不可謂之假借故皆以乞爲名○秋楚人滅夔以夔子歸夔楚同姓國今建平秭歸縣夔有不祀之罪故不譏楚滅同姓○夔求龜反秭音姊○冬楚人伐宋圍緡公以楚師伐齊取穀傳例曰師能左右之曰以○緡亡巾反○公至自伐齊無傳

傳二十六年春王正月公會莒茲丕公茲丕時君之號莒夷無謚以號爲稱○丕普悲反稱尺證反○甯莊子盟于向尋洮之盟也洮盟在前年○○齊師侵我西鄙討是二盟也○夏齊孝公伐我北鄙衛人伐齊洮之盟故也公使展喜犒師勞齊師○犒苦報反勞也勞力報反下文同○疏注勞齊師○正義曰犒者以酒食餉饋軍師之名也服虔云以師枯槁故饋之飲食勞苦謂之勞也魯語云使展喜以膏沐犒師○使受命于展禽柳下惠○疏注柳下惠○正義曰魯語展禽對臧文仲云獲聞之是其人氏展名獲字禽柳下是其所食之邑名謚曰惠列女傳柳下惠死門人將謚之妻曰夫子之謚宜爲惠乎門人從以爲。謚莊子云柳下季者季是五十字禽是二十字齊侯未入竟展喜從之曰寡君聞君親舉

玉趾將辱於敝邑使下臣犒執事言執事不敢斥尊○趾音止足也齊侯曰魯人恐乎對曰小人恐矣君子則否齊侯曰室如縣罄。野無青草何恃而不恐如而也時夏四月今之二月野物未成故言居室而資糧縣盡在野則無蔬食之物所以當恐○恐立勇反下及注皆同縣音玄注同罄亦作磬盡也○疏注如而至當恐○正義曰服虔云言室屋皆發徹榱椽在如縣罄孔晁曰縣罄但有構無覆蓋杜以下云野無青草言在野無青草可食明此在室無資糧可噉故改如爲而言居室而資糧縣盡劉炫云如罄在縣下無粟帛炫乃以服義規杜非也對曰恃先王之命昔周公大公股肱周室夾輔成王成王勞之而賜之盟曰世世子孫無相害也載在盟府載載書也○大音泰下及注同夾古洽反舊音古協反○大師職之職主也大公爲大師兼主司盟之官桓公是以糾合諸侯而謀其不協彌縫其闕而匡救其災昭舊職也及君卽位諸侯之望曰其率桓之功率循也○縫扶容反我敝邑用不。敢保聚用此舊盟故不聚衆保守曰豈其嗣世九年而棄命廢職其若先君何君必不然恃此以不恐齊侯乃還○東門襄仲臧文仲如楚乞師襄仲居東門故以爲氏臧文仲爲襄仲副使故不書○使所吏反○臧孫見子玉而道之伐齊宋以其不臣也言其不臣事周室可以此罪責而伐之○道音導○夔子不祀祝融與鬻熊祝融高辛氏之火正楚之遠祖也鬻熊祝融之十二世孫夔楚之別封故亦世紹其祀○融餘忠反鬻音育○疏祝融至其祀○正義曰楚世家云楚之先出自帝顓頊高陽高陽生稱稱生卷章卷章生重黎重黎爲高辛氏火正帝嚳命曰祝融帝誅重黎而以其弟吳回居火正爲祝融吳回生陸終陸終生季連季連芊姓楚其後也其後中微或在中國或在蠻夷不能紀其世周文王之時季連之苗裔曰鬻熊事文王曾孫熊繹成王封於楚是祝融鬻熊皆爲楚之遠祖也自祝融至鬻熊司馬遷不能紀其世杜言十二世不知出何書故劉炫規杜云計其間出有一千二百年略而言之則百年爲一世計父子爲十二世何以得近千二百年乎今删定知不然者以其間或兄弟伯叔相及皆爲君故年多而世少或可轉寫誤劉更無別文以意而規杜氏未爲得也○楚人讓之對曰我先王熊摯有疾鬼神弗赦而自竄于夔熊摯楚嫡子有疾不得嗣位故別封爲夔子○摯音至竄七亂反字林又千外反嫡丁歷反○【疏】注熊摯至夔子正義曰傳言熊摯有疾是以失楚明是適子有疾不得嗣位楚世家無其事不知熊摯是何君之適何時封夔案鄭語孔晁注云熊繹玄孫曰熊摯有疾楚人廢之立其弟熊延熊摯自棄於夔子孫有功王命爲夔子亦不知何所據也○吾是以失楚又何祀焉廢其常祀而飾辭文過○秋楚成得臣鬭宜申帥師滅夔以夔子歸成得臣令尹子玉也鬭宜申司馬子西也○宋以其善於晉侯也重耳之出也宋襄公贈馬二十乘○乘繩證反叛楚卽晉冬楚令尹子玉司馬子西帥師伐宋圍緡公以楚師伐齊取穀凡師能左右之曰以左右謂進退在己○左右並如字【疏】凡師至曰以○正義曰能左右者謂欲左則左欲右則右故注云謂進退在己釋例曰凡師能左右之曰以謂求助於諸侯而專制其用征伐進退帥意而行故變會及之文而曰以施於匹敵相用者若伯主之命則上行於下非例所及也吳雖大國順蔡侯之請自將其衆唯蔡侯之命故亦言以吳子也傳例稱師則諸不言師者皆不用以爲例也以之於言所涉甚多劉賈許穎旣不守例爲斷又亦不能盡通諸以唯雜取晉人執季孫以歸劉子單子以王猛居于皇尹氏毛伯以王子朝奔楚隨示以義數事而已又云諸稱以皆小以大

下以上非其宜也尋案晉侯以季孫歸又非下以上也荊以蔡侯歸亦非小以大也寘桓公子雍於穀易牙奉之以爲魯援雍本與孝公爭立故使居穀以偪齊○寘之豉反援于眷反○楚申公叔侯戍之爲二十八年楚子使申叔去穀張本桓公之子七人爲七大夫於楚言孝公不能撫公族

經。二十有七年春杞子來朝○夏六月庚寅齊侯昭卒十九年與魯大夫盟于齊○秋八月乙未葬齊孝公無傳三月而葬速乙巳公子遂帥師入杞弗地曰入八月無乙巳乙巳九月六日○冬楚人陳侯蔡侯鄭伯許男圍宋傳言楚子使子玉去宋經書人者恥不得志以微者告猶序諸侯之上楚主兵故○【疏】注傳言至兵故○正義曰此年傳云楚子及諸侯圍宋則是楚子親自來也十二月公會諸侯盟于宋公爲楚子在宋而往會之明與楚子共盟也明年傳晉侯執曹伯分曹衛之田以畀宋人其下始云楚子入居于申使子玉去宋由此而言楚子初來圍宋必親至宋國使子玉乇兵明年見晉之威身始去之獨留子玉於宋耳杜以諸侯之貶不至稱人今言楚人不得爲楚子之身也子玉楚之正卿宜書其名今書曰楚人非子玉也故以恥不得志以微者告也若然莊二十八年齊人伐衛杜云齊侯稱人者諱取賂而還以賤者告二十二年宋公及楚人戰于泓杜云楚告命不以主帥人數故略稱人則以彼二解義亦得通但傳有子玉在宋之文故據子玉解之所以弘通其義也初圍宋在此年冬楚子入居于申乃是明年三月圍至明年不克始是不得志耳非是初圍之時爲不得志也杜意當以此爲明年始。告告以今冬圍耳下句卽有公會諸侯于宋楚未來告而公得往會之者公傳聞卽往非待告也其書圍宋之事必待專使來告傳聞行言不得書也然。若成十三年公會諸侯伐秦傳稱戰于麻隧秦師敗績而經無戰敗之事杜云時公在師復不須告蓋經文闕漏傳文獨存卽如彼言公見其事不復須告此時公會諸侯于宋卽是親見宋圍何以不卽書之而云待楚告者案檢上下襄十一年公會晉侯云云伐鄭傳稱鄭人行成下言晉趙武入盟鄭伯鄭子展出盟晉侯杜云二盟不書不告二十五年公會晉侯云云于夷儀傳稱伐齊齊人使隰鉏請成慶封如師杜云慶封獨使於晉不通諸侯故不書二十六年傳六月公會晉趙武宋向戌鄭良霄曹人于澶淵晉人執甯喜以歸杜云歸晉而後告諸侯故經書在秋此三事者公雖在會不告不書所言不須告者皆謂公親行其事麻隧公親在戰故云不復須告此時公往與盟不與圍宋故圍宋之事必待告乃書旣以微者來告猶序諸侯之上者春秋之例會同以國大小爲序征伐則以主兵在前此序諸侯之上由楚主兵故也○

十有二月甲戌公會諸侯盟于宋無傳諸侯伐宋公與楚有好而往會之非後期宋方見圍無嫌於與盟故直以宋地○好呼報反與音預

疏注諸侯至宋地○正義曰陳蔡鄭許皆是楚之屬國楚子帥而與之圍宋往年公使公子遂如楚乞師始與之通和好魯非楚之屬國圍宋之事公不與謀直聞其在宋往會之耳非是楚來召公公自往會之非後期也言此者文七年扈之盟爲公後期不序其國而總曰諸侯此亦總曰諸侯有後期之嫌故明之非爲後期而總稱諸侯卽上圍宋之諸侯也一事而再見者前目而後凡常例也圍稱楚人以微者告魯此與諸侯盟會必是楚子親之不復別言楚子者上已歷序諸侯遂令楚子當楚人之處卽從總文故不復曲序之也凡盟會以國爲地者必國主與其盟會此時宋方見圍無嫌與盟故直以宋地也○

傳二十七年春杞桓公來朝用夷禮故曰子杞先代之後而迫於東夷風俗雜壞言語衣服有時而夷故杞子卒傳言其夷也今稱朝者始於朝禮終而不全異於介葛盧故唯貶其爵○公卑杞杞不共也杞用夷禮故賤之○共音恭本亦作恭下注同

○夏齊孝公卒有齊怨前年齊再伐魯不廢喪紀疏不廢喪紀正義曰周禮小司徒掌喪紀之禁令庖人掌喪紀之庶羞

樂。記曰衰麻哭泣所以節喪紀也言喪紀者多矣喪紀者喪事之總名諸侯相於唯有弔贈故注云弔贈之數不有廢也禮也弔贈之數不有廢○

秋入杞責無禮也。責不共也○責無禮本或作責禮也○楚子將圍宋使子文治兵於睽子文時不爲令尹故云使治兵習號令也睽楚邑○睽苦圭反又音圭○終朝而畢不戮一人終朝自旦及食時也子文欲委重於子玉故略其事○朝如字注同戮音六○子玉復治兵於蔿子玉爲令尹故蔿楚邑○復扶又反蔿于委反終日而畢鞭七人貫三人耳【疏】。貫三人耳○正義曰耳助也國老皆賀子文【疏】國老皆賀○正義曰王制云有虞氏養國老於上庠養庶老於下庠然則國老者國之卿大夫士之致仕者也子文飲之酒賀子玉堪其事○貫音官又古亂反飲於鴆反蔿賈尚幼後至不賀蔿賈伯嬴孫叔敖之父幼少也○嬴音盈少詩照反下同子文問之對曰不知所賀子之傳政於子玉曰以靖國也【疏】子之至國也○正義曰二十三年子玉伐陳城頓而還子文使爲令尹叔伯曰子若國何對曰吾以靖國也夫有大功而無貴仕其人能靖者與有幾子文恐子玉矜功爲亂故授令尹冀以靖國家此舉其前言以非之靖諸內而敗諸外所獲幾何子玉之敗子之舉也舉以敗國將何賀焉子玉剛而無禮不可以治民過三百乘其不能以入矣【疏】過三至入矣○正義曰若使爲帥過三百乘其必不能入前敵矣苟入而賀何後之有三百乘二萬二千五百人○傳直專反幾居豈反乘繩證反下同○冬楚子及諸侯圍宋宋公孫固如晉告急公孫固宋莊公孫先軫曰報施救患取威定霸於是乎在矣先軫晉下軍之佐原軫也報宋贈馬之施○軫之忍反施式氏反注同【疏】注先軫至之施○正義曰劉炫云下蒐于被廬先軫始佐下軍此時未爲下軍之佐以規杜氏知不然者以方欲救宋卽蒐被廬先軫此語與蒐相近不知未蒐之前先軫身作何官故以蒐後下軍之佐明之然先軫後年亦爲中軍帥不云中軍帥者相去既遠又隔下軍之佐故杜不言之狐偃曰楚始得曹而新昏於衛若伐曹衛楚必救之則齊宋免矣前年楚使申叔侯戍穀以偪齊於是乎蒐于被廬晉常以春蒐禮改政令敬其始也被廬晉地○蒐所求反被皮義反廬力居反作三軍閔元年晉獻公作二軍今復大國之禮謀元帥中軍帥○帥所類反注同疏。謀元帥○正義曰元長也謂將帥之長軍行則重者居中故晉以中軍爲尊而上軍次之其二軍則上軍爲尊故閔元年晉侯作二軍公將上軍趙衰曰郤縠可。臣亟聞其言矣說禮樂而敦詩書詩書義之府也禮樂德之則也德義利之本也疏說禮至本也○正義曰說謂愛樂之敦謂厚重之詩之大旨勸善懲惡書之爲訓尊賢伐罪奉上以道禁民爲非之謂義詩書義之府藏也禮者謙卑恭謹行歸於敬樂者欣喜歡娛事合於愛揆度於內舉措得中之謂德禮樂者德之法則也心說禮樂志重詩書遵禮。以布德習詩書以行義有德有義利民之本也晉語云文公問元帥於趙衰對曰郤縠可年五十矣守學彌惇夫好先王之法者德義之府也夫德義生民之本也能敦篤不忘百姓請使郤縠公從之夏書曰賦納以言明試以功車服以庸尚書虞夏書也賦納以言觀其志也明試以功考其事也車服以庸報其勞也賦猶取也庸功也○縠本又作穀同胡本反亟欺冀反數也說音悅君其試之疏夏書至試之○正義曰夏書言用臣之法賦取也取人納用以其言察其言觀其志也分明試用以其功考其功觀其能也而賜之車服以報其庸庸亦功也知其有功乃賜之古人之法如此君其試用之○注尚書至功也○正義曰此古文虞書益稷之篇漢魏諸儒不見古文因伏生之謬從堯典至胤征凡二十篇總名曰虞夏書以與禹對言故傳通謂大禹謨以下皆爲夏書也古本作敷納以言明庶以功敷作賦庶作試師受不同古字改易耳賦稅者取受之義故爲取也庸功釋詁文舜典云敷奏以言明試以功車服以庸文雖略同此引夏書非舜典也乃使郤縠將中軍郤溱佐之使狐偃將上軍讓於狐毛而佐之狐毛偃之兄○將子匠反下將上將皆同溱側巾反【疏】。注狐毛偃之兄○正義曰晉語偃辭曰毛之知賢於臣其齒又長毛也不在位不敢聞命命趙衰爲卿讓於欒枝先軫欒枝貞子也欒賓之孫○欒魯官反使欒枝將下軍先軫佐之荀林父御戎魏犨。爲右荀林父中行桓子○行戶剛反晉侯始入而教其民二年欲用之二十四年入子犯曰民未知義未安其居無義則苟生【疏】注無義則苟生○正義曰未知君臣之義不作長久之圖苟且爲生以過朝夕是未安其居於是乎出定襄王二十五年定襄王以示事君之義入務利民民懷生矣【疏】。入務至生矣○正義曰利民之事非止一塗晉語說文公爲政云棄責薄斂施舍分災救乏振滯匡困資無輕關易道通賈寬農務稸勸分省用足財利器明德以厚民性皆是利民之事民懷生者謂有懷義之心不復苟且劉炫云生既厚民皆懷戀居處將用之子犯曰民未知信未宣其用宣明也未明於見用之信【疏】注未明於見用之信○正義曰信是人之所用若未伐原示信民未明於信是人用故傳云未宣其用云見用者言信見爲人所用於是乎伐原以示之信伐原在二十五年民易資者不求豐焉不詐以求多。明徵其辭重言信○公曰可矣乎。子犯曰民未知禮未生其共於是乎大蒐以示之禮蒐順少長明貴賤○長丁文反作執秩以正其官執秩主爵秩之官○秩直乙反民聽不惑而後用之出穀戍釋宋圍楚子使申叔去穀子玉去宋一戰而霸文之教也。謂明年戰城濮疏文之教也○正義曰論語云上好禮則民莫敢不敬上好義則民莫敢不服上好信則民莫敢不用情今晉侯以義信禮教民然後用之是文德之教也明年傳君子謂晉於是役也能以德攻注云以文德教民而後用之謂此役也

經二十有八年春晉侯侵曹晉侯伐衛再舉晉侯者曹衛兩來告○公子買戍衛不卒戍刺之公子買魯大夫子叢也內殺大夫皆書刺言用周禮三刺之法示不枉濫也公實畏晉殺子叢而誣叢以廢戍之罪恐不爲遠近所信故顯書其罪○刺七賜反殺也叢似束反枉紆往反疏注公子至其罪○正義曰經言買傳言叢蓋名買字叢或字相似而一謬也周禮司刺掌三刺之法以贊司寇聽獄訟一刺曰訊羣臣再刺曰訊羣吏三刺曰訊萬民鄭玄云刺殺也訊而有罪則殺之訊言也內殺大夫此及成十六年刺公子偃皆書刺者若云用彼三刺之法言問臣吏萬民皆言合殺乃始殺之以示不枉濫也此三刺之法位在外朝庫門之外臯門之內故小司寇掌外朝之政三公及州長百姓北面羣臣西面羣吏東面。如此訊之也魯史獨設此名所以異於外也公羊以爲內諱殺大夫謂之刺以爲諸侯不得專殺故諱言刺之其意小異於此公實畏晉殺子叢以說晉言戍衛者叢之所爲又歸罪於叢言不終戍事故殺之恐不爲遠近所信故顯書子叢之罪也然魯殺。子叢本有兩意謂楚云不卒戍謂晉云叢欲戍衛今經之所書書謂楚之辭不書謂晉之辭者以魯先與楚同好恐楚疑之故顯書不卒戍之罪以告屬楚諸侯心實畏晉未敢宣露故經不書告晉之辭蘇云公子買不卒戍者告晉楚之辭也謂晉云公子買比來戍衛今不使終其戍事是以殺之謂楚云比令公子買。楚戍衛其買不終戍事是以殺之楚人救衛○三月丙午晉侯入曹執曹伯畀宋人畀與也執諸侯當以歸京師晉欲怒楚使戰故以與宋所謂譎而不

正○畀必利反注同譎古穴反疏注畀與也○正義曰劉炫云公羊傳曰畀者何與也其言以畀宋人何與使聽之何休云宋稱人者明聽訟必師斷與其師衆共之穀梁傳曰畀與也其曰人何也不與晉侯畀宋公也注云畀上與下之辭故不以侯畀公案傳執曹伯分曹衛之田以畀宋人則田亦稱人非爲斷獄故云人也若不使晉侯與宋公自可改其畀名何以名之爲畀而使義不得與也若與宋人豈宋國卑賤之人得獨受曹伯而治之乎二傳之言皆不得合左氏當以人爲衆辭舉國而稱之耳○夏四月己巳晉侯齊師宋師秦師及楚人戰于城濮楚師敗績宋公齊國歸父秦小子憖既次城濮以師屬晉不與戰也子玉及陳蔡之師不書楚人恥敗告文略也大崩曰敗績○濮音卜憖魚覲反下與音預

疏注宋公至敗績○正義曰於例將卑師衆稱師此齊宋秦皆又稱師則將非尊者傳云宋公齊國歸父秦小子憖次于城濮及其交戰唯言晉師陳于莘北說晉之將帥與楚相敵都不言齊宋公卿知其既次城濮以師屬晉不與戰也沈氏云定四年戰于柏舉傳稱蔡侯吳子唐侯伐楚杜云唐侯不書兵屬於吳蔡今宋齊秦屬晉而書之者彼柏舉之戰唐師共屬吳蔡與之同陳故不書此齊宋師等雖屬晉猶異陳故得書之傳稱子玉及陳蔡之師皆在於陳而不書者楚人恥敗告辭略故史不得書之劉炫規過以爲晉人告略今知不然者但於此戰時魯猶屬楚凡禍福相告必同好之國故知楚人來告也楚人來告不言陳蔡者恥其諸國皆在不能敵晉故略言楚人而已若其晉告則應矜其勝事以少敗多何肯略其陳蔡而不告也劉以爲晉人來告而規杜氏非也

楚殺其大夫得臣子玉違其君命以取敗稱名以殺罪之○衛侯出奔楚○五月癸丑公會晉侯齊侯宋公蔡侯鄭伯衛子莒子盟于踐土踐土鄭地王子虎臨盟不同歃故不書衛侯出奔其弟叔武攝位受盟非王命所加從未成君之禮故稱子而序鄭伯之下經書癸丑月十八日也傳書癸亥月二十八日經傳必有誤○賤以淺反土如字或一音杜歃所治反本又

作啗【疏】注踐土至有誤○正義曰傳稱王子虎盟諸侯于王庭而不書子虎知子虎臨盟不與歃定四年傳稱踐土之盟其載書云王若曰晉重魯申衛武
蔡甲午鄭捷齊潘宋王臣莒期其次與會不同者會之班次以國大小為序及其盟也王臣臨之異姓為後故載書之次與會異也定四年召陵之會傳稱祝
佗言於萇弘曰踐土之盟衛成公不在夷叔其母弟也猶先蔡萇弘說告劉子乃長衛侯於盟如彼傳文則踐土召陵二盟衛皆先蔡而經書諸國之序二會
皆蔡在衛先者釋例曰周之宗盟異姓為後故踐土載書齊宋雖大降於鄭衛斥周而言止謂王官之宰臨盟者也其餘雜盟未必皆然踐土召陵二會蔡在
衛上時國次也至盟乃正其高下者敬恭明神本其始也是言盟會異次之意也如釋例之言王官之宰臨盟乃以異姓為後則二十九年翟泉之盟王子虎
在焉宣七年黑壤之盟王叔桓公臨之彼二盟亦當異姓為後與會異次也八年洮之盟王人在列杜指王官之宰則卑者未必能別同姓異姓若無王官之
伯則以大小為序襄二十七年宋之盟晉楚爭先是其餘雜盟不先同姓之文也周禮典命云諸侯之適子誓於天子攝其君則下其君一等未誓則以皮帛
繼子男叔武是衛侯之弟未得從世子之法攝位受盟舊無正禮其班位高下出於主會之意以其非王命所加使從未成君之禮故稱子而序於鄭伯之下
蓋晉文之意使然　陳侯如會無傳陳本與楚楚敗懼而屬晉來不及盟故曰如會【疏】陳侯如會○正義曰沈氏云八年鄭伯云乞盟此直云如
會者彼及其盟故云乞盟此則不及其盟又陳侯不乞故與彼文異　公朝于王所無傳王在踐土非京師故曰王所【疏】注王在至王所○正
義曰穀梁傳曰朝不言所言所者非其所也是其由非京師故稱王所也公羊傳曰曷為不言公如京師天子在是也曷為不言天子在是不與致天子也其
意言晉文公召王來踐土左傳於此無召王之事直云作王宮于踐土杜云襄王聞戰勝自往勞之故為作宮則以王意自往非晉召之不同公羊說也○
六月衛侯鄭自楚復歸于衛復其位曰復歸晉人感叔武之賢而復衛侯衛侯之入由于叔武故以國逆為文例在成十八年

衛元咺出奔晉元咺衛大夫雖爲叔武訟訴失君臣之節故無賢文奔例在宣十年○咺況晚反爲于僞反下爲其同訴本又作愬蘇路反

疏注元咺至十年○正義曰宣十年齊崔氏出奔衛傳曰書曰崔氏非其罪也文八年宋司城來奔傳言司城效節於府人而出故書以官貴之也然書官及氏爲貴則書名不是賢文以元咺訴君於晉所訴雖直令君陷罪失君臣之節故無賢文書其名從本文也

○陳侯款卒無傳凡四同盟

疏注凡四同盟○正義曰款以十三年卽位十五年盟于牡丘十九年于齊二十一年于薄二十七年于宋魯陳俱在是四同盟也

○秋杞伯姬來無傳莊公女歸寧曰來○公子遂如齊無傳聘也○冬公會晉侯齊侯宋公蔡侯鄭伯陳子莒子邾人秦人于溫陳共公稱子先君未葬例在九年宋襄公稱子自在本班陳共公稱子降在鄭下陳懷公稱子而在鄭上傳無義例蓋主會所次非褒貶也○共音恭下共公同

疏注陳共至貶也○正義曰陳侯款經不書葬正以稱子知其先君未葬也宋襄稱子九年葵丘會也陳共公稱子此會也陳懷公稱子定四年召陵會也其班次上下傳無義例故疑主會所次非褒貶也桓十六年公會宋公衛侯陳侯蔡侯伐鄭杜云蔡常在衛上今序陳下蓋後至二十九年翟泉之盟秦人在陳蔡之下傳歷序諸侯之卿而有秦小子憖杜云秦小子憖在蔡下者若宋向戌之後會彼二事班失其次杜以後至釋之知此陳共公稱子降在鄭下非後至者杜以後至爲說亦無明文正以國之大小班序先定今乃退在小國之下因向戌有後至之譏故取以爲說耳未成君者例無定式不知所由故言蓋爲疑辭疑主會之意亦未必不由後至而降之禮雜記云君薨大子號稱子待猶君也然則待之如君在本班者爲得禮也降其班者出自主會之意

○天王狩于河陽晉地今河內有河陽縣晉實召王爲其辭逆而意順故經以王狩爲辭○狩本又作守音同

壬申公朝于王所壬申十月十日有日而無月史闕文○晉人執衛侯歸之于京師稱人以執罪及

民也例在成十五年諸侯不得相治故歸之京師【疏】晉人至京師正義曰成十五年晉侯執曹伯歸于京師彼不言之此言之者公羊傳曰歸之于者罪已定矣歸于者罪未定也左氏無此義正是史異辭耳

衛元咺自晉復歸于衛元咺與衛侯訟得勝而歸從國逆例者明衛侯無道於民國人與元咺

○諸侯遂圍許會溫諸侯也許。比再會不至故因會共伐之○比如字王俾利反

曹伯襄復歸于曹晉感侯獳之言而復曹伯故從國逆。例○獳乃侯反【疏】注晉感至之例○正義曰侯獳愛君以請此曹伯從國逆之例成十六年曹人再請於晉乃釋成公而云曹伯歸自京師從外納之文者彼國人請君自是恆事此侯獳貨筮史致其誠心晉侯感其言而特釋之所以顯侯獳故從國逆例也

遂會諸侯圍許言遂得復而行不歸國也

傳二十八年春晉侯將伐曹假道于衛曹在衛東故衛人弗許還自河南濟從汲郡南渡出衛南而東○汲音急侵曹伐衛正月戊申取五鹿五鹿衛地二月晉郤穀卒原軫將中軍胥臣佐下軍上德也先軫以下軍佐超將中軍故曰上德胥臣司空季子○將子匠反注同胥思徐反

晉侯齊侯盟于斂盂斂盂衛地○斂徐音廉又力檢反盂音于衛侯請盟晉人弗許衛侯欲與楚國人不欲故出其君以說于晉衛侯出居于襄牛襄牛衛地○說音悅或如字

○公子買戍衛晉伐衛衛楚之昬姻魯欲與楚故戍衛楚人救衛不克公懼於晉殺子叢以說焉召子叢而殺之以謝晉○說音悅謂楚人曰。不卒戍也。謂告楚人言子叢不終戍事而歸故殺之子叢在楚救衛下經在上者救衛赴晚至

○晉侯圍曹門焉多死攻曹城門曹

人尸諸城上磔晉死人於城上○磔張宅反晉侯患之聽輿人之謀曰稱舍於墓輿衆也舍墓爲將發冢○輿音餘爲如字又于僞反疏輿人至於墓○正義曰此謀字或作誦涉下文而誤耳其云誦者皆韻如詩賦此稱舍於墓直是計謀之言不得爲誦今定本作謀狀遷焉曹人兇懼遷至曹人墓兇兇恐懼聲○兇凶勇反恐丘勇反爲其所得者棺而出之因其兇也而攻之三月丙午入曹數之以其不用僖負羈而乘軒者三百人也且曰獻師軒大夫車言其無德居位者多故責其功狀○棺古患反一音官軒許言反令無入僖負羈之宮而免其族報施也報飧璧之施○施始豉反注同飧音孫魏犨顛頡怒曰勞之不圖報於何有二子各有從亡之勞○頡胡詰反從才用反疏勞之至何有○正義曰二子有從行之勞未得厚賞故言勞苦之大不嘗圖謀其報此小惠於何有義恨公忘己而念彼也爇僖負羈氏爇燒也○爇如悅反魏犨傷於胸公欲殺之而愛其材才力使問且視之病將殺之魏犨束胸見使者曰以君之靈不有寧也言不以病故自安寧○見賢遍反使所吏反距躍三百曲踊三百距躍超越也曲踊跳踊也百猶勵也○距音巨躍羊略反三如字又息暫反百音陌下放此跳徒彫反勵音邁疏注距躍至勵也○正義曰詩稱魚躍易言龍躍則躍是舉身向上之名禮記婦人踊不絕地則踊亦向上之名詩云踊躍用兵則踊躍二事勢相類也說文云躍迅也踊跳也然則躍以疾生名故以距躍爲超越言距地向前跳而越物過也曲踊以曲爲言則謂向上跳而折復下故以曲踊爲跳踊耳言直上向下而已以傷病之人而再言三百不可爲六百跳也杜言百猶勵亦不知勵何所謂蓋復訓勵爲勉言每跳皆勉力爲之乃舍之殺顛頡以徇于師立舟之僑

以為戎右（舟之僑故虢臣閔二年奔晉以代魏犨為先歸張本○舍如字又音捨下同徇似俊反）宋人使門尹般如晉師告急（門尹般宋大夫○般音班）公曰宋人告急舍之則絕（與晉絕）告楚不許我欲戰矣齊秦未可若之何（戰未肯）先軫曰使宋舍我而賂齊秦（求救於齊秦○舍音捨）藉之告楚（假借齊秦使為宋請○藉在亦反借也為于偽反）我執曹君而分曹衛之田以賜宋人楚愛曹衛必不許也（不許齊秦之請）喜賂怒頑能無戰乎（言齊秦喜得宋賂而怒楚之頑必自戰也不可告請故曰頑）公說執曹伯分曹衛之田以畀宋人楚子入居于申（申在方城內故曰入○說音悅畀必利反）使申叔去穀（二十六年申叔戍穀）使子玉去宋曰無從晉師晉侯在外十九年矣而果得晉國（晉侯生十八年而亡亡十九年而反凡三十六年至此四十矣）險阻艱難備嘗之矣民之情偽盡知之矣天假之年（獻公之子九人唯文公在故曰天假之年）而除其害（除惠懷呂郤）天之所置其可廢乎軍志曰允當則歸（無求過分軍志兵書○當丁浪反分扶問反）又曰知難而退又曰有德不可敵此三志者晉之謂矣（謂今與晉遇當用此三志）

疏 軍志至謂矣○正義曰允當則歸謂信當分理則須歸還無求過分決戰取勝也知難而退謂知前敵之難則須退辟也有德不可敵謂必知敵彊不須與競也此三志者與晉相遇之謂矣劉炫云此志三云者情有淺深允當則歸謂彼雖可勝得當則還言前人弱於己也知難而退謂勝不可必早自退也斂言前人與己敵也有德不可敵謂必知彼彊不須與競言前人彊於己也三者從弱至彊總言晉之謂矣指言晉彊於己也

子玉使伯棼請戰（伯棼子越）

椒也鬭伯比之孫棼扶云反王扶粉反○曰非敢必有功也願以間執讒慝之口間執猶塞也讒慝若蔿賈之言謂子玉不能以三百乘入○間間廁之間注同慝吐得反乘繩證反王怒少與之師唯西廣東宮與若敖之六卒實從之楚子還申遣此兵以就前圍宋之衆楚有左右廣又太子有宮甲分取以給之若敖楚武王之祖父葬若敖者子玉之祖也六卒子玉宗人之兵六百人言不悉師以益之○廣古曠反注同卒子忽反注同【疏】注楚子至益之○正義曰宣十二年傳欒武子說楚事云其君之戎分為二廣廣有一卒卒偏之兩是楚有左右廣也周禮車僕掌戎路之萃廣車之萃鄭玄云廣車橫陳之車襄十一年鄭人賂晉侯以廣車蓋兵車之名名之為廣因即以車表兵謂屬西廣之兵也文元年商臣以宮甲圍成王是東宮兵也周禮司馬凡制軍百人為卒知六卒六百人也子玉使宛春告於晉師曰請復衛侯而封曹臣亦釋宋之圍衛侯未出竟曹伯見執在宋已失位故言復衛封曹○宛於元反又於阮反竟音境子犯曰子玉無禮哉君取一臣取二君取一以釋宋圍惠晉侯臣取二復曹衛為己功不可失矣言可伐先軫曰子與之【疏】先軫曰子與之○正義曰以子犯言為無理故先言子與之欲令子犯與子玉復衛封曹既言此以荅子犯然後復言其不可之理更別為之立計使私許復曹衛以攜之定人之謂禮楚一言而定三國我一言而亡之我則無禮何以戰乎不許楚言是棄宋也救而棄之謂諸侯何言將為諸侯所怪楚有三施我有三怨怨讎已多將何以戰不如私許復曹衛以攜之私許二國使告絕於楚而後復之攜離也○施始豉反執宛春以怒楚既戰而後圖之須勝負決乃定計公說乃拘宛春於衛且私許復

曹衛曹衛告絕於楚子玉怒從晉師晉師退軍吏曰以君辟臣辱也且楚師老矣何故退子犯曰師直爲壯曲爲老豈在久矣。微楚之惠不及此重耳過楚楚成王有贈送之惠○說音悅拘音俱過古禾反退三舍辟之所以報也一舍三十里初楚子云若反國何以報我故以退三舍爲報背惠食言【疏】背惠食言正義曰釋詁云食僞也孫炎云食言之。爲尚書湯誓云爾無不信朕不食言孔安國云食盡其言僞不實也哀二十五年傳孟武伯惡。郭重曰何肥也公曰是食言多矣能無肥乎然則食言者言而不行如食之消散後終不行則前言爲僞通。謂僞言爲食言故爾雅訓食爲僞也以亢其讎亢猶當也讎謂楚也○背音佩下及注同亢若浪反我曲楚直其衆素飽不可謂老直氣盈飽【疏】注直氣盈飽○正義曰素訓爲。空忿怒之深空腹不食直氣盈飽也我退而楚還我將何求若其不還君退臣犯曲在彼矣退三舍楚衆欲止子玉不可夏四月戊辰晉侯宋公齊國歸父崔夭秦小子憖次于城濮國歸父崔夭齊大夫也小子憖秦穆公子也城濮衛地○夭於表反楚師背酅而舍酅丘陵險阻名○酅戶圭反【疏】注酅丘陵險阻名○正義曰兵法右背山陵前。左水澤楚師背酅而舍知其背丘陵也蓋所舍之處有丘陵名酅其處有險阻也晉侯患之聽輿人之誦恐衆畏險故聽其歌誦曰原田每每。舍其舊而新是謀高平曰原喻晉。軍美盛若原田之草每每然可以謀立新功不足念舊惠○每亡回反又梅對反舍音捨公疑焉疑衆謂己背舊謀新子犯曰戰也戰而捷必得諸侯若其不捷表裏山河必無害也晉國外河而內山公曰若楚惠何欒貞子曰漢陽諸姬楚實盡之。貞子欒枝也水北曰陽姬姓之國在漢北者楚盡滅之思小惠而忘大恥不如戰也晉侯夢與楚子搏搏手搏○搏音博○楚子伏己而盬其腦盬啑也○盬音古腦乃老反啑子荅反又所荅反又子甲反疏注盬啑也○正義曰盬之爲啑未見正訓蓋相傳爲然服虔云如俗語相罵云啑女腦矣是以懼子犯曰吉我得天楚伏其罪吾且柔之矣晉侯上向故得天楚子下向地故伏其罪腦所以柔物。子犯審見事宜故權言以荅夢○向或作嚮許亮反下同子玉使鬬勃請戰鬬勃楚大夫曰請與君之士戲君馮軾而觀之得臣與寓目焉寓寄也○馮皮冰反軾音式與音預寓音遇晉侯使欒枝對曰寡君聞命矣楚君之惠未之敢忘是以在此爲大夫退其敢當君乎既不獲命矣不獲止命○爲于僞反○敢煩大夫謂二三子煩鬬勃令戒。敕子玉子西之屬○令力呈反○戒爾車乘敬爾君事詰朝將見詰朝平旦○乘繩證反下及注皆同詰起吉反朝如字注同見如字又賢遍反晉車七百乘韅。靷鞅靽五萬二千五百人在背曰韅在胸曰靷在腹曰鞅在後曰靽言駕乘脩備○韅許見反王又去見反說文作韅云著掖皮靷以刃反說文云軸也鞅於杖反說文云頸皮也靽音半一云繫也背如字疏注五萬至脩備正義曰說文云韅著掖皮也靷。引軸也鞅頸皮也此注與說文不同蓋以時驗而爲解也驂馬挽車有皮在背者有約。胸者有在腹爲帶者有繫絆其足者從馬上而下次之在後正謂在足是也傳唯舉四事文無所結舉其小事皆具言其駕乘脩備明諸事皆備也晉侯登有莘之虛以觀師曰少長有禮其可用也有莘故國名少長猶言大小○莘所巾反虛丘魚反少詩照反注同長丁丈反注同遂伐其木以益其兵伐木以益攻戰之具輿曳柴亦是也○攻如字又音貢己巳晉師陳于莘北胥臣以下軍之佐當陳蔡子玉以若敖之六卒將中軍曰今日必無晉矣子西將左子上將右子西鬭宜申子上鬭勃○陳于直覲反卒子忽反下同將子匠反下及注同胥臣蒙馬以虎皮先犯陳蔡陳蔡奔楚右師潰陳蔡屬楚右師○潰戶內反狐毛設二旆而退之旆大旗也又建二旆而退使若大將稍卻。○旆蒲具反欒枝使輿曳柴而僞遁曳柴起塵詐爲衆走○遁徒困反楚師馳之原軫郤溱以中軍公族橫擊之公族公所率之軍狐毛狐偃以上軍夾攻子西楚左師潰楚師敗績子玉收其卒而止故不敗。三軍唯中完是大崩○夾古洽反又音頰晉師三日館穀館舍也食楚軍穀三日及癸酉而還甲午至于衡雍作王宮于踐土衡雍鄭地今滎陽卷縣襄王聞晉戰勝自往勞之故爲作宮○雍於用反卷音權又丘權反勞力報反故爲于僞反下文同鄉役之三月鄉猶屬也城濮役之前三月○鄉許亮反本又作嚮同屬音燭鄭伯如楚致其師爲楚師既敗而懼。鄭伯至而懼○正義曰致其師者致其鄭國之師許以佐楚也戰時雖無鄭師要本心佐楚故既敗而懼使子人九行成于晉子人氏九名○爲于僞反

疏注子人氏九名○正義曰桓十四年鄭伯使其弟語來盟傳稱子人來盟杜云子人卽弟語也其後爲子人氏七年傳子華云泄氏孔氏子人氏三族實違君命今子人九必是語之後也杜譜以九爲雜人謬矣晉欒枝入盟鄭伯五月丙午晉侯及鄭伯盟于衡雍

疏晉欒至衡雍○正義曰此二盟及上文晉侯齊侯盟于斂盂皆不書者皆不告也丁未獻楚俘于王駟介百乘徒兵

千駟介四馬被甲徒兵步卒○駟音四介音界被皮義反卒子忽反鄭伯傅王用平禮也傅。相也以周平王享晉文侯仇之禮享晉侯○相息亮反己酉王享醴命晉侯宥。既饗又命晉侯助以束帛以將厚意王命尹氏及王子虎內史叔興父策命晉侯爲侯伯以策書命晉侯爲伯也周禮九命作伯。尹氏王子虎皆王卿士也叔興父大夫也三官命之以寵晉【疏】注以策至寵晉○正義曰周語稱晉文公初立襄王使大宰文公及內史叔與賜文公命注國語者皆以爲大宰文公即王子虎也今尹氏又在王子虎之上故以爲皆卿士唯叔興是大夫或云皆大夫皆字妄耳九命者大宗伯云一命受職再命受服三命受位四命受器五命賜則六命賜官七命賜國八命作牧九命作伯賜之大輅。之服戎輅之服大輅金輅戎輅戎車二輅各有服○輅音路【疏】注大輅至有服○正義曰周禮巾車金路鉤樊纓九就建大旂以賓同姓以封革路龍勒條纓五就建大白以即戎金路以封同姓知大輅是金輅也革路以即戎言戎輅戎車即周禮之革路二輅各有服者周禮司服侯伯之服自鷩冕而下凡兵事韋弁服金輅祭祀所乘其大輅之服當謂鷩冕之服戎輅之服當謂韋弁服也彤弓一彤矢百玈。弓矢。千彤赤。弓一矢百則矢千弓十矣諸侯賜弓矢然後專征伐○彤徒冬反玈音盧本或作旅字非也矢千本或作玈弓十玈矢千後人專輒加也【疏】注彤赤至征伐○正義曰彤赤玈黑舊說皆然說文彤從丹玈從玄是赤黑之別也周禮司弓矢掌六弓王弓弧弓以授射甲革椹質者夾弓庾弓以授射豻。侯。鳥獸者唐弓大弓以授學射者使者勞者鄭玄云勞者勤勞王事若晉文侯文公受王弓矢之賜者考工記弓人云往體多來體寡謂之夾庾之屬往體寡來體多謂之王弓之屬往體來體若一謂之唐弓之屬然則唐大是弓彊弱之名彤玈是弓所漆之色王弧則合九而成規唐大合七而成規夾庾合五而成規司弓矢又有八矢枉矢絜矢利火射用諸守城車戰殺矢鍭矢。用諸近射田獵矰矢茀矢用諸弋射恒矢庳矢用諸散射鄭注約者工記云枉矢之屬五分二在前三在後殺矢之屬三分一在前二在後矰矢之屬七分三在前四在後恆矢之屬軒輖中其枉殺矰恆弓所用絜鍭茀庳弩所用
彼司弓矢既云枉矢絜矢用諸守城車戰此天子賜諸侯弓矢使用之以戰則彤矢旅矢當彼枉矢也但弓矢相配彊弓用重矢弱弓用輕矢既唐弓大弓彊
弱中其恆矢軒輖亦中又司弓矢云恆矢庳矢用諸散射鄭玄云散射謂禮射及習射也此賜弓矢則禮樂之事彤矢旅矢或當恆矢也旅弓矢千具於彤而
略於旅準之則矢千弓十也諸侯賜弓矢然後專征伐王制文 秬鬯一卣。秬黑黍鬯香酒所以降神。卣器名○秬音巨鬯勑亮反卣音酉又音由爾
雅云卣中尊也【疏】注秬黑至器名○正義曰秬黑黍釋草文李巡云黑黍一名秬黍周禮鬯人掌共秬鬯而飾之鄭玄云鬯釀秬為酒芬香條暢於上下也
鬱人掌祼器凡祭祀之祼事和鬱鬯以實彝而陳之禮祭祀必先祼是用之以降神也釋器云彝卣罍器也李巡曰卣鬯之罇也孫炎曰罇彝為上罍為下卣
居中也詩江漢篇述宣王賜召穆公云秬鬯一卣告于文人鄭箋云賜之使祭其宗廟告其先祖也當賜之時實之於卣其祭則陳之於彝也 虎賁三
百人【疏】虎賁三百○正義曰國語云天子有虎賁習武訓諸侯有旅賁禦災害大夫有貳車備承事士有陪乘告奔走周禮司馬之屬虎賁氏下大夫
二人虎士八百人掌先後王而趨以卒。伍車旅會同亦如之舍則守王閑 曰王謂叔父敬服王命以綏四國糾逖王
慝逖遠也有惡於王者糾而遠之○賁音奔逖勑歷反慝他得反惡也【疏】注逖遠至遠之○正義曰逖遠釋詁文糾者繩治之名有惡於王者敢繩治之
而使遠於王也 晉侯三辭從命曰重耳敢再拜。稽。首奉揚天子之丕顯休命稽首首至地丕大也
休美也○三息暫反又如字從例放此丕普悲反休許虯反注同 受策以出出入三覲出入猶去來也從來至去凡三見王○見賢遍
反 ○衛侯聞楚師敗懼出奔楚遂適陳。自襄牛出 使元咺奉叔武以受盟奉使攝君事○使攝

君事並如字或讀連上奉字爲句使音所吏反非也癸亥王子虎盟諸侯于王庭踐土宮之庭書踐土別於京師○別彼列反

要言曰皆獎。王室無相害也有渝此盟明神殛。之俾。隊其師無克祚國獎助也渝變也

殛誅也俾使也隊隕也克能也○獎將丈反渝羊朱反殛紀力反本亦作極下是殛同俾本亦作卑必爾反隊直類反祚才故反隕于敏反○疏。注獎助至能也正義曰勸獎者佐助之意故爲助也餘皆釋言文。注及其。玄孫無有老幼君子謂是盟也信合義信謂晉

於是役也能以德攻以文德教民而後用之○攻如字一音公送反初楚子玉自爲瓊。弁玉纓未之服

也弁以鹿。子皮爲之。瓊玉之別名次之以飾弁及纓詩云會弁如星○瓊求營反說文云赤玉弁本又作玣皮彥反會本又作璯古外反又戶外反疏

注弁以至如星○正義曰禮稱皮弁明其用皮也知以鹿子皮者相傳爲然至今仍用之詩毛傳云瓊玉之美者則瓊亦玉也瓊美者飾弁以惡者飾纓耳周

禮弁師掌王之皮弁會五采玉璂鄭玄云會縫中也璂讀如綦綦結也皮弁之縫中每貫結五采玉以爲飾謂之綦又諸侯及孤卿大夫之皮弁各以其等爲

之鄭玄云孤則璂飾四三命之卿璂飾三再命之大夫璂飾二是諸侯之臣其皮弁得以玉爲飾也弁師又云王五采諸侯三采鄭玄云王璂飾十二上公九

侯伯七子男五卿大夫皆二采璂飾各如其命數鄭又云三采朱白蒼二采朱綠其纓之飾則無以言之蓋以玉飾纓之朱耳詩云會弁如星衞風淇。澳篇也

鄭箋云會謂弁之縫中飾之以玉皪皪而處狀似星也○先戰夢河神謂己曰畀余余賜女孟。諸。之麋孟諸宋數

澤水草之交曰麋○先如字又悉薦反畀必利反與也女音汝麋亡皮反藪素口反疏。注孟諸至曰麋○正義曰釋地云十藪宋有孟諸郭璞云今在梁國

睢陽縣東北周禮職方氏正東曰青州其澤藪曰望諸禹貢豫州導。荷澤被孟豬明皆是一物而字改易耳釋水云。水草交爲湄李巡曰水中有草木交會曰

湄古字皆得通用故此作麋耳弗致也大心與子西使榮黃諫大心子玉之子子西子玉之族子玉剛愎故因榮黃榮黃榮季也○愎皮逼反弗聽榮季曰死而利國猶或爲之況瓊玉乎是糞土也而可以濟師將何愛焉因神之欲以附百姓之願濟師之理○糞弗問反【疏】注因神至之理正義曰劉炫云神道冥昧與人不交楚師之敗未必由此但於時戰在河旁河神許助若子玉從神所求不惜瓊玉則國人以爲神得所欲必將助己自當三軍用命戰士爭先亦既不遂神心人謂神必不助則衆意皆。阻莫不畏敵且兵凶戰危必有傷殺三軍之命在茲一舉猶尙愛惜此物是無恤民之心在軍之士誰肯競勸故云因神之欲以附百姓之願是濟師之理也禪竈請用瓘。斝禳火非神所求若從而與之則驚動民意且災不可免徒長妖妄故子產不與異於此也弗聽出告二子曰非神敗令尹令尹其不勤民實自敗也盡心盡力無所愛惜爲。勤○盡津忍反既敗王使謂之曰大夫若入其若申息之老何申息二邑子弟皆從子玉而死言何以見其父老○從如字又才用反子西孫伯曰得臣將死二臣止之曰君其將以爲戮孫伯即大心子玉子也二子以此荅王使言欲令子玉往就君戮○使所吏反下前使同令力呈反及連穀而死至連穀王無赦命故自殺也文十年傳曰城濮之役王使止子玉曰無死不及子西亦自殺縊而縣絕故得不死王時別。遣追前使連穀楚地殺得臣經在踐土盟上傳在下者說晉事畢而次及楚屬文之宜○穀胡木反縊一賜反又於計反縣音玄屬音燭晉侯聞之而後喜可知也喜見於顏色○見賢遍反曰莫余毒也已蔿呂臣實爲令尹奉己而已不在民矣言其自守無大志○或訴元咺於衞侯曰立叔武矣其子角從公公使殺之角元咺子○從才用

反又如字咺不廢命奉夷叔以入守夷謚○守手又反疏注夷謚○正義曰謚法安民好靖曰夷六月晉人復
衛侯以叔武受盟於踐土故聽衛侯歸○聽吐丁反甯武子與衛人盟于宛濮武子甯俞也陳留長垣縣西南有宛亭近濮水
○宛於阮反俞羊朱反近附近之近曰天禍衛國君臣不協以及此憂也衛侯欲與楚國人不欲故不和也今天
誘其衷衷中也○衷音忠或丁仲反下同使皆降心以相從也不有居者誰守社稷不有行者
誰扞牧圉牛曰牧馬曰圉○扞戶旦反牧音木養牛曰牧養馬曰圉不協之故用昭乞盟于爾大神以誘天
衷自今日以往既盟之後行者無保其力居者無懼其罪有渝此盟以相及也
以惡相及明神先君是糾是殛國人聞此盟也而後不貳傳言叔武之賢甯武忠衛侯所以書復歸之衛
侯先期入不信叔武先悉薦反○甯子先長牂守門以爲使也與之乘而入長牂衛大夫甯子患公之
欲速故先入欲安喻國人○牂子郎反使所吏反公子歚犬華仲前驅衛侯遂驅○掩甯子未備二子衛大夫○歚市專反華戶化反又
如字叔孫將沐聞君至喜捉髮走出前驅射而殺之公知其無罪也枕之股而哭
之公以叔武尸枕其股○射食亦反下注同枕支鴆反注同歚犬走出手射叔武故公使殺之元咺出奔晉元咺以衛
侯驅入殺叔武故至晉愬之○城濮之戰晉中軍風于澤牛馬因風而走皆失之疏○注牛馬至失之○正義曰劉炫規過
以爲放牛馬於澤遺失大旆左旃不失牛馬今刪定知不然者若不失牛馬唯亡左旃罪未至重何須殺之以徇牛馬是軍之要用於事尤重故費誓云馬牛

其風臣妾逋逃則有常刑今既亡左旃又失牛馬為罪至重故殺之以徇若牛馬不失又大旆在軍何得因放牛馬而亡左旃故知風於澤者為別失。馬。牛又
於軍中亡失大旆之左旃故杜云掌此二事而不脩理劉以為不失牛馬而規杜過非也 亡大旆之左旃 大旆旗名繫旐曰旆通帛曰旃○旃
章然反爾雅云因章曰旃 疏 注大旆至曰旃○正義曰釋天云緇廣充幅長尋曰旐繼旐曰旆則旆是旗之尾也今別名大旆則此旆有異於常故以大旆
為旗名上云狐毛設二旆而退之亦此類也通帛為旜周禮司常文也鄭玄云通帛謂大赤從周正色無飾釋天云因章曰旃孫炎曰因其繒色以為旗章不
畫之是也謂之左旃蓋是左軍所建者此亦於事難明不可強說 祁瞞奸命 掌此。三事而不脩為奸軍令○瞞莫干反奸音干 司馬殺
之以徇于諸侯使茅茷代之師還壬午濟河舟之僑先歸士會攝右 權代舟之僑也士會
隨武子士蔿之孫○茷扶廢反僑其驕反 秋七月丙申振旅愷以入于晉 愷樂也○愷開在反樂音洛 疏 。注愷樂也○正
義曰大司馬云若師有功則左執律右秉鉞以先愷樂獻于社注云律所以聽軍聲鉞所以為將威兵樂曰愷司馬注曰得意則愷愷樂愷歌示喜也 獻俘
授馘飲至大賞 授數也獻楚俘於廟馘古獲反數色主反 ○ 徵會討貳 徵召諸侯將冬會于溫 殺舟之僑以徇
于國民於是大服君子謂文公其能刑矣三罪而民服 三罪顛頡祁瞞舟之僑 詩云惠此
中國以綏四方不失賞刑之謂也 詩大雅言賞刑不失則中國受惠四方安靖 ○冬會于溫討不服
也 討衛許○ 衛侯與元咺訟 爭殺叔武事 甯武子為輔鍼莊子為坐士榮為大士 大士治獄官也
周禮命夫命婦不躬坐獄訟元咺又不宜與其君對坐故使。叔鍼莊子為主又使衛之忠臣及其獄官質正元咺傳曰王叔之宰與伯輿之大夫坐獄於王庭

各不身親蓋今長吏有罪先驗吏卒之義。○鍼其廉反坐如字或一音才臥反長丁丈反卒子忽反[疏]注大士至之義○正義曰周禮獄官多以士爲名鄭玄云士察也主察獄訟之事者周禮命夫命婦不躬坐獄訟小司寇職文也鄭玄云爲治獄吏。褻尊者也躬身也不身坐必使其屬若子弟也喪服傳曰命夫者其男子之爲大夫者命婦者其婦人之爲大夫妻者凡斷獄訟皆令競者坐而受其辭故云不躬坐也大司寇云以兩造禁民訟以兩劑禁民獄鄭玄云訟謂以財貨相告者獄謂相告以罪名者對文則小別散則可以通獄訟皆爭罪之事也元咺不宜與君對坐故使鍼莊子代衛侯爲坐獄之主甯子爲輔輔莊子也以甯子位高故先言之士榮亦輔莊子舉其官名以其主獄事故亦使輔之與晉之獄官對理質正元咺也所引傳曰在襄十年

衛侯不勝三子辭屈殺士榮刖鍼莊子謂甯俞忠而免之執衛侯歸之于京師寘諸深室。深室別爲囚室○刖音月又五割反寘之豉反甯子職納櫜饘焉甯俞以君在幽隘故親以衣食爲己職櫜衣。櫜饘。糜也言其忠。至所慮者深○櫜音託饘之然反隘於賣反囊乃郎反糜亡皮反[疏]注甯俞至者深○正義曰甯俞親以衣食爲己職者慮君飢渴且防酖毒也詩毛傳曰小曰櫜大曰囊囊櫜所以盛衣亦可以盛食宣二年傳曰爲之簞食與肉寘諸櫜以與之是也釋言曰餬饘也鬻糜也郭璞曰饘糜也孫炎曰鬻淖糜也然則糜之與鬻稠淖之異名耳

元咺歸于衛立公子瑕瑕謂公子適也○適丁歷反○是會也晉侯召王以諸侯見且使王狩晉侯大合諸侯而欲尊事天子以爲名義自嫌強大不敢朝周喻王出狩因得盡羣臣之禮皆譎而不正之事○見賢遍反[疏]注晉侯至之事○正義曰晉侯本意止欲大合諸侯之師共尊事天子以爲臣之名義實無覬覦之心但於時周室既衰天子微弱忽然帥九國之師將數十萬衆入京師以臨天子似有篡奪之謀恐爲天子拒逆或復天子怖懼棄位出奔則晉侯心實盡誠無辭可解故自嫌。彊大不敢朝王故召諸侯來會于溫溫去京師路

近因加諷諭令王就會受朝天子不可以受朝爲辭故令假稱出狩若言王自出狩諸侯因會遇王王遂共朝王得盡君臣之禮皆孔子所謂譎而不正之事穀梁傳曰全天王之行也爲若將狩而遇諸侯之朝也爲天王諱也是使王狩之意也公羊以爲踐土與此皆是晉侯召王何休云時晉文公年老恐霸功不成故上自天子曰諸侯不可卒致願王居踐土下謂諸侯曰天子在是不可不朝追使正君臣明王法案溫去京師路無百里晉侯已能致之於溫何故不能致之於洛何休妄造其辭事非晉侯之意故杜氏正之自嫌彊大不敢朝周耳

仲尼曰以臣召君不可以訓故書曰天王狩于河陽言非其地也

使若天王自狩以失地故書河陽實以屬晉非王狩地〇【疏】注使若至狩地〇正義曰此傳稱仲尼之語即云書曰明是仲尼新意非舊文也杜以書曰爲仲尼新意亦以此而知之聖人作法所以貽訓後世以臣召君不可以爲教訓故改正舊史舊史當依實而書言晉侯召王且使王狩仲尼書曰天王狩于河陽言天王自來狩獵于河陽之地使若獵失其地故書之以譏王然釋例曰天子諸侯田獵皆於其封內不越國而取諸人河陽實以屬晉非王狩所故言非其地且明德也義在隱其召君之闕是說改史之意也計天王之狩失地不書因此實非王地借之以改舊史若譏王狩然實不譏王也穀梁傳曰水北爲陽山南爲陽溫河陽也會于溫言小諸侯以河陽言之大天子也然河陽與溫止是一地天子來就諸侯假辭以稱狩耳左氏無此義但會指所在之地故言溫狩是田獵之所故廣言其地蘇氏云明晉侯之德沒其召君書天子之狩顯其失地便是褒諸侯貶天子所以然者此。亦假其失地之文欲明王狩所在非實貶也若隱其召君則全沒不書於義爲可必書天王非地之狩者若全沒其文無以明晉侯尊崇天子之德故書天子出狩諸侯往朝

且明德也

隱其召君之闕欲以明晉之功德河陽之狩趙盾之弒。泄冶之罪皆違凡變例以起大義危疑之理故特稱仲尼以明之〇弒音試泄息列反治音也危疑如字一本危作佹九委反【疏】注隱其至明之〇正義曰晉侯所以召王志在尊崇天子故。改舊史隱其

召君之闕以明晉侯之功德功德謂尊事天子是也丘明爲傳所以寫仲尼之意凡所改易皆是仲尼而於河陽之狩趙盾之弑泄冶之罪此三事特稱仲尼曰者史策所書皆書實事晉侯召王使狩而作自狩之文是言不實也凡例弑君稱君君無道靈公不君而稱臣以弑似君無過也大夫無罪見殺不書其名泄冶忠諫而被殺書名乃罪合死也此三事皆違凡典變舊例以起大義危疑之理恐人不信須聖言以爲證故特稱仲尼以明之

壬申公朝于王所執衛侯經在朝王下傳在上者告執晚

疏壬申公朝于王所○正義曰傳之上下例不虛舉經文此虛舉經者終上晉侯召王以諸侯見之事

丁丑諸侯圍許十月十五日有日無月晉侯有疾曹伯之豎侯獳貨筮史豎掌通內外者史晉史使曰以曹爲解以滅曹爲解故○解戶賣反注同又古買反齊桓公爲會而封異姓封邢衛今君爲會而滅同姓曹叔振鐸文之昭也叔振鐸曹始封君文王之子○鐸待洛反先君唐叔武之穆也且合諸侯而滅兄弟非禮也與衛偕命私許復曹衛而不與偕復非信也同罪異罰非刑也衛已復故禮以行義信以守禮刑以正邪舍此三者君將若之何公說復曹伯遂會諸侯于許

晉侯作三行以禦狄荀林父將中行屠擊將右行先蔑將左行晉置上中下三軍。今復增置三行以辟天子六軍之名三行無佐疑大夫帥○邪似嗟反舍音捨說音悅行戶郎反下及注同將子匠反屠音徒擊古狄反又音計蔑亡結反復扶又反

附釋音春秋左傳注疏卷第十六

春秋左傳注疏卷十六校勘記

阮元撰盧宣旬摘錄

附釋音春秋左傳注疏卷第十六 僖廿五年至廿八年

（經二十五年）

自爲其子來逆 閩本逆誤道

則此人字蕩也 浦鏜校云字作氏

故但言納不復言歸 宋本重歸字是也案歸字下屬爲句

三十一年魯始得曹田 閩本始誤殆

（傳二十五年）

掖以赴外 詩衡門篇正義引作持以赴外謂持其臂而投之城外也案說文掖持臂也詩正義作持以意改段玉裁云赴當作仆字之誤謂兩持其臂脅自城上投諸城下也作赴則義未顯

遂謂臂下脅上爲掖 閩本實闕下脅上三字

繼文之業 宋本此節正義在注匡輔周室之下

遇公用亨于天子之卦也 石經淳化本岳本纂圖本監本毛本無也字

故能爲王所宴饗　岳本饗下有也字

戰克而王饗　宋本此節正義在注言卜筮協吉之下

筮得大有是王享也　閩本監本毛本享作饗

晉侯朝王王饗醴　石經宋本淳熙本足利本饗作享釋文亦作享云注同國語晉語作饗詩彤弓正義引同劉向新序引作享案作享爲正字作饗爲同音假借左氏多用正字說詳成十二年

闕地通路曰隧　山井鼎云禮喪大記疏引此注隧作闕誤也案李善思元賦注引作掘亦非不知古穿地謂之闕地如闕地及泉其一也○今訂正

與之陽樊溫原欑茅之田　淳熙本監本閩本毛本欑作攢釋文亦作攢非也

晉於是始起南陽　石經宋本淳熙本岳本足利本起作啓不誤

蒼葛呼曰　石經宋本淳熙本岳本蒼作倉注同

蒼葛樊陽人　宋本淳熙本岳本足利本樊陽作陽樊不誤

昏而傳焉　顧炎武云石經傳誤傳案石經此處闕炎武所據乃謬刻也

掘地爲坎　釋文亦作掘云本又作闕字按此掘字必淺人所改

乃降秦師囚申公子儀息公子邊以歸 石經宋本淳熙本岳本重秦師二字

昔趙衰以壺飱從徑餒而弗食 閩本壺誤壼石經宋本飱作飧注同岳本作飧閩本監本毛本作餐案飧字當從夕從食正義曰劉炫改徑爲經謂經歷饑餒下屬爲句案經徑古多通用如楚詞招魂經堂人奧注經一作徑史記高祖本紀夜徑索隱曰舊音經隸辨徐氏紀產碑雖直徑營即經營也

謂經歷飢餒 閩本監本毛本飢作饑非

〔經二十六年〕

不及 石經宋本淳熙本岳本纂圖本監本毛本不作弗不誤

齊人至弗及 閩本弗作不非也

而書莒挐也 閩本監本毛本挐作拏非也

公子遂如楚乞師 案惠棟云遂世本作述述與遂古字通秦大夫西乞術本亦作遂是也

魯卿也 正義本卿作大夫云今定本爲魯卿

凡乞者〇求過理之辭 閩本監本毛本〇作有誤宋本作深〇今訂從宋本

執謙以逼成其討 宋本討作計與釋例合下合計同〇今依訂正

（傳二十六年）

門人從以爲謚 閩本監本毛本謚作惠非宋本謚作諡案當作謚

室如縣罄 釋文罄亦作磬盡也石經此處闕諸本作罄程瑤田通藝錄云左傳室如縣罄字从缶从缶與从石同意罄有房室中空之象室無資糧故曰如縣罄也國語作縣磬韋注言魯府藏空虛但有榱梁如縣磬也假借之凡器中空皆謂之罄如詩云瓶之罄矣是也空則有盡義故又謂盡爲罄詩云罄無不宜是也

我敝邑用不敢保聚 案石經不字上後人旁增是字非唐刻也

明是適子有疾 宋本閩本監本毛本適作嫡

立其弟熊延 閩本監本毛本延誤廷

左右謂進退在己 宋本岳本已作己不誤正義同

能左右者謂欲左則左 宋本謂作爲

劉賈許頼既不守例爲斷 閩本監本毛本頼作賴非也

（經二十七年） 宋本春秋正義卷第十三石經春秋經傳集解僖下第七岳本纂圖本僖下有公字並盡三十三年

杜意當以此爲明年始告 監本毛本告作來

然若成十三年公會諸侯伐秦宋本亦作若閩本監本毛本誤作則

齊人使隰鉏請成監本毛本鉏誤鉅

〔傳二十七年〕

不廢喪紀宋本此節正義在禮也注下

弔贈之數不有廢足利本有作可

樂記曰監本毛本記作紀非也

責無禮也釋文作責禮也本或作責無禮者非顧炎武云石經責誤青案石經此處闕炎武所據乃謬刻

貫三人耳宋本以下正義四節在何後之有注下

謀元帥宋本以下正義二節總入德義利之本也之下

郤縠可刻釋文縠作穀云本又作縠同顧炎武云石經誤作穀案炎武所據乃謬刻

導禮以布德案禮下脫樂字當據宋本閩本監本毛本補

狐毛偃之兄宋本以下正義二節總入未安其居注下

魏犨爲右補各本犨作犫下並同

入務至生矣宋本以下正義二節總入末宣其用注下

不詐以求多纂圖本多下有也字非下句注同

公曰可矣乎石經乎字旁增葢初刊時脫去覆勘增正也

謂明年戰城濮纂圖本閩本監本毛本謂作爲非也

（經二十八年）

如此訊之也宋本如作於是也

然魯殺之叢補毛本之叢作子叢是也今依訂正

比令公子買楚戍衞宋本楚上有爲字毛本脫爲楚二字

唯言晉師陳于莘北毛本北作比非宋本作此屬下句

稱君以殺罪之宋本淳熙本岳本足利本君作名不誤

時國次也閩本監本毛本也誤之

則以大小爲序監本毛本爲作無非也

杜云襄王聞戰勝宋本聞下有晉字與傳注合

傳言司城效節於府人而出 閩本監本效作効案文八年傳作效

邾人秦人于温 石經岳本邾人作邾子與穀梁同公羊作邾婁子按石經是也

若宋向戌之後會 宋本戌作戍是也下同

許比再會不至 宋本比作此非也

故因會共伐之 足利本無會字

故從國逆例 宋本足利逆下有之字

注晉感至之例 毛本之誤逆此節正義宋本在遂會諸侯圍許注下

〔傳二十八年〕

謂楚人曰 石經宋本無曰字

謂告楚人言子叢不終戍事而歸 宋本岳本足利本謂作詐

輿人至於墓 宋本此節正義在師遷焉注下

皆韻如詩賦 閩本監本毛本皆作音

今定本作謀 監本毛本定作先非也

言其無德居位者多 淳熙本居作車非也

百猶勵也 宋本岳本勵作勸釋文亦作勸字正義同按勵者厲之俗說文所無勸音邁百音陌雙聲也

注距躍至勵也 宋本此節正義在以徇于師句下

說文云躍迅也 閩本監本毛本迅作退非也

報借齊秦 宋本淳熙本岳本足利本報作假是也

凡二十六年 宋本足利本二作三是也

則須退辟也 宋本辟作避

早自也斂 閩本監本毛本也作退亦非宋本作收

子玉使伯棼請戰 淳熙本玉誤欲石經此處闕宋本淳熙本岳本纂圖本足利本棼作梦不誤釋文亦作梦注同

先軫曰子與之 宋本以下正義三節總入退三舍句下

豈在久矣 石經宋本淳熙本岳本足利本矣作乎是也

食言之爲 宋本閩本監本毛本爲作僞

孟武伯惡都重曰 宋本都作郭是也

通謂僞言爲食言宋本謂作爲非

素訓爲上宋本上作空是也

鄬邱陵險阻名宋本以下正義二節總入吾且柔之矣注下

前左水澤浦鏜校本左作阻字按史記淮陰侯列傳曰兵法右倍山陵前左水澤倍古背字背猶後也

原田每每案李善注魏都賦作莓莓賈昌朝羣經音辨引作畮畮實一字也

喻晉君美盛宋本淳熙本足利本君作軍是也

姬姓之國在漢北者山井鼎引足利本之作諸

子犯審見事宜淳熙本子作也非也

令戒勑子玉子西之屬宋本毛本勑作敕不誤案說文勑勞也從力來聲陸德明云來旁作力俗以爲約勑字是也

韅靷鞅靽釋文云韅說文作韅惠棟云案㬎古文以爲顯故傳作韅從古文省

靷宏軸也案當作引軸

有約胸者閩本實闕約字

使若大將稍却纂圖本閩本監本毛本却作郤乃卻之譌

是大崩 淳熙本纂圖本是上衍不字

鄉役之三月 釋文鄉本又作鄕案說文引傳作鄕今傳作鄉古文假借

鄭伯至而懼 宋本以下正義二節總入注子人氏九名之下

傳相也 纂圖本相誤規

命晉侯宥 纂圖本閩本監本毛本宥作侑案周禮多用宥爲侑古文假借字也

尹氏王子虎 淳熙本尹作奚非也

注以策至寵晉 宋本以下正義一節入戎輅之服注下

賜之大輅之服 石經宋本岳本纂圖本閩本監本毛本作大輅案後漢書袁紹傳注引作路是也輅乃俗字耳

玈弓矢千 監本毛本玈誤旅釋文云玈本或作旅字非也段玉裁云古音旅盧無魚模斂侈之別如盧即盧聲可證古字假旅爲盧魏三體石經遺字之存於洪氏者文侯之命篇有旅荒寧等字而誤系之春秋傳其旅二文一篆一隸即盧弓盧矢之盧字也魏時邯鄲淳衞敬侯諸家去漢未遠根據尚精蓋左氏最多古文音義云玈本或作旅此正古本之晉小雅彤弓音義亦云玈或作旅字者非此皆陸之疏爾玈之字魏人石經隸體不用則起於魏以後昧於假旅之指而改從玄旁也說文無玈字石經矢千上後人據別本旁增十玈二字釋文云本或作玈弓十玈矢千後人專輒加也案詩小雅彤弓正義云傳文直云玈弓矢千定本亦然故服虔云矢千則弓十是本無十玈二字俗本有者誤也

彤赤弓旅黑弓　段玉裁校本弓並作也是也

注彤赤至征伐　宋本以下正義四節總入王懸注下

以服射甲革椹質者　宋本服作授是也

以授射豺侯鳥獸者　宋本豺作豻是也毛本侯誤猴

見諸近射田獵　宋本毛本見作用是也

秬鬯一卣　淳熙本卣誤卤注同

掌先後王而趨以卒伍　閩本監本伍作五非也

重耳敢再拜稽首　此本拜稽二字誤作小字注今訂正

自襄牛出　監本自字上○應作注

皆獎王室　釋文亦作獎淳熙本岳本纂圖本閩本監本毛本作奬

明神殛之　釋文殛本又作極誅也下是糾是殛同爾雅殛誅也小雅菀柳魯頌閟宮正義引並作極是極與殛通也

俾隊其師　釋文俾作卑云本亦作俾

注獎助至能也　宋本此節正義入能以德攻注下

餘皆釋言文注 案注字衍宋本無

及其玄孫 石經宋本淳熙本岳本纂圖本足利本其作而是也

初楚子玉自爲瓊弁玉纓 案說文引作璿弁玉纓張衡集引同釋文弁作玣云本又作弁

弁以鹿子皮爲之 監本子誤孟

瓊玉之別名 淳熙本瓊作璚案璚與瓊同

侯伯七 閩本監本侯誤諸宋本毛本侯上衍諸字

衞風淇奧篇也 閩本監本毛本奧作澳非也

余賜女孟諸之麋 案禹貢作孟豬正義云左傳爾雅作孟諸周禮作望諸聲轉字異正是一地也

注孟諸至曰麋 宋本此節正義在弗致也之下

導荷澤 宋本荷作菏

水草交爲湄 監本水誤氷

則衆意皆阻 宋本阻作沮

禆竈請用瓘斝禳火 監本毛本斝作斚非也閩本作斝謬

無所愛惜爲勁宋本淳熙本岳本纂圖本閩本監本毛本勁作勤不謬

王時別遣追前使淳熙本遣誤遺

注夷謚宋本此節正義在亡大旆之左旃注下非是

武子甯俞也葉抄釋文俞作渝

有渝此盟以相及也監本有誤者

奄甯子未備纂圖本閩本監本毛本奄作掩是也

聞君至纂圖本閩本監本毛本君作公非也

捉髮走出淳熙本髮誤髮

注牛馬至失之宋本以下正義總入亡大旆之左旃節注夷謚疏後

爲別失馬牛閩本監本毛本作失牛馬

掌此三事而不脩宋本淳熙本岳本足利本三作二是也

注愷樂也宋本此節正義入討不服也注下

故使叔鍼莊子爲主宋本淳熙本岳本足利本無叔字是也

先驗吏卒之義　岳本義下有也字

爲治獄吏褻尊者也　閩本監本毛本褻作藝非也

深室別爲囚室　纂圖本監本毛本別作則非也

槖衣囊　宋本衣下有之字

饘糜也　宋本岳本足利本作糜也不誤正義同

言其忠至所慮者深　宋本至作主

注甯俞至者深　宋本此節正義在立公子瑕注下

注晉侯至之事　宋本以下正義二節總入言其非地也注下

故自嫌彊大　閩本監本毛本彊作強與注合

此亦假其失地之文　監本毛本亦誤一

泄治之罪　此處泄字宋本淳熙本岳本纂圖本閩本監本毛本並不作洩此本字之僅存者

故改舊史　閩本監本毛本改作解非

有日無月　纂圖本監本毛本無誤有

今復增置三行纂圖本監本毛本今誤合

春秋左傳注疏卷十六校勘記

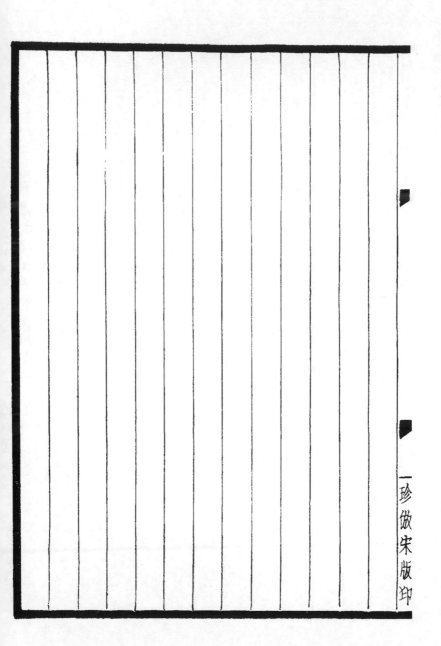

附釋音春秋左傳注疏卷第十七 僖二十九年盡三十三年

杜氏注　孔穎達疏

經二十有九年春介葛盧來介東夷國也在城陽黔陬縣葛盧介君名也不稱朝不見公且不能行朝禮雖不見公國賓禮之故書○介音界國名黔巨廉反又音琴陬子侯反又側留反○公至自圍許無傳○夏六月會王人晉人宋人齊人陳人蔡人秦人盟于翟泉翟泉今洛陽城內大倉西南池水也魯侯諱盟天子大夫諸侯大夫又違禮盟公侯。王子虎違禮下盟故不言公會又皆稱人○翟直歷反大倉音泰

疏注翟泉至稱人○正義曰傳曰卿不書罪之也在禮卿不會公侯唯言諸侯之卿會魯君罪耳不言罪魯侯與子虎知其亦有罪者襄二十六年公會晉人鄭良霄宋人曹人于澶淵彼爲趙武敵公貶之稱人而文不沒公此沒公不書明公別有罪五年公及齊侯宋公云云會王世子于首。止王世子不盟也九年公會宰周公云云于葵丘宰周公不盟也往年踐土之會王子虎盟諸侯于王庭宣七年黑壤之會王叔桓公臨之王之公卿皆不與諸侯共盟則知諸侯不合盟王臣王臣不合與於盟今王子虎亦貶稱人知魯侯諱盟天子大夫故沒公不書也王子虎違禮下盟故貶稱人

○秋大雨雹○雨于付反傳同雹蒲學反○冬介葛盧來

傳二十九年春。介葛盧來朝舍于昌衍之上魯縣東南有昌平城○衍以善反公在會饋之芻米禮也嫌公行不當致饋故曰禮也○饋其媿反芻初俱反

疏饋之芻米○正義曰周禮掌客天子待諸侯之禮上公饔餼九牢饔五牢餼四牢車禾視死牢牢十車則禾五十車車米視生牢牢十車則米四十車侯伯饔餼七牢禾四十車米三十車子男饔餼五牢禾三十車米二十車芻薪皆倍禾也聘禮卿

饔餼五牢禾米與子男同其附庸執帛與公之孤同則饔餼亦五牢禾三十車米二十車薪芻倍禾則此饋之芻米芻六十車米二十車○夏公會王子虎晉狐偃宋公孫固齊國歸父陳轅濤塗秦小子慭盟于翟泉尋踐土之盟且謀伐鄭也經書蔡人而傳無名氏即微者秦小子慭在蔡下者若宋向戌之後會○轅音袁濤音桃慭魚覲反向式亮反

疏且謀伐鄭○正義曰晉侯受命鄭伯傅王踐土與溫二會咸在鄭無叛晉之狀而此會謀伐鄭者文公昔嘗過鄭鄭不禮焉城濮戰前鄭復如楚雖以楚敗之後畏威來會晉侯以大義受之內實懷恨此會鄭人不至必有背晉之心故謀伐之也晉語城濮戰下稱文公誅觀狀以伐鄭。及其陴鄭人以名寶行成公不許得叔詹將亨而舍之左傳無伐鄭之事蓋溫會以後已嘗伐鄭鄭至今未服故此會謀伐明年遂與秦圍之傳曰且貳於楚也楚鄭自知負晉故有貳心也○注經書至後會○正義曰經若貶卿稱人傳則言其名氏若傳無名氏則本是微人此經書蔡人而傳無名氏此是實蔡之微者秦是大國小子慭名見於傳而在蔡微者之後若宋向戌之後會也襄二十六年公會晉人鄭良霄宋人曹人于澶淵傳曰趙武不書尊公也向戌不書後也鄭先宋不失所也宋是大國常在鄭先向戌既以會公貶又以後至退其班使在鄭下此小子慭既以會公貶又退之在蔡下若彼宋向戌之後會也然向戌後會傳為發之經書良霄以駮向戌之後今小子慭既是後會傳不為發又不書蔡人之名以駮之者但秦辟陋西戎未同中國蔡人又蔡之微者不合書名故傳不發之經不貶責也公孫固字在齊上者蓋為大司馬尊於歸父歸父雖執齊政不廢身非上卿如管仲之類猶文十七年陳公孫寧襄二十七年陳孔奐皆序在衛下杜云非上卿即此類也

卿不書罪之也晉侯始霸翼戴天子諸侯輯睦王室無虞而王子虎下盟列國以瀆大典諸侯大夫上敵公侯虧禮傷教故貶諸大夫諱公與盟○輯音集又七入反瀆徒木反上時掌反又如字與音預

在禮卿不會公侯會伯子男可也大國之卿當小國之

君故可以會伯子男諸卿之見貶亦兼有此闕故傳重發之○重直用反【疏】注大國至發之○正義曰昭二十三年傳叔孫婼曰列國之卿當小國之君固周制也是其可以會伯子男也諸卿見貶兼有此闕請諸卿既上盟天子大夫又上敵公侯故云兼案杜上注經云諸侯大夫違禮盟公侯又注傳云諸侯大夫上敵公侯則是唯責諸侯大夫上敵公侯不責上盟天子之使而言兼有此闕者以魯君上盟天子之使已諱而不書則諸侯之臣罪在可悉故傳云卿不書罪之略言其事故杜經傳二注唯言敵公侯不云盟王使以其可知故也劉炫以為直責其敵公侯不責其盟王使以規杜氏必如劉義則是君盟王使乃為有罪臣盟王使乃無貶責便是君臣易位尊卑失序聖人垂訓豈若是乎

○秋大雨雹為災也○冬介葛盧來以。未見公故復來朝禮之加燕好燕燕禮也好好貨也一歲再來故加之○復扶又反好呼報反下同介葛盧聞牛鳴曰是生三犧皆用之矣其音云問之而信傳言人聽或通鳥獸之情○犧許宜反【疏】注傳言至之情○正義曰周禮夷隸掌與鳥言貉隸掌與獸言鄭司農云夷狄之人或曉鳥獸之言鄭玄云夷隸征東夷所獲貉隸征東北夷所獲然則介葛盧是東夷之國其土俗有知者故介葛盧曉之

經三十年春王正月○夏狄侵齊○秋衞殺其大夫元咺及公子瑕咺見殺稱名者訟君求直又先歸立公子瑕非國人所與罪之也瑕立經年未會諸侯故不稱君【疏】注咺見至稱君○正義曰咺既稱名故知以訟君立瑕為咺之罪狀春秋之世諸侯雖簒弑而立已列於會雖復見弑即成為君齊商人蔡侯班之屬是也瑕立雖已經年未會諸侯故不稱君既不成君即與元咺同為國討之辭元咺先死故稱及也瑕若成君當據周歂冶廑為文書曰衞弒其君瑕衞侯鄭歸于衞魯為之請故從諸侯納之例例在成十八年○為于僞反

○晉人秦人圍鄭晉軍函陵秦軍汜南各使微者圍鄭故稱人○函音咸汜音凡傳同介人侵蕭無傳冬天王使宰周公來聘周公天子三公兼冢宰也○兼如字又經念反公子遂如京師遂如晉如京師報宰周公

傳三十年春晉人侵鄭以觀其可攻與否狄閒晉之有鄭虞也○閒閒廁之閒夏狄侵齊晉齊與國○晉侯使醫衍酖衛侯衍醫名晉侯實怨衛侯欲殺而罪不及死故使醫因治疾而加酖毒○衍以善反酖音鴆疏注衍醫至酖毒○正義曰周禮大司馬以九伐之法正邦國賊殺其親則正之鄭玄云正之者執而治其罪王霸記曰正殺之也春秋僖二十八年晉人執衛侯歸之於京師坐殺其弟叔武如鄭彼言則衛侯合死而云罪不及死者衛侯之心疑叔武耳前驅歂犬卜君意而殺之非衛侯命殺也公知其無罪枕股而哭又命殺歂犬是則殺非公意也故不至死若然則是衛侯無罪而往年衛侯與元咺訟衛侯不勝殺士榮刖鍼莊子者用讒疑賢弟渝盟先期入是衛侯之罪也罪不合死而晉侯心怨欲得殺之故使醫因治疾而加酖毒若不治疾不得使醫故知因治疾也魯語云晉人執衛成公歸之于周使醫酖之不死醫亦不誅臧文仲言於僖公曰夫衛君殆無罪矣今晉侯酖衛侯不而不死亦不討其使者諱而惡殺之也是罪不合死之事也甯俞貨醫使薄其酖不死甯俞視衛侯衣食故得知之公為之請納玉於王與晉侯皆十瑴王許之雙玉曰瑴公本與衛同好故為之請○公為于僞反注同瑴音角好呼報反秋乃釋衛侯○衛侯使賂周歂冶廑曰苟能納我吾使爾為卿恐元咺距己故賂周冶○歂市專反冶音也廑音觀又音謹人名也漢書音義云音勤字也鄭氏音勤周冶殺元咺及子適子儀子儀瑕母弟不書殺賤也○適丁歷反公入祀先君周冶既服將命服卿服將入廟受命疏注服

卿至受命○正義曰言祀先君而服將命知其將入廟也必入廟者祭統云古者明君爵有德而祿有功必賜爵祿於大廟示不敢專也命臣必在廟而王制云爵人於朝者朝上詢於衆人位定然後入廟受命今世受官猶然周歂先入及門遇疾而死冶廑辭卿（見周歂死而懼）

○九月甲午晉侯秦伯圍鄭以其無禮於晉（文公亡過鄭鄭不禮之○過古禾反）且貳於楚也晉軍函陵秦軍氾。南（此東氾也在。滎陽中牟縣。南）

疏注此東氾○正義曰劉炫云二十四年王出適鄭處于氾注云鄭南氾也釋例土地名僖二十四年氾下云此南氾也周王出居于氾楚伐鄭師于氾襄城縣南氾城是也此年氾下云此東氾也秦軍氾南晉伐鄭師于氾滎陽中牟縣南氾澤是也杜考校既精當不徒國尋討傳。文未見杜意

佚之狐言於鄭伯曰國危矣若使燭之武見秦君師必退（佚之狐燭之武皆鄭大夫○佚音逸）公從之辭曰臣之壯也猶不如人今老矣無能為也已公曰吾不能早用子今急而求子是寡人之過也。然鄭亡子亦有不利焉許之夜縋而出（縋縣城而下○縋丈偽反縣音玄）見秦伯曰秦晉圍鄭鄭既知亡矣若亡鄭而有益於君敢以煩執事（執事亦謂秦）越國以鄙遠君知其難也（設得鄭以為秦邊邑則越晉而難保）焉用亡鄭以倍。鄰。（陪益也○焉於虔反下焉取之同倍蒲回反）鄰之厚君之薄也若舍鄭。以為東道主行李之往來共其乏困（行李使人○舍音捨又如字共音恭本亦作供使所吏反）

疏注行李使人○正義曰襄八年傳云一介行李杜云行李行人也昭十三年傳云行理之命杜云行理使人李理字異為注則同都不解理字周語行理以節逆之賈逵云理吏也小行人也孔晁注國語其本亦作李

字注云行李行人之官也然則兩字通用本多作理。訓之爲吏故爲行人使人也君亦無所害且君嘗爲晉君賜矣許
君焦瑕朝濟而夕設版焉君之所知也晉君謂惠公也焦瑕晉河外五城之二邑朝濟河而夕設版築以距秦言背秦
之速○朝如字注同版音板背音佩夫晉何厭之有既東封鄭又欲肆其西封封疆也肆申也○厭於鹽反疆居良
反。若不闕秦。將焉取之疏。不闕秦焉取之○正義曰沈云不闕秦家更何處取之言有心取秦先謀取鄭言滅秦以將利晉益大疆
土闕秦以利晉唯君圖之秦伯說與鄭人盟使杞子逢孫楊孫戍之乃還三子秦大
夫反爲鄭守○說音悅爲于僞反子犯請擊之公曰不可微夫人力不及此。請擊秦也夫人謂秦穆公○夫音扶
注同因人之力而敝之不仁失其所與不知以亂易整不武秦晉和整而還相攻更爲亂也○知音智
吾其還也亦去之○初鄭公子蘭出奔晉蘭鄭穆公從於晉侯伐鄭請無與圍鄭許
之使待命于東晉東界○與音預鄭石甲父侯宣多逆以爲大子以求成于晉晉人許
之二子鄭大夫言穆公所以立○冬王使周公閱來聘饗有昌歜白黑形鹽昌歜昌蒲葅白熬稻黑熬黍形
鹽鹽形象虎○閱音悅歜在感反葅莊居反敖稻五刀反疏注昌歜至象虎○正義曰昌歜饗之所設必是籩豆之實周禮醢人朝事之豆其實有昌本麋
臡鄭玄云昌本昌蒲。根切之四寸爲葅彼昌本可以爲葅知此昌歜即是昌蒲葅也齊有邴。歜魯有公甫歜其音爲觸說文云歜盛氣怒也從欠蜀聲此昌歜
之音相傳爲在感反不知其字與彼爲同爲異偏檢書傳昌蒲之草無此別名未知其所由也此云白黑下云嘉穀穀之白黑唯稻黍爲然下云鹽虎形知其

形象虎也辭曰國君文足昭也武可畏也則有備物之饗以象其德薦五味羞嘉穀鹽虎形嘉穀熬稻黍也以象其文也鹽虎形以象武也以獻其功吾何以堪之疏辭曰至堪之○正義曰周禮掌客王巡守百官從者所過之國共其積膳三公眡上公之禮卿眡侯伯之禮大夫眡子男之禮宰周公是天子三公其主國待之當尊於國君但周公自謙不敢當比國君耳既云備物之饗以象其德及說備物之下即云以獻其功功德互見之耳獻其功者獻謂呈見旌表之也備設以象德薦獻以見功故象獻分配爲文

○東門襄仲將聘于周遂初聘于晉公既命襄仲聘周未行故曰將又命自周聘晉故曰遂自入春秋魯始聘晉故曰初疏注公既至曰初○正義曰經書實行之事傳說將命之初故云命之將聘于周未行又命之遂聘于晉令其從周卽去更不迴也賈服不曉傳意解爲先聘晉後聘周故杜詳說之

經三十有一年春取濟西田晉分曹田以賜魯故不繫曹不用師徒故曰取疏注晉分至曰取○正義曰濟西之田實是曹地晉文分以賜魯故不繫於曹不繫晉者晉本意賜諸侯不爲己有故亦不繫晉也昭四年傳例曰凡克邑不用師徒曰取取。田取邑義亦同也○公子遂如晉○夏四月四卜郊不從乃免牲龜曰卜不從不吉也卜郊不吉故免牲免猶縱也疏注龜曰至縱也○正義曰龜曰卜曲禮文也洪範稽疑云龜從筮從謂從人之心也人心欲吉不從是不吉也卜郊不吉不復爲郊牲無所用故免牲免猶縱放不殺之也穀梁傳曰免牲者爲之緇衣。纁裳有司玄端奉送至于南郊免牛亦然左傳無說其事或然也桓五年傳例曰凡祀啓蟄而郊啓蟄周之三月也今於夏四月卜郊者傳舉節氣有前有却但使春分未過仍得爲郊故四月得卜郊也故釋例曰凡十二月而節氣有二十四共通三百六十六日分爲四時間之以閏月故節不必得恆在其月初而中氣亦不得恆在其月之半是以傳舉天宿氣節爲文而不以月爲正僖公襄公夏四月卜郊但譏其非所宜卜而不譏其四月不可郊也孟獻子曰啓蟄而郊郊而後耕耕謂春分也言得啓蟄當卜郊不得過春分耳是言四月得郊也周禮太宰職云祀五帝前期十日帥執事而卜日然則將祭必十日之前豫卜之也言四卜郊者蓋三月每旬一卜至四月上旬更一卜乃成爲四卜也此言四卜郊不從襄七年三卜郊不從公羊傳曰曷爲或言三卜或言四卜三卜禮也四卜非禮也三卜何以禮求吉之道三今左傳以爲禮不卜常祀則一卜亦非不云四非而三是異於公羊說

猶三望三望分野之星國中山川皆。郊祀望而祭之魯廢郊天而。脩其小祀故曰猶猶者可止之辭○分扶問反【疏】注三望至之辭○正義曰公羊傳曰三望者何望祭也然則曷祭祭泰山河海鄭玄以爲望者祭山川之名諸侯之祭山川在其地則祭之非其地則不祭且魯竟不及於河禹貢海岱及淮惟徐州徐即魯地三望謂淮海岱也賈逵服虔以爲三望分野之星國中山川今杜亦從之以襄九年傳曰陶唐氏之火正閼伯居商丘祀大火相土因之故商主大火昭元年傳云辰爲商星參爲晉星楚語云天子徧祀羣神品物諸侯二王後祀天地三辰及其土地之山川注國語者皆云諸侯二王後祀天地三辰日月星也非二王後祀分野星辰山川也以此知三望分野之星國內山川其義是也昭七年夏四月甲辰朔日有食之於時夏之二月日在降婁降婁傳稱去衛地如魯地於十二次豕韋衛地降婁魯地魯祭分野之星其祭奎婁之神也此三望者因郊祀天而望祭之於法不獨祭也魯既廢郊天而獨脩小祀故曰猶公羊穀梁皆云猶者可止之辭

○秋七月○冬杞伯姬來求婦無傳自爲其子成昏○爲于僞反○狄圍衛十有二月

衛遷于帝丘辟狄難也帝丘今東郡濮陽縣故帝顓頊之虛故曰帝丘○難乃旦反顓音專頊郭玉反虛起魚反【疏】注辟狄至帝丘○正義曰傳稱狄圍衛衛遷于帝丘蓋有。阻。險可以辟狄難也釋例曰帝丘故帝顓頊之虛故曰帝丘昆吾氏因之故曰昆吾之虛東郡濮陽縣是也

傳三十一年春取濟西田分曹地也二十八年晉文討曹分其地竟界未定至是乃以賜諸侯○竟音境使臧文仲往宿於重館高平方與縣西北有重鄉城○重直龍反注同方音房與音預○重館人告曰晉新得諸侯必親其共不速行將無及也從之分曹地自洮以南東傅于濟盡曹地也文仲不書請田而已非聘享會同也濟水自滎陽東過魯之西至樂安入海○洮吐刀反傅音附盡津忍反樂音洛疏重館至曹地○正義曰魯語說此事云獲地於諸侯爲多臧文仲反既復命爲之請曰地之多重館人之力也臣聞之曰善有章雖賤賞也今一言而辟竟其章大矣請賞之乃出而爵之襄仲如晉拜曹田也○夏四月四卜郊不從乃免牲非禮也諸侯不得郊天魯以周公故得用天子禮樂故郊爲魯常祀疏注諸侯至常祀○正義曰明堂位稱成王幼弱周公踐天子之位以治天下制禮作樂七年致政於成王成王以周公爲有勳勞於天下命魯公世世祀周公以天子之禮樂是以魯君孟春乘大路載弧韣旂十有二旒日月之章祀帝于郊祀以后稷天子之禮也是魯以周公之故得用天子禮樂天子命之則爲常祀故郊爲魯之常祀也記言正月謂周正建子之月與傳啓蟄而郊其月不同禮記是後儒所作不可以難左傳猶三望亦非禮也禮不卜常祀必其時而卜其牲日卜牲與日知吉凶牛卜日曰牲既得吉日則牛改名曰牲疏注既得至曰牲○正義曰上云卜其牲日則牲之與日俱卜之也必當先卜牲而後卜日卜得吉日則改牛爲牲然則牛雖卜吉未得稱牲牲是成用之名不可改名爲牲更卜吉凶明知卜牛在卜日之前也此言免牲是已得吉日牲既成矣成七年乃免牛是未得吉日牲未成也牲成而卜郊上怠慢也怠於古典慢瀆龜策望郊之細也不郊亦無望可也○秋晉蒐于清原作五軍以禦狄二十

八年晉作三行令罷之更爲上下新軍河東聞喜縣北有清原○行戶郎反趙衰爲卿二十七年命趙衰爲卿讓於欒枝今始從原大夫爲新軍
帥○帥所類反【疏】趙衰爲卿○正義曰晉語云文公命趙衰爲卿讓於欒枝先軫後又使爲卿讓於狐偃狐毛卒又使爲卿讓於先且居公曰趙衰三讓其
所讓皆社稷之衛也廢讓是廢德也以趙衰故蒐于清原作五軍使趙衰將新上軍箕鄭佐之胥嬰將下軍先都佐之如彼文止謂趙衰作五軍故特言趙衰
爲卿以見之於時舊三軍之將佐先軫將中軍郤溱佐之先且居將上軍狐偃佐之欒枝將下軍胥臣佐之國語有其文也○冬狄圍衛衛
遷于帝丘卜曰三百年【疏】卜曰三百年○正義曰案史記衛世家及年表衛從此年以後歷十九君積四百三十年衛元君乃徙于
野王元君卒子角代立秦滅衛廢角爲庶人衛成公夢康叔曰相奪予享。相夏后啓之孫居帝丘享祭也○上曰音越或人實
反非也相息亮反注及下同夏戶雅反下同【疏】注相夏至祭也○正義曰夏本紀禹生啓啓生太康及仲康仲康生相是爲啓之孫也周禮祭人鬼曰享
公命祀相甯武子不可曰鬼神非其族類不歆其祀歆猶饗也歆許金反○杞鄫何事言杞
鄫夏後自當祀相相之不享於此久矣非衛之罪也言帝丘久不祀相非衛所絕。不可以閒成王周
公之命祀諸侯受命各有常祀○閒閒廁之閒請改祀命改祀相之命【疏】注改祀相之命○正義曰昭七年傳稱晉居夏虛祀鯀而
晉侯疾瘳此衛居帝丘而不合祀相者祭法云鯀障洪水而殛死載在祀典傳稱寶爲夏郊三代祀之周室既衰晉爲盟主當代天子祭絕祀之神故祭鯀爲
得禮相無功德於民惟當子孫自祭故稱杞鄫何事非衛之罪與鯀異也○鄭洩駕惡公子瑕鄭伯亦惡之故公子
瑕出奔楚瑕文公子傳爲納瑕張本洩駕亦鄭大夫隱五年洩駕距此九十年疑非一人○惡烏路反下同

經三十有二年春王正月○夏四月己丑鄭伯捷卒無傳文公也三同盟○捷在妾反疏注文公也三同盟○正義曰經無其葬故言其謚也捷以莊二十二年即位至此與魯十餘同盟言三同盟者但杜數同盟不例若同盟少者數先君之盟或數大夫之盟或數經不書盟而傳載盟者若同盟多者唯數今君或就今君之中數其大會盟之顯著者此言三同盟者皆據王臣臨盟則八年盟于洮九年于葵丘二十八年于踐土是也劉炫不尋杜意而規其謬非也○衛人侵狄報前年狄圍衛○秋衛人及狄盟不地者就狄廬帳盟○廬力於反帳張亮反疏注不地至帳盟○正義曰會狄于欑函言地今不言地故云就廬帳盟廬帳即是狄人所居之處上云衛人侵狄及狄盟猶若公如晉及晉侯盟是指其所居之處故不言地也劉炫云春秋時戎狄錯居中國此狄無國都處所直云及狄盟盟於狄之處也以狄俗逐水草無城郭宮室故云就廬帳盟○冬十有二月己卯晉侯重耳卒同盟踐土翟泉

傳三十二年春楚鬭章請平于晉晉陽處父報之晉楚始通陽處父晉大夫晉楚自春秋以來始交使命爲和同○使所吏反○夏狄有亂衛人侵狄狄請平焉○秋衛人及狄盟○冬晉文公卒庚辰將殯于曲沃殯窆棺也曲沃有舊宮焉○窆彼驗反一本作塗疏注殯窆至宮焉○正義曰周禮鄉師職云大喪及葬與匠師御柩及窆執斧以涖匠師昭十二年傳曰日中而堋禮記皆作封封堋於窆聲相近而字改易耳皆謂葬時下棺之名也殯則欑置於西序亦是下棺於地故殯爲窆棺也晉武公自曲沃而兼晉國曲沃有舊時宮廟故公卒而往殯焉禮諸侯五日而殯案經文以己卯卒庚辰是卒之明日即將殯者以曲沃路遠故早行耳禮在牀曰尸在棺曰柩下云棺有聲明是斂於棺而後行也出絳柩有聲如牛如牛呴聲○柩其救反禮云在牀曰尸在棺曰

柩呴呼口反卜偃使大夫拜曰君命大事將有西師過軼我擊之必大捷焉聲自柩出故曰君命大事戎事也卜偃聞秦密謀故因柩聲以正衆心○過古禾反又古臥反軼直結反又音逸杞子自鄭使告于秦三十年秦使大夫杞子戍鄭曰鄭人使我掌其北門之管管籥也○籥餘若反若潛師以來國可得也穆公訪諸蹇叔蹇叔曰勞師以襲遠非所聞也蹇叔秦大夫○蹇紀輦反師勞力竭遠主備之無乃不可乎師之所爲鄭必知之勤而無所必有悖心將害良善悖必內反○且行千里其誰不知公辭焉辭不受其言召孟明西乞白乙使出師於東門之外孟明百里孟明視西乞西乞術白乙白乙丙疏注孟明至乙丙○正義曰世族譜以百里孟明視爲百里奚之子則姓百里名視字孟明也古人之言名字者皆先字後名而連言之其術丙必是名西乞白乙或字或氏不可明也譜云或以爲西乞術白乙丙爲蹇叔子案傳稱蹇叔之子與師言其在師中而已若是西乞白乙則爲將帥不得云與師也或說必妄記異聞耳蹇叔哭之曰孟子吾見師之出而不見其入也公使謂之曰爾何知中壽疏中壽○正義曰上壽百二十歲中壽百下壽八十爾墓之木拱矣合手曰拱言其過老悖不可用○孟子本或作孟兮壽音授又如字拱九勇反蹇叔之子與師哭而送之曰晉人禦師必於殽殽在弘農澠池縣西○殽本又作崤戶交反劉昌宗音豪澠緜善反緜忍反與羊恕反殽有二陵焉大阜曰陵疏注大阜曰陵○正義曰釋地云高平曰陸大陸曰阜大阜曰陵李巡曰高平謂土地豐正名爲陸大陸謂土地高大名曰阜阜最高大爲陵其南陵夏后皐之墓也皐夏桀之祖父○夏戶雅反注

同皋古刀反疏注皋夏桀之祖父○正義曰夏本紀文桀父名發桀名履癸其北陵文王之所辟風雨也此道在二殽之間南谷中谷深委曲兩山相嶔故可以辟風雨古道由此魏武帝西討巴漢惡其險而更開北山高道○辟音避谷古木反又音欲嶔許金反又音欽本或作嵚力含反惡烏路反疏注此道至高道○正義曰此道見在殽是山名俗呼為土殽石殽其阸道在兩殽之間山高而曲兩山參差相映其下兩所不及故可以辟風雨也公羊傳曰蹇叔送其子而戒之曰爾即死必於殽之嶔巖是文王之所辟風雨者也此注言兩山相嶔故可以辟風雨者杜氏此言或取公羊之意嶔字蓋從山但嶔巖是山之貌而云相嶔文亦不順未能審杜意也何休云其處險阻隘勢一人可要百故文王過之驅馳常若辟風雨必死是間以其深險故余收爾骨焉秦師遂東為明年晉敗秦于殽傳○為于偽反

經三十有三年春王二月秦人入滑滅而書入不能有其地○齊侯使國歸父來聘○夏四月辛巳晉人及姜戎敗秦師于殽晉侯諱背喪用兵故通以賤者告姜戎姜姓之戎居晉南鄙戎子駒支之先也晉人角之諸戎掎之不同陳故言及○背音佩掎居綺反陳直覲反疏注晉侯至言及○正義曰杜以諸侯之貶不至稱人故知諱在喪用兵以賤者告也襄十四年傳戎子駒支自陳此事云謂我諸戎四嶽之裔胄且此云姜戎知是姜姓之戎也角之掎之皆彼傳文耳彼云晉禦其上戎亢其下是不同陳故言及也諸戰之陳共用師不言及者皆同陳也○癸巳葬晉文公○狄侵齊○公伐邾取訾婁○秋公子遂帥師伐邾○晉人敗狄于箕太原陽邑縣南有箕城郤缺稱人者未為卿○訾子斯反疏注大原至為卿○正義曰劉炫云案傳晉侯親兵先軫死敵則將帥非郤缺也而稱人者晉諱而以微人告今知不然者以戰于殽文公未葬故諱其背殯用兵此則文公既葬之後於禮得從

戎事又敗狄有功。又何恥諱而以微者告故杜云郤缺稱人未為卿劉以晉侯稱人同於殺諱而規杜氏非也○冬十月公如齊十有二月公至自齊○乙巳公薨于小寢小寢內寢也乙巳十一月十二日經書十二月誤○隕霜不殺草李梅實無傳書時失也周十一月今九月霜當微而重重而不能殺草所以為災○隕于敏反○疏注書時至為災○正義曰此在十二月下杜以長曆校之乙巳是十一月十二日謂經十二月爲誤遂以此經四事皆爲十一月夏之九月霜不應重重又不能殺草所以為災也此云隕霜不殺草定元年冬十月隕霜殺菽穀梁傳曰未可以殺而殺舉重可殺而不殺舉輕其意言菽重草輕也○晉人陳人鄭人伐許

傳三十三年春晉。秦師過周北門左右免冑而下王城之北門冑兜鍪兵車非大將御者在中故左右下御不下○冑直救反兜丁侯反鍪亡侯反將子匠反疏注王城至不下○正義曰成二年傳稱晉解張御郤克鄭丘緩為右張侯曰矢貫予手及肘左輪朱殷傷手而血染左輪是御者在左大將居中也宣十二年傳稱楚許伯御樂伯攝叔為右樂伯云射左以菆是射在左而御在中也鄭玄詩箋云兵車之法左人持弓右人持矛中人御車故左右。下御不下超乘者三百乘王孫滿尚幼觀之言於王曰秦師輕而無禮必敗謂過天子門不卷甲束兵超乘示勇○乘繩證反下及注皆同輕遣政反下同疏注謂過至示勇正義曰服虔云無禮謂過天子門不櫜甲束兵而但免冑呂氏春秋說此事云師行過周王孫滿曰過天子之城宜櫜甲束兵左右皆下然則過天子門當卷甲束兵以古有此禮或出司馬兵法其書既亡未見其本輕則寡謀無禮則脫脫易也○脫他活反易以豉反入險而脫又不能謀能無敗乎及滑鄭商人弦高將市於周遇之以乘韋先牛十二犒師商行賈也乘四韋先韋乃入牛古者將獻

遺於人必有以先之○先悉薦反注有以先之同犒若報反賈音古遺唯季反【疏】注商行至先之○正義曰周禮大宰以九職任萬民六曰商賈阜通貨賄鄭玄云行曰商處曰賈易云商旅不行是商行賈坐而言行賈者相形以曉人也乘車必駕四馬因以乘為四名禮言乘矢謂四矢此言乘韋謂四韋也遺人之物必以輕先重後故先韋乃入牛。老子云雖有拱璧以先四馬不如坐進此道是古者將獻饋必有以先之曰寡君聞吾子將步師

出於敝邑敢犒從者不腆敝邑為從者之淹。居則具一日之積腆厚也淹久也積芻米菜薪○步師步猶行也從才用反下同腆他典反為于為反下為吾子同積子賜反下同【疏】。注腆厚至菜薪○正義曰腆厚淹久經傳常訓也周禮大行人云王待諸侯之禮上公五積侯伯四積子男三積積皆謂米禾芻薪知此亦然案掌客上公五積皆視。飧牽鄭注云飧牽謂牽牲以往不殺也亦有米禾芻薪鄭又注云上公飧五牢米二十車禾三十車侯伯四牢米禾皆二十車子男三牢米十車禾二十車芻薪皆倍其禾積既視。飧則米禾芻薪與。飧同行則備

一夕之衛且使遽告于鄭遽傳車○遽其據反傳張戀反【疏】注遽傳車○正義曰釋言云。馹遽傳也孫炎曰傳車驛馬也則

束載厲兵秣。馬矣嚴兵待秦師○秣音末穀馬也說文作䬴云食馬穀也使皇武子辭焉曰吾子淹久於

敝邑唯是脯資餼牽竭矣資糧也生曰餼牽謂牛羊豕○餼許氣反牲腥曰餼牲生曰牽【疏】。注資糧至羊豕○正義曰聘禮歸飧饔餼五牢飪一牢腥一牢餼一牢以飪是熟肉腥是生肉知餼是未殺故云生曰餼牛羊豕可牽行故云牽謂牛羊豕也為吾子之將行也示知其情

鄭之有原圃猶秦之有具囿。也原圃具囿皆囿名○圃布古反【疏】注原圃具囿皆囿名○正義曰下注云中牟縣西有圃田澤則原圃地名以其地為囿知與具囿皆囿名也囿者所以養禽獸故令自取其麋鹿焉天子曰苑諸侯曰囿吾子取其麋鹿以

閒。敝邑若何使秦戍自取麋鹿以爲行資令敝邑得閒暇若何猶如何陽中牟縣西有圃田澤○麋亡悲反閒音閑注同令力呈反杞子
奔齊逢孫揚。孫奔宋孟明曰。鄭有備矣不可冀也攻之不克圍之不繼吾其還
也滅滑而還○齊國莊子來聘自郊勞至于贈賄禮成而加之以敏迎來曰郊勞送去曰
贈賄敏審當於事○勞力報反注同贈呼罪反當丁浪反又如字【疏】。注迎來至於事○正義曰聘禮賓至于近郊君使卿朝服用束帛勞及聘事皆畢乃
去賓遂行舍於郊公使卿贈如覿幣是來有郊勞去有贈賄也臧文仲言於公曰國子爲政齊猶有禮君其朝
焉臣聞之服於有禮社稷之衛也爲公如齊傳○晉原軫曰秦違蹇叔而以貪勤民
天奉我也奉與也○奉扶用反注及下同奉不可失敵不可縱縱敵患生違天不祥必伐秦師
欒枝曰未報秦施而伐其師其爲死君乎言以君死故忘秦施○縱子用反下同施始豉反注及下同先軫
曰秦不哀吾喪而伐吾同姓秦則無禮何施之爲言秦以無禮加己施不足顧吾聞之一日
縱敵數世之患也謀及子孫可謂死君乎言不可謂背君○數所主反背音佩遂發命遽興姜戎
子墨衰絰晉文公未葬故襄公稱子以凶服從戎故墨之○衰七雷反絰直結反梁弘御戎萊駒爲右萊音來○夏
四月辛巳敗秦師于殽獲百里孟明視西乞術白乙丙以歸遂墨以葬文公晉
於是始墨後遂常以爲俗記禮所由變文嬴請三帥文嬴晉文公始適秦秦穆公所妻夫人襄公嫡母三帥孟明等○嬴音盈帥所

類反注同妻七計反嫡丁歷反曰彼實構吾二君寡君若得而食之不厭君何辱討焉使歸就
戮于秦以逞寡君之志若何公許之先軫朝問秦囚公曰夫人請之吾舍之矣
先軫怒曰武夫力而拘諸原婦人暫而免諸國暫猶卒也○厭於豔反又於鹽反戮音六逞勅領反拘音俱卒
寸忽反墮軍實而長寇讎亡無日矣墮毀也○墮許規反長丁丈反不顧而唾公使陽處父追之
及諸河則在舟中矣釋左驂以公命贈孟明欲使還拜謝因而執之○唾他臥反驂七南反孟明稽首
曰君之惠不以纍臣釁鼓纍囚繫也殺人以血塗鼓謂之釁鼓○纍力追反釁許覲反使歸就戮于秦寡君
之以爲戮死且不朽若從君惠而免之三年將拜君賜意欲報伐晉秦伯素服郊次
待之於郊鄉師而哭曰孤違蹇叔以辱二三子孤之罪也不替孟明孤之過也大夫
何罪且吾不以一眚掩大德眚過也○鄉許亮反替他計反眚所景反掩於檢反○。狄侵齊因晉喪也○
公伐邾取訾婁以報升陘之役在二十二年邾人不設備秋襄仲復伐邾魯亦因晉喪以陵小
國○復扶又反○狄伐晉及箕八月戊子晉侯敗狄于箕郤缺獲白狄子白狄狄別種也故西河郡
有白部胡○箕音基種章勇反【疏】。郤缺獲白狄子○正義曰宣十五年晉師滅赤狄潞氏以潞子嬰兒歸彼書於經而此不書者蓋略賤之不以告也先
軫曰匹夫逞志於君謂不顧而唾○而無討敢不自討乎免冑入狄師死焉狄人歸其

元元首面如生言其有異於人初臼季使過冀見冀缺耨其妻饁之臼季胥臣也冀晉邑耨鋤也野饋曰饁○

臼其九反使所吏反過古禾反又古臥反耨乃豆反鉏田也饁于輒反字林于劫反鋤本又作鉏仕居反饋其位反餉也疏注臼季至曰饁○正義曰世本

云垂作耨釋器云斪斸謂之定李巡曰鋤也廣雅云定謂之耨呂氏春秋云耨柄尺此其度也其耨六寸所以間稼也高誘注云耨耘苗也六寸所以入苗間

也釋名云耨鋤嫗薅禾也釋詁云饁饋也孫炎曰饁野之饋也敬相待如賓與之歸言諸文公曰敬德之聚也

能敬必有德德以治民君請用之臣聞之出門如賓如見大賓承事如祭常謹敬也仁之

則也公曰其父有罪可乎缺父冀芮欲殺文公在二十四年○芮如銳反殺音試或如字對曰舜之罪也殛鯀。

其舉也興禹禹鯀子○殛紀力反誅也鯀古本反禹父也管敬仲桓之賊也實相以濟康誥曰父不

慈子不祗兄不友弟不共不相及也康誥周書祗敬○實相息亮反不共音恭疏康誥至及也○正義曰此雖言康誥

曰直引康誥之意耳非康誥之全文也彼云子弗祗服厥父事大傷厥考心于父不能字厥子乃疾厥子于弟弗念天顯乃弗克恭厥兄兄亦不念鞠子哀大

不友于弟曰乃其速由文王作罰刑茲無赦其意言不慈不祗不友不恭各用文王之法刑之不是罪子又罪父刑弟復刑兄是其不相及也詩曰。采

葑采菲無以下體君取節焉可也詩國風也葑菲之菜上善下惡食之者不以其惡而棄其善言可取其善節○葑芳逢反

菲芳匪反疏注詩國至善節○正義曰彼毛傳曰葑須也菲芴也釋草云須葑孫炎曰須一名葑鄭玄坊記注云葑蔓菁也釋草又云菲芴也孫炎曰葍類

也陸機毛詩義疏云葑蔓菁幽州人或謂之芥也菲似葍莖。麤葉厚而長有毛三月中。烝煮為茹滑美又可以為羹是也此二菜其根有惡。詩故云上善下惡

食之者取善節也文公以爲下軍大夫反自箕襄公以三命命先且居將中軍且居先軫之子

其父死敵故進之○且子徐反將子匠反【疏】注且居至進之正義曰且居父在之時已將上軍以父死敵故進之以再命命先茅之縣

賞胥臣曰舉郤缺子之功也先茅絕後故取其縣以賞胥臣以一命命郤缺爲卿復與之冀還其

父故邑○復扶又反又音服亦未有軍行雖登卿位未有軍列○行戶剛反○冬公如齊朝且弔有狄師也

反薨于小寢即安也小寢夫人寢也譏公就所安不終于路寢○晉陳鄭伐許討其貳於楚也楚令

尹子上侵陳蔡陳蔡成遂伐鄭將納公子瑕三十一年瑕奔楚○門于桔柣之門瑕覆于

周氏之汪車傾覆池水中○桔戶結反柣大結反覆芳服反注同汪烏黃反外僕髡屯禽之以獻殺瑕以獻鄭伯○髡苦門

反屯徒門反文夫人斂而葬之郇城之下郇文公夫人也郇城故郇國在滎陽密縣東北傳言穆公所以遂有國○斂力豔反

郇古外反○晉陽處父侵蔡楚子上救之與晉師夾泜而軍泜水出魯陽縣東經襄城定陵入汝○夾古洽

反一音古協反泜音雉又直里反王又徒死反陽子患之使謂子上曰吾聞之文不犯順武不違敵子

若欲戰則吾退舍子濟而陳欲辟楚使渡成陳而後戰○陳直覲反注同遲速唯命不然紓我紓緩也○

紓音舒一音直呂反老師費財亦無益也師久爲老費芳味反○乃駕以待子上欲涉大孫伯曰不

可晉人無信半涉而薄我悔敗何及不如紓之乃退舍楚退欲使晉渡陽子宣言曰楚

師遁矣遂歸楚師亦歸大子商臣譖子上曰受晉賂而辟之楚之恥也罪莫大焉王殺子上商臣怨子上止王立己故譖之○遁徒困反○葬僖公緩文公元年經書四月葬僖公僖公實以今年十一月薨并閏七月乃葬故傳云緩自此以下遂因說作主祭祀之事文相次也皆當次在經葬僖公下今在此簡編倒錯○編必連反又布千反倒丁老反疏○注文公至倒錯○正義曰經書十二月下云乙巳公薨杜以長曆推之十一月十二日有乙巳乙巳非十。二月文元年傳曰於是閏三月非禮也故至四月并閏爲七月禮當五月而葬今乃七月始葬故傳曰緩也左氏爲傳凡有譏者皆先言所譏乃復述其事自此以下不論葬緩既言葬之緩遂因說作主祭祀之事皆事與葬連故文相次耳僖公葬在明年而此年有傳知其當在明年經葬僖公下今在此者簡編倒錯故爾杜以此年空說葬事而其上無經文元年空舉經而其下無傳故謂此年之傳當在彼經之下於理誠爲順序於文失於重疊此云葬僖公彼又云葬僖公重生文者亦既錯謬必乖其本或由編絕之處三字分簡彼有葬無公此有公無葬後人並添足之致使彼此共。剩一文耳若其不然不知所以謬也作主非禮也文二年乃作主遂因葬文通譏之凡君薨卒哭而祔祔而作主特祀於主既葬反虞則免喪故曰卒哭止也以新死者之神祔之於祖尸柩已遠孝子思慕故造木主立几筵焉特用喪禮祭祀於寢不同之於宗廟言凡君者謂諸侯以上不通於卿大夫○祔音附烝嘗禘於廟冬祭曰烝秋祭曰嘗新主既。立特祀於寢則宗廟四時常祀自如舊也三年禮畢又大禘乃皆同於吉○烝之承反禘大計反疏凡君至於廟○正義曰釋例云此諸侯之禮故稱君君既葬反虞則免喪故曰卒哭哭止也以新死者之神祔之於祖尸柩既已遠矣神形又不可得而見矣孝子之思彌篤。傍徨求索不知所至故造木主立几筵特用喪禮祭祀於寢不同之於宗廟宗廟則復用四時烝嘗之禮也三年喪畢致新死者之主以進於廟廟之遠主當遷入祧於是乃大祭於大

廟以審定昭穆謂之禘此皆自諸侯上達天子之制也其意與此注同文。少詳
耳劉炫云既言作主非禮因言作主祭祀吉凶之節凡諸侯之薨葬日而虞從
是以後間日一虞七虞之後明日而爲卒哭之祭卒哭之明日而作祔祭以新
死之神祔於祖父於此祔祭而作木主以依神其主在寢特用喪禮祭祀於在
寢之主其四時常祭礿。祠烝嘗及三年喪畢爲大祀禘祭並行之於廟正禮當
如是耳今以葬僖公後積十月始作僖公木主是作主大緩故爲非禮也○注
既葬至大夫○正義曰檀弓曰既封有司以几筵舍奠於墓左反日中而虞葬
日虞弗忍一日離也雜記曰士三虞大夫五諸侯七士虞記曰始虞用柔日再
虞皆如初三虞卒哭用剛日如士虞之禮諸侯七虞其六虞用柔日最後虞改
用剛日間一日乃卒哭卒哭亦用剛日則諸侯卒哭在葬後十四日也然始免
喪與葬不得相遠共在一月之內故杜每云既葬卒哭衰麻除是其不甚相遠
然喪事先遠日則葬在月半之後葬後行虞虞後卒哭所以得同月者但卜葬
雖先遠日但葬是喪之大事又有虞祔之祭當應及早爲之使得容其虞祔禮
云喪事先遠日謂練祥禫除之屬晉平公之喪大夫欲見新君王與文伯宴樽
以魯壹皆是既葬之後未卒哭之前雜記曰天子七月而葬九月而卒哭諸侯
五月而葬七月而卒哭釋例云禮記後人所作不與春秋同是七虞九虞杜所
不用或云杜亦同之解云此注言虞則免喪者謂七虞皆畢乃免喪免喪後日
而卒哭也理亦通耳檀弓曰葬日虞是日也以虞易奠卒哭曰成事是日也以
吉祭易喪祭是葬前奠而不祭至虞乃爲喪祭卒哭乃爲吉祭也自初死至於
卒哭晝夜哭無時謂之卒哭者卒此無時之哭自此以後唯朝夕哭耳天子諸
侯則於此除喪全不復哭也檀弓於卒哭之下云明日祔於祖父士虞記亦云
卒。哭。明日以其班祔是以新死之神祔之於祖也於此之時葬已多日尸柩既
已遠矣孝子思慕彌篤彷徨不知所至故造木主立几筵以依神也作主。致之
於寢特用喪祭之禮祭之於寢不同祭之於宗廟也大夫以下不得稱君此言
凡君者謂諸侯以上耳不得通於卿大夫也文二年公羊傳曰主者曷用虞主
用桑練主用栗鄭玄注禮用公羊之說以爲虞已有主此傳稱祔而作主者虞

而作主禮本無文不可以公羊而疑左氏也○注冬祭至於吉○正義曰周禮禮記諸文皆有之也新主既特祀於寢則其餘宗廟四時常祀自如舊不廢也三年喪畢新主入廟廟之遠主當遷入祧乃爲大祭於大廟以審昭穆謂之爲禘於是新死者乃得同於吉也釋例曰舊說以爲諸侯喪三年之後乃烝嘗案傳襄公十五年冬十一月晉侯周卒十六年春葬晉悼公改服修官烝於曲沃會于溴梁其冬穆叔如晉且言齊故晉人荅以寡君之未禘祀其後晉人徵朝于鄭鄭公孫僑云溴梁之明年公孫夏從寡君以朝于君見於嘗酎與執膰焉此皆春秋之明證也是言知諸侯卒哭以後時祭不廢之事也釋例又曰凡三年喪畢然後禘於是遂以三年爲節仍計除喪即吉之月卜日而後行事無復常月也是以經書禘及大事傳唯見莊公之速他無非時之譏也如例所言除喪即吉禘遂以三年爲常則新君即位二年而禘五年又禘八年又禘僖八年禘於大廟宣八年有事于大廟定八年從祀先公皆得三年之常期也案元年夫人姜氏薨當以三年喪畢而禘再經三年則九年乃可禘耳而得八年禘者哀姜喪畢不爲作禘八年因禘祭乃致之故計閔公之喪數之耳昭十五年有事於武宮計非禘年而爲禘者釋例曰禘於大廟禮之常也各於其宮時之爲也雖非三年大祭而書禘用禘禮也昭二十五年傳曰將禘於襄公亦其義也三年之禘自國之常常事不書故唯書此數事祭雖得常亦記仲遂叔弓之非常也如杜此言昭十五年雖非禘年用禘禮故稱禘也鄭玄解禮三年一祫五年一禘杜解左傳都不言祫者以左傳無祫語則祫禘正是一祭故杜以審諦昭穆謂之爲禘明其更無祫也古禮多亡未知孰是且使禮傳各從其家而爲之說耳劉炫云以正經無祫文也唯禮記毛詩有祫字耳釋天文禘大祭也則祭無大於禘者若祫大於禘禘焉得稱大乎

春秋左傳注疏卷十七校勘記　阮元撰盧宣旬摘錄

附釋音春秋左傳注疏卷第十七僖二十九年盡三十三年

（經二十九年）

玉子虎違禮下盟　宋本淳熙本岳本纂圖本閩本監本毛本玉作王是也

會王世子于首正　宋本閩本監本毛本正作止不誤

（傳二十九年）

春葛盧來朝　石經宋本淳熙本岳本纂圖本監本毛本春下有介字是也

及其隉　浦鏜正誤及作反案國語作反

將亨而舍之　宋本亨作烹與國語晉語合

故有貳心也　宋本監本毛本貳作二

兼有此闕　宋本闕下有者字

冬介葛盧來以未見公　閩本監本以下誤增其字

（經三十年）

（傳三十年）

皆十瑴 岳本瑴作轂非

注服卿至受命 宋本此節正義在辭卿注下

秦軍汜南 石經汜作氾釋文作氾音凡翻岳本同是也

在熒陽中牟縣南 閩本監本毛本脫南字熒誤滎宋本作滎按宋本最善不應亦作熒陽蓋慶元重刻時淺人所改也

尋討傳文 閩本監本毛本文作云非也段玉裁云此疏有脫誤

然鄭亡子亦有不利焉 石經然上有雖字案碑文乃唐人重刻增入必有所據

焉用亡鄭以倍鄰 石經宋本淳熙本岳本足利本倍作陪宋本釋文亦作陪案錢大昕云从阜爲正

陪益也 閩本監本毛本陪作倍非

若舍鄭以爲東道主 補諸本作舍鄭此誤作鄰今訂正

注行李使人 宋本此節正義在君亦無所害句下

訓之爲吏 監本毛本訓誤順

肆申也 宋本申作由非

若不闕秦將焉取之石經作不闕秦焉取之後人于不字上旁增若字焉字上旁增將字刻本輒據石經續補之字妄增唯宋本不誤考文提要同案正義本無若將二字

不闕秦焉取之宋本此節正義在鄭人盟句下

使杞子逢孫楊孫戍之石經宋本淳熙本岳本楊作揚下同

微夫人力不及此石經宋本淳熙本岳本纂圖本監本毛本力上有之字是也

昌歜昌蒲菹葉抄釋文菹作葅宋本正義同是也

昌本昌蒲根各本作根此本誤作相今改正

齊有郱歜閩本歜誤鄹

〔經三十一年〕

取田取邑義亦同也重脩監本田作曰非也

爲之緇衣熏裳宋本閩本監本毛本熏作纁考穀梁傳作纁裳按據儀禮則熏古文纁今文也

皆郊祀望而祭之宋本淳熙本岳本足利本皆下有因字

魯廢郊天而脩其小祀岳本前後並作脩惟此處作修

國中山川監本毛本中誤之

因郊祀天而望祭之監本毛本祀作祭非

蓋有阻險可以避狄難也閩本監本毛本阻險作險阻

〔傳三十一年〕

晉新得諸侯顧炎武云石經新誤親案石經此處闕所據乃謬刻也

東傳于濟顧炎武云石經傳誤傳所據亦謬刻

重館至曹地也宋本無也字非也

注諸侯至常祀宋本以下正義二節揔入可也句下

是以魯君孟春乘大路載弧韣閩本監本毛本路作輅韣作韣按作路作韣是也

不可改名爲牲閩本監本毛本可改名三字誤作吉日不此本修板誤同牲誤性〇今改正

慢瀆龜策監本毛本慢作漫非也

卜曰三百年宋本以下正義二節揔入相奪予享注下

相奪予享岳本予作子翻本仍作予不誤宋本亦誤子

非衛所絶　纂圖本毛本絶作滅非

〔經三十二年〕

故言其謚也　案謚當作諡宋本多作謚者必是慶元重刻時所改

而規其謬非也　宋本謬作繆

會狄于欑函　閩本監本毛本欑作攢非也

故不言地也　閩本監本毛本脫也字

以狄俗逐水草　閩本監本毛本以作此非也

〔傳三十二年〕

殯窆棺也　釋文窆一本作塗字按塗是也殯用塗不可云窆葬乃云窆

執斧以涖匠師　閩本監本毛本涖作蒞

殯則欑置於西序　閩本監本毛本欑作攢字按禮記喪大記从木作欑从手者非也說文無欑

中壽　宋本以下正義四節捴入余收爾骨焉節注下

晉人禦師必於殽　釋文殽本又作崤案後漢書龐參傳云孟明視喪師於崤

殽有二陵焉　毛本有誤在案李善注西都賦引傳作崤

其阸道在兩殽之間　監本毛本阸作阨誤應作阸

是文王之所避風雨者也　閩本監本毛本亦作也與公羊合宋本作故屬下讀

〔經三十三年〕

晉侯韓背喪用兵　宋本岳本纂圖本閩本監本毛本韓作諱案正義亦作諱淳熙本作韙非也

戎子駒友之先也　宋本淳熙本岳本纂圖本閩本監本毛本友作支是也

諸戎掎之　釋文亦作掎纂圖本毛本掎誤犄

晉諱而以微人告　浦鏜正誤人作者

又何恥諱而以微者告　浦鏜正誤又作有

〔傳三十三年〕

春晉秦師過周北門　案晉字衍石經宋本淳熙本岳本纂圖本監本毛本並無

故左右下御不下　閩本上下字誤不

入險而脫　顧炎武云石經入誤人案碑入字右邊闕炎武所據乃謬刻也

故先韋乃入牛 宋本牛下有也字

爲從者之淹 顧炎武云石經淹誤流案石經此處闕炎武所據亦謬刻也

注腆厚至菜薪 宋本以下正義二節揔入且使遽告于鄭注下

皆視飧牽 毛本飧作餐亦非宋本作飧下同○今並改作飧後不悉出

馹遽傳也 閩本監本毛本馹作驛非也

鄭穆公使視客館 視秦三大夫之舍○案傳文七字注文七字此本閩本並脫據石經宋本淳熙本岳本纂圖本監本毛本有此傳注

則束載厲兵秣馬矣 釋文云秣說文作餘云食馬穀也閩本監本誤作抹

注資糧至羊豕 宋本以下正義二節揔入杞子奔齊節下

歸飧饔餼五牢 毛本飧作餐非宋本作飧從夕不從歹

猶秦之有具囿也 山井鼎云宋本囿作圃考文所謂宋本即此本也此本初刊似作圃後改從囿盧文弨鍾山札記云宋時本是具圃今本作具囿引初學記水經注高誘呂氏春秋注並作具圃爲是案唐石經宋本淳熙本岳本及諸刻本皆作囿

以閑敝邑若何 石經初刻閑誤閒重勘正

逢孫揚孫奔宋 纂圖本閩本監本毛本揚作楊

孟明曰 淳熙本曰誤白

注迎來至於事 宋本此節正義在注文爲公如齊傳下

曰彼實構吾二君 石經初刻作構是也後改從扌旁宋本監本毛本作搆

○狄侵齊因晉喪也 監本○誤注字

郤缺獲白狄子 宋本以下正義五節揔入亦未有單行注下

耨柄尺此其度也 宋本柄作柄案呂氏春秋任地篇作柄○今訂作柄

欲殺文公 纂圖本閩本監本毛本殺作弑

舜之罪也殛鯀 石經鯀字改刻初刻似作鮌

祗敬 宋本淳熙本岳本纂圖本閩本監本毛本敬下有也字

詩曰采葑采菲 宋本曰作云石經此處闕

莖麄葉厚而長 宋本麄作麤案麄俗麤字

三月中烝鬻爲茹 宋本烝作蒸

詩故云上善下惡 閩本詩作時是誤字按詩故謂詩之訓故

外僕髡屯禽之以獻石經宋本凡髡字皆作髠是也○今依訂正

注文公至倒錯宋本此節正義入非禮也注下

乙巳非十二月山井鼎云宋板無二字案此本二字擠增

致使彼此共剩一文耳宋本剩作乘

新主既立特祀於寢宋本岳本足利本無立字與正義合

徬徨求索宋本徬作彷

文少詳耳閩本監本毛本少作小非也

礿祠烝嘗監本毛本祠作祀非也

卒哭明日浦鏜云案士虞禮無卒哭二字當作既夕也案浦鏜說大誤士虞記明日以其班祔注云卒哭之明日也

作主致之於寢閩本監本毛本致作置

則其餘宗廟四時常祀閩本監本毛本則誤而

春秋左傳注疏卷十七校勘記

附釋音春秋左傳注疏卷第十八 文元年盡四年

杜氏注　孔穎達疏

文公陸曰文公名興僖公子母聲姜諡法慈惠愛民曰文忠信接禮曰文 疏 正義曰魯世家文公名興僖公之子夫人聲姜所生以襄王二十六年即位諡法慈惠愛民曰文是歲歲在降婁

經元年春王正月公即位無傳先君未葬而公即位不可曠年無君 疏 注先君至無君○正義曰諸侯之禮既葬成君先君雖則未葬既踰年矣而君即位者不可曠年無君故也即位必於歲首若歲首不行此禮餘月不得行之便是曠年無君故雖則未葬亦即行之釋例曰遭喪繼立者每新年正月必改元正位百官以序故國史書即位於策以表之文公成公先君之喪未葬而書即位因三正之始明繼嗣之正表朝儀以同百姓之心此乃國君明分制之大禮譬周康王麻冕黼裳以行事事畢然後反喪服也雖踰年行即位之禮名通於國內必須既葬卒哭乃免喪古之制也且引顧命康王之事以譬此者彼是既殯此是踰年雖時不同取其暫服吉服事相似耳康王之誥云王義嗣德荅拜彼始殯訖即呼為王知諸侯既殯臣子亦呼為公既尸其位名號○即成但先君未葬事猶聽於冢宰未得即成為君八年八月天王崩九年春毛伯來求金傳曰不書王命未葬也是踰年未葬不得命臣出使必待卒哭乃免喪也○二月癸亥日有食之無傳癸亥月一日不書朔官失之○天王使叔服來會葬叔氏服字諸侯喪天子使大夫會葬禮也 疏 注叔氏至禮也正義曰四年風氏薨五年王使榮叔歸含且賵召昭公來會葬傳曰禮也夫人之喪會葬為禮知諸侯之喪天子使大夫會葬為得。也蘇氏云外卿來會葬不書此書者尊王使故特書之傳稱內史叔服內史於周禮為中大夫天子大夫例書字知叔氏服字也

○夏四月丁巳葬我君僖公七月而葬緩○天王使毛伯來錫公命毛國伯爵諸侯為王卿士者諸侯卽位天子賜以命圭合瑞為信僖十一年王賜晉侯命亦其比也○錫星歷反比必利反例也又如字【疏】注毛國至比也○正義曰僖二十四年傳有原伯毛伯杜云原毛皆采邑此毛與彼計是一人而注不同者此毛當是文王之子封為畿外之國於時諸侯無復有毛或是世事王朝本封絕滅從此以後常稱毛伯國名尚存仍為伯爵必受得采邑為畿內諸侯故注彼云采邑此云國也封爵既存故云諸侯為王卿士者周禮大宗伯以玉作六瑞以等邦國王執鎮圭公執桓圭侯執信圭伯執躬圭子執穀璧男執蒲璧冬官玉人桓圭以下皆謂之命圭是用之以命諸侯也諸侯卽位天子賜之以命圭魯是侯爵當賜之以信圭也玉人又云天子執冒四寸以朝諸侯其冒邪刻其下與圭頭相合諸侯執圭以朝天子天子執冒以冒之觀其相當以否所以合瑞為信也僖十一年晉惠公新立王賜之命此亦新立是其比也傳稱晉侯受玉惰於此知賜命必有玉也公羊傳曰錫者何賜也命者何加我服也唐風無衣之篇晉人為其君請命於天子之使以無衣為辭則賜命亦有服杜不言服者主於玉而略之耳○晉侯伐衛晉襄公先告諸侯而伐衛雖大夫親伐而稱晉侯從告辭也○叔孫得臣如京師得臣叔牙之孫○衛人伐晉衛孔達為政不共盟主興兵鄭國受討喪邑故貶稱人○喪息亮反○秋公孫敖會晉侯于戚戚衛邑在頓丘衛縣西禮卿不會公侯而春秋魯大夫皆不貶者體例已舉故據用魯史成文而已內稱公卒稱薨皆用魯史【疏】注戚衛至魯史○正義曰僖二十九年翟泉之盟諸侯之卿為會魯侯故貶稱人則魯卿會他諸侯亦合貶而春秋魯大夫皆不貶者貶他國之卿已成體例體例已舉於魯不須加貶理足可明故據用魯史成文不復改易也他國君書卒及爵內常稱公稱薨亦體例已舉皆用魯史也○冬十月丁未楚世子商臣弒其君頵商臣穆王也弒君例在宣四年○頵憂倫反又丘倫反○公

孫敖如齊傳例曰始聘焉禮也

傳元年春王使內史叔服來會葬公孫敖聞其能相人也公孫敖魯大夫慶父之子○相息亮反見其二子焉叔服曰穀也食子難也收子穀文伯難惠叔食子奉祭祀。供養者也收子葬子身也○見賢遍反下注孤見同食音嗣注同難乃旦反又如字供俱用反養餘亮反穀也豐下必有後於魯國豐下蓋面方為八年公孫敖奔莒傳○

於是閏三月非禮也於曆法閏當在僖公末年誤於今年三月置閏蓋時達曆者所譏先王之正時也履端於始舉正於中歸餘於終。步曆之始以為術之端首朞之日三百六十有六日日月之行又有遲速而必分為十二月舉中氣以正月有餘日則歸之於終積而為閏故言歸餘於終○朞居其反履端於始序則不愆四時無愆過○愆起虔反舉正於中民則不惑斗建不失其次寒暑不失其常故無疑惑歸餘於終事則不悖。四時得所則事無悖亂○悖必內反

【疏】於是至不悖○正義曰於是年魯曆置閏閏三月非禮也言於禮置閏不當在此月也因論置閏之法先王之正時也履端於始履步也謂推步曆之初始以為術曆之端首舉月之正半在於中氣歸其餘分置於終末言於終末乃置閏也更復申之履端於始序則不愆謂四時之序不愆過也舉正於中民視瞻則不疑惑也歸餘於終於時事則不悖亂也此年不合置閏而置閏則不是歸餘於終故為非禮也○注於曆至所譏○正義曰古今曆法推閏月之術皆以閏餘減章歲餘以歲中乘之章閏而一所得為積月命起天正筭外閏所在也其有進退以中氣定之無中氣則閏月也古曆十九年為一章章有七閏。入章三年閏九月六年閏六月九年閏三月十一年閏十一月十四年閏八月十七年閏四月十九年閏十二月此據元首初章若於後漸積餘分大率三十二月則置閏不必恒同初章

閏月僖五年正月辛亥朔日南至治曆者皆以彼爲章首之歲漢書律曆志云文公元年距僖五年辛亥二十九歲是歲閏餘十三閏當在十一月後而在三月故傳曰非禮也志之所言閏當在此年十一月後今三月已即置閏是嫌閏月大近前也杜以爲僖三十年閏九月文二年閏正月故言於曆法閏當在僖公末年誤於今年置閏嫌置閏大近後也杜爲長曆置閏疏數無復定準凡爲曆者閏前之月中氣在晦閏後之月中氣在朔僖五年正月朔旦冬至則四年當閏十二月也杜長曆僖元年閏十一月五年閏十二月與常曆不同者杜以襄二十七年再失閏司曆過昭二十年二月己丑日南至哀十二年十二月螽云火猶西流司曆過則春秋之世曆法錯失所置閏月或先或後不與常同杜唯勘經傳上下日月以爲長曆若日月同者則數年不置閏月若日月不同須置閏乃同者則未滿三十二月頻置閏所以異於常曆故釋例云春秋日有頻月而食者有曠年不食者理不得一一如筭以守恆數故曆無有不失也始失於毫毛尙未可覺積而成多以失弦望朔晦則不得不改憲以順之書所謂欽若昊天曆象日月星辰易所謂治曆明時言當順天以求合非苟合以驗天者也故當脩經傳日月以考晦朔以推時驗下又云據經傳微旨考日辰晦朔以相發明爲經傳長曆未必得天蓋春秋當時之曆也是杜自言不與常曆同〇以注步曆至於終〇正義曰日月轉運於天猶如人之行步故推曆謂之步曆步曆之始以爲術之端首謂曆之上元必以日月全數爲始於前更無餘分以此日爲術之端首故言履端於始也朞之日三百六十有六日謂從冬至至冬至必滿此數乃周天也日月之行有遲有速日行遲月行速凡二十九日過半月行及日謂之一月過半者謂一日於曆法分爲九百四十分月行及日必四百九十九分是過半二十九分今一歲氣周有三百六十五日四分日之一其十二月一周唯三百五十四日是少十一日四分日之一未得氣周細而言之一歲。止少弱十一日所以然者一月有餘分二十九一年十二月有餘分三百四十八是一歲既得三百五十四日又得餘分三百四十八其四分日之一一日爲九百四十分則四分日之一爲二百三十五分。今於餘分三百四十八內取

二百。三十五以當卻四分日之一餘分仍有一百一十三其整日唯有十一日
又以餘分一百一十三減其一日九百四十分唯有八百二十七分是一年有
餘十一日八百二十七分少一百一十三分不成十一日也劉炫云則一歲爲十
二月猶有十一日有餘未得周也分一周之日爲十二月則每月常三十日餘
計月及日爲一月則每月唯二十九日餘前朔後朔相去二十九日餘前氣後
氣相去三十日餘每月參差氣漸不正但觀中氣所在以爲此月之正取中氣
以正月故言舉正於中也月朔之與月節每月剩一日有餘所有餘日歸之於
終積成一月則置之爲閏故言歸餘於終○注斗建至疑惑○正義曰閏後之
月中氣在朔則斗柄月初已指所建之辰閏前之月中氣在晦則斗柄月末方
指所建之辰故舉月之正在於中氣則斗柄常不失其所指之次如是乃得寒
暑不失其常

○夏四月丁巳葬僖公傳皆不虛載經文而此經孤見知僖公末年傳宜在此下

○王。使毛伯衛來錫。公命衛毛伯字○一本作毛伯衛來錫公命一本作天王使【疏】注衛毛伯字○正義曰知是字者以天子公卿例書爵不言名大夫稱字故毛伯雖卿或稱字案僖九年公會宰周公云云杜云三公不字明卿或書字

叔孫得臣如周拜謝賜命

○晉文公之季年諸侯朝晉衛成公不朝使孔達侵鄭伐緜訾及匡孔達衛大夫匡在潁川新汲縣東北○訾子斯反汲居及反

晉襄公既祥諸侯雖諒闇亦因祥祭爲位而哭○諒音良又音亮【疏】注晉襄公既祥○正義曰禮朞而小祥晉文公以僖三十二年十二月卒則三十三年十二月爲小祥此云既祥謂小祥也

使告于諸侯而伐衛及南陽今河內地

先且居曰效尤禍也尤衛不朝故伐今不朝王是效衛致禍時王在溫故勸之○且子餘反

請君朝王臣從師晉侯朝王于溫先且居胥臣伐衛五月辛酉朔晉師圍戚六月戊戌取之獲孫昭子昭子衛大夫食戚邑衛人

使告于陳陳共公曰更伐之我辭之見伐求和不競大甚故使報伐示己力足以距晉○共音恭更古孟反又音庚大音泰又如字衛孔達帥師伐晉君子以爲古古者越國而謀合古之道而失今事霸主之禮故國失其邑身見執辱

疏注合古至執辱○正義曰釋例云衛孔達爲政不共盟主興兵於鄰國受討喪邑窘而告陳雖從陳之謀僅得自定以謀而濟故君子但言合古而不釋其尤也劉炫云春秋之時天子微弱霸主秉德刑以長諸侯諸侯從時命以事霸主大。字小小事大所以相保持也晉之與衛小大不同而恥於受屈望以彊獲免明王在上理在可然度時之宜則非善。計君子以爲合古之道失當今之宜亦不言其謀全非禮也

○秋晉侯疆戚田故公孫敖會之晉取衛田正其疆界○疆居良反注同○初楚子將以商臣爲大子訪諸令尹子上子上曰君之齒未也齒年也言尚少○少詩照反下文同而又多愛黜乃亂也楚國之舉恆在少者舉立也且是人也蠭目而豺聲忍人也能忍行不義○蠭本又作蜂芳逢反豺仕皆反不可立也弗聽既又欲立王子職而黜大子商臣職商臣庶弟。也商臣聞之而未察告其師潘崇曰若之何而察之潘崇曰享江芊而勿敬也江芊成王妹嫁於江○芊亡氏反史記以爲成王妾從之江芊怒曰呼役夫呼發聲也役夫賤者稱○呼報賀反注同役夫如字稱尺證反宜君王之欲殺女而立職也告潘崇曰信矣潘崇曰能事諸乎問能事職○女音汝曰不能能行乎曰不能能行大事乎曰能大事謂弑君○弑申志反一本無此注冬十月以宮甲圍成王太子宮甲僖二十八年王以東宮卒從。子玉蓋取此宮甲○卒子忽

反從如字又才用反王請食熊蹯而死熊掌難熟冀久將有外救○蹯音煩弗聽丁未王縊謚之曰靈不瞑曰成乃瞑言其。忍甚未斂而加惡謚○瞑亡丁反又亡千反斂力驗反疏注言甚至惡謚○正義曰既見其不瞑目則是未斂於棺故知未斂也禮葬乃加謚未斂而加惡謚言其忍之甚也。冤枉之人衆矣未有能見其靈此事特為商臣忍甚耳桓譚以為自縊而死其目未合尸冷乃瞑非由謚之善惡也亂而不損曰靈安民立政曰成穆王立以其為大子之室與潘崇疏。為大子之室○正義曰商臣今既為王以其為大子之時所居室內財物僕妾盡以與潘崇非與其所居之宮室也使為大師且掌環列之尹環列之尹宮衛之官列兵而環王宮○大音泰環如字又音患

○穆伯如齊始聘焉禮也穆伯公孫敖凡君即位卿出並聘疏。凡君至並聘○正義曰即位者既葬除喪即成君之吉位也唯以既葬為限不以踰年為斷八年八月天王崩九年春毛伯來求金傳曰不書王命未葬也是未葬雖踰年不得命臣出使也宣十年夏四月齊侯元卒六月葬齊惠公冬齊侯使國佐來聘是既葬未踰年得命臣出使也何休膏肓以為三年之喪使卿出聘於義左氏為短鄭康成箴云周禮諸侯邦交歲相問殷相聘世相朝左氏合古禮何以難之踐脩舊好要結外援踐猶履行也○好呼報反下及注同要於遙反援于眷反好事鄰國以衛社稷忠信卑讓之道也忠德之正也信德之固也卑讓德之基也傳因此發凡以明諸侯諒闇則國事皆用。吉禮

○殽之役在僖三十三年晉人既歸秦師秦大夫及左右皆言於秦伯曰是敗也孟明之罪也必殺之秦伯曰是孤之罪也周芮良夫之詩曰大風有隧貪人敗類詩大雅隧蹊徑也周大夫芮伯刺厲王言貪人之敗善類若大風之行毀壞衆物所

在成蹊徑○帥所類反芮如銳反詩大雅桑柔篇隧音遂道也敗必邁反注同蹊音兮徑古定反聽言則對誦言如醉言昏亂之君不好典誦之言聞之若醉得道聽塗說之言則喜而荅對○誦似用反昏本亦作惛音昏匪用其良覆俾我悖覆反也俾使也不用良臣之言反使我爲悖亂○覆芳服反俾本亦作卑必爾反注同是貪故也孤之謂矣孤實貪以禍夫子夫子何罪復使爲政爲明年秦晉戰彭衙傳○復扶又反

經二年春王二月甲子晉侯及秦師戰于彭衙秦師敗績孟明名氏不見非命卿也大崩曰敗績馮翊郃陽縣西北有彭衙城○衙音牙見賢遍反郃戶納反疏注孟明至衙城○正義曰於例將卑師衆稱師今稱秦師知將非尊者故云孟明名氏不見非命卿也傳稱秦伯不廢孟明復使爲政則孟明秦之執政之卿也而言非卿者成二年注云曹大夫常不書而書公子首者首命於國備於禮成爲卿故也然則備卿禮乃成爲卿禮不備則不書秦是辟陋之國不以卿禮成孟明不言孟明非執政也此年晉士穀堪其事故名書於垂隴襄二十九年鄭公孫段攝卿以行名見於城杞況此真卿而不書者以秦辟陋在戎異於中國禮命不足故云非命卿也○丁丑作僖公主主者殷人以栢周人以栗三年喪終則遷入於廟疏注主者至於廟○正義曰主所用木經無正文公羊傳曰主者曷用虞主用桑練主用栗左傳唯言祔而作主主一而已非虞練再從公羊之言不可通於此也論語哀公問主於宰我宰我對曰夏后氏以松殷人以柏周人以栗先儒舊解或有以爲宗廟主者故杜依用之案古論語及孔鄭皆以爲社主社爲木主者古論不行於世且社主周禮謂之田主無單稱主者以張包周等並爲廟主故杜所依用劉炫就此以規杜過未爲得也

○三月乙巳及晉處父盟處父爲晉正卿不能匡君以禮而親與公盟故貶其族族去則非卿故以微人常稱爲耦以直厭不直不

地者盟晉都○去起呂反稱尺證反厭於涉反【疏】注處父至晉都○正義曰春秋卿則書名氏賤者則稱人外卿之貶例皆稱人魯卿之貶乃去其族去族以稱人相類卽是不為卿也處父為晉正卿不能匡君以禮君使盟魯卿從君命親與公盟故貶去其族若言處父是晉之賤人則不復書公直言及晉處父盟若言魯之賤人往與之盟也魯之賤人不合書名舉其所為之事而已言及不言名是微人之常稱也以微人常稱與處父為偶若處父亦賤人也魯以微人敵微人直也晉以卿敵公不直也如此書經者以魯之直厭晉之不直也然則不貶處父稱人者貶之稱人則惡名不見貶其族留其名所以惡處父也釋例曰隨此稱人則所罪之名不章故特書處父也翟泉澶淵亦會公侯所以稱人者以其衆卿非一依例總貶不地者盟於晉之都也諸侯會聚盟於他國之都者卽以國名為盟地魯之君臣獨往他國而與之盟者不復舉國地三年冬公如晉十二月公及晉侯盟是也

○夏六月公孫敖會宋公陳侯鄭伯晉士縠盟于垂隴垂隴鄭地滎陽縣東有隴城士縠出盟諸侯受成於衛故貴而書名氏○縠戶木反本亦作縠同隴力勇反

○自十有二月不雨至于秋七月無傳周七月今五月也不雨足為災不書旱五穀猶有收○收如字又手又反

○八月丁卯大事于大廟躋僖公大事禘也躋升也僖公閔公庶兄繼閔而立廟坐宜次閔下今升在閔上故書而譏之時未應吉禘而於大廟行之其譏已明徒以逆祀故特大其事異其文○大廟音泰注及傳大廟同躋子兮反坐木臥反又如字【疏】注大事至其文○正義曰昭十五年有事于武宮傳稱禘于武宮有事是禘則知大事亦是禘也躋升也釋詁文公羊傳曰躋者何升也禘祭之禮審諦昭穆諸廟已毀未毀之主皆於太祖廟中以昭穆為次序父為昭子為穆太祖東向昭南向穆北向孫從王父以次而下祭畢則復其廟其兄弟相代則昭穆同班近據春秋以來惠公與莊公當同南面西上隱桓與閔僖亦同北面西上僖是閔之庶兄繼閔而立昭穆雖同位次閔下今升在閔上故書而譏之僖公以其三十三年十一

月薨至此年十一月喪服始畢今始八月時未應吉禘而於大廟行之與閔公二年吉禘于莊公其違禮同也彼書吉禘其譏已明則此亦從譏可知不復更譏其速也徒猶空也空以逆祀之故亂國大典故特大其事謂之大事譏逆祀也釋例曰文公二年僖公之喪未終未應行吉禘之禮而於大廟行之其譏已明徒以躋僖而退閔故特大其事異其文定八年亦特書順祀皆所以起非常也有事于武宮及順祀傳皆稱禘則知大事有事于大廟亦禘也

○冬晉人宋人陳人鄭人伐秦四人皆卿秦穆悔過終用孟明故貶四國大夫以尊秦伯。

疏注四人至尊秦○正義曰四國大夫傳皆稱名氏是四人皆卿也秦穆悔過終用孟明仲尼特善其事無辭可以寄文故貶四國大夫稱人所以尊崇秦德以諸侯之名無所可加貶大夫以尊秦大夫非有罪也襄八年邢丘之會晉悼霸功既就德立刑行貶諸侯之卿以尊晉侯其事與此同也釋例曰秦伯終用孟明而致敗敗而罪己赦其闕之而養其志孟明增修其德以霸西戎夫子嘉之故於伐秦之役貶四國大夫四國大夫奉君命而行今以一義變例故稱尊秦謂之崇德明罪不在四國大夫也

○公子遂如齊納幣傳曰禮也僖公喪終此年十一月則納幣在十二月也士昏六禮其一納采納徵。始有玄纁束帛諸侯則謂之納幣其禮與士禮不同蓋公為太子時已行昏禮。也○繹詩云反

疏注傳曰至昏禮○正義曰公羊傳曰此何以書譏何譏爾譏喪娶也娶在三年之外則何譏乎喪娶三年之內不圖昏其意謂此喪服未畢而行昏禮也何休據此作膏肓以左氏為短今左氏傳謂之禮也必是喪服已終杜以長曆推之知僖公以其三十三年十一月薨至此年十一月喪已畢矣納幣雖則無月以傳言禮則知納在十二月也士昏六禮其一納采次有問名納吉至納徵始有玄纁束帛士謂之納徵諸侯則謂之納幣以其幣帛多其禮大與士禮不同故異其名也案士之昏禮納采問名同日行事納采者納其采擇之禮主人既許賓即問名將歸卜其吉凶也卜而得吉又遣使納吉如納采之禮納吉之後方始納徵徵成也使使納幣以成昏禮也此納幣以前已有三禮須再度遣使一月之內不容三遣適

齊蓋公爲大子時已行昏禮疑在僖公之世已行納采納吉今續而成之也杜言其一納采欲明納徵之前更有昏禮納幣非昏禮之始豫爲下句公爲大子時已行昏禮張本也大子昏禮理自不書雖則公昏唯書納幣其納采納吉亦不書也釋例曰諸侯昏禮亡以士昏禮準之不得唯。止於納幣逆女納幣二事皆必使卿行卿行則書之他禮非卿則不書也宋公使華元來聘聘不應使卿故傳但言聘共姬也使公孫壽來納幣納幣應使卿故傳明言得禮也。君之昏亦唯存納幣逆女此其義。

傳二年春秦孟明視帥師伐晉以報殽之役二月晉侯禦之先且居將中軍趙衰佐之代郤溱○禦魚呂反將子匠反衰初危反溱側巾反王官無地御戎代梁弘狐鞫。居爲右鞫居續簡伯○鞫九六反甲子及秦師戰于彭衙秦師敗績晉人謂秦拜賜之師以孟明言三年將拜君賜故。嗤之○嗤尺之反

戰于殽也晉梁弘御戎萊駒爲右戰之明日晉襄公縛秦囚使萊駒以戈斬之因呼萊駒失戈狼瞫取戈以斬囚禽之以從公乘遂以爲右箕之役箕役在僖三十三年○呼火故反瞫尺其反字林式衽反乘繩證反先軫黜之而立續簡伯疏箕之至黜之○正義曰御與車右雖有常員必臨戰更選定之韓之戰上右慶鄭吉是其事也自殽戰之後狼瞫爲右箕之役將戰選右先軫黜之箕戰先軫死。爲非既戰乃黜之也狼瞫怒其友曰盍死之瞫曰吾未獲死所未得可死處○盍戶臘反處昌慮反其友曰吾與女爲難欲。共殺先軫○女音汝難乃旦反瞫曰周志有之勇則害上不登於明堂周志周書也明堂祖廟也所以策功序德故不義之士不得升

死而不義非勇也共用之謂勇共用死國用共音恭注同○吾以勇求右無勇而黜亦其所

也言今死而不義更成無勇宜見退謂上不我知黜而宜乃知我矣言今見黜而合宜則吾不得復言上不我知○復扶

又反子姑待之【疏】周志至待之○正義曰周之志記有之曰有勇以害在上則爲不義之人不得升於明堂若殺先軫則必死死而不義非勇也

如以死共國家之用是之謂勇吾自以有勇之故求爲車右若殺先軫則是無勇無勇而被黜退亦是得其所也吾復安得爲恨吾今恨者謂在上不我知也

言其不知我有勇也若殺先軫即是成爲無勇無勇被黜退則黜而合其宜也乃是在上知我矣不得言在上不我知也子且待之○注周志至得升○正義

曰志者記也謂之周志明是周世之書不知其書何所名也鄭玄以爲明堂在國之陽與祖廟別處左氏舊說及賈逵盧植蔡邕服虔等皆以祖廟與明堂爲

一故杜同之祭統云古者明君必賜爵祿於大廟傳稱公行還告廟舍爵策勳是明堂之中所以策功序德故不義之人不得升之也害上即是不義故不得

登明堂也及彭衙既陳以其屬馳秦師死焉屬己兵陳直覲反○晉師從之大敗秦師君子

謂狼瞫於是乎君子詩曰君子如怒亂庶遄沮詩小雅言君子之怒必以止亂遄疾也沮止也○遄市專反沮

在汝反又曰王赫斯怒爰整其旅詩大雅言文王赫然奮怒則整師旅以討亂○赫火百反怒不作亂而以從

師可謂君子矣○秦伯猶用孟明孟明增脩國政重施於民趙成子言於諸大

夫曰成子趙衰施式豉反○秦師又至將必辟之懼而增德不可當也詩曰毋念爾祖聿

脩厥德詩大雅言念其祖考則宜述脩其德以顯之毋念念也○辟音避毋音無注同孟明念之矣念德不怠其可敵

乎爲明年秦人伐晉傳○丁丑作僖公主書不時也過葬十月故曰不時例在僖三十三年【疏】注過葬至三年○正義曰僖三十三年傳已發例言作主非禮此復云書不時者彼因葬緩遂通譏作主之失未辯失之所由於此又言不時以明失禮之狀接成彼義也○晉人以公不朝來討公如晉夏四月己巳晉人使陽處父盟公以恥之使大夫盟公欲以恥辱魯也經書三月乙巳經傳必有誤書曰及晉處父盟以厭之也厭猶損也晉以非禮盟公故文厭之以示譏○厭於涉反注同適晉不書諱之也不書公如晉○公未至六月穆伯會諸侯【疏】公未至諸侯○正義曰沈云非公命不書此穆伯會諸侯公未至而書者此公既在外命正卿守國故守國之臣亦合告廟而行故得書之也及晉司空士穀盟于垂隴晉討衛故也討元年衛人伐晉士穀士蔿子○蔿于委反書士穀堪其事也晉司空非卿也以士穀能堪卿事故書○書士穀或作書晉士穀【疏】注晉司至故書○正義曰曰傳舉司空之官云堪其事乃書之明本不當書故知非卿也成二年傳稱魯賜晉三帥三命之服司空亞旅皆受一命之服是其知司空非卿之文也陳侯爲衛請成于晉執孔達以說陳始與衛謀謂可以強得免今晉不聽故更執孔達以苟免也○爲于僞反○秋八月丁卯大事于大廟躋僖公逆祀也僖是閔兄不得爲父子嘗爲臣位應在下令居閔上故曰逆祀○令力呈反閔上時掌反一本無上字【疏】注僖是至逆祀○正義曰禮父子異昭穆兄弟昭穆故同僖閔不得爲父子同爲昭穆耳當閔在僖上今升僖先閔故云逆祀二公位次之逆非昭穆亂也魯語云將躋僖公宗有司曰非昭穆也弗忌曰我爲宗伯明者爲昭其次爲穆何常之有如彼所言似閔僖異昭穆者位次之逆如昭穆之亂假昭穆以言之非謂異昭穆也若兄弟相代卽異昭穆設令兄弟四人皆立爲君則祖父之廟卽已從毀

知其理必不然故先儒無作此說於是夏父弗忌爲宗伯宗伯掌宗廟昭穆之禮○夏戶雅反昭上遙反後昭穆之例放此疏注宗伯至之禮○正義曰周禮大宗伯掌建邦之天神人鬼地祇之禮小宗伯掌建國之神位辯廟祧之昭穆諸侯之官所掌亦當然也尊僖公且明見曰吾見新鬼大故鬼小新鬼僖公既爲兄死時年又長故鬼閔公死時年少弗忌明言其所見○長丁丈反少詩照反疏注新鬼至所見○正義曰且明見者既尊崇僖公且明言其意之所見見其順大小升聖賢也劉炫以爲直據兄弟大小爲義不須云死之長幼以規杜氏今刪定知不然者以傳云新鬼大故鬼小則大小之語總該諸事非直獨據兄弟明知亦據年時也先大後小順也躋聖賢明也又以僖公爲聖賢明順禮也君子以爲失禮疏君子以爲失禮○正義曰傳有評論皆託之君子此下盡先姑以來皆是一君子之辭耳引詩二文於詩之下各言君子者君子謂作詩之人此論事君子又引彼作詩君子以爲證耳傳公薨後始作魯頌爲傳之時乃設此辭非當時君子有此言也弗忌之意以先大後小爲順故言明順禮也君子之意以臣不先君爲順故云禮無不順各言其順順不同也魯語展禽云夏父弗忌必有天殃其葬也焚煙達于上孔晁云已葬而柩焚煙達椁外禮無不順祀國之大事也而逆之可謂禮乎子雖齊聖不先父食久矣齊肅也臣繼君猶子繼父○先悉薦反下不先皆同故禹不先鯀湯不先契鯀禹父契湯十三世祖○鯀古本反契息列反殷始封之君疏注鯀父至世祖○正義曰鯀禹父夏本紀文也契湯十三世祖殷本紀文契生昭明昭明生相土相土生昌若昌若生曹圉曹圉生冥冥生振振生微微生報丁報丁生報乙報乙生報丙報丙生主壬主壬生主癸主癸生天乙天乙卽湯也下注云不窋后稷子周本紀文服虔云周家祖后稷以配天明不可先也故言不先不窋禹湯異代之王故言不先鯀契也然則文武大聖后稷賢耳非是不可先也下句引詩皇祖后稷

不欲重。文故舉不窋以辟之文武不先不窋○不窋后稷子窋知律反宋祖帝乙鄭祖厲王猶上祖也帝乙
微子父厲王鄭桓公父二國不以帝乙厲王不肖而猶尊尚之○肖悉召反【疏】注帝乙至尚之○正義曰帝乙微子父宋世家文厲王鄭桓公父鄭世家
文微子桓公宋鄭始祖也言宋祖帝乙鄭祖厲王則二國立其廟而祖祀之微子不先帝乙桓公不先厲王猶上祖也言不以不肖猶尊尚之也宋爲王者之
後得祀殷之先王帝乙之廟不毀者蓋以爲其所出故特存。焉周制王子有功德出封者得廟祀所出之王魯以周公之故得立文王之廟襄十一年傳稱魯
爲諸姬臨於周廟周廟文王廟也鄭之桓武世有大功故得立厲王之廟昭十八年傳稱鄭人救火使祝史徙。主祏於周廟周廟厲王廟也是以魯
頌曰春秋匪解享祀不忒皇皇后帝皇祖后稷忒差也皇皇美也后帝天也詩頌僖公郊祭上天配以后稷○
解戸賣反忒他得反差二也【疏】魯頌至后稷○正義曰魯頌閟宮之篇美僖公之德也上皇皇爲美下皇爲君言僖公春秋祭祀非有懈。倦其所享祀不
有差忒所祀之神有皇皇之美者爲君之上天配之以君祖后稷也君子曰禮謂其后稷親而先帝也先稱帝也詩曰
問我諸姑遂及伯姊詩邶風也衛女思歸而不得故願致問於姑姊○邶音佩君子曰禮謂其姊親而先姑
也僖親。文公父夏父弗忌。欲阿時君先其所親故傳以此二詩深責其意仲尼曰臧文仲其不仁者三不知者三
下展禽展禽柳下惠也文仲知柳下惠之賢而使在下位。己欲立而立人。○不知音智下同廢。六關。塞關陽關之屬凡六關所以禁。絕。末遊而
廢之塞悉再反妾織蒲三不仁也家人販席言其與民爭利○販甫萬反作虛器謂居蔡山節藻梲也有其器而無其位故曰虛
○梲章悅反縱逆祀聽夏父躋僖公祀爰居三不知也海鳥曰爰居止於魯東門外文仲以爲神命國人祀之○爰居爾雅一名

雜縣樊光云似鳳皇爰居事見國語莊子云魯侯御而觴之于廟【疏】仲尼至知也○正義曰魯臣多矣而獨譏文仲者以文仲執國之政有大知之名爲不知之事故特譏之其餘則不足責矣論語稱仁者愛人知者不惑故以害於物者爲不仁闇於事者爲不知卑下展禽而不肯舉薦廢六關而不設防禁妾織蒲席而與民爭利此三事爲不仁也無其位而作虛器不知禮而縱逆祀不識鳥而祀爰居此三事爲不知也○注展禽至立人○正義曰論語云臧文仲其竊位者與知柳下惠之賢而不與立也又曰仁者己欲立而立人知賢不舉是無怨心故爲不仁也○注塞關至廢之○正義曰昭五年傳稱孟丙仲壬之子殺豎牛於塞關之外襄十七年傳稱師自陽關逆臧孫二關見於傳如此之屬凡有六也民以田農爲本商賈爲末農民力以自食商民遊以求食漢書賈誼說上曰今。敺民而歸之農皆著其本各食其力末伎遊食之民轉而緣南畝則畜積足矣杜稱末遊者謂此末伎遊食之民也周禮司關司貨賄之出入掌其治禁是所以禁。絕末遊者令其出入有度今而廢之使末遊之人無所禁約損害農民是不仁也○注家人至爭利○正義曰家語說此事作妾織席知織蒲是爲席以販賣之也大學云食祿之家不與民爭利故以此爲不仁也○注謂居至曰虛○正義曰論語云子曰臧文仲居蔡山節藻梲何如其知也鄭玄云節栭也刻之爲山梲梁上楹也畫以藻文蔡謂國君之守龜山藻節梲天子之廟飾皆非文仲所當有之有其器而無其位故曰虛君子下不僭上其居奢如此是不知也○海鳥至祀之○正義曰魯語云海鳥曰爰居止於魯東門之外三日臧文仲命國人祭之展禽曰越哉臧孫之爲政也夫祀國之大節也節政之所成也故制祭祀以爲國典今無故而加典非政之宜也今海鳥至己不知而祀之以爲國典難以言仁且知矣無功而祀之非仁也弗知而不問非知也今茲海其有災乎夫廣川之鳥獸皆知辟其災是歲海多大風冬。煖

○冬晉先且居宋公子成陳轅選鄭公子歸生伐秦取汪及彭衙而還以報彭衙之役卿不書爲穆公故尊秦也謂之崇

德○成音城本或作戌音恤選息兖反汪烏黄反爲于僞反○襄仲如齊納幣禮也凡君即位好舅甥脩昏姻娶元妃以奉粢盛孝也謂諒闇既終嘉好之事通于外內外內之禮始備此除凶之即位也於是遣卿申好舅甥之國修禮以昏姻也元妃嫡夫人奉粢盛供祭祀○好呼報反注同娶七住反妃芳菲反粢音咨盛音成嫡丁曆反共音恭孝禮之始也

經三年春王正月叔孫得臣會晉人宋人陳人衞人鄭人伐沈沈潰傳例曰民逃其上曰潰沈國名也汝南平輿縣北有沈亭○沈尸甚反潰戶內反輿音餘一音預○夏五月王子虎卒不書爵者天王赴也翟泉之盟雖輒假王命周王因以同盟之例爲赴○爲于僞反又如字本或作來赴

疏注不書至爲赴○正義曰王子虎即王叔文公也謚之爲文必當有爵不書爵者畿內之國不得外交諸侯其臣不敢赴魯必天子爲之赴赴以王子爲親不復言其爵也翟泉之盟子虎在列而貶之稱人若王使來盟不應貶責不假王命則不得與盟故知於時輒假王命周王遂以同盟之禮爲之赴魯傳稱來赴弔如同盟禮也是其來赴往弔皆如同盟之禮

○秦人伐晉晉人恥不出以微者告○秋楚人圍江○雨螽于宋自上而隮有似於雨宋人以其死爲得天祐喜而來告故書○雨于付反注及傳同螽音終隮徒火反傳注同祐音又○冬公如晉十有二月己巳公及晉侯盟○晉陽處父帥師伐楚以救江

傳三年春莊叔會諸侯之師伐沈以其服於楚也沈潰凡民逃其上曰潰在上曰逃潰衆散流移若積水之潰自壞之象也國君輕走羣臣不知其謀與匹夫逃竄無異是以在衆曰潰在上曰逃各以類言之○輕如字又遣政反竄

七亂反疏凡夫至曰逃○正義曰公羊傳曰潰者何下叛上也國曰潰邑曰叛釋例曰衆保於城城保於德言上能以德附衆以功庇下民信其德恃其固故能交相依懷以衞社稷苟無固志盈城之衆一朝而散如積水之敗故曰潰潰者衆散流遁之辭也國君而逃師棄盟違其典儀棄其車服羣臣不知其謀社稷不保其安此與匹夫逃竄無異是以在衆爲潰在君爲逃以別上下之名無取於別國邑也賈穎以爲舉國曰潰一邑曰叛案左氏無此義也傳曰陳侯如楚慶氏以陳叛此則舉國不必言潰也叛者舉城而屬他非民潰之謂也是解潰逃之義也僖五年首止之盟鄭伯逃歸襄七年鄬之會陳侯逃歸皆書於經十年傳厥貉之會麇子逃歸不書者於時楚會諸侯魯不與楚不告故不書也襄十六年溴梁之會傳稱高厚逃歸不書於經者釋例云例之潰逃指爲一國一軍一邑君民相須爲用變文以別之也鄭詹見囚於齊自齊逃來此爲逸因無下可逃春秋指事而書所謂民逃非在上之逃也而賈氏復申以入例亦不安也如例所言高厚之逃縱有師衆止同逸因之限非是逃例然鄭詹書而高厚不書者鄭詹爲逃來向魯故書高厚不別赴故不書

○衞侯如陳拜晉成也二年陳侯爲衞請成于晉○爲于僞反

○夏四月乙亥王叔文公卒來赴弔如同盟禮也王子虎與僖公同盟於翟泉文公是同盟之子故赴以名傳因王子虎異於諸侯王叔又未與文公盟故於此顯示體例也經書五月又不書日從赴也疏注王子至赴也○正義曰隱七年傳例曰凡諸侯同盟於是稱名故薨則赴以名者指謂同盟之二君耳不言與其父盟得以名赴其子但同盟稱名則兩君相知君既知之則國內皆知故彼父雖卒得以名赴其子此理雖爾凡例未明王子虎與僖同盟文公是其同盟之子今乃以名赴文是其於禮合赴此類多矣傳因王子虎天子之臣異於諸侯王叔又未與文公同盟故於此顯示體例則其餘從可知也

○秦伯伐晉濟河焚舟示必死也取王官及郊王官如晉地晉人不出遂自茅津濟封殽尸而還茅津在河東大陽縣西封

埋藏之大音泰○遂霸西戎用孟明也君子是以知秦穆公之爲君也舉人之周也周備也不偏以一惡棄其善與人之壹也壹無二心孟明之臣也其不解也能懼思也子桑之忠也其知人也能舉善也子桑公孫枝舉孟明者○解佳買反下同詩曰于以采蘩于沼于沚于以用之公侯之事秦穆有焉詩國風言沼沚之蘩至薄猶采以共公侯以喻秦穆不遺小善○蘩音煩沼之紹反沚音止共音恭夙夜匪解以事一人孟明有焉詩大雅美仲山甫也一人天子也詒厥孫謀以燕翼子子桑有焉詒遺也燕安也翼成也詩大雅美武王能遺其子孫善謀以安成子孫言子桑有舉善之謀○詒以之反遺唯季反疏注詒遺至之謀○正義曰詒遺釋詁文燕之爲安常訓也翼者贊成之義故爲成也詩大雅文王有聲之篇美武王之事言子桑有此義也○秋雨螽于宋隊而死也螽飛至宋隊地而死若雨○隊直類反○楚師圍江晉先僕伐楚以救江晉救江在雨螽下故使圍江之經隨在雨螽下疏注晉救至螽下○正義曰先僕救江經無其事但實在雨螽之後不進救江於前而退圍江於下欲令下與處父救江相接故也○冬晉以江故告于周欲假天子之威以伐楚王叔桓公晉陽處父伐楚以救江桓公周卿士王叔文公之子桓公不書示威名不親伐疏注桓公至親伐○正義曰王叔文公不知何王之子字叔遂以叔爲氏桓公是其子王叔陳生是其後也衞有公叔文子此人蓋以王叔爲氏也門于方城遇息公子朱而還子朱楚大夫伐江之師也聞晉師起而江兵解故晉亦還○帥所類反解音蟹又佳買反晉人懼其無禮於公也請改盟改二年處父之盟公如晉及晉侯盟晉侯饗公賦菁菁者

莪菁菁者莪詩小雅取其既見君子樂且有儀○菁子丁反莪五多反樂音洛下文何樂小國之樂同莊叔以公降拜謝其以公比君子也曰小國受命於大國敢不慎儀君貺之以大禮何樂如之抑小國之樂大國之惠也晉侯降辭降階辭讓公登成拜俱還上成拜禮○上時掌反又如字疏注俱還上成拜禮○正義曰燕禮賓降階再拜稽首公命小臣辭賓升成拜鄭玄云升成拜復再拜稽首也先時君辭之以禮若未成然此莊叔以公降拜晉侯辭。之禮未成故更登成拜是賓主俱還上成拜禮也公賦嘉樂嘉樂詩大雅。義取其顯顯令德宜民宜人受祿于天○嘉戶嫁反樂如字注同

經四年春公至自晉無傳○夏逆婦姜于齊稱婦有姑之辭疏逆婦姜于齊○正義曰桓三年齊侯送姜氏于讙注云已去齊國故不言女未至于魯故不稱夫人然則往逆當稱逆女入國當稱夫人此時逆則卿不行入復不告至其禮輕略異於常。文徒以有姑故稱婦以齊女則稱姜直云逆婦姜于齊略賤之文也○狄侵齊無傳○秋楚人滅江滅例在。文十五年疏注滅例在十五年○正義曰案莊十年齊師滅譚注云滅例在文十五年滅弦滅黃滅夔皆不注獨更於此言者沈氏云滅譚爲入春秋之初故須指其例弦黃夔等傳皆載其見滅所由今滅江傳無事跡恐異於餘滅故更引滅例云在十五年○晉侯伐秦○衛侯使甯俞來聘○俞羊朱反○冬十有一月壬寅夫人風氏薨僖公母風姓也赴同。祔姑故稱夫人○祔音附疏注僖公至夫人○正義曰杜言此者以成風本是莊公之妾嫌其不成夫人故明之也釋例曰凡妾子爲君其母猶爲夫人雖先君不命其母母以子貴其適夫人薨則尊得加於臣子內外之禮皆如夫人矣故姒氏之喪。責以小君不成成風之喪王使會葬傳曰禮也是言適夫人既死妾母於法得成夫人也

傳四年春晉人歸孔達于衛以爲衛之良也故免之二年衛執孔達以說晉○夏衛侯如
晉拜謝歸孔達曹伯如晉會正會受貢賦之政也傳言襄公能繼文之業而諸侯服從○逆婦姜于齊卿不行
非禮也禮諸侯有故則使卿逆君子是以知出姜之不允於魯也允信也始來不見尊貴故終不爲國人所敬信
也文公薨而見出故曰出姜曰貴聘而賤逆之公子遂納幣是貴聘也君而卑之立而廢之君小君也不以夫人
禮迎是卑廢之棄信而壞其主在國必亂在家必亡主內主也○壞音怪不允宜哉詩曰畏天之
威于時保之敬主之謂也詩頌言畏天威於是保福祿○秋晉侯伐秦圍刓新城以報王官
之役邧新城秦邑也王官役在前年○邧願晚反一音元○楚人滅江秦伯爲之降服出次不舉過數降服
素服也出次辟正寢不舉去盛饌鄰國之禮有數今秦伯過之○爲于僞反下文注爲賦爲歌皆同去起呂反饌仕眷反【疏】注降服至過之○正義曰僖三
十三年傳曰秦伯素服郊次意與此同知此降服爲素服也出次出於官而別次舍故云辟正寢也殺牲盛饌曰舉知不舉去盛饌也鄰國之禮有數不知其
數幾何以言過數知其必有數耳哀十年傳稱齊人弒悼公之於師吳子三日哭於軍門之外鄰國之數三日也大夫諫公曰同盟滅
雖不能救敢不矜乎吾自懼也秦江同盟不告故不書○矜居陵反君子曰詩。云。惟彼二國其政
不獲惟此四國爰究爰度其秦穆之謂矣詩大雅言夏商之君政不得人心故四方諸侯皆懼而謀度其政事也言
秦穆亦能感江之滅懼而思政爰於也究度能謀也○究音救度待洛反注同【疏】君子至謂。矣○正義曰偏檢諸本君子曰下皆無詩云則傳文本自略也

詩意言維彼夏商二國其政不得民心致使國家喪滅維此四方之國見其亡滅於是自謀於是自度其政事自懼己之滅亡也此詩所言其秦穆之謂也此
詩大雅皇矣之篇○衛甯武子來聘公與之宴爲賦湛。露及彤弓非禮之常公特命樂人以示意故言爲賦
湛露彤弓詩小雅○湛直減反彤徒冬反疏注非禮至小雅○正義曰諸自賦詩以表己志者斷章以取義意不限詩之尊卑若使工人作樂則有常禮穆
叔所云肆夏樊遏渠天子所以享元侯也文王大明緜則兩君相見之樂也燕禮者諸侯燕其羣臣及燕聘問之賓禮也歌鹿鳴四牡皇皇者華如彼所云蓋
尊卑之常禮也自賦者或全取一篇或止歌一章未有頓賦兩篇者也其使工人歌樂各以。二篇爲斷此其所以異也此時武子來聘魯公燕之於法當賦鹿
鳴之三今賦湛露彤弓非是禮之常法傳特云爲賦知公特命樂人歌此二篇以示意也此二篇天子燕諸侯之詩公非天子賓非諸侯不知歌此欲示何意
蓋以武子有令名歌此疑是試之耳不辭又不荅賦使行人私焉私問之對曰臣以爲肄。業及之也
肄習也魯人失所賦甯武子佯不知此其愚不可及○肄字又作肆以二反注同佯音陽一音祥疏注肄習至可及○正義曰說文肆。訓爲陳字從長聿
聲。肄訓爲習字從。聿。豸聲古書經傳所作字皆同耳臣以爲工人自習詩業以及此篇非謂歌之以爲己也魯人失於所賦辭則章主之失荅則己當其寵故
不辭又不荅佯若不知其所爲如愚人然論語云甯武子其知可及其愚不可及此亦是愚之一事也案燕禮無荅賦之法而怪其不荅賦者非常之賦宜有
對荅故也昔諸侯朝正於王朝而受政教也王宴樂之於是乎賦湛露則天子當陽疏天子當陽
○正義曰湛露詩云湛湛露斯匪陽不晞陽謂日也言天子當日諸侯當露也諸侯用命也湛露曰湛湛露斯匪陽不晞晞乾也言露見日而乾
猶諸侯稟天子命而行○樂音洛下注宴樂同晞音希諸侯敵王所愾。而獻其功敵猶當也愾恨怒也○愾苦愛反疏諸侯

至其功○正義曰敵者相當之言愾是恨怒之意當王所怒謂往征伐之勝而獻其功也彤弓序云天子賜有功諸侯也王於是乎賜之彤弓一彤矢百玈弓矢千以覺報宴覺明也謂諸侯有四夷之功王賜之弓矢又爲歌彤弓以明報功宴樂○玈音盧覺音角

疏注覺明。宴樂○正義曰覺者悟知之意故爲明也使諸侯明己心也莊三十一年傳曰諸侯有四夷之功則獻于王中國則否禮諸侯賜弓矢然後專征伐故有功則賜之以弓矢又歌此彤弓之詩以明天子之心知是報功宴樂令也詩言一朝饗之則是爲設饗禮此云宴者明其爲宴樂耳非言設宴禮也

陪臣來繼舊好方論天子之樂故自稱陪臣○好呼報反君辱貺之其敢干大禮以自取戾貺賜也干犯也戾罪也○貺音況戾力計反○冬成風薨爲明年王使來含賵傳

附釋音春秋左傳注疏卷第十八

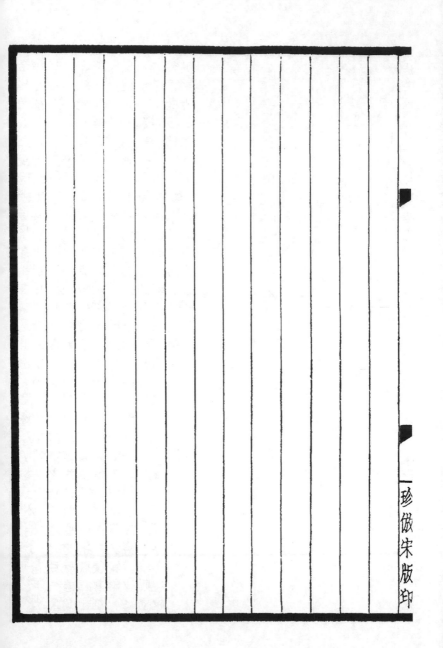

春秋左傳注疏卷十八校勘記　阮元撰盧宣旬摘錄

附釋音春秋左傳注疏卷第十八 文元年盡四年宋本春秋正義卷第十四石經春秋經傳集解文上第八岳本纂圖本文字下增公字並盡十年

〔文公〕

〔經元年〕

釋例曰 宋本曰作云

名號卽成 毛本卽誤既

王使榮叔歸含且贈 宋本毛本贈作賵是也

天子使大夫會葬爲得也 宋本得下有禮字

本是紀滅 宋本作本封絕滅不誤○今依訂正

〔傳元年〕

食子奉祭祀供養者也 宋本供作共釋文供俱用反陳樹華云釋文若本作供無煩音切且傳注前後多作共此乃傳寫之誤

歸餘於終 案史記曆書餘作邪注云邪音餘

事則不悖　漢書律曆志引傳悖作誖

章有七閏入章三年閏九月　閩本監本毛本入作八非

必以日月全數爲始　宋本月下有之字是也

一歲止少弱十一日　閩本監本毛本止作只

今於餘分三百四十八　毛本今作令

內取二百三十五　毛本三十作二十

王使毛伯衞來賜公命　釋文賜作錫淳熙本纂圖本閩本監本毛本同顧炎武云石經錫誤賜漢書五行志作毛伯賜命案經與傳文往往不同顧炎武以作賜爲誤非是釋文無王使二字云一本作王使一本作天王使

注衞毛伯字　宋本此節正義在注謝賜命之下

晉襄公旣祥　宋本以下正義二節總入注身見執辱之下

以謀而濟　監本濟作齊非也

大字小小事大　監本毛本字作事非也

則非善計　毛本計誤可

職商臣庶弟也宋本淳熙本岳本纂圖本足利本無也字

享江芊而勿敬也淳熙本芊作芊亦非顧炎武云石經誤作芊所據乃謬刻宋本岳本纂圖本毛本作芊不誤注同○今訂正

宜君王之欲殺女而立職也案韓非子作廢女劉知幾史通言語篇引同陳樹華云上云黜商臣似作廢字爲是然江芊怒故甚其辭讀者正不必泥也

王以東宮卒從子玉纂圖本子誤乎

言其忍甚纂圖本忍誤忽

冤枉之人衆矣閩本監本毛本冤作寃非也

爲大子之室宋本此節正義在注文列兵而環王宮之下

凡君至並聘宋本此節正義在注文皆用吉禮之下

則國事皆用吉禮纂圖本毛本吉誤古

〔經二年〕

馮翊郃陽縣西北有彭衙城宋本淳熙本岳本足利本部作郃不誤○今訂正

左傳唯言祔而作主閩本監本毛本祔誤袝

劉炫就所以規杜過今正仁和梁履繩云所下脫見字非宋本所作此是也〇

不兩足爲災毛本足誤是

五穀猶有收宋本收下有也字

時未應吉禘重脩監本吉作告非也

釋詁文閩本監本毛本誤云

故貶四國大夫以尊秦伯宋本岳本足利本無伯字

四人至尊秦閩本監本毛本作至秦伯非也

納徵始有玄纁束帛監本毛本始誤如

蓋公爲大子時已行昏禮也宋本岳本足利本無也字

不得唯止於納幣逆女閩本監本毛本止作只

君之昏宋本君上有魯字是也

此其義宋本義下有也字

〔傳二年〕

狐鞫居爲右 葉抄釋文鞫作鞠

故嗤之 葉抄釋文嗤作蚩

先軫死焉 宋本焉作爲屬下讀

欲共殺先軫 纂圖本共作其非也

公未至諸侯 宋本以下正義二節總入注文以苟免也之下

士縠士蔿子 宋本淳熙本岳本纂圖本閩本監本毛本縠並作穀

令居閔上 宋本令作今非釋文一本無上字陳樹華云釋文無上字當作無閔字與文義方合

注僖是至逆祀 宋本以下正義三節揔入故鬼小注下

兄弟昭穆故同僖閔不得爲父子 閩本監本毛本故同作同故

似閔僖異昭穆者 宋本似作以

知其理必不然 監本毛本理作禮

明順禮也 毛本禮誤理

昭明生相土相土生昌若 閩本監本土誤士昭監本作相亦非

不欲重文監本毛本文誤耳

故特存焉宋本焉作爲屬下讀

使祝史徙主祏於周廟閩本監本毛本主誤王

非有懈倦宋本倦作倦

僖親文公父纂圖本文誤父

夏父弗忌欲阿時君陳樹華云欲一本作從

已欲立而立人宋本岳本已作己不誤足利本後人記云立人下異本有仁字非也

廢六關顧炎武云石經關誤闕碑文此處闕炎武所據乃謬刻案家語曰置六關王肅云六關關名魯本無此關文仲置之以稅行者故爲不仁傳曰廢六關非也惠棟云廢與置古字通公羊傳去其有聲者廢其無聲者鄭氏荅張逸曰廢置也以廢爲置猶以亂爲治徂爲存故爲今曩爲曏苦爲快臭爲香藏爲去郭璞所謂詁訓義有反覆旁通美惡不嫌同名杜注云六關所以禁絶末遊而廢之非也陳樹華云莊子徐無鬼於是乎爲之調琴廢一於堂廢一於室亦廢訓置之明證

所以禁絶末遊纂圖本末誤未案依正義則絶當作約

今毆民而歸之農閩本監本毛本毆作毆宋本作毆誤

是所以禁絶末遊者　宋本絶作約是也

海多大風冬暖　宋本作冬煖

〔經三年〕

汝南平輿縣北有沈亭　案史記管蔡世家正義引沈亭作郕亭

不應貶責　宋本不上有則字是也

自上而隋　毛氏六經正誤云潭本釋文作惰古字借用本作墮作惰者後人妄改宋本作隊蓋因傳文而誤案當作惰爲惰之省文

喜而來告故書　閩本監本毛本脫喜字

〔傳三年〕

各以類言之　宋本言作常非也

無下可逃　宋本下作不

王叔又未與文公同盟　宋本叔作子非也

封埋藏之　宋本埋作理非也

君子是以知秦穆公之爲君也　石經無公字之爲二字重刻足利本亦無公字案下文云秦穆有焉四年傳其秦穆之謂矣六

年傳秦穆之不爲盟主也宜哉皆無公字諸刻本有者疑衍文

壹無二心 閩本監本毛本二作貳

夙夜匪解 足利本解作懈

言子桑有舉善之謀 纂圖本監本毛本舉善誤倒淳熙本舉誤小

釋詁文 閩本監本毛本文誤云

翼者贊成之義故爲成也 監本毛本爲誤有

隊而死也 石經隊作墜俗字漢書五行志引傳同

欲令下與處父救江相接故也 閩本監本毛本下誤不

聞晉師起而江兵解 纂圖本師作帥非

晉侯辭之禮未成 宋本侯下有降字之作以不誤

義取其顯顯令德 宋本無義字陳樹華云以上注例之不當有也

〔經四年〕

異於常文 宋本閩本監本毛本作文此本誤又今改正

滅例在文十五年宋本無文字是也

赴同祔姑纂圖本閩本監本毛本祔作袝非也

責以小君不成閩本監本毛本責作貴案隱三年正義所引釋例亦作責貴字誤

（傳四年）

君子曰詩云惟彼二國石經云字闕正義云徧檢諸本君子曰下皆無詩云此二字自屬衍文然石經既有未敢遽刪

君子至謂也宋本毛本也作矣不誤○今改正

爲賦湛露及彤弓也石經湛字皆作湛避唐敬宗諱此湛字不缺筆爲後人妄加

各以三篇爲斷宋本三作二不誤

臣以爲肄業及之也釋文作肆業以二反習也注同依字作肄石經及宋本皆作肄

說文肆訓爲陳宋本肆作肄非

肄訓爲習字從聿㣇聲浦鏜云肄誤肄聿希誤聿㣇

天子當陽宋本此節正義在諸侯用命也注下

諸侯敵王所愾而獻其功說文引傳愾作鎎

旅弓矢千石經弓字下旁有千旅二字諸刻本所無此後人妄增也

注覺明宴樂宋本閩本監本毛本明下有至字是也

春秋左傳注疏卷十八校勘記

附釋音春秋左傳注疏卷第十九上 文五年盡十年

杜氏注　孔穎達疏

經五年春王正月王使榮叔歸含。且賵珠玉曰含含口實車馬曰賵○含本亦作唅戶暗反說文作琀云送終口中玉賵芳鳳反

【疏】王使至且賵○正義曰公羊傳曰其言歸含且賵何兼之兼之非禮也賈服云含賵當異人今一人兼兩使故書且以譏之案禮雜記諸侯相弔之禮含。襚賵臨同日而畢與介代有事焉不言遺異使也諸侯相於則唯遣一使而責天子於諸侯必當異人禮何所出而非責王也春秋之世風教陵遲吉凶賀弔罕能如禮王之崩葬魯多不行魯之有喪寧能盡至。全無所譏不含又無貶責既含且賵便責兼之不可是禮備不如不備行禮不如不行豈有如此之理哉左傳舉來含且賵會葬二事乃云禮也則二事俱是得禮無譏兼之之意也言且者見有二禮而已宰咺言來歸此不言來者穀梁傳曰其不言來者不周事之用也賵以早而含以晚其意以為含者所以實口當及未殯而至以其至晚故不言來以責王也案雜記含者執璧將命坐委于殯東南有葦席既葬蒲席然則含襚者所以助喪盡恩示其有禮而已既葬猶尚致之不必以濟其用天子之與鄰國莫不道路長遠赴者猶尚不至責其未殯而來此是理之不通也且來者自外之文非是襃貶之意九年秦人來歸僖公成風之襚襚衣是斂之所用彼最晚矣何以復言來乎言來與不言來史異文耳宰咺秦人歸之既晚故舉其所為之人此夫人新薨言歸含賵為夫人可知故不言歸夫人含賵也何休膏肓以為禮尊不含卑又不兼二禮左氏以為禮於義為短鄭康成箴云禮天子於二王後之喪含為先襚次之賵次之賻次之於諸侯含之賵之小君亦如之於諸侯臣襚之諸侯相於如天子於二王後於卿大夫如天子於諸侯於士如天子於諸侯臣何休云尊不含卑是違禮非經意其一人兼歸二禮亦是為譏如康成言尊不含卑禮無其事康成以為譏一人兼二事者

非左氏意也○注珠玉至曰賵○正義曰周禮玉府大喪共含玉穀梁傳曰貝玉曰含士喪禮含用米貝莊子說發冢之事云徐徐破其頰無傷口中珠是含有用珠者也故云珠玉曰含何休云天子以珠周禮大喪共玉不共珠也莊子所言發冢未必發天子冢也雜記云諸侯相含以璧未知何人用珠耳公羊傳曰含者何口實也孝子不忍虛其親之口故以米貝珠玉實之謂之飯含檀弓曰飯用米貝弗忍虛也不以食道用美焉爾士喪禮用生稻米是不以食道也車馬曰賵公羊傳文○三月辛亥葬我小君成風無傳反哭成喪故曰葬我小君王使召伯來會葬召伯天子卿也召采地伯爵也來不及葬不譏者不失五月之內○召上照反○夏公孫敖如晉無傳○秦人入鄀入例在十五年○鄀音若○秋楚人滅六六國今廬江六縣○廬力居反○冬十月甲申許男業卒無傳與僖公六同盟疏注與僖公六同盟○正義曰業以僖五年即位其年盟于首止八年于洮九年于葵丘十五年于牡丘二十一年于薄二十七年于宋魯許俱在是六同盟也

傳五年春王使榮叔來含且賵召昭公來會葬禮也成風莊公之妾天子以夫人禮賵之明母以子貴故曰禮疏注成風至曰禮正義曰傳舉二事以一禮結之則含賵會葬皆得禮也釋例稱賵賻襚含總謂之贈言以夫人禮贈之指爲賵含也○初鄀叛楚即秦又貳於楚夏秦人入鄀○六人叛楚即東夷秋楚成大心仲歸帥師滅六仲歸子家○冬楚子燮滅蓼蓼國今安豐蓼縣○燮息列反蓼音了字或作鄝音同臧文仲聞六與蓼滅曰皐陶庭堅不祀忽諸德之不建民之無援哀哉蓼與六皆皐陶後也傷二國之君不能建德結援大國忽然而亡○陶音遙○晉陽處父聘于衛反過甯甯嬴從之甯晉邑汲郡脩武縣也嬴逆旅大夫○嬴音盈疏注甯

晉至大夫○正義曰晉語說此事云舍於逆旅寧嬴氏注國語者賈逵孔晁皆以寧嬴爲掌逆旅之大夫故杜亦同之劉炫以寧嬴直是逆旅之主非大夫今刪定知不然者若是逆旅之主則身爲匹庶是卑賤之人猶如重館人告文仲重丘人罵孫蒯止應稱人而已何得名氏見傳杜以傳載名氏故爲逆旅大夫劉炫以爲客舍主人而規杜氏非也

及溫而還其妻問之嬴曰以剛商書曰沈漸剛克高明柔克（沈漸猶滯溺也高明猶亢爽也言各當以剛柔勝己本性乃能成全也此在洪範今謂之周書○漸似廉反注沈滯溺一本作帶弱亢古浪反）

[疏]注沈漸至周書○正義曰此傳引周書是洪範之三德也彼說人之三德乃以此言覆之孔安國以此二句爲天地之德故注云沈漸謂地雖柔亦有剛能出金石高明謂天言天爲剛德亦有柔克不干四時杜以傳證人性即以人事解之沈漸謂人性之沈滯濡溺也高明謂人性之高亢明爽也滯溺者當以剛勝其本性亢爽者當以柔勝其本性必自屈矯己乃能成全不然則沈漸失於弱高明失於剛不能保其身也此文在洪範今謂之周書箕子商人所說故傳謂之商書

夫子壹之其不沒乎（陽子性純剛）天爲剛德猶不干時（寒暑相順）況在人乎且華而不實怨之所聚也（言過其行○行下孟反）犯而聚怨不可以定身（剛則犯人）余懼不獲其利而離其難是以去之（爲八年晉殺處父傳○難乃旦反）

晉趙成子欒貞子霍伯臼季皆卒（成子趙衰新上軍帥中軍佐也貞子欒枝下軍帥也霍伯先且居中軍帥也臼季胥臣下軍佐也爲六年蒐於夷傳○帥所類反下同蒐所求反）

[疏]注成子至夷傳○正義曰城濮之戰先軫郤溱將中軍狐毛狐偃將上軍欒枝胥臣將下軍晉語云狐毛卒先且居將上軍清原之蒐三軍如故趙衰箕鄭將新上軍胥嬰先都將新下軍箕之役先軫死先且居將中軍不知誰代且居將上軍也此言趙衰新上軍帥中軍佐并舉二官二年彭衙之役云先且居將中軍趙衰佐之注云代郤溱是趙

衰新上軍帥中軍佐也

經六年春葬許僖公傳無○夏季孫行父如陳行父季友孫子秋季孫行父如晉○八月

乙亥晉侯驩卒再同盟○驩喚官反【疏】注再同盟○正義曰二年及晉處父盟三年公及晉侯盟是再同盟也○冬十月公

子遂如晉葬晉襄公卿共葬事文襄之制也其三月而葬速○共音恭【疏】注卿共至葬速○正義曰昭三十年傳曰先王之制諸侯之喪士弔大夫送葬昭三年傳曰昔文襄之霸也其務不煩諸侯君薨大夫弔卿共葬事是也晉殺其大夫陽處父處父侵官宜爲國討故不言賈季殺○晉狐射姑出奔狄射姑狐偃子賈季也奔例在宣十年○射音亦一音夜○閏月不告月猶朝

于廟諸侯每月必告朔聽政因朝宗廟文公以閏非常月故闕不告朔怠慢政事雖朝于廟則如勿朝故曰猶猶者可止之辭○不告月月或作朔誤也不告朔本或作告月【疏】注諸侯至之辭○正義曰周禮大史頒告朔于邦國鄭玄云天子頒朔于諸侯諸侯藏之祖廟至朔朝于廟告而受行之論語云子貢欲去告朔之餼羊是用特羊告于廟謂之告朔人君即以此日聽視此朔之政謂之視朔十六年公四不視朔僖五年傳曰公既視朔是也視朔者聽治此月之政亦謂之聽朔玉藻云天子聽朔於南門之外是也其日又以禮祭於宗廟謂之朝廟周禮謂之朝享司尊彝云追享朝享是也其歲首爲之則謂之朝正襄二十九年正月公在楚傳曰釋不朝正于廟是也告朔視朔聽朔朝廟朝享朝正二禮各有三名同日而爲之也文公以閏非常月故闕不告朔告朔之禮大朝廟之禮小文公怠慢政事既不告朔雖朝于廟則如勿朝故書猶朝于廟言猶以譏之必於月朔爲此告朔聽朔之禮者釋例曰人君者設官分職以爲民極遠細事以全委任之責。縱諸下以盡知力之用總成敗以效能否執八柄以明誅賞故自非機事皆委心焉誠信足以相感事實盡而不擁故受位居職者思效忠善日夜自進而無所顧忌也天下之細事無數一日二日萬端人君之明有所不照人君之力有所不堪則不得不借問近習有時而用之如此則六鄉六遂之長雖躬履此事躬造此官當皆移聽於內官迴心於左右政之紕亂恆必由此聖人知其不可故簡其節敬其事因月朔朝遷坐正位會羣吏而聽大政考其所行而決其煩疑非徒議將然也乃所以考已然又惡其密聽之亂公也故顯眾以斷之是以上下交泰官人以理萬民以察天下以治也文公謂閏非常月緣以闕禮傳因所闕而明言典制雖朝于廟則如勿朝故經稱猶朝于廟也經稱告月傳言告朔明告月必以朔也每月之朔必朝于廟因聽政事事敬而禮成故告以特羊然則朝廟朝正告朔視朔皆同日之事所從言之異耳是言聽朔朝廟之義也玉藻說天子之禮云聽朔於南門之外諸侯皮弁聽朔於大廟鄭玄以為明堂在國之陽南門之外謂明堂也諸侯告朔以特羊則天子以特牛與天子用特牛告其帝及其神配以文王武王諸侯用特羊告大祖而已杜以明堂與祖廟為一但明堂是祭天之處天子告朔雖杜之義亦應告人帝朝享卽月祭是也祭法云王立七廟曰考廟王考廟皇考廟顯考廟祖考廟皆月祭之二祧享嘗乃止諸侯立五廟曰考廟王考廟皇考廟皆月祭之顯考廟祖考廟享嘗乃止然則天子告朔於明堂朝享於五廟諸侯告朔於大廟朝享自皇考以下三廟耳皆先告朔後朝廟朝廟小於告朔文公廢其大而行其小故云猶朝于廟公羊傳曰猶者可止之辭也天子玄冕以視朔皮弁以日視朝諸侯皮弁以聽朔朝服以日視朝其閏月則聽朔於明堂闔門左扉立於其中聽政於路寢門終月故於文王在門為閏

傳六年春晉蒐于夷舍二軍僖三十一年晉蒐清原作五軍今舍二軍復三軍之制夷晉地前年四卿卒故蒐以謀軍帥○舍音捨注同帥所類反下同

【疏】注僖三至軍帥○正義曰清原之蒐五軍十卿有先軫郤溱先且居狐偃欒枝胥臣趙衰箕鄭胥嬰先都箕之役先軫死往歲趙衰欒枝先且居胥臣卒八年傳說此蒐之事云晉侯將登箕鄭父先都則郤溱狐偃胥嬰亦先卒矣清原十卿唯有箕鄭先都在耳故蒐以謀軍帥服虔云使

射姑代先且居趙盾代趙衰也箕鄭將上軍林父佐也先蔑將下軍先都佐也改蒐于董趙盾將中軍射姑奔狄先克代佐中軍。耳使狐射姑將
中軍代先且居將子匠反○趙盾佐之代趙衰也盾趙衰子○盾徒本反陽處父至自溫往年聘衛過溫今始至○過古
禾反改蒐于董易中軍易以趙盾為帥射姑佐之河東汾陰縣有董亭陽子成季之屬也處父嘗為趙衰屬大夫疏
注處父至大夫○正義曰僖三十一年清原之蒐衰始為卿三十三年處父已專帥侵蔡則處父之屬成子未有多年蓋情素相親而黨於趙氏耳非專以嘗
為其屬也故黨於趙氏且謂趙盾能曰使能國之利也是以上之宣子於是乎始為
國政宣趙盾謚制事典典常也正法罪輕重當。○當丁浪反辟刑。獄。辟猶理也○辟婢亦反後同者更不音董逋逃
董督也○逋補吾反由質要由用也質要。券。契也治舊洿。治理洿穢○洿音烏本又作汙同本秩禮貴賤不失其本續常職
修廢官出滯淹拔賢能也既成以授大傅陽子與大師賈佗使行諸晉國以為常法賈佗
以公族從文公而不在五人之數○大音泰下同佗徒何反從才用反疏宣子至常法○正義曰制事典者正國之百事使有常也正法罪者準所犯輕
重豫為之法使在後依用之也辟獄刑者有事在官未決斷者令於今理治之
也董逋逃者舊有逋逃負罪播越者督察追捕之也由質要者謂斷爭財之獄
用券契正定之也治舊洿者國之舊政洿穢不絜理治改正之也本秩禮者時
有僭踰貴賤相濫本其次秩使如舊也續常職者職有廢闕任賢使能令續故
常也出滯淹者賢能之人沈滯田里拔出而官爵之也此謂所為制作法式者
豫為將來使案而遵行臨時決斷者將為故事使後人放習故得行諸晉國以
為常法也○注辟猶理也正義曰辟訓為法依法斷決是理治之也此與上句
所以為異者正法罪謂準狀制罪為將來之法若今之造律令也辟獄刑謂有

獄未決斷當時之罪若昭十四年韓宣子命斷舊獄之類是也○注董督也○正義曰釋詁云董督正也俱訓爲正是董得爲督謂督察之也○注由用也質要。契。券○正義曰周禮小宰以官府之八成經邦治四曰聽稱責以傳別六曰聽取予以書契七曰聽賣買以質劑鄭衆云稱責謂貸予也傳別謂券書也聽訟責者以券書決之傳傳著約束於文書也別別爲兩兩家各得一也鄭玄云傳別謂爲大手書於一札中字別之書契謂出予受入之凡要也質劑謂兩書一札同而別之長曰質短曰劑傳別質劑皆今之券書也事異其名耳如彼禮文知質要是契券也○注治理洿穢○正義曰洿者穢之別名不絜之稱也法有不便於民事有不利於國是爲政之洿穢也治理改正使絜清也○注賈佗至之數○正義曰晉語宋公孫固云晉公子長事賈佗又曰賈佗公族也而多識以共敬公子居則下之動則咨焉是以公族從文公也尚書周官大師大傅大保天子三公也宣十六年傳晉侯請于王命士會將中軍且爲大傅則大傅尊於中軍之將與大師皆爲孤卿也周禮上公之國有孤一人王制諸侯三卿晉侯爵也而有三軍六卿復有孤。二人者晉爲霸主多置羣官共時所須不能如禮孤尊於卿法由在上故宣子法成授二孤使行之

○臧文仲以陳衛之睦也欲求好於陳夏季文子聘于陳且娶焉臣非君命不越竟故因聘而自爲娶○好呼報反娶七住反竟音境爲于僞反○秦伯任好卒任好秦穆公名○任音壬以子車氏之三子奄息仲行鍼虎爲殉子車秦大夫氏也以人從葬爲殉○車音居仲本亦作中音仲行戶郎反鍼其廉反殉似俊反殺人從死曰殉字林弋絹反皆秦之良也國人哀之爲之賦黃鳥黃鳥詩秦風義取黃鳥止于棘桑往來得其所傷三良不然○爲于僞反下注爲立聲教爲作善言同君子曰秦穆之不爲盟主也宜哉死而弃民先王違世猶詒之法而況奪之善人乎詩曰人之云亡邦國殄瘁詩大雅言善人

亡則國瘁瘁病○詒以之反瘁似醉反無善人之謂若之何奪之古之王者知命之不長【疏】古之至不長○正義曰知命之不長知其必將有死不得長生久視故制法度以遺後人非獨爲當己之世設善法也並建聖哲以下即位便爲之非臨死始爲此也下云衆隸賴之而後即命言其施行此事功成乃就死耳非謂設此法以擬死也是以並建聖哲建立聖知以司牧民○王如字一音于況反聖知音智【疏】注建立至牧民○正義曰此說王者之事或封諸侯或置之羣官聖哲是人之儁者故總言之耳樹之風聲因土地風俗爲立聲教之法【疏】注因土至之法○正義曰漢書地理志云凡民性有剛柔緩急聲音不同繫水土之風氣故謂之風好惡取舍動靜無常隨君上之情欲故謂之俗王制云廣谷大川異制民生其間者異俗器械異制衣服異宜脩其教不易其俗齊其政不易其宜故聖王爲教因其土地風俗爲立善聲教也聲教人之所立故言樹之今杜云因土地風俗爲立聲教之法如杜此言惟樹以聲而傳云樹之風聲而風亦樹者其實風俗亦是人君教化故孝經云移風易俗孔注尙書云立其善風揚其善聲是也分之采物旌旗衣服各有分制○分扶問反注同【疏】注旌旗至分制○正義曰采物謂采章物色旌旗衣服尊卑不同名位高下各有品制天子所有分而與之故云分之定四年傳稱分魯公以大路大旂之類皆是也著之話言話善也爲作善言遺戒○語戶快反【疏】注話善至遺戒○正義曰著之話言爲作善言遺戒著於竹帛故言著之也爲之律度鍾律度量所以治曆明時○量音亮【疏】注鍾律至明時○正義曰周語云先王之制鍾也律度量衡於是乎生小大器用於是乎出又曰古之神瞽考中聲而量之以制度律均鍾百官軌儀其意言度律之聲以爲鍾之均於鍾律取法爲度量衡也故漢書律曆志云推曆主律莫不用焉度量衡皆出於黃鍾之律也度者分寸尺丈引所以度長短也本起於黃鍾之長以子穀秬黍之中者一黍之廣度之九十黃鍾之長一黍爲一分十分爲寸十寸爲尺十尺爲丈十丈爲引而五度審矣量者龠合升斗斛所以

量多少也本起於黃鐘之龠以子穀秬黍中者千有二百實其龠合龠為合十合為升十升為斗十斗為斛而五量嘉矣權者銖兩斤鈞石所以稱輕重也本起黃鐘之重一龠容千二百黍重十二銖兩之為兩十六兩為斤三十斤為鈞四鈞為石而五衡謹矣權衡一物衡平也權重也稱上謂之衡稱錘謂之權所從言之異耳其鐘者亦起於律故服虔云鳧氏為鐘各自計律倍而半之黃鐘之管長九寸則黃鐘之鐘長二尺二寸半餘鐘亦各自計律倍而半之度量衡其本俱出於律傳言律度注言度量其言不及衡者文雖不足理實兼之易革卦象云君子以治曆明時此律度量衡皆推曆為之為此法以教天下使之明四時也

陳之藝極藝準也極中也貢獻多少之法傳曰貢之無藝又曰貢獻無極【疏】注藝準至無極○正義曰藝是準限極是中正制貢賦多少之法立其準限中正使不多不少陳之以示民故言陳之所引傳曰及又曰皆昭十三年子產辭也

引之表儀引道也表儀猶威儀○道音導下同【疏】注引道至威儀○正義曰引謂在前故為道也表章儀飾故猶威儀也威儀禮則王者制之以道民言引之道之不用重文故異之也

予之法制告之訓典訓典先王之書【疏】注訓典先王之書○正義曰訓典先王之書教訓之典取其言以語之故言告之法制謂王者身自制作己之所有故言予之

教之防利防惡興利【疏】注防惡興利○正義曰防者防使勿然故為防惡利者務生此利故為興利傳言防利於文不足互見以曉人也此最為急故特言教之

委之常秩委任也常秩官司之常職【疏】注委任至常職○正義曰設官分職當委任責成故言委之常秩謂職掌位次故為官司之常職

道之以禮則使毋失其土宜衆隸賴之而後即命即就也

聖王同之今縱無法以遺後嗣而又收其良以死難以在上矣君子是以知秦之不復東征也不能復征討東方諸侯為霸主○遺唯季反復扶又反注同

○秋季文子將聘於晉使求遭喪之禮

以行季文子季孫行父也聞晉侯疾故疏注季文至疾故○正義曰劉炫以爲聘使之法自須造遭喪之禮而行防其未然也非是聞晉侯有疾今知不然者依聘禮出使唯以幣物而行無別齎遭喪之禮若主國有凶則臨時辦備今文子聘晉特求遭喪之禮出聘之後晉侯遂卒考其情。氣有異尋常聞晉侯之疾偏爲不可劉炫以不聞晉侯之疾而規杜氏恐非其義也其人曰將焉用之其人從者○焉於虔反從才用反文子曰備豫不虞古之善教也求而無之實難難卒得○卒寸忽反過求何害所謂文子三思○三息暫反○

八月乙亥晉襄公卒靈公少晉人以難故欲立長君立少君恐有難○少詩照反注同難乃旦反注及下皆同長丁丈反下皆同趙孟曰立公子雍趙孟趙盾也公子雍文公子襄公庶弟杜祁之子好善而長先君愛之且近於秦秦舊好也置善則固事長則順立愛則孝結舊則安爲難故故欲立長君有此四德者難必抒矣。抒除也○好呼報反下皆同近附近之近抒直呂反又時呂反疏注抒除也○正義曰字有聲相近而爲訓者鬼之爲言歸也舂之爲言蠢也其類多矣抒聲近除故爲除也服虔作紓。紓緩也賈季曰不如立公子樂樂文公子○樂音岳一音洛辰嬴嬖於二君辰嬴懷嬴也二君懷公文公也○嬖必計反立其子民必安之趙孟曰辰嬴賤班在九人班位也其子何震之有震威也且爲二嬖淫也爲先君子不能求大而出在小國辟也母淫子辟無威陳小而遠無援將何安焉杜祁以君故讓偪姞而上之杜祁杜伯之後祁姓也偪姞姞姓之女生襄公爲世子故杜祁讓使在己上○辟匹亦反又作僻下同祁巨之反偪彼力反姞其吉反又其乙

反

疏偪姞○正義曰譜以偪爲國名地闕不知所在以狄故讓季隗而己次之故班在四以季隗是文公託狄時妻故復讓之然則杜祁本班在二隗五罪反復扶又反下將復怨同○先君是以愛其子而仕諸秦爲亞卿焉亞次也言其賢故位尊○亞於嫁反秦大而近足以爲援母義子愛足以威民立之不亦可乎使先蔑士會如秦逆公子雍先蔑士伯也士會隨季也賈季亦使召公子樂于陳趙孟使殺諸郫郫晉地○郫婢支反賈季怨陽子之易其班也本中軍帥易以爲佐帥所類反下命帥同○而知其無援於晉也少族多怨九月賈季使續鞫居殺陽處父鞫居狐氏之族書曰晉殺其大夫侵官也君已命帥處父易之故曰侵官○冬十月襄仲如晉葬襄公○十一月丙寅晉殺續簡伯簡伯續鞫居十一月無丙寅丙寅十二月八日也日月必有誤賈季奔狄宣子使臾駢送其帑帑妻子也宣子以賈季中軍之佐同官故○臾羊朱反駢蒲賢反又蒲丁反帑音奴疏注帑妻子也○正義曰詩云樂爾妻帑文已有妻故毛傳以帑爲子此傳無妻故杜幷妻言之帑者細弱之號妻子俱得稱之傳稱以害鳥帑鳥尾猶尙稱帑況妻子也說文云帑金幣所藏字書帑從子經傳妻帑亦從巾夷之蒐賈季戮臾駢臾駢之人欲盡殺賈氏以報焉臾駢曰不可吾聞前志有之曰敵惠敵怨不在後嗣忠之道也敵猶對也若及子孫則爲非對非對則爲遷怒○盡津忍反疏敵惠至之道○正義曰敵惠謂有惠於彼不可望彼人之子報敵怨謂有怨於彼不可讎彼人之子父祖受人之惠子孫自可不忘要有恩於其父祖不可求報於彼子孫子孫或時不知乃是更復長怨故惠怨皆不在後是爲忠恕之道

也夫子禮於賈季我以其寵報私怨無乃不可乎言己蒙宣子寵位介人之寵非勇也介因也○介音界損怨益仇非知也殺季家欲以除怨宣子將復怨己是益仇○知音智以私害公非忠也釋此三者何以事夫子。盡具其帑與其器用財賄親帥扞之送致諸竟扞衛也○扞戶旦反竟音境○閏月不告朔非禮也經稱告月傳稱告朔明告月必以朔閏以正時四時漸差則致閏以正之時以作。事順時命事事以厚生事不失時則年豐生民之道。於是乎在矣不告閏朔弃時政也何以爲民○爲民如字治也或音于僞反非也

經七年春公伐邾○三月甲戌取須句須句魯之封內屬國也僖公反其君之後邾復滅之書取易也例在襄十三年○須句其俱反復扶又反易以豉反遂城鄆無傳因伐邾。師以城鄆鄆魯邑卞縣南有鄆城備邾難○鄆音吾難乃旦反○夏四月宋公王臣卒。二年與魯大夫盟於垂隴○王如字又往方反【疏】注二年至垂隴○正義曰王臣以僖二十四年即位與僖盟于踐土翟泉今唯言垂隴據與文同盟言之杜注或兼取前世或止取時君不爲例也○宋人殺其大夫宋人攻昭公并殺二大夫故以非罪書○戊子晉人及秦人戰于令狐趙盾。廢。嫡而外求君故貶稱人晉諱背先蔑而夜薄秦師以戰告○令力呈反嫡本又作適丁歷反背音佩○晉先蔑奔秦不言出在外奔○狄侵我西鄙○秋八月公會諸侯晉大夫盟于扈扈鄭地滎陽卷縣西北有扈亭不分別書會人總言諸侯晉大夫盟者公後會而。分其盟○扈音戶卷音權又丘權反別彼列反○冬徐伐莒不書

將帥徐夷告辭略○將子匠反帥所類反公孫敖如莒涖盟○涖音利又音類

傳七年春公伐邾間晉難也公因霸國有難而侵小○間間廁之間或如字難乃旦反注同○三月甲戌取須句寘文公子焉非禮也邾文公子叛在魯故公使爲守須句大夫也絕大皥之祀以與鄰國叛臣故曰非禮○寘之豉反下同大音泰皥戶老反○夏四月宋成公卒於是公子成爲右師莊公子公孫友爲左師目夷子樂豫爲司馬戴公玄孫鱗矔爲司徒桓公孫。矔古亂反【疏】注戴公玄孫鱗矔桓公孫○正義曰世本戴公生樂甫術術生碩甫澤澤生季甫甫生子僕伊與樂豫是也世本又云桓公生公鱗鱗生東鄉矔是也公子蕩爲司城桓公子也以武公名廢司空爲司城華御事。爲司寇華元父也傳言六卿皆公族昭公不親信之所以致亂○御魚呂反本又作禦音同昭公將去羣公子樂豫曰不可公族公室之枝葉也若去之則本根無所庇陰。矣葛藟猶能庇其本根葛之能藟蔓繁滋者以本枝蔭庥之多○去起呂反下及注同庇必利反又悲位反下同陰本又作蔭於鴆反藟本或作虆力軌反蔓音萬庥許求反又作庇虆類龜反故君子以爲比謂詩人取以喻九族兄弟○比必爾反【疏】。葛藟至爲比○正義曰此引葛藟王風葛藟之篇也彼毛傳以之爲興此云君子以爲比者但比之隱者謂之興興之顯者謂之比比之與興深淺爲異耳此傳近取庇根理淺故以爲比毛意遠取河潤義深故以爲興由意不同故比興異耳況國君乎此諺所謂庇焉而縱尋斧焉者也縱放也必不可君其圖之親之以德皆股肱也誰敢攜貳若之何去之不聽穆襄之族率國人以攻公穆公襄公之子孫昭公所欲去者殺公孫固公孫鄭于公宮二子在公宮故為亂兵所殺疏注二子至所殺○正義曰經書宋人殺其大夫傳言不稱名非其罪則此二子名氏當見於經亦卿官也僖二十二年傳稱大司馬固於時又有司馬子魚上文樂豫為司馬下云六卿和公室六卿之外有此二子蓋是孤卿之官也宋是上公禮得有孤且春秋之時不必如禮六卿和公室樂豫舍司馬以讓公子卬卬昭公弟○舍音捨下同卬五郎反昭公即位而葬書曰宋人殺其大夫不稱名衆也且言非其罪也不稱殺者及死者名殺者衆故名不可知死者無罪則例不稱名疏注不稱至稱名○正義曰傳云不稱名怪殺者死者並不名也又言衆也解殺者不名言殺者衆多其名不可知也且言非其罪也解死者不名言死者無罪則於例不稱名也此傳言書曰是仲尼新意殺大夫有例無凡故每言書曰所謂曲而暢之也此言死者無罪故不稱名則被殺書名皆為有罪故諸是大夫被殺書名者杜皆言其罪狀止以此傳為例故也釋例曰大臣相殺死者無罪則兩稱名氏以示殺者之罪正札子殺召伯毛伯是也若死者有罪則不稱殺者名氏晉殺其大夫陽處父是也若為賊者衆因亂而殺則亦稱國人殺者主名不分故也主名不分死者雖名氏可知亦隨而去之嫌於罪死者也士殺大夫則書曰盜盜殺鄭公子騑公子發公孫輒是也若然宋之穆襄之族既非六卿於例名氏不見亦應書盜而不言盜者彼殺鄭卿者知是尉止司臣之類故書盜以惡其人此則不得主名書盜不知所惡故不書其盜耳若知其人則亦書盜也○秦康公送公子雍于晉曰文公之入也無衛故有呂郤之難僖二十四年文公入○難乃旦反乃多與之徒衛穆嬴日抱大子以啼于朝曰先君何罪其嗣亦何罪舍適嗣不立而外求君將焉寘此穆嬴襄公夫人靈公母也○嬴音盈適本又作嫡同丁歷反將焉於虔反下焉用同出朝則

抱以適趙氏頓首於宣子曰先君奉此子也而屬諸子曰此子也才吾受子之賜不才吾唯子之怨欲使宣子教訓之○屬音燭今君雖終言猶在耳在宣子之耳而弃之若何宣子與諸大夫皆患穆嬴且畏偪畏國人以大義來偪己○偪彼力反乃背先蔑而立靈公以禦秦師箕鄭居守趙盾將中軍先克佐之克先且居子代狐射姑○背音佩箕音基守手又反下注同將子匠反下注同荀林父佐上軍箕鄭將上軍居守故佐獨行先蔑將下軍先都佐之步招御戎戎津爲右及堇陰先蔑士會逆公子雍前還晉晉人始以逆雍出軍卒然變計立靈公故車右戎御猶在職堇陰晉地○招上遙反堇音謹一音靳卒寸忽反

疏正注先蔑至晉地○正義曰諸言御戎爲右皆是君之御右知此步招戎津始以逆雍出軍此擬爲雍之御右也故立靈公故御右猶在職也十二年河曲之戰傳稱范無恤御戎注云代步招晉君不行有御戎者成二年楚令尹子重爲陽橋之役王卒盡行彭名御戎注云王卒盡行故王戎車亦行然則河曲之戰亦公卒盡行公之戎車亦行故御戎在職也此時未至令狐令狐猶是晉地知堇陰亦是晉地也

宣子曰我若受秦秦則賓也不受寇也既不受矣而復緩師秦將生心先人有奪人之心奪敵之戰心也○復扶又反先悉薦反有奪人之心本或此下有後人待其反誤軍之善謀也逐寇如追逃軍之善政也訓卒利兵秣馬蓐食潛師夜起蓐食早食於寢蓐也○卒子忽反秣音末蓐音辱戊子敗秦師于令狐至于刳首己丑先蔑奔秦士會從之從先蔑也令狐在河東當與刳首相接○刳苦胡反先蔑之使也荀林父止之曰夫

人大子猶在而外求君此必不行子以疾辭若何不然將及禍將及己使所吏反○攝卿
以往可也何必子同官爲寮。吾嘗同寮敢不盡心乎弗聽爲賦板之三章板詩大雅其三章義取芻蕘之言猶不可忽況同寮乎僖二十八年林父將中行先蔑將左行○寮本又作僚力彫反爲于僞反下爲同寮同芻初俱反蕘音饒行戶郎反下同
又弗聽及亡荀伯盡送其帑及其器用財賄於秦曰爲同寮故也荀伯林父
會在秦三年不見士伯士伯先蔑其人曰能亡人於國言能與人俱亡於晉國不能見於此焉
用之何用如此士季曰吾與之同罪俱有迎公子雍之罪非義之也將何見焉言己非慕先蔑之義而從之
及歸遂不見責先蔑爲正卿而不匡諫且俱出奔惡有黨也士會歸在十三年○惡烏路反○狄。侵我西鄙公使告于
晉趙宣子使因賈季問酆舒且讓之酆舒狄相讓其伐魯○酆芳忠反相息亮反○酆舒問於賈季曰
趙衰趙盾孰賢對曰趙衰冬日之日也趙盾夏日之日也冬日可愛夏日可畏○秋八月
齊侯宋公衞侯。鄭伯許男曹伯會晉趙盾盟于扈晉侯立故也公後至故不書
所會凡會諸侯不書所會後也不書所會謂不具列公侯及卿大夫後至不書其國辟不敏也此傳還自釋凡例之意

疏凡會至不敏○正義曰僖十四年諸侯城緣陵傳曰不書其人有闕也十五年諸侯盟于扈傳曰書曰諸侯無能爲也十。七年諸侯會于扈傳曰書曰諸侯無功也然則總稱諸侯皆是罪諸侯也此總稱諸侯不稱所會爲公後也傳還自釋凡例云後至不書其國者辟不敏也不敏猶不達

也諸國皆在公獨後至是公不達於事辟公之不達於事諱公罪而歸責於諸侯者若言諸侯無功然故貶諸侯而總之所以辟公恥也○穆伯娶
于莒曰戴己生文伯其娣聲己生惠叔穆伯公孫敖也文伯穀也惠叔難也○己音紀一音祀娣大計反難乃多反
戴己卒又聘于莒莒人以聲己辭則爲襄仲聘焉襄仲公孫敖從父昆弟○爲于僞反下且爲自爲同○
冬徐伐莒莒人來請盟見伐故欲結援穆伯如莒涖盟且爲仲逆及鄢陵登城見之美
鄢陵莒邑鄢於晚反○自爲娶之仲請攻之公將許之叔仲惠伯諫惠伯叔牙孫曰臣聞之兵
作於內爲亂於外爲寇寇猶及人亂自及也今臣作亂而君不禁以啓寇讎若
之何公止之惠伯成之平二子使仲舍之舍不娶○舍音捨注同公孫敖反之還莒女復爲兄
弟如初從之爲明年公孫敖奔莒傳○復音服又扶又反○晉郤缺言於趙宣子曰日衛不睦故取
其地日往日取衛地在元年今已睦矣可以歸之叛而不討何以示威服而不柔何以示
懷柔安也非威非懷何以示德無德何以主盟子爲正卿以主諸侯而不務德將
若之何夏書曰逸書戒之用休有休則戒之以勿休○休許虯反注同董之用威董督也有罪則勸督之以威刑
之以九歌勿使壞九功之德皆可歌也謂之九歌六府三事疏夏書至三事○正義曰此虞書
大禹謨之文也以其夏禹之言故傳謂之夏書勿使壞以上皆彼正文唯彼言俾勿壞俾亦使也一字別耳彼上文云水火金木土穀惟修正德利用厚生惟

和九功惟敘九敘惟歌乃次此辭下云帝曰六府三事允治郤缺令宣子脩德行禮使人歌樂故先引勸之以九歌然後郤言六府三事謂之九功
水火金木土穀謂之六府正德利用厚生謂之三事義而行之謂之德。禮德正德也
禮以制財用之節又以厚生民之命無禮不樂所由叛也【疏】無禮至叛也○正義曰在上爲政無禮則民不樂是叛之所由若吾
子之德莫可歌也其誰來之來猶歸也○樂音洛盍使睦者歌吾子乎宣子說之爲明年晉歸鄭
衛田張本○盍戶臘反【疏】注爲明至張本○正義曰鄭往前侵衛田今晉令鄭歸還衛田也言歸鄭衛田者謂晉歸以鄭所取衛田故杜下注云匡本衛
邑中屬鄭。令鄭還衛是也然晉亦還衛田獨言鄭還衛田者以鄭歸衛田爲主遂略之劉炫。以爲歸鄭及歸衛田經傳文歸衛不歸鄭而規杜氏非也
經八年春王正月○夏四月○秋八月戊申天王崩○冬十月壬午公子遂會
晉趙盾盟于衡雍壬午月五日○雍於用反○乙酉公子遂會雒。戎盟于暴乙酉月八日也暴鄭地公子遂
不受命而盟宜去族善其解國患故稱公子以貴之○會雒戎本或作伊雒之戎此後人妄取傳文加耳雒音洛去起呂反【疏】注乙酉至貴之○正義曰
以壬午乙酉相去四日其間不容報君見其專命之意故注詳其日也衡雍鄭地知暴亦鄭地臣無專命之義故疊溺皆去其族。此公子遂不受君命因事遂
行輒與戎盟宜去其族傳言書曰公子遂珍之是善其解國患故稱公子以貴之也釋例曰人臣受命不受辭出竟有可以利社稷者專之可也故襄仲始盟
趙盾遂盟伊洛之戎四日之間經再書公子不可以遂事常辭顯之也○公孫敖如京師不至而復丙戌奔莒不言
出受命而出自外行○螽無傳爲後故書○宋人殺其大夫司馬宋司城來奔司馬死不舍節司城奉身而退故皆

書官而不名貴之○舍音捨

傳八年春晉侯使解揚歸匡戚之田于衛匡本衛邑中屬鄭孔達伐不能克今晉令鄭還衛及取戚田皆見元年○解音蟹中丁仲反令鄭力呈反見賢遍反且復致公壻池之封自申至于虎牢之竟公壻池晉君女壻又取衛地以封之令弁還衛也由鄭地傳言趙盾所以能相幼主而盟諸侯○復扶又反壻音細俗作婿竟音境下注同相息亮反【疏】注公壻至諸侯○正義曰釋親云女子。子之夫為壻傳稱公壻知是晉君之女壻池其名也杜以上言歸匡戚之田于衛又言且復致則晉亦致于衛故言又取衛地以封之今弁還衛也劉炫云服虔以為致之于鄭以服言是規杜已釋之○夏秦人伐晉取武城以報令狐之役令狐役在七年○秋襄王崩為公孫敖如周弔傳○晉人以扈之盟來討前年盟扈公後至○冬襄仲會晉趙孟盟于衡雍報扈之盟也遂會伊雒之戎伊洛之戎將伐魯公子遂不及復君故專命與之盟書曰公子遂珍之也珍貴也大夫出竟有可以安社稷利國家者專之可。也○【疏】注珍貴至之可○正義曰傳多言貴之而此言珍之事同而文異故以珍為貴也大夫出竟以下皆莊十九年公羊傳文○穆伯如周弔喪不至以幣奔莒從己氏焉己氏莒女○宋襄夫人襄王之姊也昭公不禮焉昭公適祖母○適丁歷反夫人因戴氏之族華樂皇皆戴族以殺襄公之孫孔叔公孫鍾離及大司馬公子卬皆昭公之黨也司馬握節以死故書以官節國之符信也握之以死。示不廢命【疏】注節國至廢命○正義曰周禮掌節掌守邦節而辨其用守邦國者用玉節守都鄙者用角節鄭玄云玉節有五則典瑞云穀圭以和難以聘女牙璋以起軍旅以治兵守珍圭以徵守以恤凶荒琬圭以治德以結好琰圭以易行以除慝其角節鄭注云未聞此司馬司城以事在官蓋執此等之玉節小行人云守都鄙者用管節此司馬司城或食采地卿都鄙之主此節或是管節也掌節又云山國用虎節土國用人節澤國用龍節鄭注云鑄金爲之謂王使之使於土國之等掌節又云門關用符節貨賄用璽節道路用旌節鄭玄云門關者謂司門司關也道路者謂天子之鄉遂大夫也其諸侯之國及門關鄉遂亦有節小行人云山國用虎節土國用人節澤國用龍節謂己是山澤之國出使用龍虎之節小行人又云道路用旌節門關用符節都鄙用管節鄭注云道路謂諸侯鄉遂及諸侯司門司關都鄙之等也。今之爲官授以此節今握節以死示己不廢命也此夫人殺而經書宋人殺其大夫者夫人與君共有國家尊與君同不得爲兩下相殺故同國討之文雖同國討稱人責非國討之例以其死者不稱。名無罪故也

司城蕩意諸來奔效節於府人而出效猶致也意諸公子蕩之孫○效戶教反公以其官逆之皆復之亦書以官皆貴之也卿違從大夫公賢其效節故以本官逆之請宋而復之司城官屬悉來奔故言皆復

疏注卿違至皆復○正義曰卿違從大夫昭七年傳文也效節於府人然後出奔示己解任而退不敢帶官而逃公賢其效節故以本官逆之爲是書宋司城來奔善其人故書其官也請宋復之事在十一年一人不得言皆知司城官屬。悉與皆復也

○夷之蒐晉侯將登箕鄭父先都登之於上軍也夷蒐在六年

疏注登之至六年○正義曰清原之蒐箕鄭佐新上軍先都佐新下軍二人先爲卿。矣而復欲登之知登於上軍也然則七年令狐之戰傳歷言諸軍將佐箕鄭將上軍先都佐下軍先都不登容可怨恨箕鄭不失其登而亦共作亂者蓋先克之蒐狐趙幷亦請退箕鄭先都先都於時即佐下軍箕鄭雖得不退因此意望以成小憾及狐射姑出奔箕鄭位次宜佐中軍而先克代射姑箕鄭守其故。職。蓋以此而恨也

而使士縠梁益耳將中軍士縠本司空○

穀戶木反將子匠反先克曰狐趙之勳不可廢也從之狐偃趙衰有從亡之勳○從亡才用反先克奪蒯得田于堇陰七年晉禦秦師於堇陰以軍事奪其田也先克中軍佐○蒯苦瞶反故箕鄭父先都士穀梁益耳蒯得作亂為明年殺先克張本○為于偽反

經九年春毛伯來求金求金以共葬事雖踰年而未葬故不稱王使○共音恭本亦作供下同○夫人姜氏如齊歸寧無傳○二月叔孫得臣如京師辛丑葬襄王卿共葬事禮也疏注卿共葬事禮也○正義曰言禮者以明天子之喪卿弔卿會葬諸侯不親行也釋例曰萬國之數至衆封疆之守至重故天王之喪諸侯不得越竟而奔脩服於其國卿共弔送之禮既葬卒哭而除凶魯侯無故而穆伯如周弔焉此天子崩諸侯遣卿弔送之經傳也杜以往年穆伯弔喪今會葬二事傳無譏文知其禮當然也昭三十年傳鄭游吉云靈王之喪我先君簡公在楚以不在楚。卿當親行而言禮不親者彼言由君在楚上卿守國故使少卿印段往耳。言君當親行也先都下軍佐也以作亂討故書名○三月夫人姜氏至自齊無傳告于廟疏夫人至自齊○正義曰蘇氏云夫人歸寧書至唯有此耳餘不書者或禮儀不備或淫縱不告廟也○晉人殺其大夫士穀及箕鄭父與先都同罪也○楚人伐鄭楚子師於狼淵不親伐○公子遂會晉人宋人衞人許人救鄭○夏狄侵齊。無傳○秋八月曹伯襄卒無傳七年同盟于扈疏注七年同盟于扈○正義曰襄以僖八年即位其年盟于洮九年于葵丘十五年于牡丘二十一年于薄今唯言于扈據文公言之○九月癸酉地震無傳地道安靜以動為異故書疏注地道至故書○正義曰穀梁傳曰震動也公羊傳曰震者何動地也何休云傳先言動者喻若物之動地以曉人也周語伯陽父曰陽伏而不能出陰迫而不能烝遂於是有地震孔晁云陽氣伏於陰下見迫於陰故不能升以至於地動是地道安靜以動爲異也

○冬楚子使椒來聘稱君以使大夫其禮辭與中國同椒不書氏史略文

疏注稱君至略文○正義曰莊二十三年荊人來聘不稱楚子使某至此稱君以使大夫其禮與中國同其禮既同椒亦宜書其。某氏今不書氏傳無貶文。知是史辭自略無義例也釋例曰楚殺得臣與宜申賈氏皆以爲陋案楚殺大夫公子側成熊之等六七人皆稱氏族無爲獨於此二人陋也斯蓋非史策舊法故無凡例當時諸國以意而赴其自來聘使者辭有詳略仲尼脩春秋因采以示義義之所起則刊而正之不者即而示之不皆刊正也諸侯之卿當以名氏備書於經其加貶損則直稱人若有變異則或稱官或但稱氏若無變無貶傳所不發者則皆就舊文或未賜族或。時有詳略也推尋經文自莊公以上諸弒君者皆不書氏閔公以下皆書氏亦。不足以明時史之同異非仲尼所皆貶也

秦人來歸僖公成風之襚。衣服曰襚秦辟陋故不稱使不稱夫人從來者辭○襚音遂說文作裞云贈終者衣被曰裞以此襚爲衣死人衣辟匹亦反

疏。注衣服至者辭○正義曰隱元年公羊傳曰衣被曰襚穀梁傳曰衣衾曰襚禮稱襚者君使臣致服故云衣服曰襚也秦處西戎其國辟陋故不稱君使猶楚在莊世稱荊人來聘也成風夫人也來者不言夫人從。者之辭也。先言僖公僖公先薨也不言及弁。致之。者

○葬曹共公無傳○共音恭

傳九年春王正月己酉使賊殺先克箕鄭等所使也亂殺先克不赴故不書乙丑晉人殺先都梁益耳乙丑正月十九日經書。二月。從告

○毛伯衛來求金非禮也天子不私求財故曰非禮不書王命未葬也

○二月莊叔如周葬襄王

疏莊叔如周葬襄王○正義曰虛舉此經者嫌莊叔別以他事使周葬王更使人會故明之○

三月甲戌，晉人殺箕鄭父、士穀、蒯得。梁益耳蒯得不書皆非卿【疏】注梁益至非卿○正義曰士穀書經則是卿也七年令狐之戰三軍將佐無士穀十二年河曲之戰三軍將佐杜注無代士穀者而士穀得爲卿者先蔑奔秦傳無其代十二年欒盾將下軍注云代先蔑者據傳成文言之耳未必不是士穀代先蔑欒盾代士穀也箕鄭上軍將也傳文先箕鄭後士穀士穀若將下軍。則是位之次也其事似然或者晉於將佐之外猶別有散位從卿若郤缺趙穿之類也傳箕鄭先士穀經士穀先箕鄭者經以殺之先後傳以位次序列傳蒯得居下知其以位次也賈逵云箕鄭稱及非首謀案襄二十三年陳殺其大夫慶虎及慶寅杜云言及史異辭無義例則此亦然也

○范山言於楚子曰：晉君少，不在諸侯，北方可圖也。范山楚大夫○少詩照反下注同楚子師于狼淵。以伐鄭，陳師狼淵爲伐鄭援也潁川潁陰縣西有狼陂○陂彼皮反囚公子堅、公子尨。及樂耳。三子鄭大夫○尨莫江反鄭及楚平。○公子遂會晉趙盾、宋華耦、衛孔達、許大夫救鄭，不及楚師。卿不書，緩也，以懲不恪。華耦華父督曾孫公子遂獨不在貶者諸魯事自非指爲其國褒貶則皆從國史不同之於他國此春秋大意他皆放此○懲直升反恪苦各反爲于僞反【疏】注華耦至放此○正義曰在禮卿不會公侯會則貶之稱人元年公孫敖會晉侯于戚文無所貶此公子遂與諸國同行諸卿皆貶遂獨不貶諸如此類莫不盡然知諸於魯事自非指爲其國褒貶皆從魯史以其體例已舉不假改正故也

○夏，楚侵陳，克壺丘，壺丘陳邑以其服於晉也。○秋，楚公子朱自東夷伐陳，子朱息公也陳人敗之，獲公子茷，陳懼，乃及楚平。以小勝大故懼而請平也傳言晉君少楚陵中國明年所以有厥貉之會○茷扶廢反貉武百反

○冬，楚子。越椒。來聘，執幣傲。子越椒令尹子文從子傲

不敬○傲五報反注下同從才用反叔仲惠伯曰是必滅若敖氏之宗傲其先君神弗福也十二年傳
曰先君之敝器使下臣致諸執事明奉使皆告廟故言傲其先君也爲宣四年楚滅若敖氏張本○敖五刀反使所吏反○秦人來歸僖公
成風之襚禮也秦慕諸夏欲通敬於魯因有翟泉之盟故追贈僖公弁及成風本非魯方嶽同盟無相赴弔之制故不譏其緩而以接好爲禮
○夏戶雅反嶽音岳好呼報反下文注同諸侯相弔賀也雖不當事苟有禮焉書也以無忘舊好送死
不及。尸故曰不當事書者書於典策垂示子孫使無忘過厚之好【疏】諸侯至舊好○正義曰此雖廣言諸侯。主爲秦人發傳隱元年王使來賵尙譏其緩
若是同盟之國必譏其緩可知釋例曰秦之與魯本非方嶽同盟魯薨不赴秦秦不賵魯自是其常也僖穆二公雖有同盟之義二君已卒則二子不得用同
盟之禮也今秦康公遠慕諸華欲通敬於魯無以爲辭因翟泉有盟追贈僖公弁及成風假弔禮而行故曰禮也送死不及尸謂不當其事書者書之於策垂
之子孫以示過厚之好也是言此傳主爲秦也僖公成風服除久矣今始來弔贈當以變禮待之檀弓曰衛將軍文子之喪既除喪而後越人來弔主人深衣
練冠待於廟垂涕洟子游曰將軍文氏之子其庶幾乎亡於禮者之禮也其動也中是古有以服終來弔者也何休膏肓云禮主於敬一使兼二喪又於禮既
緩而左氏以之爲禮非也鄭箴云若以爲緩案禮衛將軍文子之喪既除喪而越人來弔子游何得善之是鄭不非其緩也若譏一使兼二禮雜記諸侯弔禮
有含襚賵臨可以一使兼行知休言非也

經十年春王三月辛卯臧孫辰卒無傳公與。小斂故書日○與音預斂力驗反○夏秦伐晉不稱將帥告辭
略○將子匠反帥所類反○楚殺其大夫宜申宜申子西也謀弒君故書名○自正月不雨至于秋七月

無傳義與二年同○及蘇子盟于女栗女栗地名闕蘇子周卿士頃王新立故與魯盟親諸侯也○女音汝一音如字頃音傾○

冬狄侵宋無傳○楚子蔡侯次于厥貉厥貉地名闕將伐宋而未行故書次

傳十年春晉人伐秦取少梁少梁馮翊夏陽縣○少商照反下注同夏戶雅反夏秦伯伐晉取北徵報少梁○徵如字三蒼云縣屬馮翊音懲一音張里反○初楚范巫矞似矞似范邑之巫○矞尹必反謂成王與子玉子西曰三君皆將強死疏。皆將強死○正義曰強健也。無病而死謂被殺也城濮之役王思之故使止子玉曰毋死不及止子西子西縊而縣絕在僖二十八年○強其丈反濮音卜毋音無縊一豉反縣音玄王使適至遂止之使爲商公商楚邑今上雒商縣○王使所吏反沿漢泝江將入郢沿順流泝逆流○沿悅專反泝息路反郢以井反又以政反疏注沿順流泝逆流○正義曰商在漢水北漢水東流而南入江子西既至商邑聞讒不敢居商縣沿漢水順流而下至江乃泝流逆上渚宮當郢都之南故王在渚宮下見之也下注云小洲曰渚釋水文王在渚宮小洲曰渚○渚章呂反水中可居者曰洲洲音州下見之懼而辭曰臣免於死又有讒言謂臣將逃臣歸死於司敗也。陳楚名司寇爲司敗子西畏讒。言不敢之商縣疏注陳楚名司寇爲司敗正義曰言歸死於司敗。主刑之官司寇是也論語有陳司敗知陳楚同此名也王。使。爲工尹掌百工之官又與子家謀弒穆王穆王聞之五月殺鬬宜申及仲歸仲歸子家不書非卿秋七月及蘇子盟于女栗頃王立故也僖十年狄滅溫蘇子奔衛今復見蓋王復之○復扶又反見賢遍反○陳侯鄭伯會楚子于息冬遂及蔡侯次于厥貉。陳鄭及宋麇子不書者宋鄭執卑苟免爲楚僕任受役於司馬麇子恥之遂逃而歸三君失位降爵故不列於諸侯宋鄭猶然則陳侯不同也○麇九倫反 疏。注陳鄭至同也○正義曰杜以陳鄭會楚子于息遂與蔡侯次于厥貉則陳鄭當在次也傳稱厥貉之會麇子逃歸則麇子當在也宋公逆楚子則宋公亦在也獨書楚子蔡侯不言陳鄭宋麇故迹其事而爲之說言宋陳鄭三君降爵麇子逃歸故不書也劉炫以爲告文略故不書陳鄭宋今知不然者此楚會諸侯必是楚人來告若楚人來告當以得諸侯爲榮何以略其宋鄭陳乎麇子不會傳云逃歸宋鄭二國爲楚僕役猶如許蔡二君降乘楚車許蔡既不書於經故知宋鄭失位不見此乃傳事分明故杜爲此解劉炫。有以告文略以規杜氏非也將以伐宋宋華御事曰楚欲弱我也先爲之弱乎何必使誘我我實不能民何罪乃逆楚子勞且聽命時楚欲誘呼宋共戰御事華元父○勞力報反遂道以田孟諸孟諸宋大藪也在梁國睢陽縣東北○道音導藪素口反睢音綏宋公爲右盂鄭伯爲左盂盂田獵陳名○盂音于陳直覲反期思公復遂爲右司馬復遂楚期思邑公今弋陽期思縣○弋以職反子朱及文之無畏爲左司馬將獵張兩甄故置二左司馬然則右司馬一人當中央○甄吉然反 疏。注將獵至中央○正義曰宋公爲右盂無畏爲左司馬而誅宋公之僕自謂當官而行明無畏當右子朱當左是其張兩甄故置二左司馬使各掌一甄自然右司馬一人當中央也命夙駕載燧燧取火者○命眉病反燧音遂本又作㸂宋公違命不夙駕載燧無畏抶其僕以徇或謂子舟曰國君不可戮也子舟曰當官而行何彊之有子舟無畏字○抶恥乙反徇似俊反舟音州詩曰剛亦不吐柔亦不茹詩大雅美仲山甫不辟彊禦○茹如呂反毋縱詭隨以謹罔極詩大雅詭人隨人無正心者謹猶慎也罔無也極中也○詭九委反【疏】毋縱至罔極○正義曰無。從此詭人隨人無正心者以謹勑彼無中正之人言小罪尚不赦則大罪不敢爲也是亦非辟彊也敢愛死以亂官乎爲宣十四年宋人殺子舟張本○厥貉之會。麇子逃歸爲明年楚伐麇傳

附釋音春秋左傳注疏卷第十九上

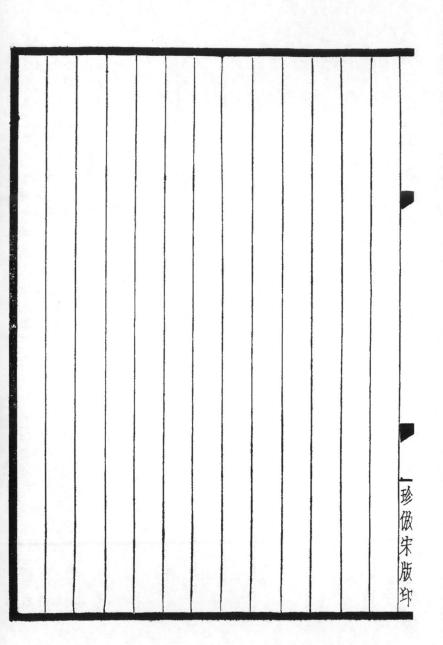

春秋左傳注疏卷十九上校勘記　阮元撰盧宣旬摘錄

附釋音春秋左傳注疏卷第十九上 文五年盡十年

〔經五年〕

王使榮叔歸含且賵 釋文含本亦作唅說文作琀

含襚賵臨 此本下文作隧亦非宋本閩本作襚不誤

寧能盡至全無所譏 宋本盡至下有王歸含賵二事而已宰咺又賵而不含不至十七字

〔傳五年〕

天子以夫人禮賵之 宋本作贈之案正義本作贈

冬楚子燮滅蓼 石經宋本岳本足利本楚下有公字釋文同釋文蓼音了字或作鄝音同

蓼國今委豐蓼縣 宋本淳熙本岳本纂圖本閩本監本毛本足利本委作安不誤

沈漸剛克 案古文尚書作沈潛段玉裁云漢書谷永傳曰忘湛漸之義湛漸卽沈潛也蓋今文尚書作漸與左氏合

注寧晉至大夫 宋本以下正義二節總入注文今謂之周書之下

不干四時 閩本監本毛本干誤于

爲六年蒐於夷傳釋文於作于與下傳文合

〔經六年〕

諸侯每月必告朔聽政重脩監本諸誤譜

繼諸下以盡知力之用監本毛本繼作從

思効忠善毛本効作效

則六鄉六遂之長蜀本監本毛本鄉誤卿

因月朔朝宋本朝下有廟字是也

朝服以日視朝毛本日誤月

〔傳六年〕

晉侯將登鄭父先都宋本登下有箕字與下傳合

先克代佐中軍耳監本毛本脫耳字

輕重當釋文作當也案上下注文應有也字

辟刑獄石經宋本岳本纂圖本足利本作辟獄刑考文提要同與正義合釋文作辟獄是亦獄字在上也

質要眷契也各本眷作劵亦非宋本作券字从刀非从力是也正義同案正義券契倒作契券

治理洿穢監本治上脫注字

質要契券閩本監本毛本作劵契非也

復有孤二人者二字此本闕據宋本補閩本監本毛本作一人

以子車氏之三子奄息仲行鍼虎爲殉案詩黃鳥正義曰左傳作子輿史記秦本紀亦作子輿氏今傳文作車與孔氏所據本不同釋文仲作中云本亦作仲

無善人之謂纂圖本人誤大

古之至不長宋本以下正義十一節總入聖王同之節注下

聖哲是人之雋者閩本監本毛儁作雋

故聖王爲教毛本教作政非也

注鐘律至明時閩本監本毛本鐘作鍾下同

一黍之廣度之九十黃鐘之長一黍爲一分毛本十下有分字爲上無黍字據漢書律曆志改也案隋志引此文作度之九十黍爲黃鍾之長一黍爲一分毛本依漢志刪黍字亦非

利者務生此利　毛本者誤故

道之以禮則使毋失其土宜　宋本淳熙本岳本纂圖本閩本監本毛本並衍以字石經以字乃後人據別本旁增則字屬下句非是

注季文至疾故　宋本此節正義在注所謂文子三思之下

考其情氣有異尋常　宋本氣作事

難必抒矣　葉抄釋文抒作杼正義引服虔本作紓字按說文紓緩也紓為正字抒為假借字

注抒除也　宋本以下正義二節總入注文鄟晉地之下

服虔作紓紓緩也　閩本監本毛本紓作舒

讓季隗而已次之　石經宋本岳本已作己不誤

注帑妻子也　宋本以下正義二節總入注扞衛也之下

父祖受人之惠　宋本父祖上有是字

子孫或時不知　監本毛本時作有

言以蒙宣子寵位　監本毛本以作己亦非宋本岳本作己不誤

何以事夫子 石經磨去夫子二字重刊子字似未足據

時以作事 隋書經籍志引作時以序事

生民之道 鄭氏注周禮大史引作生民之本

〔經七年〕

因伐邾師以城郚 監本師作帥

夏四月宋公王臣卒 釋文云王臣本或作壬臣案穀梁作壬臣石經仍作王臣係改刻

趙盾廢嫡而外求君 釋文廢誤殿嫡作適本亦作嫡

公後會而分其盟 宋本淳熙本岳本纂圖本毛本分作及不誤

〔傳七年〕

寘文公子焉 顧炎武云石經焉誤曰案碑焉字全存所據乃謬刻也

絶大皡之祀 釋文皡作皞各本從白非也

桓公孫 宋本孫下有矔字

注戴公玄孫鱗矔桓公孫 宋本此節正義在注所以致亂之下

華御事爲司寇 釋文御作禦云本又作御

若去之則本根無所庇陰矣 石經宋本淳熙本岳本纂圖本監本毛本陰作廕釋文亦作廕云本又作蔭

葛藟至爲比 宋本以下正義三節總入非其罪也之下

若爲賊者衆因亂而殺 宋本衆作多

公孫輒是也 閩本監本輒誤輙

楚令尹子重爲楊橋之役 監本毛本楊作揚宋本作陽是也

訓卒利兵 論語必先利其器漢書梅福傳作厲其器陳樹華云古利厲通用

至于刳首 顧炎武云水經注引闞駰曰令狐即猗氏刳首在西三十里後漢衛敬侯碑陰文城惟解梁地即郇首山對靈足俗當猗口刳字作郀玉篇郀口狐切秦地在河東

同官爲寮 釋文寮本又作僚案作僚用假借字

狄侵我西鄙 監本狄上誤衍注字下秋八月上同

齊侯宋公衛侯鄭伯許男曹伯 補各本衛侯下有陳侯此本誤脫

十七年諸侯會于扈 毛本七作六非也

夏書至三事 宋本以下正義三節總入宣子說之注下

義而行之謂之德禮 纂圖本閩本監本毛本德誤得

匡本衞邑中蜀鄭令鄭還衞是也 各本作中屬此本作蜀非宋本令字上有今晉二字與八年傳注合

劉炫以爲歸鄭及歸衞田 宋本以作謂

〔經八年〕

公子遂會雒戎盟于暴 釋文本或作伊雒之戎此後人妄取傳文加耳案公羊作伊雒戎

故犫溺皆去其族 閩本監本毛本族下增也字

〔傳八年〕

女子子之夫爲壻 閩本監本毛本脫子字

專之可也 岳本足利本無也字案六經正誤引與國本同此本疏作珍貴至之可各本作至可也是也

握之以使示不廢命 毛本示上有人字衍文也

使於土國之等 毛本土作上非也

今之爲官授以此節 毛本今作令

不稱名無罪故也 監本名作人

知司城官屬悉與皆復也 宋本屬下有悉與來奔還五字

注登之至六年 宋本此節正義在注文爲明年殺先克張本之下

二人先爲卿矣 監本矣作也非

箕鄭守其故職蓋以此而恨也 宋本職蓋作磯整誤也

（經九年）

卽當親行 監本卽作卿非也

言君當親行也 宋本言上有非字

夏狄侵齊 石經齊字初刊誤鄭後卽改正

何休云 宋本云作曰

椒亦宜書其某氏 宋本無某字是也

智是史辭自略 閩本監本毛本智作皆非宋本作知是也○今訂從宋本

或時有詳略也 浦鏜正誤時作辭

亦不足以明時史之同異 宋本無不字與隱四年莊十二年正義合

秦人來歸僖公成風之隧 宋本岳本纂圖本毛本隧作襚石經此處闕釋文亦作襚云衣服曰襚說文作裞云贈終者衣被曰裞以此襚爲衣死人衣

注衣服至者辭 宋本此節正義在葬曹共公注下

來者不言夫人從者之辭也 從字下宋本閩本監本毛本有來字辭毛本誤引

先言僖公 毛本先誤元

不言及并致之者 毛本致作來非宋本者作也

〈傳九年〉

經書二月從告 監本二誤三毛本從誤役

則是位之次也 宋本則作即

楚子師于狼淵以伐鄭 石經凡淵字皆作渁避唐高祖諱

公子尨 纂圖尨誤厖

冬楚子越椒來聘 石經每行十字此行九字越椒來三字改刻初刊子下似有使字漢書五行志引傳文作楚使越椒來聘今諸本皆無使

字無使者是也五行志使字疑于字之譌又按子越椒三字連讀宣四年傳云
楚司馬子良生子越椒下文雖或言子越或言椒或言伯棼要之伯棼是字則
合子越椒三字爲名傳文非楚子連讀也
執幣傲 惠棟云石經初刻作敖後改從人旁下傲其先君同各本作傲宋本釋文同云本又作傲
送死不及尸 纂圖本尸作戸
主爲秦人發傳 監本主誤王
（經十年）
公與小斂 釋文作公與斂
（傳十年）
皆將強死 宋本以下正義三節總入注文不書非卿之下
無病而死 山井鼎云宋板無作不非也
曰毋死 石經此處闕淳熙本閩本監本毛本毋誤母
臣歸死於司敗也王使爲工尹 石經也王使三字重刊蓋初刻脫去王字也
子西畏讒言 纂圖本讒作士非

言歸死於司敗宋本司敗下有知司敗三字

陳鄭及宋麇子不書者重脩監本陳誤東

注陳鄭至同也宋本以下正義三節總入以亂官乎注之下

劉炫有以告文略以規杜氏非也閩本監本毛本亦誤作有宋本作直是也

今弋陽期思縣纂圖本弋誤戈

而誅宋公之僕宋誅作抶是也

無從此詭人隨人無正心者宋本從作縱不誤

麇子逃歸案惠棟云麇亦作䴢注不釋其地所在案盛宏之荊州記云當陽本楚之舊左氏傳云楚潘崇伐䴢至于鍚穴頼容釋例云䴢在當陽

春秋左傳注疏卷十九上校勘記

附釋音春秋左傳注疏卷第十九下 文十一年盡十五年

杜氏注 孔穎達疏

經十有一年春楚子伐麇討前年逃厥貉會○麇九倫反○夏叔仲彭生會晉郤缺于承筐承筐宋地在陳留襄邑縣西彭生叔仲惠伯郤缺冀缺○叔仲彭生叔又作尗本或作叔彭生仲衍字缺丘悅反○秋曹伯來朝○公子遂如宋○狄侵齊○冬十月甲午叔孫得臣敗狄于鹹鹹魯地鹹音咸○

傳十一年春楚子伐麇成大心敗麇師於防渚成大心子玉之子孫伯也防渚麇地大潘崇復伐麇至于錫穴錫穴麇地○復扶又反錫音羊或作錫星歷反○夏叔仲惠伯會晉郤缺于承筐謀諸侯之從於楚者九年陳鄭及楚平十年宋聽楚命○秋曹文公來朝即位而來見也○見賢遍反○襄仲聘于宋且言司城蕩意諸而復之八年意諸來奔歸不書史失之

疏注八年至失之○正義曰諸侯之卿出奔而復歸者宋華元衛孫林父之徒皆書其歸則蕩意諸之歸亦當書之服虔云反不書者施而不德衛冀隆亦同服義而難杜云襄二十九年樂氏施而不德春秋所善不書意諸之歸則是施而不德且經所不書傳即發文史失之即不書曰史失之之類是也此既無傳何知史失杜必以為史失者案衛侯鄭之歸于衛也僖公納賂而請之衛侯朔之入于衛也莊公與師而納之歸鄭子益于鄭自我而歸之皆受魯施並書於經何獨意諸施而不德若意諸施而不德彼何故施而德之春秋公侯大夫失位出奔得人力而反者多矣若皆施而不德不應赴告諸侯魯以不書為是則書者為非何以無貶責之文定人之謂禮存亡之

謂義未有禮義在可諱之。竟故杜以爲史官失之故不書於策因賀楚師之不害也往年楚次厥貉將以伐宋○鄭瞞侵齊

鄭瞞狄國名防風之後。漆姓○鄭所求反說文作鄋云北方長狄國也在夏爲防風氏殷爲汪芒氏字林鄋一音先牢反瞞莫干反漆音七【疏】注鄋瞞至漆姓○正義曰狄是北夷大號鄋瞞是其國名魯語云吳伐越墮會稽獲骨節專車吳子使來聘問之仲尼仲尼宴之客執骨而問曰敢問骨何爲大仲尼曰昔禹致羣。臣於會稽之山防風氏後至禹殺而戮之其骨節專車此爲大矣客曰防風氏何守仲尼曰汪芒氏之君守封嵎之山者也爲漆姓在虞夏商爲汪芒氏於周爲長狄氏今曰大人客曰人長之極幾何仲尼曰。僬。僥氏長三尺短之至也長者不過十。之數之極也此言長狄狄之長者彼言於周爲長狄知鄋瞞即是防風氏之後故以國語爲說服云伐我不書諱之遂伐我公卜使叔孫得臣追之吉侯叔夏御莊叔莊叔得臣夏戶雅反○緜房甥爲右富父終甥駟乘駟乘四人共。車○乘繩證反注及下皆同○冬十月甲午敗狄于鹹獲長狄僑如僑如鄋瞞國之君蓋長三丈獲僑如不書賤夷狄也○僑本作喬其驕反長如字又直亮反【疏】注僑如至狄也○正義曰經書敗狄于鹹即是敗一國也敗其國而獲此人傳不言是其將帥知是其國之君也穀梁傳曰長狄瓦石不能害叔孫得臣最善射者射其目身橫九畝斷其首而載之眉見於軾何休云蓋長百尺魯語仲尼所云此十倍僬僥氏之長者故。云蓋長三丈魯語言不過十。之是疑之言故云蓋也宜十五年晉師滅赤狄潞氏以潞子嬰兒歸彼獲嬰兒歸書之此獲僑如不書者潞國大其君貴故書之此國小僑如賤不書賤夷狄也富父終甥椿其喉以戈殺之椿猶衝也○椿舒容反喉音侯戈古禾反【疏】。椿其喉以戈殺之○正義曰考工記戈之長六尺六寸耳得及長狄之喉者兵車之法皆三人共乘魯宋與長狄之戰車皆四乘改其乘必長其兵謂之戈蓋形如戈也埋其首於子駒之門子駒魯郭門骨節非常恐

後世。怪之故詳其處○處昌呂反以命宣伯得臣待事而名其三子因名宣伯曰僑如以旌其功○名如字或亡政反疏注得臣至其功○正義曰襄三十年傳說此事云叔孫莊叔敗狄于鹹獲長狄僑如及虺也豹也皆以名其子定八年傳稱魯。苦越生子將待事而名之陽州之役獲焉。故名之曰陽州知得臣亦待事以名其子以旌其功也此三子未必同年而生或生訖待事或事後始生欲以章己功取彼名而名之也

初宋武公之世鄋瞞伐宋在春秋前疏注在春秋前○正義曰史記十二諸侯年表宋武公即位十八年以魯惠公二十一年卒卒在春秋前二十六年不知鄋瞞以何年伐宋也司徒皇父帥師禦之耏班。御皇父充石皇父戴公子充石皇父名○禦本亦作御魚呂反耏音而疏注皇父至父名○正義曰皇父戴公子世本文古人連言名字者皆先字後名且此人子孫以皇爲氏知皇父字充石名公子穀甥爲右司寇牛父。駟乘以敗狄于長丘長丘宋地獲長狄緣斯緣斯僑如之先疏獲長狄緣斯○正義曰服虔云不言所埋其身首同處於戰地可知皇父之二子死焉皇父與穀甥及牛父皆死故耏班獨受賞疏注皇父至受賞○正義曰賈逵云皇父與穀。甥牛父三子皆死鄭衆以爲穀甥牛父二人死耳皇父不死馬融以爲皇父之二子從父在軍爲敵所殺名不見者方道二子死故得勝之如。今皆死誰殺緣斯服虔云殺緣斯者未必三子之手士卒獲之耳下言宋公以門賞耏班班爲皇父。御而有賞三子不見賞疑皆死賈君爲近之如馬之言於傳文爲順但班獨受賞知三子皆死故杜亦同之宋公於是以門賞耏班使食其征門關門征稅也○稅舒銳反疏注門關。門。征稅也○正義曰禮。惟關門有征知門是關門也周禮司關司貨賄之出入掌其治禁與其征廛國凶札則無關門之征鄭玄云征廛者貨賄之稅孟子曰關。幾而不征則天下行旅皆說而願出於其塗矣如彼文知出入關者必有征稅但不知幾而稅一也然據禮文城門亦有征必知關門者以關門征稅其

數既多故昭二十年偪介之關暴征其私是關禁之重異於城門此云食其征稅故知關稅也謂之耏門晉之滅潞也在宣十五年○
潞音路獲僑如之弟焚如齊襄公之二年魯桓之十六年鄋瞞伐齊齊王子成父獲其弟
榮如榮如焚如之弟焚如後死而先說者欲其兄弟。伯季相次榮如以魯桓十八年死至宣十五年一百三歲其兄猶在傳言既長且書有異於人王子
成父齊大夫○且壽如字一音授埋其首於周首之北門周首齊邑濟北穀城縣東北有周首亭衞人獲其季弟
簡如伐齊退走至衞見獲鄋瞞由是遂亡○長狄之種絕種章勇反【疏】注長狄之種絕○正義曰此時長狄種絕仲尼猶云今曰大人
者言當時呼往前長狄為大人未必其時有之若當時猶有其種吳人不應怪其骨也但如此傳文長狄有種種類相生當有支胤唯獲數人云其種遂絕深
可疑之命守封隅之山賜之以漆為姓則是世為國主緜歷四代安得更無支屬唯有四人且君為民心方以類聚不應獨立三丈之君使牧八尺之民又三
丈之人誰為匹配豈有三丈之妻為之生產乎人情度之深可惑也國語仲尼之談左傳丘明所說通賢大聖立此格言不可論其是非實疑之久矣蘇氏云
國語稱今曰大人但迸居。夷。狄不在中國故云遂亡公羊穀梁並云長狄兄弟三人一之齊一之魯一之晉何以書記異猶如史記所云秦時大人見於臨洮
○郕大子朱儒自安於夫鍾安處也夫鍾郕邑○郕音成儒如朱反夫音扶國人弗徇徇順也為明年郕伯來奔傳○
徇似俊反

經十有二年春王正月郕伯來奔稱爵見公以諸侯禮迎之○見賢遍反【疏】注稱爵至迎之○正義曰此實大子公以
諸侯禮。迎之公既尊之為君史遂從公之意成十年晉侯有疾立大子州蒲為君會諸侯伐鄭經即書為晉侯史官不可反公之心追言世子從君所稱更是

其實故也○杞伯來朝復稱伯舍夷禮○復扶又反一音服舍音捨○二月庚子子叔姬卒既嫁成人雖見出弃猶以

恩錄其卒【疏】既嫁至其卒○正義曰天子諸侯絕期嫁女於諸侯則尊同恩成於敵體其禮不。為降卒則服大功九月叔姬既為杞之夫人雖見出弃猶以

恩錄其卒喪服女子既嫁而反在父母之室從本服為之齊衰期此既書其卒當服其本服杜譜不知此叔姬是何公之女要姑與姊妹皆服期也釋例曰出

弃之女反在父母之室則與既笄成人者同故亦書卒也杞叔姬卒穀梁以為公母姊妹謂同母姊。妹○夏楚人圍巢巢吳楚間小國盧江

六縣東有居巢城○秋滕子來朝秦伯使術來聘。術不稱氏史略。文○冬十有二月戊午晉人

秦人戰于河曲不書敗績交綏而退不大崩也稱人秦晉無功以微者告也皆陳曰戰例在莊十一年河曲在河東蒲坂縣南○陳直覲反坂

音反○季孫行父帥師城諸及鄆鄆莒魯所爭者城陽姑幕縣南有員亭員即鄆也以其遠偪外國故帥師城之○鄆音軍幕音

莫員音云一音運本又作鄆音同

傳十二年春郕伯卒郕人立君太子自安於外邑故大子以夫鍾與郕邽。來奔郕邽亦邑○邽音圭

公以諸侯逆之非禮也非公寵叛人故書曰郕伯來奔不書地尊諸侯也既尊以為諸侯故不

復見其竊邑之罪○復扶又反見賢遍反○杞桓公來朝始朝公也公即位始來朝【疏】。傳始朝公也○正義曰劉炫云魯公新立

鄰國及時來朝則曰公即位而來朝晚則云始朝公也諸侯自新立來及時者則云即位而來見晚則云始見霸主即位魯。公往朝則曰朝嗣君魯君新立往

朝大國則曰即位而往見也且請絕叔姬而無絕昏公許之。不絕昏立其娣以為夫人不書大歸未。笄而卒○笄古兮反

【疏】注不絕至而卒○正義曰傳言請無絕昏成五年有杞叔姬來歸故知。其娣爲夫人也其娣亦字叔者周之法稱叔也釋例曰杞桓公以僖二十三年卽
位襄六年卒凡在位七十一年文成之世經書叔姬二人一人。卒一人。出皆杞桓公夫人也傳例出曰來歸不書來歸未歸而卒也既歸而卒亦當書之成五
年杞叔姬來歸八年書卒是也宣十六年郯伯姬來歸後不書卒者或更嫁於大夫故不書卒耳二月叔姬卒不言杞絕也既許
其絕故不言杞書叔姬言非女也女未笄而卒不書○楚令尹大孫伯卒成嘉爲令尹若敖曾孫子孔
羣舒叛楚羣舒偃姓舒庸舒鳩之屬今廬江南有舒城舒城西南有龍舒【疏】。注羣舒至龍舒○正義曰世本偃姓舒庸舒蓼舒鳩舒龍舒鮑舒龔
以其非一故言屬以包之夏子孔執舒子平及宗子遂圍巢平舒君名宗巢二國羣舒之屬○秋滕昭公來
朝亦始朝公也○秦伯使西乞術來聘且言將伐晉襄仲辭玉曰君不忘先君
之好照臨魯國鎭撫其社稷重之以大器寡君敢辭玉大器圭璋也不欲與秦爲好故辭玉○好呼報
反注及下同重直用反璋音章【疏】大器至辭玉○正義曰聘君用圭享用璧聘夫人用璋享用琮聘禮記曰凡四器。者唯其所寶以聘可也故知所言大器
是圭璋也考工記玉人云瑑圭璋八寸璧琮八寸以覜聘聘禮記云所以朝天子圭與繅皆九寸問諸侯朱綠繅八寸鄭玄云於天子曰。朝於諸侯曰問記之
於聘文互相備言互相備者朝諸侯與天子同聘天子與諸侯同也所言朝圭九寸聘圭八寸謂上公禮也使臣出聘降君一等故八寸則侯伯之使當瑑圭
六寸子男之使當瑑璧四寸也聘義曰以圭璋聘重禮也已聘而還圭璋此輕財而重禮之義也然則玉必還其來使而下云致諸執事以爲瑞節及襄仲辭
之者禮聘終雖復得還玉初聘之時其意欲致與主國但主。之。且。襄仲辭之者爲不欲與秦爲好。國。謙。退。禮。終。還對曰不腆敝器不足

辭也腆厚也○腆他典反○主人三辭賓客曰寡君願徼福于周公魯公以事君。徼要也魯公伯禽也
言願事君以并蒙先君之福○徼古堯反要於堯反下同不腆先君之敝器使下臣致諸執事以為瑞節節信
也出聘必告廟故稱先君之器○瑞垂僞反要結好命所以藉寡君之命結二國之好藉薦也○藉在夜反注同
疏注藉薦也正義曰聘禮執圭所以致君命君命致藉玉而後通若坐之有薦席然故以藉為薦也是以敢致之襄仲曰不有
君子其能國乎國無陋矣厚賄之賄贈送也○賄呼罪反○秦為令狐之役故○為于僞反冬
秦伯伐晉取羈馬令狐役在七年羈馬晉邑○令力丁反晉人禦之趙盾將中軍荀林父佐之林父
代先克○將子匠反下皆同郤缺將上軍代箕鄭臾駢佐之代林父○駢步邊反欒盾將下軍欒枝子代先蔑○欒
力官反盾徒本反胥甲佐之胥臣子代先都范無恤御戎代步昭。○昭上遙反以從秦師于河曲臾駢曰
秦不能久請深壘固軍以待之從之秦人欲戰秦伯謂士會曰若何而戰晉士會七
年奔秦○壘力軌反疏注深壘固軍○正義曰壘壁也軍營所處築土自衛謂之為壘深者高也高其壘以為軍之阻固案覲禮說為壇深四尺鄭注云深謂高
也是其義也對曰趙氏新出其屬曰臾駢必實為此謀將以老我師也臾駢趙盾屬大夫新出佐
上軍趙有側室曰穿晉君之壻也側室支子穿趙夙庶孫○穿音川疏注側室至庶孫正義曰文王世子云公若有出疆之
政庶子守公宮正室守大廟鄭玄云正室適子也正室是適子知側室是支子言在適子之側也世族譜穿趙夙之孫則是趙盾從父昆弟之子也盾為正室

故謂穿爲側室穿別爲邯鄲氏趙旃趙勝邯鄲午是其後也有寵而弱不在軍事弱年少也又未嘗涉知軍事○少詩照反好勇
而狂且惡臾駢之佐上軍也若使輕者肆焉其可肆暫往而退也○惡烏路反輕遣政反肆音四秦伯
以璧祈戰于河禱求勝○禱丁老反一音丁報反十二月戊午秦軍掩晉上軍趙穿追之不及
上軍不動趙穿獨追之反怒曰裹糧坐甲固敵是求敵至不擊將何俟焉軍吏曰將有待
也待可擊○裹音果【疏】裹糧坐甲○正義曰甲者所以制禦非常臨敵則被之於身未戰且坐之於地穿曰我不知謀將獨出
乃以其屬出宣子曰秦獲穿也獲一卿矣僖三十二年晉侯以一命命郤缺爲卿不在軍帥之數然則晉自有散位
從卿者○帥所類反散悉但反秦以勝歸我何以報乃皆出戰交綏司馬法曰逐奔不遠從綏不及逐奔不遠則難誘從
綏不及則難陷然則古名退軍爲綏秦晉志未能堅戰短兵未至爭而兩退故曰交綏○爭爭鬭之爭【疏】注司馬至兩退○正義曰魏武全引司馬法云
將軍死綏舊說綏郤也言軍郤將當死綏必是退軍之名綏訓爲安蓋兵書務在進取恥言其退以安行即爲大罪故以綏爲名焉秦行人夜戒
晉師曰兩君之士皆未憖也明日請相見也憖缺也○憖魚覲反又魚轄反方言云傷也字林云間也牛吝反
【疏】注憖缺也○正義曰憖者缺之貌今人猶謂缺爲憖也沈氏云方言云憖傷傷即缺也下云死傷未收則是已有死者但未至大崩未甚喪敗故爲皆未
缺耳臾駢曰使者目動而言肆懼我也目動心不安言肆聲放失常節○使所吏反將遁矣薄諸河必
敗之薄迫也○遁徒困反薄蒲莫反下同敗卑賣反胥甲趙穿當軍門呼曰死傷未收而棄之不惠也

不待期而薄人於險無勇也乃止晉師止爲宣元年放胥甲傳秦師夜遁復侵晉入瑕○復扶又反○城諸及鄆書時也

經十有三年春王正月○夏五月壬午陳侯朔卒無傳再同盟疏注再同盟○正義曰朔以僖二十九年即位其年盟于翟泉文二年于垂隴七年于扈云再同盟者據文公言之○邾子蘧蒢卒未同盟而赴以名○蘧其居反蒢丈居反疏注未同盟而赴以名○正義曰蘧蒢邾子瑣之子也莊二十九年即位僖元年與魯盟于犖而云未同盟蓋據文公爲言故云未同盟劉炫以犖盟規之非也○自正月不雨至于秋七月無傳義與二年同○大室屋壞大廟之室○大音泰注及傳同疏注大廟之室○正義曰傳稱書不共則於此室當共知大廟之室也明堂位曰祀周公於大廟此周公之廟壞也不直言大廟壞而云大室屋壞者大廟之制其簷四阿而下當其室中又拔出爲重屋明堂位云大廟天子明堂復廟重檐天子之廟飾鄭云復廟重屋也是天子之廟上爲重屋此是大廟當中之室其上之屋壞非大廟全壞也公羊作世室傳曰世室者何魯公之廟也周公稱大廟魯公稱世室羣公稱宮此魯公之廟也曷爲謂之世室世室猶世世不毀也左傳不辨此是何公之廟而經謂之大室則此室是室之最大者故知是周公之廟非魯公也明堂位曰魯公之廟文世室也武公之廟武世室也不毀則稱世室世室非一君廟名若是伯禽之廟則宜舉其號謚且左氏經爲大室不作世室故左氏先師賈服等皆以爲大廟之室也壞必更作書其壞而不書作者隨即脩之故不書也定二年五月雉門及兩觀災十月新作雉門及兩觀啓塞從時譏其緩作故別書之耳○冬公如晉衛侯會公于沓沓地闕○沓徒荅反○狄侵衛無傳○十有二月己丑公及晉侯盟十二月無己丑己丑十一月十一日○公還

自晉鄭伯會公于棐棐鄭地○棐芳味反又非尾反

傳十三年春晉侯使詹嘉處瑕以守桃林之塞詹嘉晉大夫賜其瑕邑令帥衆守桃林以備秦桃林在弘農華陰縣東潼關○詹章廉反塞悉代反令力呈反華戶化反潼音童【疏】注詹嘉至潼關○正義曰桃林之塞在南河之南遠處晉之南竟從秦適周乃由此路使詹嘉守此塞者以秦與東方諸侯遠結恩好及西乞聘魯亦應更交餘國慮其要結外援東西圖己故使守此阨塞欲斷其來往也晉人患秦之用士會也夏六卿相見於諸浮諸浮晉地【疏】六卿相見於諸浮○正義曰六卿在朝旦夕聚集而特云相見於諸浮者將欲密謀慮其漏泄故出就外野屏人私議諸浮當是城外之近地耳趙宣子曰隨會在秦賈季在狄難日至矣若之何六年賈季奔狄○難乃旦反日人實反中行桓子曰請復賈季中行桓子荀林父也僖二十八年始將中行故以爲氏○行戶郎反注同將子匠反能外事且由舊勳有狐偃之舊勳【疏】能外事○正義曰賈季是狐突之孫狐偃之子本是狄人能知外竟之事謂知狄之情得豫爲之備郤成子曰賈季亂且罪大殺陽處父故不如隨會能賤而有恥柔而不犯不可犯以不義【疏】能賤而有恥○正義曰服虔云謂能處賤且又知恥言不可汙辱其知足使也且無罪乃使魏壽餘僞以魏叛者以誘士會執其帑於晉使夜逸魏壽餘畢萬之後帑壽餘子○知音智帑音奴【疏】注魏壽至之後○正義曰閔元年晉侯賜畢萬魏魏犨者萬之孫爲魏之世適壽餘爲魏邑之主當是犨之近親故云畢萬之後請自歸于秦秦伯許之許受其邑履士會之足於朝躡士會足欲使行○躡女涉反秦伯師于河西將取魏魏人在東

今河北縣於秦爲在河之東 壽餘曰請東人之能與夫二三有司言者吾與之先欲與晉人在秦者共先告喻魏有司○夫音扶【疏】請東至之先○正義曰請舊是東方之人幷有才能堪與彼魏邑二三有司說歸秦之言者吾與先行 使士會士會辭曰晉人虎狼也若背其言臣死妻子爲戮無益於君不可悔也辭行示己無去心○背音佩下同【疏】臣死至悔也○正義曰言身拘死於晉妻爲戮於秦必無益於君不可改悔 秦伯曰若背其言所不歸爾帑者有如河言必歸其妻子明白如河 乃行繞朝贈之以策。策馬檛臨別授之馬檛並示己所策以展情繞朝秦大夫○朝如字又張遙反策本又作筴初革反檛張瓜反馬杖也王鄒華反字林作簻云箠也竹瓜反【疏】注策馬檛○正義曰服虔云繞朝以策書贈士會杜不然者壽餘請訖士會即行不暇書策爲辭且事既密不宜以簡贈人傳稱以書相與皆云與書此獨不宜云贈之以策知是馬檛檛杖也 曰子無謂秦無人吾謀適不用也示己覺其情 既濟魏人譟而還喜得士會○譟素報反還音旋 秦人歸其帑其處者爲劉氏士會堯後劉累之胤別族復累之姓○累劣彼反【疏】其處者爲劉氏○正義曰伍員屬其子於齊使爲王孫氏者知己將死豫令改族其傳又爲而發之士會之務在秦不顯於會之身復無所辟傳說處秦爲劉氏未知何意言此討尋上下其文不類深疑此句或非本旨蓋以爲漢室初興損棄古學左氏不顯於世先儒無以自申劉氏從秦從魏其源本出劉累插注此辭將以媚於世明帝時賈逵上疏云五經皆無證圖讖明劉氏爲堯後者而左氏獨有明文竊謂前世藉此以求道通故後引之以爲證耳○注士會至之姓○正義曰昭二十九年傳稱陶唐氏既衰其後曰劉累能飲食龍夏王孔甲賜氏曰御龍襄二十四年傳范宣子云匄之祖自虞以上爲陶唐氏在夏爲御龍氏在商爲豕韋氏在周爲唐杜氏晉主夏盟爲范氏晉語云昔隰叔子違周難於晉生子輿爲司空世及武子佐文襄輔成景是以受隨范賈逵云隰叔杜伯之子周宣王殺杜伯其子逃奔晉子輿士蔿也武子蔿之孫卽士會也又世本士蔿生士伯缺缺生士會會生士燮會是蔿之孫是爲堯後也會子在秦不被賜族故自復累之姓爲劉氏秦滅魏劉氏徙大梁漢高祖之祖爲豐公又徙沛故高祖爲沛人。

○邾文公卜遷于繹繹邾邑魯國鄒縣北有繹山○繹音亦鄒側留反

【疏】注繹邾至繹山○正義曰邾都本在鄒縣鄒縣北有繹山徙都於彼山旁山旁當有舊邑故曰繹邾邑也邾既遷都於此竟內別有繹邑宣十年公孫歸父帥師伐邾取繹取彼之別邑不取邾之國都也但邾是小國彼繹邑亦取繹山爲名應近邾之都耳

史曰利於民而不利於君邾子曰苟利於民孤之利也天生民而樹之君以利之也民既利矣孤必與焉左右曰命可長也君何弗爲邾子曰命在養民死之短長時也民苟利矣遷也吉莫如之左右以一人之命爲言文公以百姓之命爲主一人之命各有短長不可如何百姓之命乃傳世無窮故徙之○與音預傳直專反

【疏】○注左右至徙之○正義曰史明卜筮知國遷君必死不知君命自當卒也左右之意謂不遷命可長左右勸君勿遷以一人之命爲言也文公之意人君之命在於養民遷則民利志在必遷以百姓之命爲主也一人之命各有短長長短先定不遷亦死是不可如何百姓之命利在水土遷就善居則民安樂乃傳世無窮也晉遷新田十世之利衛遷帝丘卜曰三百年是傳世也

遂遷于繹五月邾文公卒君子曰知命

【疏】君子曰知命○正義曰俗人見其早卒謂其由遷而死死之短長有時不遷至期亦卒傳言君子曰知命所以證俗人之惑邾文公以莊二十九年卽位至今五十一年享國久矣命非短折也

○秋七月大室之屋壞書不共也簡慢宗廟使至傾頹故書以見臣子不共○頹大回反見賢遍反

【疏】書不共○正義曰釋

例曰大室之屋國之所尊朽而不繕久旱遇雨乃遂傾頹不共之甚故特書之○冬公如晉朝且尋盟衛侯會公于沓請平于晉公還鄭伯會公于棐亦請平于晉公皆成之鄭衛貳于楚畏晉故因公請平鄭伯與公宴于棐子家賦鴻鴈子家鄭大夫公子歸生也鴻鴈詩小雅義取侯伯哀恤鰥寡有征行之勞言鄭國寡弱欲使魯侯還晉恤之○鰥古頑反【疏】注子家至恤之○正義曰鴻鴈美宣王勞來諸侯之詩也首章云之子于征劬勞于野爰及矜人哀此鰥寡之子侯伯卿士也存省諸侯劬勞外野爰曰也矜憐也王命之曰當及此可憐之人謂貧窮者又當哀此鰥寡婦當收斂之使有依附子家言鄭寡弱欲使魯侯遠行還晉存恤之也季文子曰寡君未免於此言亦同有微弱之憂文子賦四月四月詩小雅義取行役踰時思歸祭祀不欲為還晉○為于僞反下皆同【疏】注四月至還晉○正義曰四月大夫行役之怨詩也首章云四月維夏六月徂暑先祖匪人胡寧忍予大夫言已四月初夏而行至六月。往暑矣寒暑易節尚不得歸我之先祖。非人乎王者何當施忍於我不使得祭祀也文子言己思歸祭祀不欲更復還晉子家賦載馳之四章載馳詩鄘風四章以下義取小國有急欲引大國以救助○鄘音容【疏】注載馳至救助○正義曰載馳許穆夫人閔衛之滅思歸唁兄之詩也其四章曰陟彼阿丘言采其蝱女子善懷亦各有行許人尤之衆穉且狂其五章曰我行其野芃芃其麥控于大邦誰因誰極大夫君子無我有尤百爾所思不如我所之此義取小國有急控告大國文在五章而傳言四章故云四章以下言其并賦五章文子賦采薇之四章采薇詩小雅取其豈敢定居一月三捷許為鄭還不敢安居三息暫反又如字捷在接反○【疏】注一月三捷○正義曰捷勝也三者謂侵也伐也戰也鄭伯拜謝公為行公答拜

經十有四年春王正月公至自晉無傳告於廟○邾人伐我南鄙叔彭生帥師伐邾

○夏五月乙亥齊侯潘卒七年盟于扈乙亥四月二十九日書五月從赴○潘判干反疏注七年至從赴○正義曰齊世家孝公卒弟潘殺孝公子而立是爲昭公昭公則以僖二十八年即位其年盟于踐土據文公言之唯同扈之盟耳杜以長曆校之知乙亥是四月二十九日書五月從赴者蓋赴以五月到惟言卒日不言其月即書其所至之月

○六月公會宋公陳侯衛侯鄭伯許男曹伯晉趙盾癸酉同盟于新城新城宋地在梁國穀熟縣西

○秋七月有星孛入于北斗孛彗也既見而移入北斗非常所有故書之○孛音佩徐無憒反彗康音勃海字彗似歲反一音雖遂反見賢遍反疏注孛彗至書之○正義曰公羊傳曰孛者何彗星也其言入于北斗何北斗有中也何以書記異也穀梁傳曰孛之爲言猶茀也其曰入北斗斗有環域也釋天云彗星爲欃槍郭璞曰妖星也亦謂之孛言其形孛孛似歸彗也經言入于北斗則從他處而入是既見而移入北斗也彗星長有尾入于北斗杓中妖星非常所有故書

○公至自會無傳

○晉人納捷菑于邾弗克納邾有成君晉趙盾不度於義而大興諸侯之師涉邾之竟見辭而退雖有服義之善所與者廣所害者衆故貶稱人○菑側其反度待各反竟音境疏納捷菑于邾○正義曰捷菑不言邾者下有于邾之文莊公伐齊納子糾不言齊者上有伐齊之文與此同也僖二十五年楚人圍陳納頓子于頓昭十二年齊高偃納北燕伯于陽彼舊是國君故稱其國哀二年晉趙鞅納衛世子蒯聵于戚世子之尊以名體國上下又無衛文故亦稱國與此異也齊小白齊陽生許叔蔡季之屬經無納文又復得國與此不同也劉炫云已去邾國又非邾君故不稱邾捷菑也得國爲君皆舉國言之齊小白入于齊是也

○九月甲申公孫敖卒于齊既許復之故從大夫例書卒疏注既許至書卒○正義曰

傳稱請葬不許明年傳云葬視共仲則是不得從大夫禮葬而得從大夫例書卒者卒葬異禮事不相連隱公書薨不書葬不成喪不以君禮成其。葬也不以君禮猶得書公薨敖雖不以卿禮葬既許其復得從例書卒

齊公子商人弒其君舍舍未踰年而稱君者先君既葬舍已即位弒君例在宣四年

疏注舍未至四年○正義曰公羊之例既葬稱子踰年稱公左氏則不然僖九年九月晉侯。詭諸卒冬晉里克殺其君之子奚齊傳曰書曰殺其君之子未葬也荀息立公子卓以葬十一月里克殺公子卓于朝經書里克。弒其君卓是未葬稱子既葬稱君不待踰年始稱君也此稱弒其君舍舍已成君故云未踰年而稱君者先君既葬舍已即位也傳云五月昭公卒舍即位後七月爲商人所弒經傳無葬昭公之文又齊侯以五月而卒傳稱七月弒舍時未合葬知已葬者正以舍已稱君決知既葬春秋之世多不如禮葬之早晚時有遲速雖復違禮而葬後君葬訖即成。成君非討禮之葬日始成君也宣十年夏四月齊侯元卒六月葬齊惠公冬齊侯使國佐來聘是葬。速成君之文也杜以成君在於既葬不以踰年爲限此言未踰年者意在排舊說也

○宋子哀來奔。大夫奔例書名氏貴之故書字

疏注大夫至書字○正義曰崔杼無罪書崔氏出奔此貴子哀書其字。云於例字貴於名故儀父女叔之徒皆書其字則書字是貴之常例也崔氏傳曰且告以族故因稱氏唯以不名爲義

○冬單伯如齊單伯周卿士爲魯如齊故書○單音善爲于僞反○

○齊人執單伯諸侯無執王使之義故不依行人例使所吏反

疏注諸侯至人例正義曰諸侯執諸侯之大夫無罪則稱行人以見無罪之義王者之使不問有罪無罪諸侯皆不得執之執之則爲不臣以諸侯無執王使之義故單伯不依行人例言單伯身雖無罪不依使例故不稱行人也諸侯不得執王使而諸侯之史得貶王使者史之所書周公定法已君有過猶尙書之王使有愆亦得貶也

○齊人執子叔姬叔姬魯女齊侯舍之母不稱夫人自魯錄之父母辭

疏注叔姬至母辭○正義曰傳稱子叔姬妃齊昭公知舍之母也不稱夫人自魯錄之父母辭亦不知

是何公之女魯是其父母家不言文公是其父稱子叔姬者服云子殺身執閔之故言子爲在室辭十二年子叔姬卒已被杞絕是並在室也

傳十四年春頃王崩周公閱與王孫蘇爭政故不赴凡崩薨不赴則不書禍福不告亦不書奔亡禍也歸復福也○頃音傾閱音悅【疏】注奔亡至福也○正義曰因崩薨而言禍福則禍亦崩薨之類福是反禍者也福莫大於享國有家禍莫甚於亡家喪國禍亦崩薨之類相次之物且奔亡歸復其事多矣雖有出入之例未見不告之義此傳於崩薨之末言之故知奔亡是禍歸復是福也

懲不敬也欲使怠慢者戒○懲直升反○邾文公之卒也在前年公使弔焉不敬邾人來討伐我南鄙故惠伯伐邾○子叔姬齊昭公生舍叔姬無寵舍無威公子商人驟施於國驟數也商人桓公子○妃音配本亦作配驟仕救反施式豉反數音朔而多聚士盡其家貸於公有司以繼之家財盡從公及國之有司富者貸○盡津忍反貸音待又音忒注同夏五月昭公卒舍即位○邾文公元妃齊姜生定公二妃晉姬生捷菑文公卒邾人立定公捷菑奔晉○六月同盟于新城從於楚者服從楚者陳鄭宋且謀邾也謀納捷菑○秋七月乙卯夜齊商人弒舍而讓元元商人兄齊惠公也書九月從告七月無乙卯日誤○弒音試本又作殺元曰爾求之久矣我能事爾爾不可使多蓄憾不爲君則恨多○蓄勑六反本又作畜憾本又作感戶暗反恨也將免我乎爾爲之言將復殺我○復扶又反

【疏】將免我乎○正義曰言爾已殺君矣我若爲君爾將肯放免我乎言將復殺我劉炫云爾將免我爲君之事乎○有星孛入于北斗

周內史叔服曰不出七年宋齊晉之君皆將死亂後三年宋弒昭公五年齊弒懿公七年晉弒靈公史服但言事徵而不論其占固非。末學所得詳言○弒音試下同【疏】注後三至詳言○正義曰昭十七年傳申須云彗所以除舊布新也天事恆象又二十六年傳晏子曰天之有彗也以除穢也宋齊晉三國之君並為無道皆有穢德今彗出而彼死是除穢之事但未測何以知此三君當之史服但言事徵不言其占非末學所得詳言故言其驗而不推其義

○晉趙盾以諸侯之師八百乘納捷菑于邾八百乘六萬人言力有餘○乘繩證反注同邾人辭曰齊出貜且長貜且定公○貜俱縛反徐居碧反且子餘反長丁丈反下注同宣子曰辭順而弗從不祥乃還立適以長故曰辭順○適丁歷反

○周公將與王孫蘇訟于晉王叛王孫蘇王匡王叛不與而使尹氏與聃啓訟周公于晉訟理之尹氏周卿士聃啓周大夫○聃乃甘反趙宣子平王室而復之。復。使和親

○楚莊王立穆王子也子孔潘崇將襲羣舒使公子燮與子儀守而伐舒蓼即羣舒○燮昔協反守手又反蓼音了二子作亂城郢而使賊殺子孔不克而還八月二子以楚子出將如商密國語曰楚莊王幼弱子儀為師王子燮為傅○還音旋【疏】注國語至為傅○正義曰楚語蔡聲子云楚莊王方弱申公子儀父為師王子燮為傅使潘崇子孔帥師以伐舒燮及儀父施二帥而分其室師還至則以王如廬廬戢黎殺二子而復王廬戢黎。及叔麇誘之遂殺鬬克及公子燮廬今襄陽中廬縣戢。黎廬大夫叔麇其佐鬬克子儀也○廬力於反又音盧注同戢側立反麇九倫反

初鬬克囚于秦在僖二十五年秦有殽之敗在僖三十三年而使歸求成成而不得志無賞

報也公子燮求令尹而不得故二子作亂傳言楚莊幼弱國內亂所以不能與晉競穆伯之從己氏也在八年○己音紀又音祀魯人立文伯穆伯之子穀也穆伯生二子於莒而求復文伯以爲請襄仲使無朝聽命復而不出不得使與聽政事終寢於家故出入不書○爲請如字又于僞反下以爲請同十五年亦放此與音預二年而盡室以復適莒文伯疾而請曰穀之子弱子孟獻子年尚少○盡津忍反復扶又反少詩照反請立難也難穀弟○難乃多反又如字許之文伯卒立惠叔穆伯請重賂以求復惠叔以爲請許之將來九月卒于齊告喪請葬弗許請以卿禮葬○宋高哀爲蕭封人以爲卿蕭宋附庸仕附庸還升爲卿○疏注蕭宋至爲卿○正義曰蕭本宋邑莊十二年宋萬弒閔公蕭叔大心者宋蕭邑之大夫也平宋亂立桓公宋人賞其勞以蕭邑封叔叔爲附庸莊二十三年蕭叔朝公是爲附庸故稱朝附庸宋國故云宋附庸也宣十二年楚子滅蕭此時蕭國仍在高哀仕於蕭國遂被拔擢升爲宋卿不義宋公而出遂來奔出而待放從放所來故曰遂書曰宋子哀來奔貴之也貴其不食汙君之祿辟禍。速也○汙汙辱之也○齊人定懿公使來告難故書以九月齊人不服故三月而後定書以九月明經日月皆從赴○難乃旦反疏。注齊人至從赴○正義曰商人實以七月弒舍取其位而齊人未服三月而後定定訖始來告不告舍死之月唯言商人弒舍魯史以其九月來告即書之於九月如此傳文告以九月即書九月明經之日月皆從赴而書非褒貶詳略也杜言此者排先儒言日月有褒貶之義齊公子元不順懿公之爲政也終不曰公曰夫己氏猶言某甲○夫音扶己音紀疏注猶言某甲○正義曰心惡其政不以爲

公凡與人言欲稱君者終不謂之為公曰夫己氏斥懿公之名也劉云甲己俱是名故云猶言某甲○襄仲使告于王請以王寵

求昭姬于齊昭姬子叔姬曰殺其子焉用其母請受而罪之○焉於虔反冬單伯如齊請

子叔姬齊人執之恨魯恃王勢以求女故又執子叔姬欲以恥辱魯

經十有五年春季孫行父如晉○三月宋司馬華孫來盟華孫奉使鄰國能臨事制宜至魯而後定

盟故不稱使其官皆從故。書司馬○華戶化反使所吏反從才用反疏注華孫至司馬○正義曰成三年晉侯使荀庚來聘衛侯使孫良夫來聘丙午及荀

庚盟丁未及孫良夫盟彼先以君命行聘禮既而別與之盟故書聘又書盟此雖使來聘魯不令結盟故書盟。未稱使也僖四年楚屈完來盟于師即其比也

諸侯之卿例書名氏以華耦能率其屬官備禮盡儀故貴其人書其官也八年宋人殺其大夫司馬宋司城來奔唯言其官不言氏族此既書司馬復曰華孫

者劉炫云或以為華耦貴之既深故特書族案傳華耦魯人以為敏則君子不許是魯貴之不深蓋史有文質故辭有詳略。○夏曹伯來朝

○齊人歸公孫敖之喪大夫喪還不書善魯感子以赦父敦公族之恩崇仁孝之教故特錄敖喪歸以示義疏注大夫至示義○正

義曰桓十八年公之喪至自齊僖元年夫人氏之喪至自齊二注皆云告於廟也是公與夫人薨于外竟皆啓廟告至例書於策宣八年仲遂卒于垂成十七

年公孫嬰齊卒于貍脤皆不書喪至是大夫喪還例不書此獨書齊人歸公孫敖之喪者釋例曰公孫敖縱情棄命既已絕位非大夫也而備書於經者惠叔

毀請於朝感子以赦父敦公族之恩崇仁孝之教故曰為孟氏且國故是也不言來者魯人取之齊人送之非有專使特來故不言來哀八年齊人歸讙及闡

注云不言來命歸之無指使此亦彼之類也○六月辛丑朔日有食之鼓用牲于社傳例曰非禮也○單伯

至自齊〇晉郤缺帥師伐蔡戊申入蔡傳例曰獲大城曰入〇齊。人侵我西鄙〇季孫行父如晉〇冬十有一月諸侯盟于扈將伐齊晉侯受賂而止故總曰諸侯言不足序列〇十有二月齊人來歸子叔姬齊人以王故來送子叔姬故與直出者異文疏注齊人至異文〇正義曰傳例出曰來歸是直出之文也齊人以王之故來送叔姬故與直出異文也使者卑微不可言齊侯使人故云齊人來歸九年秦人來歸僖公成風之襚定十年齊人來歸鄆讙龜陰之田成九年晉人來媵之類皆是來者微賤不得稱君命故舉國稱人齊侯侵我西鄙遂伐曹入其郛郛郭也〇郛音孚

傳十五年春季文子如晉爲單伯與子叔姬故也因晉請齊〇爲于僞反下爲孟及下注爲惠叔皆同〇三月宋華耦來盟其官皆從之書曰宋司馬華孫貴之也古之盟會必備威儀崇贄幣賓。主以成禮爲敬故傳曰卿行旅從春秋時率多不能備儀華孫能率其屬以從古典所以敬事。而自重使重而。事敬則魯尊而禮篤故貴而不名〇皆從才用反注旅從同又音如字贄音至率所類反又音律使所吏反疏。注古之至不名〇正義曰杜檢傳文諸言書曰者皆是仲尼新意此云其官皆從即云書曰司馬貴之明是貴其官從故書其官也聘禮之文有上介衆介至所聘之國誓于其竟則史讀書司馬執策賈人拭玉有司展幣其從羣官多矣詩緜蠻之篇言大臣出行微臣隨從傳稱卿行旅從昭六年楚公子棄疾聘晉至於鄭竟而誓知其從人多矣盟會禮重於聘知古。人盟會必備威儀崇贄幣賓之與主以成禮爲敬故傳云其官皆從貴之也春秋之時率多不能備威儀故傳每言一。个行李是也華孫今獨能率其官屬以從古典所以敬其君事而自鎮重也使人既重而承事恭敬則魯被尊而賓禮篤也奉使鄰國能尊主厚禮是可貴之事故仲尼貴而不名至宴無故揚其先祖之罪爲己謙辭是不敏之極魯人以爲敏明

君子所不與言仲尼貴其官從君子嗤其失辭有善有惡傳兩舉之也釋例曰古之盟會必備禮儀示等威明貴賤各以成禮爲節節制兼備則名位不愆華孫居擾擾之世而能率由古典所以敬事而自重使重而事敬則魯尊而禮篤故貴之也至於宴會追稱先人之罪爲己謙辭謙以失辭故傳云魯人以爲敏明君子所不與也是。言善惡兩舉之事也襄五年傳曰楚殺其大夫公子壬夫貪也君子謂楚共王於是不刑言貪也罪壬夫不刑責共王亦是兩舉之文其事類於楚也服虔云華耦爲卿倭而不度以君命脩好結盟舉其官屬從之空官廢職魯人不知其非反尊貴之其意以爲貴之者魯人貴之非君子貴之案經儀父與魯結好子哀不義宋公司城效節來奔單伯自齊致命傳皆言書曰貴之實善而貴之也此亦云書曰司馬華孫貴之何故惡而貴之也劉炫又難云此爲不知其非儀父豈亦魯不知其非而貴之乎孔子脩春秋裁其得失定其褒貶善惡。章於其篇臧否示於來世若魯人所善亦善之所惡亦惡之已無心於抑揚遂逐魯人之善惡則筆之勞何所施用約之以理豈其然哉其官皆從謂共聘之官無闕當有留治職者豈舉朝盡行而責其空官也若以官從卽責空宮聘禮官屬不少豈周公妄制禮乎

公與之宴辭曰君之先臣督得罪於宋殤公名在諸侯之策臣承其祀其敢辱君耦華督曾孫也督弒殤公在桓二年耦自以罪人子孫故不敢屈辱魯。君對共宴會請承命於亞旅亞旅上大夫也○亞於嫁反【疏】注亞旅上大夫也○正義曰尚書牧誓武王呼羣官而誓曰司徒司馬司空亞旅孔安國云亞次也旅衆也衆大夫其位次卿成二年傳魯賜晉三帥三命之服。侯正亞旅受一命之服皆卿後卽次亞旅知是上大夫也華孫不敢當君請受上大夫之宴魯人以爲敏無故揚其先祖之罪是不敏魯人以爲敏明君子所不與也【疏】魯人○正義曰魯人魯鈍之人○夏曹伯來朝禮也諸侯五年再相朝以脩王命古之制也十一年曹伯來朝雖至此乃來亦五年傳爲冬齊侯伐曹張本【疏】諸侯至制也○正義

曰周禮大行人云凡諸侯之邦交歲相問也殷相聘也世相朝也鄭玄云父死
子立曰世凡諸侯相朝皆小國朝於大國或敵國相爲賓或彼君新立此往朝
爲或此君新即位自往朝彼皆是世相朝也襄元年邾子來朝傳曰凡諸侯即
位小國朝之是此新立而彼朝之也文九年曹伯襄卒十一年曹伯來朝傳曰
即位而來見也是彼新立而朝此也則知春秋之時猶有世相朝法與周禮合
也周禮諸侯邦交唯有此法無五年再朝之制此云古之制也必是古有此法
但禮文殘缺未知古是何時鄭玄云古者據今而述前代之言夏殷之時天子
蓋六年一巡狩諸侯間而朝天子其不朝者朝罷朝五年再相朝者似如此然
則古者據今時而道前世。自不必皆道前代傳稱古者越國而謀非謂前代之
人有此謀也古人有言非謂前代之人有此言也詩云我思古人非思夏殷之
人也此云古者亦非必夏殷鄭言夏殷禮非也僖十五年公如齊杜云諸侯五
年再相朝禮也引此證彼則是當時正法非謂前代禮也或人見僖公朝齊杜
引此爲證遂言五年再相朝是。事霸主之法然則魯非霸主曹伯何以朝之曹
豈推魯爲霸主而屈己以朝之也且云古之制也即是古之聖王制何爲此法天
子不衰諸侯無霸明德天子豈慮世。衰霸主威權不行而爲之制此法毆諸侯
以朝之此不達理之言耳然則諸侯之邦交者將以協近鄰結恩好安社稷息
民人土宇相望竟界連接一世一朝。疏闊太甚其於閑暇之年必有相朝之法
周禮言世相朝者以其一舊一新彼此未狎於此之際必須往朝舉其禮之大
者不言唯有此事五年再相朝正是周禮之制周禮。文不具耳文襄之霸其務
不煩諸侯以五年再朝往來大數更制三年一聘五年一朝所以說諸侯也五
年一朝者亦謂朝大國耳且彼因說弔葬非獨霸主之喪明使諸侯相共行此
禮也霸主遭時制宜非能創制改物諸侯或從時令或。率舊章此在文襄之後
仍守舊制故五年再相朝也傳言古之制以文襄已改故也昭十三年歲聘間
朝是周之諸侯朝天子之法故釋例引之云明王之制。歲聘以志業以解朝聘
之數尚書周官六年五服一朝孔傳云一朝會京師是再朝。而會周之正禮也
若然大行人云侯服一歲一見甸服二歲一見男服三歲一見采服四歲一見

衛服五歲一見要服六歲一見何於服數朝者大行人所云謂貢物而見或君自至或遣臣來除此貢物之外別有朝會之禮沈氏以爲諸侯五年再相朝及昭十三年皆爲朝牧伯之法以間朝以講禮與再朝而會是三歲之朝與六年之朝大率言之是五年之內再相朝也但魯非曹之伯國而沈云朝牧伯之禮又昭十三年朝盟主之法亦無明證沈氏之言未可從也

○齊人或爲孟氏謀孟氏公孫敖家慶父爲長庶故或稱孟氏○長丁丈反

疏 注孟氏至孟氏○正義曰公孫敖慶父之子杜以慶父與莊公異母庶長稱孟雖強同於適自稱爲仲以其實是長庶故時人或稱孟氏

曰魯爾親也飾棺寘諸堂阜堂阜齊魯竟上地飾棺不殯示無所歸○寘之豉反竟音境殯必刃反

疏 注堂阜至所歸○正義曰喪大記云飾棺君龍帷黼荒火三列黻三列素錦褚加帷荒纁紐六大夫畫帷畫荒火三列黻三列素錦褚纁紐二玄紐二鄭玄云飾棺者以華道路及壙中不欲使衆惡其親也荒蒙也在旁曰帷在上曰荒皆所以衣柳也士布帷布荒君大夫加文章焉黼荒緣邊爲黼文畫荒緣邊爲雲氣火黻爲列於其中耳褚以襯覆棺乃加帷荒於其上紐所以連結帷荒者也禮之飾棺唯有此耳齊人教之飾棺蓋依此大夫之制而爲之飾置諸堂阜故爲不殯示無所歸龔魯人哀之也沈氏云飾棺即雜記云諸侯死於道其輤有裧緇布裳帷素錦以爲屋而行大夫死於道以布爲輤而行義或當然

魯必取之從之卞人以告卞人魯卞邑大夫○卞皮彥反

疏 注卞人魯卞邑大夫○正義曰治邑大夫例呼爲人孔子父爲鄹邑大夫謂之鄹人知此卞人是卞邑大夫其邑近堂阜故見之而告魯君

惠叔猶毀以爲請敖卒則惠叔請之至今期年而猶未已毀過喪禮○期居其反

疏 注敖卒至喪禮○正義曰敖卒已向周年猶尙毀以爲請知敖卒即請至今未已也傳言猶毀是不復應毀文知毀過喪禮也劉炫云敖去年九月卒至今年夏據月未帀不得稱期年今知非者杜以傳云惠叔猶毀據日月之久欲盛言其遠故云期年但首尾二年亦得爲期年之義劉以未周十二月而規杜氏非也

立於朝

以待命許之取而殯之殯於孟氏之寢終叔服之言齊人送之書曰齊人歸公孫敖之喪爲

孟氏且國故也爲惠叔毀請且國之公族故其歸殯而書之○爲于僞反聽葬視共仲制如慶父皆以罪降○共音恭聲己

不視帷堂而哭聲己惠叔母怨敖從莒女故帷堂○己音紀【疏】帷堂○正義曰檀弓云尸未設飾故帷堂小斂而徹。帷至大斂之節又帷

堂以至於殯恆帷堂雜記云朝夕哭則不帷今聲己恨穆伯故朝夕哭仍帷堂檀弓又云帷殯非古自敬姜之哭穆伯始也與此相類也敬姜者穆伯妻文伯

歜之母也穆伯季悼子之子公甫靖與敖非一人襄仲欲勿哭怨敖取其妻惠伯曰喪親之終也惠伯叔彭生雖

不能始善終可也史佚有言曰兄弟致美。各盡其美義乃終○佚音逸救乏賀善弔災祭敬

喪哀情雖不同毋絕其愛親之道也子無失道何怨於人襄仲說帥兄弟以哭

之他年其二子來敖在莒所生○毋音無說音悅【疏】祭。敬至道也○正義曰祭敬者謂助祭於兄弟之家盡其敬也喪哀者謂兄弟死喪

之事竭其哀也情雖不同謂內相怨恨情雖不能和同當無絕其愛是相親之道也孟獻子愛之聞於國獻子穀之子仲孫蔑○聞音問

或如字下同蔑亡結反○或譖之曰將殺子獻子以告季文子二子曰夫子以愛我聞我以

將殺子聞不亦遠於禮乎遠禮不如死一人門于句鼆一人門于戾丘皆死句鼆

戾丘魯邑有寇攻門二子禦之而死○遠于萬反下同句七侯反鼆又作黽莫幸反戾力計反【疏】注句鼆至而死○正義曰句鼆戾丘有寇攻門不書者服

虔云魯國中小寇非異國侵伐故不書也○六月辛丑朔日有食之鼓用牲于社非禮也得常鼓之月而於社

用牲為非禮疏注得常至非禮○正義曰此與莊二十五年經文正同彼傳云非常此傳云非禮者彼失常鼓之月言鼓之為非常此得常鼓之月而用牲為非禮彼云六月實是七月傳因日月之變以起時曆之誤故釋例曰文十五年與莊二十五年經文皆同而更復發傳曰非禮者明前傳欲以審正陽之月後傳發例欲以明諸侯之禮而用牲為非禮也此乃聖賢之微旨而先儒所未喻也是解二傳不同之意

日有食之天子不舉去盛饌○去起呂反饌仕眷反疏注去盛饌○正義曰周禮膳夫掌王之食飲膳羞以養王及后世子王日一舉鼎十有二物皆有俎天地有災則不舉鄭玄云殺牲盛饌曰舉今云天子不舉是去盛饌貶膳食也

伐鼓于社責羣陰伐猶擊也疏注責羣陰伐猶擊也○正義曰郊特牲云社祭土而主陰氣也君南鄉於北墉下荅陰之義也論語云鳴鼓而攻之伐鼓者是攻責之事故云責羣陰也日食者陰侵陽故責陰以救日孔安國尚書傳云凡日食天子伐鼓于社責上公然則社以上公配食天子伐鼓責羣陰亦以責上公也諸侯用幣于社請上公亦以請羣陰也互相備也

諸侯用幣于社社尊於諸侯故請救而不敢責之○疏注社尊至責之○正義曰昭二十九年傳曰封為上公祀為貴神社稷五祀是尊是奉是社為上公之神尊於諸侯禮用幣者皆是告請神明之事以社尊故用幣請救而不敢攻責也陰侵陽而請陰者請止而勿侵陽也

伐鼓于朝退自責以昭事神訓民事君天子不舉諸侯用幣所以事神尊卑異制所以訓民疏注天子至訓民○正義曰天子不舉自貶食耳而以為事神者畏敬神明乃自貶損徹膳不舉亦是事神之義故通以不舉為事神也

示有等威古之道也等威威儀之等差○差初佳反又初宜反

○齊人許單伯請而赦之使來致命以單伯執節不移且畏晉故許之書曰單伯至自齊貴之也單伯為魯拘執既免而不廢禮終來致命故貴而告廟○為于偽反下似為同拘音俱

○新城之盟在前年蔡人不與不會盟○與音預下

同晉郤缺以上軍下軍伐蔡兼帥二軍曰君弱不可以怠怠解也○解佳賣反○戊申入蔡以城下之盟而還凡勝國曰滅之勝國絶其社稷有其土地○還音旋獲大城焉曰入之得大都而不有【疏】凡勝至入之○正義曰此傳已發凡例襄十三年復發傳云用大師曰滅弗地曰入再發例者兵之所加不可細舉故舉舊策之典以例而言用大師起大衆重力以陷敵因而有之故曰勝國通以滅爲文也以成師重力雖獲大城得而弗有故直以出入爲辭曰入之而已城不包地國不通邑滅邑必主大師是故再發例也○秋齊人侵我西鄙故季文子告于晉○冬十一月晉侯宋公衞侯蔡侯。鄭伯許男曹伯盟于扈尋新城之盟且謀伐齊也齊執王使且數伐魯○使所吏反下王使同數音朔齊人賂晉侯故不克而還於是有齊難是以公不會明今不序諸侯不以公不會故○難乃旦反下注同書曰諸侯盟于扈無能爲故也惡。其。受賂不能討齊○惡烏路反凡諸侯會公不與不書諱君惡也謂國無難不會。義事故爲惡不書謂不國別序諸侯與而不書後也謂後期也今貶諸侯似爲公諱故傳發例以明之○爲于僞反【疏】凡諸侯至後也○正義曰七年公會諸侯晉大夫盟于扈傳曰公後至故不書所會因發例云凡會諸侯不書所會後也後至不書其國辟不敏也彼乃。義事而。公後期諱君之惡故總稱諸侯此亦總稱諸侯不會非公之罪而經文相似傳辯其嫌故更復發例而以善形惡凡諸侯爲。義事聚會而公不與則不歷書諸國諱君惡也若公實與會而亦不書諸國爲公後期也即七年扈之盟是也今於此會受賂舍罪致使魯有齊患公雖不與非公之罪經與後期文同似爲公諱故傳發例以明之此會公雖不與非公惡也○齊人來歸子叔姬王故也單伯雖見執能守節不移終達王命使叔姬得歸

○齊侯侵我西鄙謂諸侯不能也不能討己遂伐曹入其郛討其來朝也此年夏朝季文子曰齊侯其不免乎己則無禮執王使而伐無罪己音紀使所吏反○而討於有禮者曰女何故行禮禮以順天天之道也己則反天而又以討人難以免矣詩曰胡不相畏不畏于天詩小雅○女音汝相息亮反又如字疏。曰女至道也○正義曰言曰者原齊侯之意而為之辭也責曹曰女何故行禮謂責於朝魯也天道以卑承尊人道以小事大禮者自卑而尊人朝者謙順以行禮行禮以順天是天之道也○詩曰至于天○正義曰此詩小雅雨無正之篇胡何也詩人責朝廷之臣女羣臣上下何以不相畏乎女上下不相畏乃是不畏于天也君子之不虐幼賤畏于天也在周頌曰畏天之威于時保之詩周頌言畏天威于是保福祿不畏于天將何能保以亂取國奉禮以守猶懼不終多行無禮弗能在矣為十八年齊弒商人傳○守手又反

附釋音春秋左傳注疏卷第十九下

春秋左傳注疏卷十九下校勘記　阮元撰盧宣旬摘錄

附釋音春秋左傳注疏卷第十九下　文十一年盡十五年宋本春秋正義卷第十五石經春秋經傳集解文下第九岳本纂圖本文字下增公字並盡十八年

〔經十一年〕

夏叔仲彭生會晉郤缺于承筐　釋文作叔彭生叔又作狀本或作叔仲彭生仲衍字石經宋本無仲字案漢書五行志水經陰溝水注並引作夏叔彭生會晉郤缺于承匡石經宋本岳本筐作匡傳文同即襄三十年傳會郤成子于承匡之歲也是也

承筐宋地　宋本岳本筐作匡

〔傳十一年〕

成大心子玉之子　重脩監本子玉作于玉非也

至于錫穴　石經岳本纂圖本錫作鍚與釋文合案漢書地理志鍚縣屬漢中郡應劭曰音陽師古曰即春秋所謂鍚穴而後漢書郡國志又云沔陽有鐵安陽有鍚春秋時曰鍚穴釋文又曰鍚本或作錫星歷反劉昭郡國志補注引傳文亦作鍚穴似作鍚字爲當

注八年至失之　宋本此節正義在因賀楚師之不害也注下

未有禮義在可諱之竟　閩本監本毛本竟作意

防風之後漆姓案史記孔子世家漆作釐說苑亦作釐世本無漆姓此漆字當爲淶之譌襄二十一年邾庶其以漆閭邱來奔釋文云漆本或作淶淶釐聲相近

注鄭瞞至漆姓宋本此節正義在注駟乘四人共車之下

昔禹致羣臣於會稽之山盧文弨校本臣作神依國語史記改案說苑家語博物志並作羣臣

僬僥氏宋本閩本監本毛本僬作僬不誤閩本監本僥誤堯

長者不過十之閩本監本之作尺山井鼎云當作尺非也案宋本國語無之字非下正義云魯語言不過十之是也

駟乘四人共車纂圖本車作乘非

故云蓋長三丈宋本閩本監本毛本作云此本誤一今訂正

魯語言不過十之閩本監本之作尺非也

椿其喉以戈殺之宋本以下正義二節揔入以命宣伯句注下

恐後世怪之故詳其處纂圖本閩本監本毛本怪作恠俗體也淳熙本作桩尤謬

傳稱魯苦越生子宋本毛本苦作苫與定八年傳合

故名之曰陽州浦鏜云故衍字按定八年傳無故字

注在春秋前 宋本以下正義四節揔入皇父之二子死焉注下

彤班御皇父充石 閩本監本毛本班作斑非下同

司寇牛父駟乘 監本牛誤中

皇父與穀甥牛父三子皆死 宋本閩本監本毛本作甥此本誤生下同今訂正

如今皆死 宋本毛本今作令

班爲皇父御而有賞 毛本御作禦非

注門關門征稅也 毛本門征二字作至非也宋本此節正義在謂之彤門之下

禮惟關門有征 宋本惟作唯

關幾而不征 閩本監本毛本關下衍市字諸本幾作譏

欲其兄弟伯季相次 足利本伯作仲

但迸居夷狄 宋本閩本監本毛本夷狄作四夷

〔經十二年〕

此實大子公以諸侯禮迎之 宋本迎作逆

其禮不爲降 宋本爲作用

謂同母姊妹 宋本脫妹字

術不稱氏史略文 毛本足利本術誤衞足利本文作之亦非

〔傳十二年〕

大子以夫鍾與郕邽來奔 顧炎武云石經邽誤封案石經此處缺炎武所據乃謬刻也又按惠士奇曰服虔以郕邽爲郕邦之家寶圭大子以其國寶與地夫鍾來奔也然則邽不从邑服說見太平御覽一百四十六

傳始朝公也 宋本毛本無傳字

魯公往朝 閩本監本毛本亦作公宋本作君是也

不書大歸未笄而卒 閩本監本毛本大作來宋本岳本笄作歸不誤案閩本監本毛本此注下載釋文笄古兮反四字正義曰傳例出曰來歸不書來歸未歸而卒也陳樹華云據此則大歸可作來歸未笄作未歸爲順初未敢遽定復取釋文閱之始悟笄古兮反四字乃爲下注中女未笄而卒笄字作音設無釋文單行之本何以正一字之差貽誤匪淺采摘分附此弊起於南宋

故知立其娣爲夫人也 毛本脫立字

一人卒一人出 閩本監本毛本卒出二字互倒

注羣舒至龍舒　宋本此節正義在注文羣舒之屬下

凡四器者　宋本者作圭案作者與聘禮記合

於天子曰朝　閩本監本毛本亦作朝與鄭注聘禮記合宋本作聘

其意欲致與主國但主之且　宋本但主下有國謙退禮終還六字閩本監本毛本亦誤在為不欲與秦為好句之下浦鏜云且當耳字誤非也

賓客曰　石經宋本淳熙本岳本足利本客作荅是也

寡君願徼福于周公魯公以事君　釋文徼作儌是也注同

代步昭　宋本淳熙本岳本足利本昭作招釋文亦作招是也

深壘固軍　宋本此節正義在上從之句下

將何俟焉　石經初刻焉誤矣後勘正纂圖本俟誤侯

裹糧坐甲　宋本此節正義在將何俟焉句下

僖三十二年　宋本淳熙本岳本纂圖本足利本二作三案當作三

不在軍帥之數　宋本淳熙本岳本足利本同毛本在作有誤

司馬法曰　岳本法作灋

逐奔不遠　纂圖本毛本逐誤遂

短兵未至爭而兩退　宋本岳本足利本至作致

舊說綏部也　宋本部作郤是也按李善注文選奏彈曹景宗引司馬法作郤○今改正

但未至大崩　宋本未作不

故爲皆未缺耳　閩本監本毛本耳作也

（經十三年）

邾子蘧蒢卒　釋文亦作蘧蒢石經初刻作蘧蒢後磨去艸頭未知所據公羊穀梁二字並從竹

蘧蒢邾子瑣之子也　宋本瑣作瑣是也毛本誤今訂正

而下當其室中　閩本監本毛本作室當其中

天子之廟飾　宋本同與禮記明堂位合閩本監本毛本飾誤飭

公羊作世室　宋本公羊下有經字

世室猶世世不毀也　宋本同與公羊合閩本監本毛本脫世室二字

言此室是室之最大者 宋本言作則是也

且左氏經爲大室 閩本監本毛本且作案氏作傳非也

皆以爲大廟之室也 閩本監本脫大字

十有二月己丑 石經宋本岳本巳作己不誤

〔傳十三年〕

欲斷其來往也 宋本往下有故字

有狐偃之舊勳 監本脫勳字

能賤而有恥 宋本此節正義在能賤而有恥句下

帑壽餘子 足利本子上有妻字非

請東人之能與夫二三有司言者 石經宋本淳熙本岳本閩本監本亦作請纂圖本毛本誤作謂

言身拘死於晉 監本毛本拘誤徇

妻爲戮於秦 宋本妻下有子字

繞朝贈之以策 釋文策作筴云本又作策

注策馬檛宋本以下正義三節揔入注文別族復累之姓下

漢高祖之祖爲豐公宋本漢上有又字

故高祖爲沛人宋本人下有也字

魯國鄒縣北有繹山今本水經注廿五引作嶧山非也

注繹邾至繹山宋本以下正義三節揔入君子曰知命句下

左右勸君勿遷閩本監本毛本勿改弗

謂其由遷而死閩本監本毛本脫其字

注子家至恤之宋本以下正義四節揔入公荅拜句下

至六月往暑矣閩本監本毛本往作徂非

我之先祖非人乎監本毛本非作匪

（經十四年）

十有四年纂圖本毛本脫有字

旣見而移入北斗岳本移作後非也

言其形字字似帚彗也　宋本閩本監本帚作掃是毛本誤作星

晉人納捷菑于邾　晉人左傳以爲趙盾公羊以爲郤缺穀梁以爲郤克陳樹華云下十五年至宣九年郤缺兩見穀梁作郤克乃傳寫之誤

不以君禮成其葬也　宋本葬作喪是也

晉侯詭諸卒　毛本詭作佹與傳九年經合

經書里克弒其君卓　閩本監本毛本弒作殺

後君葬訖卽成成君　閩本監本脫一成字

是葬速成君之文也　監本毛本速作惠非也

例書名氏　纂圖本脫氏字

書其字云　閩本監本毛本亦作云非也宋本作者

〔傳十四年〕

注奔亡至福也　宋本此節正義在懲不敬也注下

欲使怠慢者戒　宋本淳熙本岳本足利本者下有自字是也

子叔姬齊昭公　石經宋本淳熙本岳本纂圖本閩本監本毛本姬下並有妃字是也釋文同音配云本亦作配

從楚者陳鄭宋 重脩監本宋誤米

齊商人弒舍而讓元 釋文弒作殺音試按傳文直書其事作殺是也

爾不可使多蓄憾 石經作畜後加艹頭釋文作畜云本亦作蓄憾本又作感按作感者古字

非末學所得詳言 纂圖本末誤未

復使和親 纂圖本閩本監本毛本復使誤倒

盧戢黎及叔麇誘之 岳本足利本黎作棃注同案石經此處缺下十六年傳作使盧戢棃傁庸則此處亦當作棃也

二年而盡室以復適莒 石經宋本淳熙本岳本足利本二作三是也

年尚少 宋本少作幼

注蕭宋至爲卿 宋本此節正義在書曰節注下

辟禍速也 宋本速作遠

注齊人至從赴 宋本以下正義二節總入公曰夫己氏注下

凡與人言 毛本人作夫非也

夫己氏斤懿公之名也 宋本閩本監本斤作斥是也

焉用其母 閩本監本脫其字

〔經十五年〕

故書司馬 閩本監本毛本書誤稱

故書盟未稱使也 宋本未作不是也

故辭有詳略 宋本略下有也字

命歸之無指使 案哀八年經注指作㫖浦鏜正誤作官非也

齊人侵我西鄙 石經宋本淳熙本岳本足利本齊人上有秋字

〔傳十五年〕

賓主以成禮爲敬 宋本主作空非也

所以敬事而自重 纂圖本而作互非也

使重而事敬 宋本淳熙本岳本纂圖本閩本監本足利本作事毛本誤自

注古之至不名 宋本以下正義三節揔入魯人以爲敏注下

知古人盟會 宋本人作之是也

故傳每言一个行李是也 宋本个作箇毛本作介

是言善惡兩舉之事也 閩本監本言誤故

善惡章於其篇 監本毛本章作彰

故不敢屈辱魯君 閩本監本毛本君誤公

候正亞旅 監本候作侯非也

自不必皆道前代 宋本自作耳屬上句

是事霸主之法 監本毛本事誤時

豈慮世衰 宋本衰作事

疎闊太甚 宋本疎作疏

周禮文不具耳 宋本文作之

或率舊章 宋本率作奉

歲聘以志業 案釋例亦作歲與左傳正文合宋本作朝誤也

是再朝而會周之正禮也 宋本而作甸非

注孟氏至孟氏　宋本以下正義四節總入葬視共仲注之下

不欲使衆惡其親也　按今本喪大記注脫使字

帷堂　宋本此節正義在善終可也句下

小斂而徹帷　宋本帷作作非也

各盡其美義乃紀　閩本監本毛本紀作繼非宋本淳熙本岳本足利本作終是也○今訂作終

祭敬至道也　宋本此節正義在帥兄弟以哭之句下

君南鄉於北墉下　監本毛本墉誤牖閩本作牖亦非

晉侯宋公衞侯蔡侯鄭伯許男曹伯盟于扈　石經宋本淳熙本岳本纂圖本足利本蔡侯下有陳侯二字

惡受其賂　宋本淳熙本岳本作惡其受賂不誤

不會議事　宋本淳熙本岳本毛本議作義是也

彼乃議事而公後期　宋本毛本議作義下同而公閩本監本毛本誤而君

女何故行禮　足利本女作汝

疏曰女至道也　宋本此節正義在天之道也句下

○詩云至于天此節正義宋本在注文詩小雅句下閩本監本毛本作○宋本作疏字

弗能在矣山井鼎云謹案足利本後人記云在異本作存字按異本非也在者存也古經典二字通用

春秋左傳注疏卷十九下校勘記

附釋音春秋左傳注疏卷第二十 文十六年盡十八年

杜氏注　孔穎達疏

經十有六年春季孫行父會齊侯于陽穀齊侯弗及盟及與也○夏五月公四不視朔諸侯每月必告朔聽政因朝於廟今公以疾闕不。得視二月三月四月五月朔也春秋十二公以疾不視朔非一也義無所取故特舉此以表行事因明公之實有疾非。詐齊

【疏】注諸侯至詐齊○正義曰天子頒朔於諸侯諸侯受而藏之於祖廟每月之朔以特羊告廟受而施行之遂聽治此月之政謂之視朔因以其日又以朝享之禮祭皇考以下謂之朝廟此年公疾自二月至於五月已經四月不得視朔故書公四不視朔傳稱正月及齊平公有疾使季文子會齊侯則正月公初疾不得視二月朔至五月而四故知不得視二月三月四月五月朔也春秋十二公二百四十二年計有三千餘月公以疾不視朔當非一也餘皆不書而此獨書者公身有疾不得視朔國事不廢義無所取因此齊侯疑公故特舉此以表行事餘皆從可知也釋例曰魯之羣公以疾不視朔多矣因有事而見一。此猶釋不朝。王之義是其事也又於時齊侯不信公實有疾書此者且明公實有疾非詐齊也史之所書當書其始不於二月書之而以五月書者二月公始有疾未知來月瘳否不得豫書其數至六月公瘳乃積前數之闕故以五月書四也昭二十三年公如晉至河有疾乃復彼書有疾此不言有疾者在道而還容有他故昭十二年十三年公如晉至河乃復皆爲晉人辭公而還非爲疾也故須。言有疾以辯之公不視朔唯有。疾耳無所分辯故不書疾也告朔謂告於祖廟視朔謂聽治月政視朔由公疾而廢其告朔或有司告之不必廢也論語云子貢欲去告朔之餼羊必是廢其禮而羊在蓋從是以後更有不告朔者故欲去其羊耳六年閏月不告。月。書。經以譏之在後若不告朔不復書之者蓋以閏月不告其譏已明故於後不復譏之閔二年吉禘于

莊公已譏其速文二年大事于大廟不復譏之當亦如彼之類不重譏也○六月戊辰公子遂及齊侯盟于郪丘信公
疾且以賂故郪丘齊地○郪音西又七西反○秋八月辛未夫人姜氏薨僖公夫人文公母也○毀泉臺泉臺臺名
毀壞之也○壞音怪○楚人秦人巴人滅庸○巴必麻反○冬十有一月宋人弒其君杵臼稱君
君無道也例在宣四年○杵昌呂反臼強柳反

傳十六年春王正月及齊平齊前年再伐魯魯爲受弱故平○爲于僞反公有疾使季文子會齊侯
于陽穀請盟齊侯不肯曰請俟君閒閒疾瘳。○閒如字瘳勑周反差也○夏五月公四不視朔
疾也公使襄仲納賂于齊侯故盟于郪丘○有蛇自泉宮出入于國如先君之
數伯禽至僖公十七君○伯禽至僖公十七君史記魯世家魯公伯禽子考公酋弟煬公熙子幽公宰弟魏公費子厲公擢子鄭公具子順公濞弟武公敖
子懿公獻弟孝公稱子惠公弗皇子隱公息姑弟桓公允子莊公同子閔公開兄僖公申十七也魏公世本作徽公順公一作慎公【疏】。注伯禽至七君○正
義曰魯世家魯公伯禽子考公酋弟煬公熙子幽公圉弟徽公濞子厲公擢弟獻公具子順公濞弟武公敖子懿公戲弟孝公稱子惠公弗皇子隱公息姑弟
桓公允子莊公同子閔公開兄僖公申周公不之魯從魯公數之爲十七君也秋八月辛未聲姜薨毀泉臺魯人以爲蛇妖所出
而聲姜薨故壞之○壞音怪【疏】毀泉臺○正義曰蛇自宮出而毀其臺則臺在宮內人見從宮而出毀臺并毀其宮也○注魯公至壞之○正義曰人見
蛇出而姜薨以爲臺是妖之穴仍謂此處有妖更將爲害毀之所以絕其源安民意也故釋例曰衆蛇自泉臺出如先君之數入於國聲姜之薨適與妖會而

國以爲災遂毁泉臺書毁而不變文以示義。者君人之心一國之俗須此爲安故不譏也以不變文知不譏也不書蛇入國者鸜鵒非魯國之有故書其所無蛇是魯地所有姜薨不由此蛇凡物不爲災則不書也○楚大饑。戎伐其西南至于阜山。師于大林又伐其東南至于陽丘以侵訾枝戎山夷也大林陽丘訾枝皆楚邑○饑音飢一音機訾子斯反疏注戎山夷也○正義曰四夷之名隨方定稱則曰東夷西戎南蠻北狄其當處立名則各從方號故北戎病燕齊侯伐山戎北方得有戎故楚西亦有戎戎是山閒之民夷爲四方總號故云戎山夷也庸人帥羣蠻以叛楚庸今上庸縣屬楚之小國麇人率百濮聚於選將伐楚選楚地百濮夷也○麇九倫反濮音卜選息兗反又息戀反疏注選楚地百濮夷也○正義曰將欲伐楚聚於此地故知是楚地也牧誓武王伐紂有庸濮從之孔安國云庸濮在江漢之南是濮爲西南夷也釋例曰建寧郡南有濮夷濮夷無君長總統各以邑落自聚故稱百濮也下云各走其邑是無君長統之於是申息之北門不啓備中國疏申息之北門不啓○正義曰申息北接中國有寇。比從北來故二邑北門不敢開也楚人謀徙於阪高楚險地○阪音反一音扶板反蔿賈曰不可我能往寇亦能往不如伐庸夫麇與百濮謂我饑不能師故伐我也若我出師必懼而歸百濮離居將各走其邑誰暇謀人乃出師旬有五日百濮乃罷濮夷無屯聚見難則散歸○蔿于委反屯徒門反聚才住反又如字難乃旦反又如字自廬以往振廩同食往往伐庸也振發也廩倉也同食上下無異饌也○廬力於反又音盧廩力甚反次于句澨楚西界也○句古侯反澨市世反使廬戢黎侵庸戢黎廬大夫及庸方城方城庸地上庸縣東有方城亭庸人逐之囚子揚窻

竄戢黎官屬○竄初江反三宿而逸曰庸師眾羣蠻聚焉不如復大師還復句竝師且起王卒合

而後進師叔曰不可師叔楚大夫潘尫也○卒子忽反尫烏黃反姑又與之遇以驕之彼驕我怒而

後可克先君蚡冒所以服陘隰也蚡冒楚武王父。陘隰地名○可克或作可擊蚡扶粉反冒莫報反史記楚世家云蚡冒卒

弟熊達殺蚡冒子而代立是爲楚武王與杜異陘音刑隰音習【疏】注蚡冒至地名○正義曰劉炫云案楚世家蚡冒卒弟熊達殺蚡冒子而代立是爲楚武

王則蚡冒是兄不得爲父今知不然者以世家之文多有紕繆與經傳異者非是一條杜氏非不見其文但見而不用耳劉以世家而規杜非也言服陘隰則

陘隰本是他國蚡冒始服之也釋例陘隰與傳四年次于陘爲一地潁川召陵縣南有陘亭楚自武王始居江漢之閒則蚡冒之時未至中土不應已能越申

息。服潁川之邑疑非也又與之遇七遇皆北軍走曰北○北如字一音佩○唯裨鯈。魚人實逐之裨。鯈魚庸三邑

魚魚復縣今巴東永安縣輕楚故但使三邑人逐之○裨婢支反鯈直留反庸人曰楚不足與戰矣遂不設備楚子

乘馹。會師于臨品。馹傳車也臨品地名○馹人實反傳下戀反【疏】注馹傳車也○正義曰釋言云馹傳也舍人曰馹尊者之傳也郭璞

曰傳車驛馬之名也分爲二隊隊部也兩道攻之○隊徒對反注同子越自石溪子貝自仞以伐庸子越鬭椒也石

溪仞入庸道○溪苦兮反本又作谿貝浦蓋反今俗本多作員音云仞人愼反秦人巴人從楚師羣蠻從楚子盟蠻見楚強

故遂滅庸傳言楚有謀臣所以興○宋公子鮑禮於國人鮑昭公庶弟文公也○鮑步卯反宋饑竭其粟

而貸之年自七十以上無不饋詒也時加羞珍異羞進也○上時掌反饋其媿反詒以支反又以志反遺也

無日不數於六卿之門數不疏○數音朔注同國之材人無不事也有賢材者親自桓以下無不恤也桓鮑之曾祖【疏】宋公至恤也○正義曰禮於國人總言接待之也竭其粟而貸與國之饑民也禮與人物曰饋詒遺也饋詒皆是與人物之名也民年七十以上無有不饋遺以飲食也珍異謂非常美食羞進也時加進珍異者謂四時初出珍異之物也無有一日不數數於六卿之門言參請不絕也國之賢材之人無不事公子皆事之也其族親自桓公以下子孫無不恤公子皆賑恤之也公子鮑美而豔襄夫人欲通之鮑適祖母○豔以驗反適丁歷反而不可以禮防閑。夫人助之施昭公無道國人奉公子鮑以因夫人於是華元為右師華元督曾孫代公子成○施式豉反【疏】注華元督曾孫○正義曰世本云華督生世子家家生華孫御事事生華元右師是也公孫友為左師華耦為司馬代公子卬。鱗鱹為司徒蕩意諸為司城公子朝為司寇代華御事○鱹古亂反朝如字初司城蕩卒公孫壽辭司城壽蕩之子請使意諸為之意諸壽之子既而告人曰君無道吾官近懼及焉禍及己弃官則族無所庇子身之貳也姑紓死焉姑且也紓緩也○庇必利反又悲位反紓音舒雖亡子猶不亡族己在故也既夫人將使公田孟諸而殺之公知之。盡以寶行蕩意諸曰盍適諸侯公曰不能其大夫至于君祖母以及國人君祖母諸侯祖母之稱謂襄夫人○盍戶臘反稱尺證反【疏】注君祖至夫人○正義曰哀十六年傳蒯聵告周云蒯聵得罪于君父君母謂母為君母則祖母為君祖母矣故云君祖母者諸侯祖母之稱也昭公成公之子襄公之孫故襄夫人是其祖母也諸侯誰納我且

既爲人君而又爲人臣不如死盡以其寶賜左右以使行。行去也夫人使謂司城
去公對曰臣之而逃其難若後君何言無以事後君○難乃旦反○冬十一月甲寅宋昭公
將田孟諸未至夫人王姬使帥甸攻而殺之襄夫人周襄王。姊故稱王姬帥甸郊甸之。帥○甸徒近反【疏】注襄
夫至之帥○正義曰周禮載師云以宅田士田賈田任近郊之地以官田牛田賞田牧田任遠郊之地以公邑之田任甸地以家邑之田任稍地以小都之田任縣地以大都之田任。疆地凡任地近郊十一遠郊二十而三甸稍縣都皆無過十二彼從國都而出計遠近節級而別爲之名鄭玄引司馬法王國百里爲郊二百里爲州甸三百里爲野稍四百里爲縣五百里爲都諸侯之與天子竟雖不同亦當近國爲郊郊外爲甸天子之甸爲公邑之田則諸侯之甸亦公邑也帥甸者甸地之帥當是公邑之大夫也獨言帥甸無以相明故舉類言之云郊甸之帥其實正是甸地之帥非郊地之帥也蕩意諸死之不書不告
書曰宋人弑其君杵臼君無道也始例發於臣之罪今稱國人故重明君罪○重直用反【疏】注始例至君罪○正義曰宣四年傳例曰凡弑君稱君君無道也稱臣臣之罪也彼是弑君大例經下注云例在宣四年指彼例也彼雖在此之後乃是例之初始故謂彼爲始例彼因歸生弑君而發傳例是始例發於臣之罪也此稱宋人弑其君文異於彼故重明君罪謂與彼例爲重也釋例曰鄭靈宋昭文異而例同重發以同之
文公即位使母弟須爲司城代意諸華耦卒而使蕩虺爲司馬虺意諸之弟○虺況鬼反
經十有七年春晉人衞人陳人鄭人伐宋自閔僖。已下終於春秋陳侯常在衞侯上今大夫會在衞下傳不言陳公孫寧後至則寧位非上卿故也【疏】注自閔至故也○正義曰釋例班序譜自隱至莊十四年四十二歲衞與陳凡四會衞在陳上莊十五年盡僖十七年三

十五歲凡八會陳在衞上莊十六年幽盟之下注云齊桓始霸楚亦始彊陳侯介於二大國之間而爲三恪之。宮故齊桓因而進之遂班在衞上終於春秋但齊桓升陳於衞上乃在莊之中年不得以莊爲始故云自閔僖以下終於春秋陳侯常在衞上也今此大夫會伐宋貶之稱人而陳在衞下襄二十六年澶淵之會傳稱宋向戌後至退在鄭良霄之下此傳具歷序大夫之名不言公孫寧以後至被退成三年傳曰次國之上卿當大國之中中當其下下當其上大夫彼言大夫位有尊卑次序以之升降則公孫寧位非上卿故降在衞下也檢春秋上下亦有後至無傳而杜云後至者則秦小子憖是也案彼則公孫寧未必非後至但杜弘通兩解故云非上卿耳

○夏四月癸亥葬我小君聲姜○齊侯伐我西鄙西當爲北蓋經誤○西當作北出注

疏注西當爲北蓋經誤○正義曰經言西鄙傳言北鄙服虔以爲再來伐魯西鄙書北鄙不書諱仍見伐案經十五年秋齊人侵我西鄙冬齊侯侵我西鄙僖二十六年春齊人侵我西鄙夏齊人伐我北鄙皆仍見侵伐書而不諱此何獨諱而不書凡言諱者諱國惡。也齊侯無道而伐我我非有惡而可諱何以諱其仍伐故知正是一事經文誤耳知非傳誤者六月癸未會求與平即盟于穀穀是濟北穀城縣也穀在魯北知北鄙是也

公及齊侯盟于穀○諸侯會于扈昭公雖以無道見弒而文公猶宜以弒君受討故林父伐宋以失所稱人晉侯平宋以無功不序明君雖不君臣不可不臣所以督大教○弒本或作弒音試下同

疏注昭公至大教○正義曰弒君稱君君之罪者欲以懲創人君使爲鑒戒不書弒者之名以見君亦合死其君雖則合死要非臣所得弒故文公宜以弒君受討林父稱人諸侯不序責死者罪弒者所以督大教大教謂尊君卑臣之教也

○秋公至自穀無傳 ○冬公子遂如齊

傳十七年春晉荀林父衞孔達陳公孫寧鄭石楚伐宋討曰何故弒君猶立文

公而還卿不書失其所也卿不書謂稱人○夏四月癸亥葬聲姜有齊難是以緩過五月之
例○難乃旦反下及注皆同○齊侯伐我北鄙襄仲請盟六月盟于穀晉不能救故請服○晉侯蒐
于黃父一名黑壤晉地○父音甫壤如丈反遂復合諸侯于扈。平宋也。傳不列諸國而言復合則如上十五年會扈之諸侯
可知也○復扶又反注同公不與會齊難故也書曰諸侯無功也刺欲平宋而復不能○與音預於是晉侯
不見鄭伯以爲貳於楚也鄭子家使執訊而與之書以告趙宣子執訊通訊問之官爲書與
宣子○訊音信【疏】使執訊而與之書○正義曰使執訊使之行適晉也與之書與此執訊書令。持以告宣子曰寡君即位三年魯文二年
召蔡侯而與之事君九月蔡侯入于敝邑以行行朝晉也敝邑以侯宣多之難寡君
是以不得與蔡侯偕宣多既立穆公恃寵專權○偕音皆十一月克減侯宣多而隨蔡侯以朝于
執事減損也難未盡而行言汲汲于朝晉○汲音急十二年六月歸生佐寡君之嫡夷歸生子家名夷大子名○嫡丁
歷反以請陳侯于楚而朝諸君請陳于楚與俱朝晉十四年七月寡君又朝以蕆陳事蕆。敕也敕
成前。好○蕆敕展反前好呼報反一本作事【疏】注蕆敕也○正義曰蕆之爲敕無正訓也先儒相傳爲然賈服皆云蕆敕也十五年五月
陳侯自敝邑往朝于君往年正月燭之武往朝夷也將夷往朝晉○八月寡君又往朝
以陳蔡之密邇於楚而不敢貳焉則敝邑之故也密邇比近也○比毗志反雖敝邑之事君

何以不免（免罪也）在位之中一朝于襄（襄公○朝直遙反）而再見于君（君靈公也○見賢遍反）【疏】一朝至于君○正義曰鄭穆公以僖三十三年即位晉襄公以文公六年卒一朝于襄三年十一月也再見於君十四年七月往年八月也或者十四年七月寡君又朝勑成陳事再見于君謂往年正月燭之武往朝夷八月寡君又朝是也夷與孤之二三臣相及於絳（孤之二三臣謂燭之武歸生自謂也絳晉國都）【疏】孤之二三臣○正義曰禮諸侯與臣民言自謂寡人小國之君自稱曰孤臣與他國之人言稱己君為寡君此歸生對晉稱己君當云寡君之二三臣昭十九年子產對晉人云寡君之二三臣札瘥夭昏是其事也此言孤者蓋鄭伯身自對晉或自稱孤歸生因即以孤言其君也雖我小國則蔑以過之矣今大國曰爾未逞吾志敝邑有亡無以加焉古人有言曰畏首畏尾身其餘幾（言首尾有畏則身中不畏者少○幾居豈反）又曰鹿死不擇音（音所茠蔭之處古字聲同皆相假借○茠虛求反蔭於鴆反）【疏】注音所至假借○正義曰釋言云庇茠蔭也舍人曰庇蔽也茠依止也郭璞曰今俗呼樹蔭為茠杜意言本當作蔭古字聲同皆相假借故傳作音言鹿死不擇庇蔭之處喻己不擇所從之國欲從楚也服虔云鹿得美草呦呦相呼至於困迫將死不暇復擇善音急之至也劉炫從服說以為音聲謂不擇音聲而出之。而難杜今知不然者以傳云鋌而走險急何能擇言走險論其依止之處以其怖急得險則停不能選擇寬靜茠蔭之所傳文所論止言其出處所在不論音聲好惡故杜不依服義劉以為音聲而規杜非也小國之事大國也德則其人也（以德加己則以人道相事）不德則其鹿也鋌而走險急何能擇（鋌疾走貌言急則欲蔭。茠於楚如鹿赴險○鋌他頂反芘必利反又悲位反本或作茠）【疏】注鋌疾走貌○正義曰鋌文連走故為疾走貌命之罔極亦知亡矣（言晉命無極）將悉敝

賦以待於鯈唯執事命之鯈晉鄭之竟言欲以兵距晉○鯈直留反竟音境文公二年六月壬申朝于

齊鄭文二年六月壬申。魯莊二十三年六月二十。四日四年二月壬戌爲齊侵蔡魯莊二十五年二月無壬戌壬戌三月二十日

○爲于僞反○亦獲成於楚鄭與楚成居大國之間而從於強令豈其罪也令號令也大國若弗

圖無所逃命晉鞏朔行成於鄭趙穿公壻池爲質焉趙穿卿也公壻池晉侯女壻○鞏九勇反質音致下

同○秋周甘歜敗戎于邥垂乘其飲酒也歜周大夫邥垂周地河南新城縣北有垂亭爲成元年晉侯平戎于王張

本○歜昌欲反邥音審○冬十月鄭大子夷石楚爲質于晉夷靈公也石楚鄭大夫○襄仲如齊拜

穀之盟復曰臣聞齊人將食魯之麥以臣觀之將不能齊君之語偷臧文仲有

言曰民主偷必死偷猶苟且偷他侯反

經十有八年春王二月丁丑公薨于臺下○秦伯罃卒無傳未同盟而赴以名○罃於耕反○夏

五月戊戌齊人弒其君商人不稱盜罪商人〔疏〕。注不稱盜罪商人○正義曰弒君稱臣臣之罪賤臣弒君則稱盜哀四年盜殺

蔡侯申是也盜字當臣名之處以賤不得書名變文謂之盜耳此弒商人者邴歜閻職亦應書盜不稱盜弒者。邴商人。今從弒君稱君之例也○六月

癸酉葬我君文公○秋公子遂叔孫得臣如齊書二卿以兩事行非相爲介○介音界○〔疏〕注書二至爲介

○正義曰卿爲卿介則書使不書介傳二十六年公子遂臧孫辰如楚乞師書。遂不書辰是其正也襄十四年季孫宿叔老並書之者晉人敬之自爾以後

晉人輕魯幣而益敬其使故特兩書之於法不應書也此傳稱惠公立故且拜葬是以兩事行非相為介故並書之耳定六年季孫斯仲孫何忌如晉傳稱桓子獻鄭俘孟孫報夫人之幣亦以兩事行故並書之但彼非是同時受命經應各自為文但以晉人輕之故不各自別書與此意少異也○冬十月

子卒先君既葬不稱君者魯人諱弑以未成君書之子在喪之稱○弑申志反本又作殺之稱尺證反

疏注先君至之稱○正義曰齊公子商人弑其君舍以先君既葬故稱君也此亦先君既葬不稱君者魯人諱弑成君以未成君書之也子者葬前在喪之稱也若言猶在喪而自卒然諱之也釋例曰公子惡魯之正適嗣位免喪則魯君也襄仲。舒倚齊而弑之國以為諱故不稱君若言君之子也○夫人姜氏歸于齊○季孫行父如齊無傳○莒弑其君庶其稱君君無道也

疏注稱君君無道也○正義曰楚世子商臣弑君言。臣子此傳稱大子僕因國人以弑紀公不稱世子而稱。臣者以見君無道傳言多行無禮於國是其無道之狀十六年宋人弑其君杵臼稱國又稱人此直云莒弑其君庶其不稱人者釋例曰劉賈許。穎以為君惡及國朝則稱國以弑君惡及國人則稱人以弑案傳鄭靈宋昭經文異而例同故重發以同之子弑其父又嫌異於他臣亦重明其不異既不碎辯國之與人而傳云莒紀公多行無禮於國大子僕因國人以弑之經但稱國不稱人知國之與人雖言別而事同也

傳十八年春齊侯戒師期將以伐魯而有疾醫曰不及秋將死公聞之卜曰尚無及期尚庶幾也欲令先師期死○令力呈反先悉薦反下同○惠伯令龜以卜事告龜

疏注以卜事告龜○正義曰周禮大卜大祭祀則視高命龜鄭玄云命龜告龜以所卜之事士喪禮卜葬命龜云哀子某來日某卜葬其父某甫考降無有近悔如此之類是令龜之辭也令者告令使知其意與命同也

卜楚丘占之曰齊侯不及期非疾也君亦不聞言君先齊侯終令龜有咎言令龜者亦有凶咎

見於卜兆爲惠伯死張本○見賢遍反二月丁丑公薨○齊懿公之爲公子也與邴歜之父爭田弗勝及即位乃掘而刖之斷其尸足○邴音丙又彼病反歜昌欲反掘其勿反又其月反刖音月又五刮反丁斷管反而使歜僕僕御也納閻職之妻而使職驂乘驂乘陪乘○驂七南反乘繩證反注同○夏五月公游于申池齊南城西門名申門齊城無池唯此門左右有池疑此則是二人浴于池歜以扑抶職扑。箠也抶擊也欲以相感激○扑普卜反字宜從手作木邊非也抶勑乙反箠市橤反又之橤反激古歷反職怒歜曰人奪女妻而不怒一抶女庸何傷職曰與刖其父而弗能病者何如言不以父刖爲病恨○女音汝乃謀弒懿公納諸竹中歸舍爵而行飲酒訖乃去言齊人惡懿公二人無所畏○舍音赦置也惡烏路反齊人立公子元桓公子惠公○六月葬文公○秋襄仲莊叔如齊惠公立故且拜葬也襄仲賀惠公立莊叔謝齊來會葬○文公二妃敬嬴生宣公敬嬴嬖而私事襄仲宣公長而屬諸襄仲襄仲欲立之叔仲不可叔仲惠伯○嬴音盈嬖必計反長丁丈反屬音燭仲見于齊侯而請之齊侯新立而欲親魯許之○見賢遍反【疏】。襄仲至許之○正義曰惡是齊甥齊侯許廢惡者惡以世適嗣立不受齊恩宣以非分得國荷恩必厚齊侯新立欲親魯爲援故許之○冬十月仲殺惡及視而立宣公惡大子視其母弟殺視不書賤之書曰子卒諱之也仲以君命召惠伯詐以子惡命【疏】注詐以子惡命○正義曰傳因殺惡之下即云而立宣公其實宣公之立當在惠伯死後惡雖已死未告外人故詐以子惡之

（命召惠伯使入公冉務人疑其宮內有變謂非子惡之命故云入必死耳亦未是審知惡已死也）其宰公冉務人止之曰入必
死叔仲曰死君命可也公冉務人曰若君命可死非君命何聽弗聽乃入殺而
埋之馬矢之中（惠伯死不書者史畏襄仲不敢書殺惠伯○聽吐定反）公冉務人奉其帑以奔蔡既而復
叔仲氏（不絶其後）○夫人姜氏歸于齊大歸也（惡視之母出姜也嫌與有罪出者異故復發傳○復扶又反）將行
哭而過市曰天乎仲為不道殺適立庶市人皆哭魯人謂之哀姜（所謂出姜不允於魯○過
古禾反又古臥反適丁歷反）○莒紀公子。生大子僕又生季佗愛季佗而黜僕且多行無禮
於國（紀號也莒夷無謚故有別號○佗徒何反）僕因國人以弒紀公以其寶玉來奔納諸宣公公命
與之邑曰今日必授季文子使司寇出諸竟曰今日必達（未見公而文子出之故來不書○竟音境）
公問其故季文子使大史克對曰先大夫臧文仲教行父事君之禮行父奉以
周旋弗敢失隊。曰見有禮於其君者事之如孝子之養父母也見無禮於其君
者誅之如鷹鸇之逐鳥雀也先君周公制周禮曰則以觀德（則法也合法則為吉德○大史音泰）
（隊直類反養餘亮反鷹於陵反鸇之然反說文止仙反字林已仙反）【疏】。如鷹鸇之逐鳥雀○正義曰釋鳥云鷹來鳩郭璞曰來當為爽字之誤耳左傳作爽
鳩是也又云晨風鸇舍人曰晨風名鸇鸇。摯鳥名郭璞曰鷂屬也德以處事（處猶制也）事以度功（度量也○度待洛反注及下同）

以食民食養也○食音嗣注同作誓命曰毀則爲賊誓要信也毀則壞法也○壞音怪掩賊爲藏掩匿也○匿女乙反竊賄爲盜賄財也盜器爲姦器國用也主藏之名以掩賊爲名賴姦之用用姦器也爲大凶德有常無赦刑有常在九刑不忘誓命以下皆九刑之書九刑之書今亡疏先君至不忘○正義曰言制周禮曰作誓命曰謂制禮之時有此語爲此誓耳此非周禮之文亦無誓命之書在後作九刑者記其誓命之言著於九刑之書耳德者得也自得於心心之所得有惡有善欲知善惡以法斷之合法則爲吉德不合法則爲凶德故曰則以觀德也既有善德乃能制斷事宜故曰德以處事也既爲其事務求成功度量功勳必功成乃善故曰事以度功也民不自治立君牧養作事成功所以養食下民故曰功以食民也其意言在上位者必有法則乃爲養民之主將言莒僕無可法則故言此以張本也又作要信誓命以戒後人曰有人毀法則者是爲賊言其賊敗法也掩匿賊人是爲藏言其藏罪人也竊人財賄謂之爲盜盜人器用謂之爲姦主爲掩藏匿罪人之名恃賴姦人所盜之用爲極大之凶德有常刑無赦其事在九刑之書不遺忘也以宣公容納莒僕爲主藏受其寶玉爲賴姦故舉此以極諫也○注誓命至今亡○正義曰昭六年傳曰夏有亂政而作禹刑商有亂政而作湯刑周有亂政而作九刑三辟之興皆叔世也叔世謂衰世世衰民慢作嚴刑以督之稱其創制聖王以爲所作之法夏作禹刑商作湯刑則周作九刑作周公之刑也此云周公作誓命其事在九刑知自誓命以下皆九刑之書所載也謂之九刑必其諸法有九而九刑之書今亡不知九者何謂服虔云正刑一議刑八即引小司寇八議議親故賢能功貴勤賓之辟此八議者載於司寇之章周公已制之矣後世更作何所復加且所議八等之人就其所犯正刑議其可赦以否八者所議其刑一也安得謂之八刑杜知其不可故不解之行父還觀莒僕莫可則也還猶周旋○還音旋孝敬忠信爲吉德盜賊藏姦爲凶德夫莒僕則

其孝敬則弒君父矣則其忠信則竊寶玉矣其人則盜賊也其器則姦兆也兆域也保而利之則主藏也以訓則昏民無則焉不度於善度居也而皆在於凶德是以去之昔高陽氏有才子八人高陽帝顓頊之號八人其苗裔○去起呂反顓音專頊許玉反裔以制反疏注高陽氏至苗裔○正義曰先儒舊說及譙周考史皆以顓頊帝嚳爲帝之身號高陽高辛皆國氏土地之號高陽次少昊高辛次高陽堯承高辛之後孔子之錄尚書自堯爲始史籍之說皇帝其言不經大戴禮五帝德司馬遷五帝紀皆言顓頊帝嚳代別一人春秋緯命歷序顓頊傳九世帝嚳傳八世典籍散亡無以取信要二帝子孫至舜時始用必非帝之親子其八人者不能知其出生本系枝派遠近故略言其苗裔耳蒼舒隤敳。檮戭。大臨尨。降庭堅仲容叔達此即垂益禹皋陶之倫庭堅即皋陶字○隤徒回反敳五才反一音五回反韋昭音瑰檮直由反韋昭音桃戭以善反漢書作敳韋昭已震反尨莫江反降下江反陶音遙○疏注此即至陶字○正義曰司馬遷采帝系世本以爲史記其夏本紀稱禹是顓頊之後秦本紀稱皋陶是顓頊之後伯益則皋陶之子垂之所出史無其文舊說相傳亦出顓頊故云此即垂益禹皋陶之倫也服虔云八人禹垂之屬也六年傳臧文仲聞六與蓼滅云皋陶庭堅不。祀忽諸知庭堅皋陶爲一人其餘則不知誰爲禹誰爲益故云之倫之屬不敢斥言也班固漢書有古今人表銓量古人爲九等之次雖知禹益必在八愷稷契必在八元不能識知其人不得自相分配故八元八愷與皋陶禹稷並。不出其名亦爲不知故也鄭玄注論語云皋陶爲士師號曰庭堅杜云庭堅皋陶字者古人名之與字難得審知言字者明其是一人也齊聖廣淵明允篤。誠天下之民謂之八愷齊中也淵深也允信也篤厚也愷和也○愷開在反疏齊聖至八愷○正義曰此幷序八人總言其德或原其心或據其行一字爲一事其義亦更相通齊者中也率心由道舉措皆中也聖者通也博達衆務庶事盡通也廣者寬也器宇宏大度量寬弘也淵者深也知能周備思慮深遠也明者達也曉解事務照見幽微也允者信也終始不愆言行相副也篤者厚也志性良謹交遊款密也誠者實也秉心純直布行貞實也以其德行如是天下之民爲其美目謂之八愷愷和也言其和於物也孟子曰伊尹聖人之和者也○注齊中至和也○正義曰齊中釋言文允信篤厚釋詁文愷訓爲樂樂亦和也深水謂之淵故淵爲深也

辛氏有才子八人高辛帝嚳之號八人亦其苗裔○嚳苦毒反伯奮仲堪叔獻季仲伯虎仲熊叔豹季貍此即稷契朱虎熊羆之倫○奮甫問反熊音雄貍力之反契息列反依字當作偰古文作离羆彼皮反【疏】注此即至之倫○正義曰契後爲殷稷後爲周史記殷周皆爲帝嚳之後也此言伯虎仲羆尚書有朱虎熊羆二者其字相類知此即稷契朱虎熊羆之倫也尚書更有夔龍之徒亦應有在元愷之内者但更無明證名字又殊不知與誰爲一故不復言之史記稷契皆爲帝嚳之子而上句注云其苗裔者史記堯亦帝嚳之子則稷契堯之親弟以堯之聖有大德之弟久而不知舜始舉用以情而測理必不然且云世濟其美其間必應累世不容高辛之下即至其身馬遷傳聞於人未必盡得其實世族譜取史記之說又從而譏之云案鯀則舜之五世從祖父也而及舜共爲堯臣堯則舜之三從高祖而妻其女此史記之疑者然則以其不可悉信故言苗裔以該之

忠肅共懿宣慈惠和天下之民謂之八元肅敬也懿美也宣偏也元善也○偏音遍【疏】忠肅至八元○正義曰此亦總言其德於義亦得相通忠者與人無隱盡心奉上也肅者敬也應機敏達臨事恪勤也共者治身克謹當官理治也懿者美也保己精粹立行純厚也宣者偏也應受多方知思周偏也慈者愛出於心恩被於物也惠者性多哀矜好拯窮匱也和者體度寬簡物無乖爭也以其德行如是天下之民爲之美目謂之八元元善也言其善於事也論語曰善人爲邦百年亦可以勝殘去殺矣○注肅敬至善也○正義曰肅敬釋訓文懿美釋詁文宣偏釋言文易文言

曰元者善之長也此十六族也世濟其美不隕其名濟成也隕隊也○隕于敏反隊直類反疏此十六至其名○正義曰此十六人耳而謂之族者以其各有親屬故稱族也世濟其美後世承前世之美不隕其名不隊前世之美名言其世有賢人積善而至其身也劉炫云各有大功皆賜氏族故稱族以至於堯堯不能舉舜臣堯舉八愷使主后土后土地官禹作司空平水土卽主地之官疏注后土至之官○正義曰后訓君也天稱皇天故地稱后土舜典云伯禹作司空呂刑云禹平水土則禹是主地之官故云主后土也以揆百事莫不時序地平天成揆度也成亦平也○揆葵癸反疏以揆至天成○正義曰用禹爲主后土之官令以揆度百事百事無不揆度於是皆有次序得地平其化天成其施言有成功也○注揆度至平也正義曰揆度釋言文度百事者令之豫自籌度爲之數量法制事成則平其可否使之總衆務也地平天成大禹謨之文孔安國云水土治曰平五行敘曰成釋詁云成平也是成亦爲平其義一也舉八元使布五教于四方契作司徒五教在寬故知契在八元之中○契斯列反疏注契作至之中○正義曰舜典云帝曰契百姓不親五品不遜汝作司徒敬敷五教在寬尚書契敷五教此云舉八元使布五教以此故知契在八元中也然則尚書禹作司空此云舉八愷使主后土以此亦知禹在八愷中也但不知八愷之中何者是禹八元之中何者是契。耳主后土布五教是事之大者故舉以為言非是各令八人共主一事故主土唯禹主教唯契餘當別有所主或助而爲之尙書稱益佐禹治水是其助之事也父義母慈兄友弟共子孝內平外成內諸夏外夷狄○夏戶雅反疏父義至外成○正義曰一家之內父母兄弟子尊卑有五品父不義母不慈兄不友弟不共子不孝是五品不遜順也故使契爲司徒布五教於四方教父以義教母以慈教兄以友教弟以共教子以孝是之謂五教此五教可常行又謂之五典也諸夏夷狄皆從其教是爲內平外成所云五典克從卽此內平外成

之謂也

昔帝鴻氏有不才子帝鴻黃帝掩義隱賊好行凶德醜類惡物頑嚚不友是與比周醜亦惡也比近也周密也○好呼報反嚚魚巾反心不則德義之經為頑口不道忠信之言為嚚比毗志反天下之民謂之渾敦謂讙兜渾敦不開通之貌○渾戸本反敦徒本反讙呼端反兜都侯反

疏掩義至渾敦○正義曰掩蓋義事而不行隱蔽其外而陰為賊害也其有凶醜之類穢惡之物心頑而不則德義之經口嚚而不道忠信之言如此惡人不可與之親親友者此不才子於是與之相附近相親密言惡人所愛愛同己者也以其為惡如是故天下之民為之惡目謂之渾敦渾敦不開通之貌言其無所知也服虔用山海經以為讙兜人面馬喙渾敦亦為獸名○注醜亦至密也○正義曰醜亦惡也物亦類也指謂惡人等輩重復而言之耳比是相近也周是親密也唯是親愛之義非為善惡之名論語云君子周而不比小人比而不周以君子小人相對故鄭玄云忠信為周阿黨為比觀文為說也○注讙至之貌○正義曰此傳所言說虞書之事彼云四罪謂共工讙兜三苗鯀也此傳四凶乃謂之渾敦窮奇檮杌饕餮檢其事以識其人堯典帝言共工之行云靖言庸違傳說窮奇之惡云靖譖庸回二文正同知窮奇是共工也堯典帝求賢人讙兜舉共工應帝是與共工相比傳說渾敦之惡云醜類惡物是與比周知渾敦是讙兜也堯典帝言鯀行云咈哉方命圮族傳說檮杌之罪云告頑舍嚚傲狠明德即是咈戾圮族之狀且鯀是顓頊之後知檮杌是鯀也尚書無三苗罪狀既甄去三凶自然饕餮是三苗矣先儒盡然更無異說皆以行狀驗而知之也莊子稱南方之神其名為儵北方之神其名為忽中央之神其名為混沌混沌無七竅儵忽為鑿之一日為一竅七日而混沌死混沌與渾敦字之異耳莊子雖則寓言要以無竅為混沌是渾敦為不開通之貌此四凶者渾敦檮杌以狀貌為之名窮奇饕餮以義理為之名古人之意自異耳服虔案神異經云檮杌狀似虎毫長二尺人面虎足豬牙尾長丈八尺能鬭不退饕餮獸名身如牛人面目在腋下食人

少皞氏有不才子少皞金天氏之

號次黃帝○少詩照反注同皞胡老反【疏】注少皞至黃帝○正義曰金天國號少皞身號譙周云金天氏能脩大皞之法故曰少皞也其次黃帝則昭十

七年傳有其事○毀信廢忠崇飾惡言靖譖庸回。服讒蒐慝以誣盛。德崇聚也靖安也庸用也回邪也

服行也蒐隱也慝惡也盛德賢人也○蒐所留反慝他得反邪似嗟反【疏】毀信至盛德○正義曰毀信者謂信不足行毀壞之也廢忠者謂忠爲無益廢

棄之也以惡言爲善尊崇脩飾之安於讒譖信用回邪常行讒疾陰隱爲惡以誣罔盛德之賢人也天下之民謂之窮奇言其行窮困所好奇異也○注崇聚

至人也○正義曰釋詁云崇充也舍人曰威大充盛大亦集聚之義故崇爲聚也庸用靖安回邪慝惡常訓也服從是奉行之義也蒐索隱伏是蒐得爲隱也

服虔亦以蒐爲隱隱慝謂陰隱爲惡也成德謂成就之德故爲賢人也定本成德爲盛德天下之民謂之窮奇謂共工其行窮其好奇○

奇其宜反共音恭行下孟反好呼報反【疏】注謂共至好奇○正義曰孔安國云共工官稱也其人爲此官故尚書舉其官也行惡終必窮故云其行窮也

好惡言好讒慝是所好奇異於人也顓頊。有不才子不可教訓不知話言話善也○話戶快反告之則頑德義

不入心舍之則嚚不道忠信○舍音赦傲。很。明德以亂天常天下之民謂之檮。杌。謂。鯀。檮杌頑。凶無。儔

匹之貌○傲五報反很戶懇反檮徒刀反杌五忽反鯀古本反此三族也世濟其凶增其惡名以至于堯堯不

能去方以宣公比堯行父比舜故言堯亦不能。去須賢臣而除之○去起呂反注及下皆同【疏】注方以至除之○正義曰宣公不能去莒僕而行父

能去之恐宣公以不去之爲恥行父以去之爲專史克方以宣公比堯行父比舜故言堯朝有四凶堯亦不能去須賢臣而除之所以雪宣公不去之恥解行

父專擅之失也然則聖主莫過於堯任賢王政所急大聖之朝不才總萃雖曰帝其難之且復何其甚也此四凶之人才實中品雖行有不善未有大惡故能

仕於聖世致位大官自非聖舜登庸大禹致力則滔天之害未或可平以舜禹之成功見此徒之多罪勳業既謝愆釁自生爲聖所誅其咎益大且虞史欲盛章舜德歸罪惡於前人史克以宣公比堯同四凶於莒僕此等並非下愚未有大惡其爲不善唯帝所知尙書將言求舜以見帝之知人此傳安慰宣公故言者堯不能去辭各有爲情頗增甚學者當以意達文不可卽以爲實

縉雲氏有不才子 縉雲黃帝時官名

疏 注縉雲至官名○正義曰昭十七年傳稱黃帝以雲名官故知縉雲黃帝時官名字書縉赤繒也服虔云夏官爲縉雲氏

貪于飲食冒于貨賄侵欲崇侈不可盈厭聚斂積實不知紀極不分孤寡不恤窮匱 冒亦貪也盈滿也實財也○厭於豔反匱其媿反

疏 貨賄○正義曰鄭注周禮云金玉曰貨布帛曰賄

天下之民以比三凶 非帝王子孫故別以比三凶

謂之饕餮 貪財爲饕貪食爲餮○饕他刀反餮他結反

疏 注貪財至爲餮○正義曰此無正文先儒賈服等相傳爲然

舜臣堯 爲堯臣

疏 注爲堯臣○正義曰昭七年傳稱王臣公公臣大夫謂王以公爲臣公以大夫爲臣皆是上臣下也而此云舜臣堯謂爲臣以事堯乃是下臣上也文同義異意足相顧故辯之云爲堯臣

賓于四門 闢四門達四聰以賓禮衆賢○闢婢亦反聰本亦作窻七工反

疏 注闢四至衆賢○正義曰賓于四門是禮賢之事而舜典下文云闢四門明四目達四聰言開闢四方之門未開者廣視聽於四方使天下無壅塞亦是賓禮衆賢之事意同於上故引以解之○

流四凶族 案四凶罪狀而流放之

渾敦窮奇檮杌饕餮投諸四裔以禦螭魅 投弃也裔遠也放之四遠使當螭魅之災螭魅山林異氣所生爲人害者○禦魚呂反螭勑知反山神獸形魅亡備反說文作鬽云老精物也鬽或從未

疏 注投弃至害者○正義曰投者擲去故爲弃也舜典云流共工于幽洲放驩兜于崇山竄三苗于三危殛鯀于羽山四罪而天下咸服孔安國云幽洲北裔崇山南裔三危西裔羽山東裔在海中是放

之四方之遠處螭魅若欲害人則使此四者當彼螭魅之災令代善人受害也宣三年傳王孫滿說九鼎云鑄鼎象物百物而爲之備民入川澤山林不逢不若螭魅罔兩莫能逢之知螭魅是山林異氣所生爲人害者也是以堯崩而天下如一同心戴舜以爲天子以其舉十六相去四凶也故虞書數舜之功曰慎徽五典五典克從無違教也徽美

也典常也此八元之功○戴多代反相息亮反下注同去起呂反數色主反徽許歸反曰納于百揆百揆時序無廢事也此八愷之功曰賓于四門四門穆穆無凶人也流四凶【疏】故虞至人也○正義曰此虞書舜典之篇也三事六句舜典本文其云無違教也無廢事也無凶人也是史克解虞書之意也每引一事以一句解之故每事言曰舜有大功二十而爲天子舉十六相去四凶也今行父雖未獲一吉人去一凶矣於舜之功二十之一也庶幾免於戾乎史克激稱以辨宣公之惑○釋行父之志故其言美惡有過辭蓋事宜也○激古歷反【疏】注史克至宜也○正義曰宣公貪寶玉而受莒僕爲惑已大行父違君命而逐出之其專已甚故史克激揚而言舜之事堯以辨宣公之惑以解行父之志方欲盛談善惡說事必當增甚故其言美惡有大過之辭言美則大美言惡則大惡禹則鯀之子也說禹則云世濟其美言鯀則云世濟其凶明其餘亦有大過非其實也蓋事勢宜然耳何休以爲孔子云蕩蕩乎堯之爲君唯天爲大唯堯則之今如左氏堯在位數十年久抑元愷而不能舉養育凶人以爲民害而不能去則孔子稱堯虛言也桀紂爲惡一世則誅四凶歷數千歲而無誅放易云積不善之家必有餘殃虛言也左氏爲短但堯之爲君能舉十六相去四凶四凶之人未必世濟其惡但史克欲明行父之志欲辨宣公之惑故美惡過辭具於此注何休之難不足疑也

○宋武氏之族道昭公子將奉司城須以作亂文公弒昭

公故武族欲因其子以作亂司城須文公弟○宋武氏之族本或作武穆之族者後人取下文妄加也道音導十二月宋公殺母弟須

及昭公子使戴莊桓之族攻武氏於司馬子伯之館戴族華樂也莊族公孫師也桓族向魚鱗蕩也司馬子伯華耦也○向舒亮反遂出武穆之族穆族黨於武氏故使公孫師爲司城公孫師莊公之孫公子朝卒

使樂呂爲司寇以靖國人樂呂戴公之曾孫爲宣三年宋師圍曹傳【疏】注樂呂戴公曾孫○正義曰世本云戴公生樂甫術術生碩甫澤澤生夷父須須生大司寇呂今云曾孫誤也

附釋音春秋左傳注疏卷第二十

春秋左傳注疏卷二十校勘記　阮元撰盧宣旬摘錄

附釋音春秋左傳注疏卷第二十 文十六年盡十八年

（經十六年）

十有六年春 石經脫春字後旁增

不得視二月三月四月五月朔也 足利本無得字

非許齊 宋本淳熙本岳本纂圖本閩本監本毛本許作詐不誤○今依訂正

比猶釋不朝王之義 閩本監本比作此宋本正作王是也

故須言有疾以辯之 監本毛本言作書

唯有候耳 宋本候作疾不誤○今依訂正

閏月不告月書經以譏之 纂圖本倒補案不告月月當朔字之譌書經當是經書誤

（傳十六年）

閑疾瘳 釋文瘳下有也字

注伯禽至七君 宋本以下正義三節總入秋八月節注後

子幽公圉史記魯世家圉作宰索隱云系本作圉

以示義者監本者誤曰

楚大饑釋文云亦作飢音機案穀不熟謂之饑飢乃飢餓字

至于阜山纂圖本阜誤為

注戎山夷也宋本以下正義五節摠入遂滅庸注下

有寇比從北來宋本比作必

使廬戢黎侵庸石經宋本岳本纂圖本閩本監本毛本作棃侵

蚡冒楚武王父釋文引注父下有也字又引史記楚世家云蚡冒卒弟熊達殺蚡冒子而代立是爲楚武王與杜異

服頼川之邑疑非也宋本服上有遠字

唯裨儵魚人實逐之淳熙本儵作鯈注亦作儵釋文同

楚子乘馹會師于臨品閩本監本毛本馹作驛案馹訓傳車當从日正義同

馹傳車也宋本閩本監本毛本馹誤驛

宋公至恤也宋本以下正義三節摠入注文恐意諸之弟之下

以禮防閑 宋本淳熙本岳本足利本禮下有自字是也

夫人助之施 石經宋本淳熙本岳本纂圖本足利本作乃助之施不誤

代公子卬 岳本卬作印纂圖本作卯非也

鱗鱹爲司徒 石經宋本岳本鱹作矔釋文同是也

公知之盡以寶行蕩意諸曰 案石經此行自知至諸只九字陳樹華云蓋初刻以字下有其字也

盡以其寶賜左右以使行 石經宋本淳熙本岳本足利本右以作右而是也

周襄王姊也 閩本監本毛本姊作妹非案八年傳云宋襄夫人襄王之姊也是

郊甸之帥 淳熙本纂圖本足利本帥作師

注襄夫至之帥 宋本以下正義二節揔接上疏注君祖至夫人之下

以大都之田任疆地 宋本閩本疆作彊案周禮作畺

（經十七年）

自閔僖已下 閩本監本毛本已作以

而爲三恪之宮 監本毛本宮作官亦非宋本作客與莊十六年注合

諱國惡地 補 毛本地作也今依訂正

（傳十七年）

遂復合諸侯于扈 此本脫于扈二字依石經宋本淳熙本岳本閩本監本毛本補

使執訊而與之書 宋本以下正義六節揔入注文晉侯女壻之下

令持以告宣子 閩本監本毛本持誤特

蕆勑也勑成前好 纂圖本毛本勑作敕案玉篇引作敕方言云蕆敕廣雅釋詁亦云蕆敕也釋文云好一本作事

謂不擇音聲而出之而難杜 閩本監本無下而字

言急則欲蔭茠於楚 閩本監本毛本茠作芘從釋文改也釋文又云本或作茠字按說文休息止也从人依木或作庥凡作茠者俗字

魯莊二十三年六月二十四日 宋本無四字纂圖本曾誤曾

而從於強令 宋本岳本強作彊

（經十八年）

注不稱盜罪商人 宋本以下正義四節揔入莒弒其君庶其句下

郲商人今從弑君稱君之例也 宋本毛本郲作郱浦鏜云今當令字誤

書不遂不書辰 宋本閩本監本毛本無上不字此本衍

襄仲舒倚齊而弑之 宋本無舒字是也

楚世子商臣弑君言臣子 宋本閩本監本毛本下臣字作世

而稱臣者 監本毛本同○案臣當君字之譌

劉賈許頴以為君惡及國朝 監本毛本頴作穎亦非宋本作穎是也○今依訂正

〔傳十八年〕

注以卜事告龜 宋本此節正義在二月丁丑公薨句下

歂以扑抶職 釋文亦作扑云字宜從手作木邊非也段玉裁云扑者說文攴字之變寸即又也擊之曰扑因名其器亦曰扑

扑箠也 葉抄釋文箠作棰非

襄仲至許之 宋本以下正義二節揔入謂之哀姜注下

不允放魯 纂圖毛本放作於今依訂正

莒紀公子生大子僕 上子字衍文石經宋本淳熙本岳本纂圖本閩本監本毛本不誤

弗敢失隊石經凡隊字皆作墜此處獨作隊

如鷹鸇之逐鳥雀宋本自此節正義至注史克至宜也共卅二節揔入注蓋事宜也之下

鸇摯鳥名監本毛本摯作鷙按摯爲鷙之假借字

無赦在九刑不忘行父石經此行計九字行父二字疏陳樹華云蓋行字上多今字改刊去也

王刑一議刑八宋本閩本監本毛本王作正不誤○今依訂正

檮戭大臨尨降監本檮作擣與今本說文引傳合纂圖本尨誤厖案釋文云漢書戭作敱

不杞忽諸宋本閩本監本毛本杞作祀是也○今依訂正

並不出其名案不字衍文

明允篤誠石經篤作薦非

伊尹聖人之和者也案伊尹當作柳下惠

此卽稷契朱虎熊羆之倫釋文云契依字當作偰古文作离

有大德之弟宋本德作賢

保已精粹宋本已作己是也

天下之民爲之矣目 閩本監本毛本之矣作其矣

以至於堯 石經淳熙本於作于

何者是契耳 閩本監本耳作矣非

尊卑有五品 宋本卑作平非也

更無異說 監本毛本更作盖非也

其名爲忽 宋本忽作怱非

虎足猪牙 宋本猪作豬是正字

身如牛人面 閩本監本毛本同宋本作羊

少皞氏有不才子 石經宋本皞作皡釋文亦作皡是也

靖譖庸回 案尙書撰異云卽靖言庸違也回邪也古回違通用

以誣盛德 正義引定本成德爲盛德服虔云成德爲成就之德是服虔所見本盛作成也陳樹華云成盛古字通公羊皆以盛爲成

顓頊有不才子 石經宋本淳熙本岳本纂圖本監本頊下有氏字

傲狠明德 石經宋本淳熙本岳本纂圖本監本毛本作傲很釋文同

檮杌案說文引傳作檮柮

謂鯀葉抄釋文鯀作鮌

頑凶無儔匹之貌案孟子離婁疏引注頑誤嚚儔作疇足利本亦作疇

故言堯亦不能去須賢臣而除之監本去誤立

非帝王子孫故別以比三凶岳本作非帝者子孫足利本無王字宋本同

達四聰釋文聰作窻云本亦作聰段玉裁云或疑不應作窻考風俗通十反篇云蓋人君者闢門開窻號咣博求此亦用堯典也蓋古文尚書本作囱窗者囱之或字窻又窗之俗體聰又囱之同音字作囱而或如字或讀爲聰猶之台可讀爲怡尼可讀爲昵庸可讀爲鏞也

以禦螭魅釋文引說文魅作彪云老精物也彪或從未案詩菀柳正義爾雅釋詁疏引作以禦螭魅

使當螭魅之災岳本螭作魑

投者鄭去宋本閩本監本毛本鄭作擲是也○今依訂正

流共工于幽洲閩本監本毛本洲作州

竄三苗于三危孟子竄作殺案殺非殺戮卽竄之假借也

繹行父之志宋本淳熙本岳本纂圖本閩本監本毛本繹作釋是也○今依訂正

四凶歷數千歲 補案千當十字之誤

春秋左傳注疏卷二十校勘記

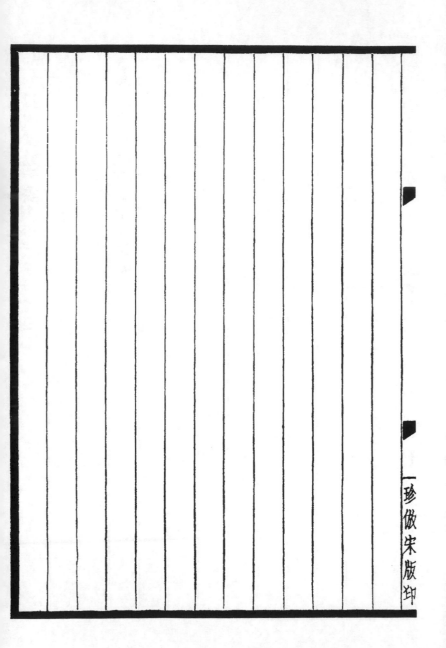

附釋音春秋左傳注疏卷第二十一 宣元年盡四年

杜氏注 孔穎達疏

春秋經傳集解宣公○陸曰宣公名倭一名接又作委文公子母敬嬴謚法善問周達曰宣 疏正義曰魯世家云宣公名倭或作接文公之子敬嬴所生以匡王五年即位是歲歲在壽星謚法善問周達曰宣

經元年春王正月公即位無傳○公子遂如齊逆女不譏喪娶者不待貶責而自明也卿爲君逆例在文四年○娶七喻反爲于僞反 疏不譏至四年○正義曰文公喪未期此時已娶違禮不譏者此事甚惡言不待貶責而其惡自明也昭元年公羊傳曰春秋不待貶絕而罪惡見者不貶絕以見罪。貶絕然後罪惡見者貶絕以見罪惡是其義也文四年逆婦姜于齊傳云卿不行非禮也是卿爲君逆之例也三月

遂以夫人婦姜至自齊稱婦有姑之辭不書氏史闕文 疏注稱婦至闕文○正義曰宣公母敬嬴在是有姑也夫人以姜爲姓舉姓而稱姜氏去氏稱姜則不成文義知不稱氏者史闕文也傳言新作延。廏而經無作字是作傳之時經猶未闕於後經始闕耳此文傳亦無氏知是本史先闕故云史闕文而不云經闕文也史文既闕仲尼不正之者以無所褒貶故因其詳略也諸經所闕者或史文先闕仲尼不改或仲尼具文在後始闕公羊穀梁漢初始爲其傳見其闕文妄爲之說非其實也公羊傳曰夫人何以不稱姜氏貶曷爲貶譏喪娶喪娶者公也則曷爲貶夫人內無貶于公之道。內無貶于公之道則曷爲貶夫人夫人與公一體也穀梁之意亦然先儒取以爲說服虔云古者一禮不備貞女不從故詩云雖速我訟亦不女從宣公既以喪娶夫人從亦非禮故不稱氏見略賤之也杜不然者女之出嫁事由父母夫來取之父母許之豈得問禮具否拒逆昏姻之命從夫喪娶父母之咎自可罪其父母何以

貶責夫人若其貶責夫人當去夫人之號減一氏字復何所明夫人之稱姜氏猶遂之稱公子也舍遂之族而去子稱公可乎亦知遂不可去子稱公夫人復安可以去氏稱姜也逆婦姜于齊以卿不行變文略賤此經貶遂不稱公子以成夫人之尊非略賤之事也詩責彊暴之男行不由禮陳其爭訟之辭述其守貞之意此豈是宣公淫掠而欲令齊女守貞哉

○夏季孫行父如齊○晉放其大夫胥甲父于衛 放者受罪黜免宥之以遠○宥音又

【疏】注放者至以遠○正義曰舜典云流宥五刑孔安國云以流放之法寬五刑是放者有罪當刑而不忍刑之寬其罪而放棄之也三諫不從待放而去者彼雖無罪君不用其言任令自去亦是放棄之義放之與奔俱是去國而去情小異釋例曰奔者迫窘而去逃死四鄰不以禮出也放者受罪黜免宥之以遠也臣之事君三諫不從有待放之禮故傳曰義則進否則奉身而退迫窘而出奔及以禮見放俱去其國故傳通以進為文仲尼脩春秋又以所稱為優劣也言優劣者放者君舍其罪緩步而出是其優也奔者止則懼死奔馳而去是其劣也昭八年楚人執陳公子。招放之于越哀三年蔡人放其大夫公孫獵于吳與此胥甲父等皆甘心受罪黜其官位宥之以適遠方是實放而書放也襄二十九年傳稱齊公孫蠆公孫竈放其大夫高止於北燕書曰出奔罪高止也高止好以事自為功且專故難及之彼罪高止故實放而書奔也然則文十四年傳稱宋高哀不義宋公而出遂來奔高哀無罪亦改放而書奔者放者緣遣者之意為義奔者指去國之人立文據其所往之處皆是從外來耳高哀身來至魯自魯而稱來奔不書宋人之意故不得言放此乃外內之文異耳叛者以地適他稱叛入魯則稱來奔亦此之類也

○公會齊侯于平州 平州齊地在泰山牟縣西○牟亡侯反

○公子遂如齊○六月齊人取濟。西田 魯以賂齊齊人不用師徒故曰取

○秋邾子來朝 無傳

○楚子鄭人侵陳遂侵宋晉趙盾。帥師救陳 傳言救陳宋經無宋字蓋闕○盾徒本反

【疏】○注傳言至蓋闕○正義曰陳宋

俱被楚侵明其並救二國傳稱救陳宋而經無宋字故設疑云蓋闕也服虔云趙盾既救陳而楚師侵宋趙盾欲救宋而楚師解去案經傳皆言侵陳遂侵宋陳在宋南是先侵陳去陳乃侵宋也若趙盾越宋而南救陳猶及楚師北迴救宋安得不及楚也若言欲救宋而楚師解去則救陳之時楚師已向宋矣何以書救陳也蓋以陳既被侵方始告晉晉人起師救陳楚又移師侵宋晉師比至於鄭楚師既已去矣故諸國會于棐林同共伐鄭棐林鄭地明晉始至鄭不得與楚相遇故竟無戰事言救陳宋者皆是致其意耳

宋公陳侯衞侯曹伯會晉師于棐林伐鄭晉師救陳宋四國君往會之共伐鄭也不言會趙盾取於兵會非好會也棐林鄭地熒陽宛陵縣東南有林鄉〇棐芳尾反好呼報反

疏晉師至林鄉〇正義曰晉本興師爲救陳宋但楚師已去故四國之君往會晉師與共伐鄭言于棐林者行會禮然後伐桓十五年公會宋公衞侯陳侯于袲伐鄭亦行會禮乃伐與此同也晉師趙盾爲將不言會趙盾而言晉師者取於兵會非好會言所會會其兵非會其人故稱師案定八年公會晉師于瓦注云卿不書禮不敵公知此非爲趙盾不敵公侯稱師者沈氏云此會有宋公陳侯等猶成二年會于蜀有蔡許之君故知此非爲趙盾不得敵諸侯但取於兵會彼會于瓦唯有公故知與此異耳

〇冬晉趙穿帥師侵崇。〇崇本亦作嵩〇晉人宋人伐鄭

傳元年春王正月公子遂如齊逆女尊君命也諸侯之卿出入稱名氏所以尊君命也傳於此發者與還文不同故釋之

疏。注諸侯至釋之〇正義曰氏者位尊乃賜是臣之寵號具名氏所以尊君命言君命重故責臣行行人責則君命尊也諸侯之卿出入稱名氏者若宋華元衞元咺之類是也如魯卿公孫敖喪歸尙稱氏明生歸亦然其歸父意如叔孫婼不稱氏者名有所爲與常例不同也會盟征伐具名氏者皆是尊君命也傳獨於此發者爲其與還文不同故於此釋之釋例曰昏禮雖奉時君之命其言必稱先君以爲禮辭故公子翬逆女傳曰脩先君之好公子遂逆

女傳稱曰尊君命互發其義也三月遂以夫人婦姜至自齊尊夫人也遂不言公子替其尊稱所以成小君之尊也公子當時之寵號非族也故傳不言舍族釋例論之備矣○稱尺證反舍音捨【疏】注遂不至備矣正義曰公子亦是寵號其事與族相似魯臣有罪則貶去其族族去則非卿今遂與夫人俱至物無兩大人不並尊若從夫人者尊則夫人卑矣故替其尊稱令從夫人者卑則夫人尊矣釋例曰往必稱族以示其重還雖在塗必舍族以替之所以成小君之尊是其義也成十四年叔孫僑如逆女及以夫人至其文與此正同彼傳云稱族尊君命舍族尊夫人此傳不言稱族舍族者釋例曰傳云公子遂如齊逆女尊君命也遂以夫人婦姜至自齊尊夫人也叔孫僑如逆女則往曰稱族還曰舍族然則公子公孫繫公之常言非族也是言公子非族故與彼異文公子雖則非族稱舍亦與族同故其言尊君命尊夫人與彼亦不異也所以異者族必君賜乃稱之公子公孫繫公之常言不須待賜乃稱之耳○夏季文子如齊納賂以請會宣公簒立未列於會故以賂請之○簒初患反○晉人討不用命者放胥甲父于衛胥甲下軍佐文十二年戰河曲不肯薄秦於險【疏】注胥甲至於險○正義曰案彼傳胥甲與趙穿同罪放胥甲而舍趙穿者於時趙盾為政穿見晉君之壻或本罪輕於胥甲故得无咎而立胥克克甲之子先辛奔齊辛甲之屬大夫○會于平州以定公位簒立者諸侯既與之會則不得復討臣子殺之與弒君同故公與齊會而位定○復扶又反【疏】注簒立至位定○正義曰春秋之世王政不行諸侯自相推戴廢立不由天子簒弒而立則鄰國討之若與之會則序之於列成其為君諸侯既已為會則臣子不得復討若其殺之則與弒君罪同宣公殺子惡而取國常畏魯人討己心不自安納賂請會故既與齊會而公位乃定成十五年戚之會討曹成公成公得列于會後曹人請于晉曰先君無乃有罪乎若有罪則君列諸會矣是列會則位定也○東門襄仲如齊拜成謝得會也○六月齊人取

濟西之田爲立公故以賂齊也濟西故曹地僖三十一年晉文以分魯○爲于僞反○宋人之弒昭公也
在文十六年晉荀林父以諸侯之師伐宋宋及晉平宋文公受盟于晉又會諸侯于
扈將爲魯討齊皆取賂而還文十五年十七年二扈之盟皆受賂疏注文十至受賂○正義曰杜以傳言皆取賂而還必有二
事乃得稱皆故指二扈之盟以充皆義劉炫云案傳數晉罪近發宋弒昭公前扈之盟文所不及何當虛指其事言皆取賂故謂宋及晉平取宋賂爲魯討齊
取齊賂也案此言會諸侯于扈文承宋人之弒昭公下知非十七年會于扈既取宋賂又取齊賂而稱皆必爲十七年十五年二扈之盟者案十七年會于扈
尋檢經傳全無○魯討齊之事豈得違背經傳妄指十七年乎但宋弒昭公其罪既大故先言之爲魯討齊其失小故後言之劉炫以傳文先後顛倒又以會于
扈爲十七年之事違背經傳而規杜非也取賂而還書本或云取齊賂而還檢勘古本及杜注意並無齊字文十七年宋及晉平唯受宋賂十五年會扈受齊
賂耳傳言皆者皆齊宋也故知皆取齊賂者非也鄭穆公曰晉不足與也遂受盟于楚陳共公之卒楚
人不禮焉卒在文十三年○共音恭陳靈公受盟于晉秋楚子侵陳遂侵宋晉趙盾帥師救
陳宋會于棐林以伐鄭也楚蔿賈救鄭遇于北林與晉師相遇滎陽中牟縣西南有林亭在鄭北囚晉
解揚解揚晉大夫○解音蟹○晉欲求成於秦趙穿曰我侵崇秦急崇必救之
崇秦之與國○秦急崇絶句本或作崇急秦必救之是後人改耳疏○秦急崇○正義曰崇是秦之與國故秦人急於援崇吾以求成焉冬
趙穿侵崇秦弗與成○晉人伐鄭以報北林之役報囚解揚於是晉侯侈趙宣子爲

政驟諫而不入故不競。於楚競強也爲明年鄭伐宋張本○後昌氏反又尸氏反驟仕救反

經二年春王二月壬子宋華元帥師及鄭公子歸生帥師戰于大棘宋師敗績

獲宋華元。得大夫生死皆曰獲例在昭二十三年大棘在陳留襄邑縣南【疏】宋華至生帥師○正義曰此華元歸生及哀二年趙鞅罕達客主各言帥師者皆是將尊師衆故並具其文或於歸生之下無帥師之字脫耳○注得大至縣南○正義曰此獲華元生也哀十一年獲齊國書死也以此知生死皆曰獲昭二十三年傳云書曰胡子髡沈子逞滅獲陳夏齧君臣之辭也傳言書曰是仲尼變例也○秦師伐晉○夏晉人宋人衛人陳人侵鄭鄭爲楚伐宋獲其大夫晉趙盾與諸侯之師將爲宋報恥畏楚而還失霸者之義故貶稱人○爲鄭于爲反下同【疏】注鄭爲至稱人○正義曰諸經貶諸侯之卿稱人者傳皆言其名氏此傳唯稱趙盾及諸侯之師侵鄭諸侯之將不言名氏則實是微者非貶之也趙盾畏楚而還故貶之稱人釋例曰鄭受楚命伐宋大敗宋師獲其二卿此晉之不競也晉於是申命衆國大起其衆將以雪宋之恥取威定霸趙盾爲政而畏越椒之盛不敢遂其所志託辭班師失宋之心孤諸侯之望所以致貶也○秋九月乙丑晉趙盾弒。其君夷臯靈公不君而稱臣以弒者以示良史之法深責執政之臣例在四年○臯古刀反【疏】注靈公至四年○正義曰釋例曰經書趙盾弒君而傳云靈公不君又以明於例此弒宜稱君也弒非趙盾而經不變文者以示良史之意深責執政之臣傳故特見仲尼曰越竟乃免明盾亦應受罪也雖原其本心而春秋不赦其罪蓋爲教之遠防○冬十月乙亥天王崩無傳

傳二年春。鄭公子歸生受。命于。楚伐宋受楚命也○受命于楚本或作命于楚宋華元樂呂御之

二月壬子戰于大棘宋師敗績囚華元獲樂呂樂呂司寇獲不書非元帥也獲生死通名經言獲華元故傳。特護之曰囚以明其生獲故得見贖而還○帥所類反贖食欲反及甲車四百六十乘俘二百五十人馘百人。狂狡輅鄭人鄭人入于井狂狡宋大夫輅迎也○乘繩證反下同俘芳夫反馘古獲反馘百人或馘百者人衍字狡古卯反輅五嫁反倒戟而出之獲狂狡君子曰失禮違命宜其爲禽也戎昭果毅。以聽之之謂禮聽謂常存於耳著於心想聞其政令○倒丁老反宜其爲禽一本作宜其禽也毅魚既反著直略反殺敵爲果致。果爲毅易之戮也易反易○

疏。君子至戮也○正義曰軍法以殺敵爲上將軍臨戰必三令五申之狂狡失卽戎之禮違元帥之命曲法以拯鄭人宜其爲禽也昭明也兵戎之事明此果毅以聽之之謂禮能殺敵人是名爲果言能果敢以除賊致此果敢乃名爲毅言能彊毅以立功易之戮也反易此道則合刑戮也昭謂明曉此禮致謂達之於。敵。毅彊也能致用此意乃爲彊人言在軍對敵必須殺也尚書成湯數桀之罪以誓衆云爾尚輔。予一人致天之罰予其大賚汝爾不從誓言予則孥戮汝武王數紂之罪以誓衆云朂哉夫子尚桓桓如虎如貔如熊如羆于商郊爾所不朂其于爾躬有戮二王以至聖伐至惡尚誓衆使多殺是軍法務在多殺殺敵乃爲禮也公羊善宋襄公不鼓不成列以爲文王之戰亦不過此武王之戰既知不然文王之戰豈當若是審如公羊之言文王未曉戰法其不能身定天下豈爲此乎

將戰華元殺羊食士其御羊斟不與及戰曰疇昔之羊子爲政疇昔猶前日也○食音嗣斟之金反不與音預

疏注疇昔猶前日也○正義曰禮記檀弓云孔子謂子貢曰吾疇昔之夜夢坐奠於兩楹之閒鄭玄云疇昔猶前日也是相傳爲然

今日之事我爲政。與入鄭師故敗君子謂羊斟非人也以其私憾。

敗國殄民。憾恨也殄盡也〇憾本亦作感戶暗反注同敗必邁反又如字殄大典反於是刑孰大焉詩所謂人之無良者詩小雅義取不良之人相怨以亡〇其羊斟之謂乎殘民以逞〇宋人以兵車百乘文馬百駟畫馬為文四百匹〇逞敕領反【疏】注畫馬為文〇正義曰謂文飾雕畫之若朱其尾鬣之類也〇以贖華元于鄭半入華元逃歸立于門外告而入告宋城門而後入言不苟見叔牂曰子之馬然也叔牂羊斟也卑賤得先歸華元見而慰之〇牂子郎反對曰非馬也其人也叔牂知前言以顯故不敢讓罪既合而來奔叔牂言畢遂奔魯合猶荅也【疏】見叔至來奔〇正義曰叔牂卑賤故得先歸華元見而安慰之曰往奔入鄭軍者子之馬自然非子之罪叔牂自知前言已顯不敢隱諱乃對元曰非馬也其人也言是已爲之叔牂既荅華元而即來奔魯耳服虔載三說皆以子之馬然爲叔牂之語對曰以不爲華元之辭賈逵云叔牂宋守門大夫華元既見叔牂牂謂華元曰子見獲於鄭者是由子之馬使然也華元對曰非馬自奔也其人爲之也謂羊斟驅入鄭也奔走也言宋人贖我之事既和合而我即來奔耳鄭衆云叔牂即羊斟也在先得歸華元見叔牂牂即誣之曰奔入鄭軍者子之馬然也非我也華元對曰非馬也其人也言是女驅之耳叔牂既與華元合語而即來奔魯又一說叔牂宋人見宋以馬贖華元謂元以贖得歸謂元曰子之得來當以馬贖故然華元曰非馬也其人也言已不由馬贖自以人事來耳贖事既合而我即來奔杜以傳文見叔牂而即言曰則曰下皆當爲華元之語不得爲叔牂之辭且以華元與賤人交語而稱對曰謂歸國而來奔皆於文不順又羊斟與叔牂當是名字相配故不從三家而別爲之說采鄭氏來奔爲奔魯耳合是聚合言語故云合猶荅也宋城華元爲植巡功植將主也〇植直吏反注同將子匠反【疏】注植將主也〇正義曰周禮大司馬大役屬其植鄭司農云植謂部曲將吏故宋城華元爲植巡功是植謂將領主帥監作者也巡功謂巡城檢作功也城者謳曰睅其目皤其腹棄甲而復睅出目皤大腹弃甲謂亡師○謳烏侯反睅戶板反說文字林云大目也蘇林云寢視不安貌孟康云猶分然也皤步何反○【疏】注睅出目皤大腹○正義曰說文云睅大目也目大則出見故云出目也皤是腹之狀腹以大為異故為大腹也○于思于思棄甲復來于思多鬢之貌○于思如字又西才反多鬢貌賈逵云白頭貌復扶又反來力知反又如字以協上韻鬚偹于反字又作鬢○【疏】注于思多鬢之貌○正義曰賈逵以為白頭貌成十五年華元為右師距此三十二年計未得頭白故杜以為多鬢貌亦是以意言之耳使其驂乘謂之曰牛則有皮犀兕尚多棄甲則那那猶何也○驂七南反犀音西兕徐履反那乃多反【疏】犀兕尚多○正義曰釋獸云犀似豕郭璞曰形似水牛豬頭大腹。庳。腳。腳有三蹄黑色。三角一在頂上一在額上一在鼻上鼻上者食角也小而不橢好食棘亦有一角者劉。歆期交州。記曰犀出九德毛似豕蹄有甲頭似馬吳錄地理志云武陵沅南縣以南皆有犀釋獸云兕似牛郭璞云一角青色重千斤說文云兕如野牛青毛其皮堅厚可制鎧交州記曰兕出九德有一角角長三尺餘形如馬鞭柄偏檢書傳犀兕二獸並出南方非宋所有假令波及宋國必不能多言尚多者苟以荅謳者耳役人曰從其有皮丹漆若何華元曰去之夫其口衆我寡傳言華元不吝其咎寬而容衆○漆音七吝力刃反咎其九反○秦師伐晉以報崇也伐崇在元年遂圍焦焦晉河外邑夏晉趙盾救焦遂自陰地及諸侯之師侵鄭陰地晉河南山北自上洛以東至陸渾○渾戶昏反以報大棘之役楚鬭椒救鄭曰能欲諸侯而惡其難乎遂次于鄭以待晉師趙盾曰彼宗競于楚殆將斃矣競強也鬭椒若敖之族自子文以來世為號令尹○惡烏路反難乃旦反斃婢世反姑益

其疾乃去之欲示弱以驕之傳言趙盾所以稱人且爲四年楚滅若敖氏張本○晉靈公不君。失君道也以明於例應稱國以
弒○弒申志反厚斂以彫。牆。彫畫也○斂力驗反彫本亦作雕牆在良反從臺上彈人而觀其辟丸也宰夫
胹。熊蹯不熟。殺之寘諸畚使婦人載以過朝畚以草索爲之。筥屬○彈徒丹反胹音而責也蹯扶元反寘之豉反
畚音本草器也索素各反筥九呂反【疏】宰夫胹熊蹯○正義曰字書過熟曰胹命此宰夫胹熊蹯其蹯不至於熟以其違命故殺之○注畚以至筥屬○正
義曰周禮挈壺氏挈畚以令軍糧鄭衆云縣畚于廩假之處畚所以盛糧之器故以畚表廩說文云畚蒲器可以盛糧韓詩外傳云鮑焦挈畚采蔬遇子貢於
道是畚可以盛糧盛菜以草索爲之今人猶有此器形制似筥故爲筥屬過朝以示人令衆懼己趙盾士季見其手問其故而
患之將諫士季曰諫而不入則莫之繼也會請先不入則子繼之三進及溜而
後視之士季隨會也三進三伏公不省而又前也公知欲諫故佯不視○其手一本作首留力救反屋霤也【疏】將諫至繼之○正義曰言二人將欲
相隨入諫士季謂盾曰子是尊卿今與子俱諫而不入則莫之能繼續爲諫會是卑卿請先往諫不入則子繼之○三進及溜○正義曰溜謂簷下水溜之處
入門伏而不省起而更進三進而及於君之屋溜言迫於公之前也曰吾知所過矣將改之稽首而對曰人誰無
過過而能改善莫大焉詩曰靡不有初鮮克有終詩大雅也○鮮息淺反少也下同夫如是則
能補過者鮮矣君能有終則社稷之固也豈惟羣臣賴之又曰袞職有闕惟仲
山甫補之能補過也詩大雅也袞君之上服闕過也言服袞者有過則仲山甫能補之○袞古本反君能補過袞不廢

矣常服衮也猶不改宣子驟諫公患之使鉏麑賊之鉏麑晉力士○鉏仕俱反麑音迷一音五兮反晨往寢。
門闢矣盛服將朝尚早坐而假寐不解衣冠而睡○闢婢亦反盛音成本或作成睡垂僞反麑退歎而言曰
不忘恭。敬民。之主也賊民之主不忠棄君之命不信有一於此不如死也觸槐
而死槐趙盾庭樹○槐音懷又音回○秋九月晉侯飲趙盾酒伏甲將攻之其右提。彌明知之
右車右○飲於鴆反提本又作祇上支反彌面皮反趨登曰臣侍君宴過三爵非禮也遂扶。以下公嗾。夫
獒。焉明搏而殺之獒猛犬也○遂扶舊本皆扶房孚反服虔注作跣先典反云徒跣也今杜注本往往有跣者嗾素口反說文云使犬也服
本作嗾夫音扶獒五羔反尚書傳云大犬也爾雅云狗四尺爲獒說文云犬知人心可使者搏音博【疏】趨登至非禮也○正義曰此言飲趙盾酒是小飲酒
耳非正燕禮燕禮獻酬之後方脫屨升堂行無筭爵非止三爵而已其侍君小飲則三爵而退玉藻云君子之飲酒也受一爵而色洒如也二爵而言言斯禮
已三爵而油油以退鄭玄云禮飲過三爵則敬殺可以去矣是三爵禮訖自當退也提彌明言此之時未必已過三爵假此辭以悟趙盾耳○遂扶至獒焉○
正義曰服虔本扶作跣注云趙盾徒跣而下走禮脫屨而升堂降階乃納屨堂上無屨跣則是堂何須云遂跣而下且遂者因上生下之言提彌明言訖而遂
不得爲趨盾遂也杜本作扶言扶。盾下階。也服虔云嗾。嗾也夫語辭獒犬名公乃。嗾夫獒使之嗾盾也釋畜云狗四尺爲獒是大犬之名以其使之嗾盾故云
獒猛犬也盾曰棄人用犬雖猛何爲責公不養士而更以犬爲己用鬬且出提彌明死之初宣子田。
於首山舍于。翳桑田獵也翳桑桑之多蔭翳者首山在河東蒲坂縣東南○翳於計反蔭音陰又於鴆反見靈輒餓。問其

病靈輒晉人曰不食三日矣食之舍其半問之曰宦三年矣宦學也○食之音嗣下同舍其音捨疏注宦學也○正義曰曲禮云宦學事師則二者俱是學也但宦者學仕宦學者尋經藝以此爲異耳未知母之存否。今近焉去家近請以遺之使盡之而爲之簞食與肉簞笥也○遺唯季反下注同簞音丹笥思嗣反疏注簞笥也○正義曰鄭玄曲禮注云圓曰簞方曰笥然則俱是竹器方圓異名耳故以簞爲笥鄭玄論語注亦云簞笥也寘諸橐以與之既而與爲公介靈輒爲公甲士○橐他洛反而與音預公介音界倒戟以禦公徒而免之問何故對曰翳桑之餓。人也問其名居問所居不告而退不望報也遂自亡也輒亦去乙丑趙穿攻靈公於桃園穿趙盾之從父昆弟子乙丑九月二十七日○攻如字本或作弒疏注穿趙至弟子○正義曰晉語云趙衰趙夙之弟世族譜盾是衰子穿是夙孫是穿爲盾之從父昆弟之子也世本夙爲衰祖穿爲夙之曾孫世本轉寫多誤其本未必然也宣子未出山而復晉竟之山也盾出奔聞公弒而還○竟音境下文注同弒申志反大史書曰趙盾弒其君以示。於朝宣子曰不然對曰子爲正卿亡不越竟反不討賊非子而誰宣子曰烏。呼我之懷矣自詒伊慼。其我之謂矣逸詩也言人多所懷戀則自遺憂○大音泰○孔子曰董狐古之良史也書法。不隱不隱盾之罪○趙宣子古之良大夫也爲法。受惡善其爲法受屈○爲于僞反注同○惜也越竟乃免越竟則君臣之義絕可以不討賊○疏注越竟至討賊○正義曰哀八年傳公山不。狃云君子違不適讎國未臣而有伐之奔命焉死之可也注云未臣所適之國則可還奔命死其難如彼傳文雖則出奔臣義未絕此注云越竟則君臣之義絕者以仲尼云越竟乃免出竟則免責明其義已絕也襄三十年鄭人殺良霄傳曰不稱大夫言自外入也去國不稱大夫是爲義絕之驗且受君之命乃得爲臣今君欲殺己逃奔他國君之於臣既已絕矣臣之於君能無絕乎董狐云子爲正卿反不討賊明其威足討賊卿位猶在故責之耳我以君寵得爲國卿杖君之威故羣下用命亦既失位出奔國人不復畏我國內自有賊亂非我所能禁之故越竟得免由義絕故也不狃之言謂己以他故出奔非是君欲殺己閔其宗國宜還救之昭二十一年宋公子城以晉師救宋是其事也襄二十七年傳曰崔氏之亂申鮮虞來奔僕賃於野以喪莊公彼是公之寵臣去國而行君服豈復責無罪而將見殺逃竄而行免死者皆令反服君乎禮檀弓曰穆公問於子思曰爲舊君反服古與子思曰古之君子進人以禮退人以禮故有舊君反服之禮也今之君子進人若將加諸膝退人若將隊諸淵無爲戎首不亦善乎又何反服之禮之有是言去國雖同本情有異不可以一概論也

宣子使趙穿逆公子黑臀于周而立之黑臀晉文公子○臀徒門反 疏注黑臀晉文公子○正義曰周語單襄公云吾聞成公之生也其母夢神規其臀以黑曰使有晉國故命之曰黑臀晉世家成公者文公少子其母周女也○壬申朝于武宮壬申十月五日既有日而無月冬又在壬申下明傳文無較例○較音角○初麗姬之亂詛無畜羣公子詛盟誓○麗力知反詛側慮反 疏初麗姬至公子○正義曰服虔云麗姬與獻公及諸大夫詛無畜羣公子欲令其二子專國杜雖不注義似不然若麗姬身爲此詛姬死即應復常何得比至於今國無公族豈復文襄之霸遂踵麗姬法乎蓋爲奚齊卓子以庶篡適晉國創其爲亂不用復畜公子案檢傳文及國語文公之子雍在秦樂在陳黑臀在周襄公之孫談在周則是晉之公子悉皆出在他國是其因行而不改成公今始革之故傳本其初也則是國之內因麗姬之亂乃設此詛非麗姬自爲詛也若麗姬爲詛不須言麗姬之亂以言之亂知其創麗姬也自此之後雖立公族而顯者亦少唯有悼公之弟揚干悼公之子慭二人名見

於傳昭十八年鄭人救火子產辭晉公子公孫於東門以外更無其人良由。偪於六卿不被任用故耳自是晉無公族無公子故廢公族之官【疏】注無公至之官○正義曰不畜羣公子故無公族是公族之官掌教公之子弟也下注云餘子適子之母弟亦治餘子之政。子屬餘子之官則適子屬公族之官也孔晁注國語云公族大夫掌公族及卿大夫子弟之官是卿之適子屬公族也晉語云欒伯請公族悼公曰荀家惇惠荀會文敏黶也果敢無忌愼靖使茲四人者爲之膏粱之性難正也故使惇惠者教之文敏者道之果敢者諗之愼靖者脩之使茲四人者爲公族大夫是公族主教誨也及成公卽位乃宦卿之適。子。而爲之田以爲公族宦仕也爲置田邑以爲公族大夫○適本又作嫡丁歷反下注同爲置于僞反又宦其餘子亦爲餘子餘子。嫡子之母弟也亦治餘子之政【疏】注餘子至之政○正義曰下庶子爲妾子知餘子則是適子之母弟也言亦爲餘子則知餘子之官亦治餘子之政今主教卿大夫適妻之次子也下云庶子爲公行掌率公之戎車則公行不教庶子然則卿大夫之妾子亦是餘子之官教之矣其庶子爲公行庶子妾子也掌率公戎行○行戶郞反注及下同【疏】注庶子至戎行○正義曰下。句趙盾自以爲庶爲旄車之族。則。旄。車。之。族卽公行也掌車而謂之公行知其掌率公戎車之行列也晉於是有公族餘子公行皆官名【疏】晉於至公行○正義曰此晉有公族餘子公行詩魏風有公族公路公行其公族公行既同公路似此餘子但餘子不主路車公路非餘子也當與公行爲一以其主君路車謂之公路主車行列謂之公行其實正是一官詩人變文以韻句耳周禮無此三官之名夏官有諸子下大夫二人掌國子之倅事與公族同也春官有巾車下大夫二人掌王之五路事與公行同也無。餘子同者天子諸侯禮異耳趙盾請以括爲公族括趙盾異母弟趙姬之中子屛季也○括古活反中如字又丁仲反屛步丁反曰君姬氏之愛子也趙姬文公女成公姊也微君姬氏則臣狄人也公許之盾狄外孫也姬氏逆之以爲適事見僖二十四年○見賢遍反冬趙盾爲旄車之族旄車公行之官盾本卿適其子當爲公族辟屏季故更掌旄車○旄音毛一本作耗【疏】注旄車至旄車○正義曰主公車行列謂之公行車皆建旄謂之旄車之族詩云子子干旄又曰建旄設旄是公車必建旄也周禮主車之官謂之巾車巾者衣也主衣飾之車謂之巾車此掌建旄之車謂之旄車之族盾本卿之適子其子世承正適當爲公族使辟屏季故更爲旄車之族自以身爲妾子故使其子爲妾子之官知非盾身自爲旄車之族而云使其子者旄車之族賤官耳盾身既爲正卿無容退掌賤職六年經稱晉趙盾衛孫免侵陳仍書於經非身退位故知使其子耳原同長而使趙括者沈氏云以其君姬氏之愛子故使之非正適也使屏季以其故族爲公族大夫盾以其故官屬與屏季使爲衰之適○衰初危反【疏】注盾以至之適○正義曰族卽屬也故官屬者父時舊官屬也將父時官屬盡與屏季使季爲衰之正適也盾之此意欲令身死之後使屏季承其父後爲趙氏宗主但晉人以盾之忠更使其子朔承盾後耳

經三年春王正月郊牛之口傷改卜牛牛死乃不郊牛不稱牲未卜日猶三望○葬匡王無傳四月而葬速○楚子伐陸渾之戎○夏楚人侵鄭○秋赤狄侵齊無傳○宋師圍曹○冬十月丙戌鄭伯蘭卒再與文同盟【疏】注再與文同盟○正義曰蘭以僖三十三年卽位文二年盟于垂隴七年于扈十四年于新城魯鄭俱在當言三同盟而云再者以扈之盟經文不序諸侯故不數劉炫規之非也○葬鄭穆公無傳

傳三年春不郊而望皆非禮也言牛雖傷死當更改卜取其吉者郊不可廢也前年冬天王崩未葬而郊者不以王事廢天事

禮記曾子問天子崩未殯五祀不行既殯而祭自啓至于反哭五祀之祭不行已葬而祭疏。注言牛至而祭〇正義曰案經牛死在正月郊當用三月其間
足得養牛牛雖一傷一死當更改卜取其吉者郊天之禮不可廢也牛死而遂不郊故爲非禮也不郊非禮則於禮得郊禮諸侯爲天子斬衰天王崩未葬而
得郊者不以王事廢天事也引曾子問者舉。動輕以明重也初死以至於殯啓殯以至反哭於此之間五祀之祭不行耳既殯之後啓殯以前五祀之祭猶尚
不廢郊天必不廢矣故鄭注云郊社亦然王制云喪三年不祭唯祭天地社稷爲越紼而行事鄭玄云不敢以卑廢尊紼輴車索禮天子殯於西序欑輴車而
塗之繫紼以備火災言越紼而行事是在殯得祭也案曾子問既殯而祭其祭也尸入三飯不侑酳不酢而已矣謂尸唯三飯祝不侑勸其食食罷主人酌酒
酳尸尸不酢主人曾子問又云已葬而祭祝畢獻而已謂尸飯而侑勸訖酳尸尸酢主人酢訖又布祝席祝坐主人酌酒以獻祝獻畢而止故鄭注云既葬彌
吉畢獻祝而後止是也鄭又注彼云天子七祀言五者關中言之案禮記祭法云王爲羣姓立七祀曰司命曰中霤曰國門曰國行曰泰厲曰戶曰竈王自爲
立七祀諸侯爲國立五祀曰司命曰中霤曰國門曰國行曰公厲諸侯自爲立五祀大夫立三祀曰族厲曰門曰行適士立二祀曰門曰行庶士庶人立一祀或立
戶或立竈是其義也望郊之屬。也不郊亦無望可也已有例在僖三十一年復發傳者〇嫌牛死與卜不從異〇復扶又反〇
晉侯伐鄭及郔。鄭及晉平士會入盟。郔鄭地爲夏楚侵鄭傳〇郔音延〇楚子伐陸渾之戎遂
至於雒觀兵于周疆雒水出上。雒冢領山至河南鞏縣入河〇疆居良反定王使王孫滿勞楚子王孫滿周大夫
〇勞力報反楚子問鼎之大小輕。重焉示欲偪周取天下〇對曰在德不在鼎昔夏之方有德
也禹之世〇夏戶雅反遠方圖物圖畫山川奇異之物而獻之貢金九牧使九州之牧貢金〇鑄鼎象物象所圖物著之

於鼎○鑄之樹反著張慮反舊直略反百物而爲之備使民知神姦圖鬼神百物之形使民逆備之故民入川澤
山林不逢。不若。若順也螭。魅。罔。兩。螭山神獸形魅怪物罔兩水神○螭勑知反魅亡備反本又作鬽罔亡丈反兩本又作蜽音同
說文云罔兩山川之精物也○疏。注螭山至水神○正義曰螭山神獸形魅怪物先儒相傳爲然魯語仲尼云木石之怪夔罔兩水之怪龍罔象則罔兩是
木石之神杜以爲水神者魯語賈逵注云罔兩罔象言有夔龍之形而無實體然則罔兩罔象皆是虛無當總彼之意非神名也上句言山林川澤則螭魅罔
兩四神文十八年注螭魅山林異氣所生螭魅既爲山林之神則罔兩宜爲川澤之神故以爲水神也莫能逢之。逢遇也用能協于
上下以承天休民無。災害則上下和而受天祐○休許虯反下同祐音右桀有昏德鼎遷于商載祀六百載祀
皆年。○載祀爾雅云商曰祀唐虞曰載周曰年夏曰歲○疏注載祀皆年○正義曰釋天云唐虞曰載商曰祀周曰年孫炎云載取物終更始祀取四時祭
祀一說年取年穀一熟。是載祀皆年之別名複言之耳律曆志云商三十一王六百二十九年商紂。暴虐鼎遷于周德之休明
雖小重也不可遷○紂直九反其姦回昏亂雖大輕也言可移天祚明德有所厎。止厎致也○祚才
故反厎音旨○成王定鼎于郟鄏郟鄏今河南也。武王遷之成王定之○郟古洽反鄏音辱卜世三十卜年七百天
所命也周德雖衰天命未改鼎之輕重未可問也疏卜世至七百○正義曰律曆志云周三十六王八百
六十七年過卜數也○夏楚人侵鄭鄭卽晉故也○宋文公卽位三年殺母弟須及昭公
子武氏之謀也武氏謀奉。母弟須及昭公子以作亂事在文十八年使戴桓之族攻武氏於司馬子伯之

館盡逐武穆之族武穆之族以曹師伐宋秋宋師圍曹報武氏之亂也〇冬鄭穆公卒初鄭文公有賤妾曰燕姞姞南燕姓〇姞其乙反又其吉反夢天使與己蘭蘭香草

疏。夢天使與己蘭〇正義曰夢言天者皆非天也此既言天使與己蘭即云余爲伯儵儵即非天也伯儵不得自稱爲天天不得變爲伯儵明是夢者恍惚之言耳成五年晉趙嬰夢天使謂己祭余余福女上天之神聰明正直寧當就淫亂之人降福以求食乎昭四年叔孫穆子夢天壓己弗勝號豎牛助而勝之若是上天之神寧當與豎牛爭力而不勝也明皆恍惚之言或別有邪神夢者不識而妄稱天耳

曰余爲伯儵。余而祖也伯儵南燕祖〇儵直留反以是爲而子以蘭爲女子名〇女音汝以蘭有國香人服媚之如是媚愛也欲令人愛之如蘭〇媚亡冀反令力呈反既而文公見之與之蘭而御之辭曰妾不才幸而有子將不信。敢徵蘭乎懼將不見信故欲。計所賜蘭爲懷子月數公曰諾生穆公名之曰蘭文公報鄭子之妃曰陳嬀鄭子文公叔父子儀也漢律淫季父之妻曰報〇嬀九危反生子華子臧子臧得罪而出出奔宋〇臧作郎反誘子華而殺之南里在僖十六年南里鄭地使盜殺子臧於陳宋之間在僖二十四年又娶于江生公子士朝于楚楚人酖之及葉而死葉楚地今南陽葉縣〇酖直蔭反葉式涉反

疏朝于楚〇正義曰諸侯大子攝行父事稱朝此公子士非大子亦稱朝者以大子稱朝故傳亦通言之其實合稱聘耳

又娶于蘇生子瑕。子俞彌俞彌早卒洩駕惡瑕文公亦惡之故不立也洩駕鄭大夫〇兪音愉惡烏路反下同公逐羣公子公子蘭奔晉從晉

文公伐鄭（在僖三十年○從鄭如字又才用反）石癸曰吾聞姬姞耦其子孫必蕃（姞姓宜爲姬配耦○癸居揆反）（蕃音煩下同）姞吉人也后稷之元妃也（姞姓之女爲后稷妃周是以興故曰吉人）今公子蘭姞甥也天或啓之必將爲君其後必蕃先納之可以亢寵（亢極也○亢苦浪反）與孔將鉏侯宣多納之盟于大宮而立之（大宮鄭祖廟○鉏仕俱反大音泰注同）以與晉平穆公有疾曰蘭死吾其死乎吾所以生也刈蘭而卒（傳言穆氏所以大興於鄭天所啓也○刈魚廢反）

經四年春王正月公及齊侯平莒及郯莒人不肯公伐莒取向（莒郯二國相怨故公與齊侯共平之向莒邑東海承縣東南有向城遠疑也○郯音談向舒亮反承韋昭之甑反一作丞又音拯）○秦伯稻卒（無傳未同盟○稻徒老反）○赤狄侵齊（無傳）○秋公如齊公至自齊（無傳告于廟例在桓二年）○冬楚子伐鄭

夏六月乙酉鄭公子歸生弑其君夷（傳例曰稱臣臣之罪也子公實弑而書子家罪其權不足也）

傳四年春公及齊侯平莒及郯莒人不肯公伐莒取向非禮也平國以禮不以亂伐而不治亂也（責公不先以禮治之而用伐○不治直吏反）以亂平亂何治之有無治何以行禮○楚人獻黿於鄭靈公（穆公大子夷也○黿音元）公子宋與子家將見（宋子公也子家歸生○見賢遍反）子公之食指動（第二指也）【疏】第二指○正義曰大射禮云右巨指鉤弦鄭玄云右巨指右手大擘也又曰設決朱極三鄭玄云極猶放也所以韜指

指利放弦也以朱韋爲之三者食指將指無名指小指短不用然則手之五指之名曰巨指食指將指無名指小指也定十四年傳闔閭傷將指取其一屨注云其足大指見斬遂失屨謂大指爲將指者將者言其將領諸指也足之用力大指爲多手之取物中指最長故足以大指爲將指手以中指爲將指其食指者食所偏用服虔云俗所謂啑鹽指也以示子家曰他日我如此必嘗異味及入宰夫將解黿相視而笑。公問之問所笑○解如字一音蟹【疏】黿○正義曰說文云黿大鼈也玄中要記曰千歲之黿能與人語子家以告及食大夫黿召子公而弗與也欲使指動無效○食音嗣子公怒染指於鼎嘗之而出公怒欲殺子公子公與子家謀先先公爲難○染如琰反先悉薦反難乃旦反子家曰畜老猶憚殺之六畜○畜許又反注同王許六反憚徒旦反難也而況君乎反譖子家子家懼而從之譖子家於公夏弑靈公書曰鄭公子歸生弑其君夷。權不足也子家權不足以禦亂懼譖而從弑君故書以首惡○禦魚呂反君子曰仁而不武無能達也初稱畜老仁也不討子公是不武也故不能自通於仁道而陷弑君之罪凡弑君稱君君無道也稱臣臣之罪也稱君謂唯書君名而稱國以弑言衆所共絕也稱臣者謂書弑者之名以示來世終爲不義改殺稱弑辟其惡名取有漸也書弑之義釋例論之備矣【疏】凡弑至之罪○正義曰晉語云趙宣子曰大者天地其次君臣則君臣之交猶父子也君無可弑之理而云弑君稱君君無道者弑君之人固爲大罪欲見君之無道罪亦合弑所以懲創將來之君兩見其義非赦弑君之人以弑之爲無罪也釋例曰天生民而樹之君使司牧之羣物所以繫命故戴之如天親之如父母仰之如日月事之如神明其或受雪霜之嚴雷電之威則奉身歸命有死無貳故傳曰君天也天可逃乎此人臣所執之常也然本無父子自然之恩。末無家人習翫之愛高下之隔懸殊壅塞之否萬端是以居上者降心以察下表誠以感之然後能相親也若亢高自肆羣下絕望情義圮隔是謂路人非君臣也人心苟離則位號雖有無以自固故傳例曰凡弒君稱君君無道稱臣臣之罪稱人君者唯書君名而稱國稱人以弒言衆之所共絕也稱臣者謂書弒者。主名以垂來世終爲不義而不可赦也然君雖不君臣不可以不臣故宋昭之惡罪及國人晉荀林父討宋曰何故弒君猶立文公而還深見貶削懷諸賊亂以爲心者固不容於誅也若鄭之歸生齊之陳乞楚之公子比雖本無其心春秋之義亦同大罪是以君子慎所以立也諸侯不受先君之命而簒立得與諸侯會者則以成君書之齊商人蔡侯班之屬是也若未得接於諸侯則不稱爵楚公子棄疾殺公子比蔡人殺陳佗齊人殺無知衞人殺州吁公子瑕之屬是也諸侯簒立雖以會諸侯爲正此列國之制也至於國內策名委質卽君臣之分已定故簒殺不成君者亦與成君同義傳曰會于平州以定公位又云若有罪則君列諸會矣此以會爲斷也經書趙盾弒君而傳云靈公不君又以明於例此弒宜稱君也弒非趙盾而經不變文者以示良史之意深責執政之臣傳特見仲尼曰越竟乃免明盾亦應受罪也醫不三世不服其藥古之慎戒也人子之孝當盡心嘗禱而已藥物之。齊非所習也許止身爲國嗣國非無醫而輕果進藥故罪同於弒二者雖原其本心而春秋不赦蓋爲教之遠防也楚靈無道於民於例當稱國以弒公子比首兵自立楚衆散歸而靈王縊死故以比爲弒。王也比既得國國人驚亂棄疾從而扇之比懼自殺皆棄疾之由故書公子棄疾殺公子比也左氏義例止此而已其餘小異皆從赴也劉賈許頴以爲君惡及國朝則稱國以弒君惡及國人則稱人以弒案傳鄭靈宋昭經文異而例同故重發以同之子弒其父又嫌異於他臣亦重明其不異既不。碎別國之與人而傳云莒。紀公多行一無禮於國大子僕因國人以弒之經但稱國不稱人知國之與人雖言別而事一也杜言小異從赴者宋之蒙澤楚之乾谿俱是國內而弒捷不書蒙澤齊商人衞州吁俱是公子而州吁不稱公子諸如此類所有不同皆從赴也此弒君之例有君罪臣罪之異而諸侯出奔皆不書逐君之人以罪臣者以君之見弒未必皆爲無道故立臣罪之文以見君有無罪死者國君而被臣逐悉是不能固位其罪皆在於君故杜諸
侯出奔例云諸侯奔者皆迫逐而苟免非自出也仲尼之經更沒逐者主名以自奔爲文者責其不能自安自固所犯非徒所逐之臣也蔡侯宋雖無罪據其
失位出奔亦其咎也是說逐君無罪臣之文意也鄭人立子良穆公庶子辭曰以賢則去疾不足去疾子良名○去起
呂反下皆同以順則公子堅長乃立襄公襄公堅也○長丁丈反襄公將去穆氏逐羣兄弟而舍子
良以其讓己○舍音赦下同子良不可曰穆氏宜存則固願也若將亡之則亦皆亡去疾何
爲何爲獨留乃舍之皆爲大夫○初楚司馬子良生子越椒子文曰必殺之子文子良之兄
是子也熊虎之狀而豺狼之聲弗殺必滅若敖氏矣諺曰狼子野心是乃狼也
其可畜乎子良不可子文以爲大慼及將死聚其族曰椒也知政乃速行矣無
及於難且泣曰鬼猶求食若敖氏之鬼不其餒而而語助言必餒○難乃旦反餒奴罪反餓也及令
尹子文卒鬬般爲令尹。般子文之子子揚○般音班子越爲司馬蒍賈爲工正譖子揚而殺
之子越爲令尹己爲司馬賈。爲椒譖子揚而已得椒處○蒍于委反賈爲于僞反處昌慮反子越又惡之惡賈○惡
烏路反注同乃以若敖氏之族圄伯嬴於轑陽而殺之圄囚也伯嬴蒍賈也轑陽楚邑○圄魚呂反嬴音盈轑音
遼遂處烝野將攻王王以三王之子爲質焉弗受烝野楚邑三王文成穆○烝之承反質音致師于

漳澨漳澨漳水邊○漳音章澨市制反【疏】注漳澨漳水邊○正義曰釋例云漳水出新城沶鄉縣南至荊山東南經襄陽南郡當陽縣入沮爾雅水邊之名唯有厓涘岸滸無以澨為水邊者但此云漳澨成十五年云決睢澨睢漳皆水名舉水名而言澨知澨是水邊也秋七月戊戌楚子

與若敖氏戰于皐滸皐滸楚地○滸呼五反○伯棼射王汰輈。及鼓。跗著於丁寧伯棼越椒也輈車轅汰過也箭過車轅上丁寧鉦也○棼扶云反射食亦反下同汰他來反輈陟留反跗芳扶反著直略反鉦音正【疏】及鼓跗著于丁寧○正義曰車上不得置鼓鼙以縣鼓故為作跗若殷之楹鼓也言著於丁寧則丁寧是器晉語云伐備鐘鼓聲其罪也戰以淳于丁寧儆其民也是丁寧戰之用也周禮鼓人以金錞和鼓鄭玄云錞淳于也其形圓如碓頭以金鐲節鼓鄭玄云鐲鉦也形如小鐘軍行鳴之以為鼓節是錞即淳于鐲即丁寧故先儒皆以鐲為鉦之別名丁寧即是鉦也又射汰。輈以貫笠轂。兵車無蓋尊者則邊人執笠依轂而立以禦寒暑名曰笠轂此言箭過車轅及王之蓋○貫古亂反笠音立轂古木反【疏】注兵車至之蓋○正義曰服虔云笠轂轂之蓋如笠所以蔽轂上以禦矢也一曰車轂上鐵也或曰兵車旁幔輪謂之笠轂杜以彼為不安故改之而為此說亦是以意而言差於人情為允耳師懼退王使巡師曰吾先君文王克息獲三矢焉

伯棼竊其二盡於是矣鼓而進之遂滅若敖氏初若敖娶於䢵䢵國名○䢵本又作鄖音云【疏】王使至是矣○正義曰此是彊軍人之小耳息有此矢矢當有法不得無人學作唯三而已且射中王車由射之工不由矢善若其由矢王國猶有一矢何不一發以取越椒生鬬伯比若敖卒從其母畜於䢵畜養○畜許六反淫於䢵子之女生子文焉䢵夫人使棄諸夢中夢澤名江夏安陸縣城東南有雲夢城○夢音蒙又亡貢反虎乳之䢵子田見之懼

而歸以告告女私通所生○乳如主反遂使收之楚人謂乳。穀謂虎。於菟。故命之曰鬬穀於菟以其女妻伯比伯比所淫者○穀如口反於音烏菟音徒妻七計反實爲令尹子文鬬氏始自子文爲令尹其孫箴尹克黃箴尹官名克黃子揚之子○箴之金反使於齊還及宋聞亂其人曰不可以入矣箴尹曰弃君之命獨誰受之君天也天可逃乎遂歸復命而自拘於司敗王思子文之治楚國也曰子文無後何以勸善使復其所改命曰生易其名也○使於所吏反拘音俱

疏注易其名○正義曰言越椒之亂合誅絕其族今更存立故命曰生言應死而重生

○冬楚子伐鄭鄭未服也前年楚侵鄭不獲成故曰未服

附釋音春秋左傳注疏卷第二十一

春秋左傳注疏卷二十一校勘記　阮元撰盧宣旬摘錄

附釋音春秋左傳注疏卷第二十一 宣元年盡四年宋本春秋正義卷第十六石經春秋經傳集解宣上第十岳本宣字下增公字並盡十一年

〔宣公〕宋本閩本監本毛本作宣公此本宣字上有春秋經傳集解六字從單注本誤增也顧炎武云石經文公宣公卷字更濫惡而成城字皆缺末筆案成城字文公卷不缺筆字亦有法炎武誤唯宣公卷字迹甚劣乃朱梁所補全忠祖名信父名誠故信作信成城作斤坊避嫌名也所存唐刻僅三之一凡唐諱皆如前卷

〔經元年〕

不貶絶以見罪 宋本罪下有惡字與昭元年公羊傳合

傳言新作延廏 監本廏作廐是俗字

內無貶于公之道 閩本監本毛本道下有也字從公羊傳增也

楚人執陳公子招 纂圖本案各本招作招與昭八年經傳合

六月齊人取濟西田 宋梁補刊石經濟誤齊

晉趙盾帥師救陳 補刊石經盾誤盾傳文同

冬晉趙穿帥師侵崇 補刊石經穿作穽誤崇公羊傳作柳釋文作崈云本亦作崇

（傳元年）

注諸侯至釋之 宋本以下正義二節總入注文釋例論之備矣之下

遂不言公子替其尊稱 淳熙本公誤君替宋本岳本作朁正義同

與彼亦不異也 宋本不作使是也

注胥甲至於險 宋本此節正義在先辛奔齊注下

皆取賂而還 正義云取賂而還書本或云取齊賂而還檢勘古本及杜注意並無齊字按或云非是

注文十至受賂 宋本此節正義在遂受盟於楚下

檢經傳全無魯討齊之事 宋本魯上有爲字是也

晉不足與也 補刊石經與誤与

楚人不禮焉 補刊石經禮改作礼

卒在文十二年 宋本岳本足利本二作三是也○今訂正

楚蔿賈救鄭 補刊石經救作捄謬

囚晉解揚 補刊石經誤作解楊

秦急崇 宋本此節正義在吾以求成焉節之下

吾以求成焉 補刊石經誤作以求

以報北林之役 補刊石經役誤伇

故不競於楚 補刊石經競誤竸

〔經二年〕

得大夫生死皆曰獲例在昭二十三年 案僖元年注無得字例上有獲字餘並同

趙盾弑其君夷臯 顧炎武云石經弑誤作殺案石經此處乃朱梁補刻不足依據

〔傳二年〕

春鄭公子歸生受命于楚 補刊石經脫春字釋文作命于楚云本或作受命于楚非也案高注呂覽察微篇引作受命于楚釋文于作於臧琳云陸氏非之是也傳本無受字故注云受楚命若傳本作受命于楚則文義已明杜可無庸注矣

故傳特護之曰囚 纂圖本毛本特誤時

馘百人 補刊石經馘誤聝

戎昭果毅以聽之之謂禮 補刊石經毅誤作殺下文不誤

致果爲毅 補刊石經致誤殺

君子至戮也 宋本以下正義八節總入役人曰節注下

致謂達之於赦殺彊也 宋本閩本監本毛本赦殺作敵毅是也

爾尙輔于一人 宋本毛本于作予不誤

與入鄭師 閩本監本與作輿非也

以其私憾 石經此處缺釋文憾作感云本文作憾注同按釋文作感是也

文馬百駟 案今本說文引傳作馼馬百駟

叔牂如前言以顯 宋本淳熙本岳本足利本如作知不誤浦鏜正誤以作已 案已以古多通用

謂歸國而來奔 宋本而下有言字是也盧文弨校本作而曰來奔

于思多鬢之貌 釋文鬢又作鬚案惠棟云賈逵曰頭白貌毛詩瓠葉云有兔斯首鄭箋云斯白也今俗語斯白之字作鮮齊魯之間聲近斯正義曰服虔以于思爲白頭貌字雖異蓋亦以思聲近鮮故爲白頭也後漢書朱儁傳賊多髭者號于氏根注引杜注爲證案此則于爲須思爲白于思爲白須也

庳腳腳有三蹄 閩本監本毛本庳作痺腳腳毛本作脚脚乃俗字

黑色三角 監本三誤二

劉歆期交州記曰 宋本歆作欣記杭世駿改作志

去之夫其口衆我寡 陳樹華云林堯叟注云言此役夫然夫讀如字似未安一以去之二字爲句夫字屬下亦未妥不如三字連文夫作助語辭爲允也按以下六字爲句者是左傳凡云夫己氏夫先自敗也已言夫者皆指其人言也

世爲號令尹 宋本淳熙本岳本纂圖本足利本作世爲令尹無號字是也

失君道也 案後漢書王符傳注引注文失字上有不君二字以意增

厚斂以彫牆 釋文亦作彫云本亦作雕閩本監本毛本同注同案亦作雕用假借字

宰夫胹熊蹯不熟 案呂覽過理篇作臑熊蹯李善注魏文帝名都篇亦引作臑枚乘七發云熊蹯之臑注引傳文亦同然說文云洏煑孰也則作胹者俗字作臑則更俗矣內則作濡亦是洏之誤熟岳本作孰宋本正義亦作孰是也

筥屬 宋本淳熙本翻岳本纂圖本閩本監本毛本岳本筥作莒非也

宰夫臑熊蹯 宋本以下正義十八節總入爲公族大夫注下

寢門闢矣 補刊石經閩本監本毛本寢作寑非也

不忘恭敬民之主也 補刊石經恭作共民仍避唐諱缺筆

其右提彌明知之 釋文提作祇云本又作提後漢書郡國志引同案史記晉世家作示眯明索隱曰鄒誕生音示眯爲祁彌即左傳之提彌明蓋字異而音同

遂扶以下 釋文云舊本皆作扶房孚反服虔注作跣先典反云徒跣也今杜注本往往有作跣者正義亦云服虔本扶作跣注云趙盾徒跣而下走杜本作扶言扶盾下階也盧文弨云服本是也襄三年傳晉悼公懼魏絳之死亦跣而出皆是急迫不及納屨使然趙盾飲未至醉何假於扶明扶字誤也

公嗾夫獒焉 釋文云嗾服本作㖩正義曰服虔云嗾㖩也臧琳云依正義則服本亦作嗾但訓嗾爲㖩耳㖩字說文玉篇皆無至集韻始收毛本服注疏作取不從口非也獒史記作敖

言扶盾下階也 閩本監本毛本盾上衍趙字監本毛本也誤跣

服虔云嗾㖩也 閩本監本毛本㖩作取段玉裁云此段宋本誤正義當云服虔本嗾作取注云取嗾也公乃嗾夫獒使之噬盾也

公乃㖩夫獒使之噬盾也 監本毛本㖩作嗾不誤

初宣子田於首山 案李善注叔元爲幽州牧與彭寵書引傳田作畋

舍于翳桑見靈輒餓 閩本監本毛本于作於餓作饑並非

今近焉 淳熙本今誤令

翳桑之餓人也 閩本監本餓誤饑

以示於朝 纂圖本閩本監本毛本示作視合於古文

烏呼我之懷矣 纂圖本閩本監本毛本足利本烏作嗚非也

自詒伊慼 惠棟云王肅曰此邶風雄雉之詩案今詩慼作阻惟小明詩作感而上句又異王子雍或見三家之詩據以爲衞詩伊段玉裁校本作繄

書法不隱 宋本法作灋下爲法受惡同

公山不狃云 宋本狃作狃是也○今訂正

杖君之威 監本毛本杖作仗俗字

僕責於野以喪莊公 閩本監本責作賫亦非宋本毛本作賷是也○今訂正

其母夢神規其臀以黑曰 案宋本國語黑作墨

初麗姬之亂 釋文亦作驪閩本監本毛本作驪案麗驪字一耳

唯有悼公之弟揚干 毛本干作于非也

良由偪於六卿 毛本偪作逼案偪與逼同

子屬餘子之官 宋本子上有餘字

乃宧卿之適子而爲之田此本初刊無子字後剜擠補刊石經宋本岳本亦無案昭廿八年正義詩汾沮洳正義並引作宧卿之適以爲公族亦無子字適釋文云又作嫡

餘子嫡子之母弟也宋本淳熙本岳本嫡作適

下句趙盾浦鏜正誤句作文

爲旄車之族則旄車之族卽公行也閩本監本毛本則旄車之族五字並脫

無餘子同者宋本無下有與字

冬趙盾爲旄車之族釋文亦作旄云一本作軞案詩汾沮洳箋作軞詩正義引傳亦作軞字按說文無軞字正義說以孑孑干旄建旄設旄則知孔本未嘗作軞也

〔經三年〕

〔傳三年〕

言牛至而祭宋本此節正義在望郊之屬也節注下

舉動輕以明重也宋本監本毛本無動字是也

郊之屬也補刊石經屬作屬非

及郰鄭及晉平 補刊石經宋本郰作延案說文郰字注云鄭地顧炎武云石經誤作延是也

郰鄭地 宋本郰作延非也

雒水出上雒冢領山 毛氏六經正誤引建本亦作上雒是也又云注疏及興國本作上洛足利本同按作洛者非古本也

楚子問鼎之大小輕重焉 補刊石經輕誤輊

不逢不若 惠棟云張平子西京賦云禁禦不若爾雅釋詁云若善也郭景純注引左傳曰禁禦不若今左傳作不逢不若案下傳云莫能逢之杜云逢遇也既云不逢又云莫逢文既重出且杜氏不應舍上句注下句此晉以後傳寫之譌案惠棟說是也

螭魅罔兩 釋文魅本又作彪兩本又作蜽鄭氏注周禮家宗人引作螭彪魍魎說文鼎字下引作螭魅蛧蜽段玉裁云螭者轉寫之譌字說文此字在厹部作离云山神獸形

螭山至水神 宋本以下正義三節總入未可問也之下

莫能逢之 李善西京賦注引之作旃

民無災害 淳熙本災作灾

載祀皆年 釋文引注年下有也字

年取年穀一熟 宋本熟作孰

商紂暴虐 顧炎武云石經紂誤討案此乃明王堯惠謬刻也

有所厎止 補刊石經此處缺纂圖本閩本監本毛本厎作底顧炎武云五經無厎字皆是底字今說文本作厎字下有一畫誤字當從氏段玉裁云此說非也凡氐聲之字在古音弟十六支佳部凡氐聲之字在古音弟十五脂微皆灰部厎本訓柔石經傳多借訓爲致凡字書韻書皆無作厎少下畫者惟唐開成石經五經文字广部底誤作底厂部厎致也不誤

武王遷之郟鄏 武字上史記正義後漢書逸民傳注引杜注並有河南縣西有郟鄏陌八字又案水經注十五引杜氏釋地曰縣西南有郟鄏陌

武氏謀奉母弟須 宋本脫母字

夢天使與己蘭 宋本以下正義二節總入刈蘭而卒注下已作己下同

余爲伯儵 宋本儵作儵釋文亦作儵非也案說文姞字注引作百鯈云黃帝之後姞姓

將不信 補刊石經此處信字未缺筆蓋書丹時偶忘避也

故欲討所賜蘭 宋本淳熙本岳本纂圖本毛本討作計是也閩本監本作託亦誤○今訂正

生子瑕 陳樹華云瑕史記作溉徐廣云一作瑕索隱曰音旣左傳作瑕

〔經四年〕

東海承縣東南有向城 段玉裁依釋文承改丞

秋公如齊顧炎武云秋誤作利案此處如齊下石經係補刊宋本岳本足利本有注文無傳二字諸本皆脫

在桓三年宋本淳熙本岳本足利本三作二不誤○今訂正

〔傳四年〕

第二指宋本以下正義三節總入皆爲大夫之下

相視而笑岳本纂圖本閩本監本毛本笑作笑案石經凡笑字俱从竹从犬

權不足也補刊石經權誤擢

末無家人習翫之愛宋本閩本毛本未作末是也○今訂正

謂書弒者主名臧禮堂據注及隱四年正義改主作之是也

藥物之齊非所習也閩本監本毛本齊作劑

故以比爲弒王也段玉裁校本王作主

既不碎別國之與人閩本監本毛本碎作辭

而傳云莒杞公多行無禮於國宋本杞作紀是也○今依訂正

般子文之子子揚閩本揚作楊非也

貫爲椒譖子揚 閩本監本爲作爲非也

注漳澨漳水邊 宋本以下正義五節總入注文易其名也之下

汰輈及鼓跗 補刊石經宋本岳本作汏下同釋文亦作汏是也鼓毛本作鼔字正義同按汲古閣作鼔字皆从攴與說文鼓與鼔同意者合今本說文篆體譌誤詳段玉裁說文讀

其形圓如碓頭 閩本監本毛本碓作確誤也

又射汰輈以貫笠轂 六經正誤云汰作汏轂作轂誤案汏字亦誤說見上轂說文云輻所湊也从車殸聲釋文及石經各本並從隸省

尊者則邊人執笠 纂圖本閩本監本毛本邊作邉誤

差於人情爲允耳 閩本監本毛本允作近

從其母畜於鄖 釋文於作于

鄖夫人使弃諸夢中 宋漢書班固敘傳作䓴中師古曰䓴雲夢澤也引左傳作䓴中又云䓴與夢同

江夏安陸縣城東南 案後漢書郡國志注引注文縣下無城字

楚人謂乳穀謂虎於菟 閩本監本毛本謂作爲非補刊石經誤作楚人謂乳爲穀謂虎爲於菟惠棟以爲唐石經非也云漢書敘傳菟作檡如淳曰穀音構牛羊乳汁曰構師古曰穀讀如本字又音乃苟反檡或作菟並音塗廣雅作於𧲣案穀當作穀說文子部云穀乳也說詳莊卅年釋文校

春秋左傳注疏卷二十一校勘記

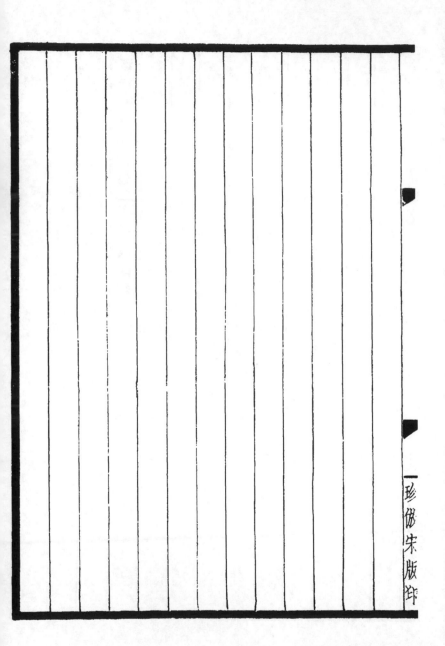

杜氏注　孔穎達疏

經五年春公如齊○夏公至自齊○秋九月齊高固來逆叔姬高固齊大夫不書女歸降於諸侯疏注高固至諸侯○正義曰傳五年公孫茲如牟注云娶於牟也卿非君命不越竟故奉公命聘於牟因自為逆然則此高固亦是因來聘而自逆也經書公孫茲如牟是以聘為文此高固以逆為文不言聘者此二者皆以非君之命不得越竟請君行聘而因自逆妻本意為逆不為聘也從魯而出私娶輕而君命重故書聘不書逆自外而來則嫁女重而受聘輕故書逆不書聘內外之異文耳諸侯嫁女於大夫則使大夫為之主而書於經者行禮為尊卑不敵故使大夫為主耳其女適他族以先公遺體許人必告於廟故書之耳嫁於諸侯者皆書其歸此不書歸者差降於諸侯也非齊夫人不得言歸於齊若言歸於齊高氏則下嫁於大夫非公之敵故不得書其歸也○叔孫得臣卒無傳不書日公不與小斂○不與音預斂力驗反○冬齊高固及子叔姬來叔姬寧固反馬疏注叔姬寧固反馬○正義曰傳言來反馬也據高固為文耳嫌叔姬亦為反馬故辯之二者各有所為而且相隨行耳女既適人當稱夫族宋蕩伯姬是其事也叔姬已適高氏而猶言子叔姬者以其新歸於夫反馬乃成為婦今始來反馬故以父母之辭言之○楚人伐鄭

傳五年春公如齊高固使齊侯止公請叔姬焉留公強成昏○強其丈反○夏公至自齊書過也公既見止連昏於鄰國之臣厭尊毀列累其先君而於廟行飲至之禮故書以示過○厭於涉反累劣僞反疏注公既至示過○正義曰凡公

行還書至者往反無咎喜之而告廟也公如齊見止求與高固爲昏方始得歸當以恥而不告亦復告廟飲至故依常書之以示過釋例曰凡反行飲至必以嘉會昭告祖禰有功則舍爵策勳無勳無勞告事而已若夫執止之辱厭尊毀列所以累其先君忝其社稷故當克躬罪己不以嘉禮自珍宣公如齊既已見止連昏於鄰國之臣而行飲至之禮故傳曰書過也言書過者書之以示公過也

○秋九月齊高固來逆女自爲也故書曰逆叔姬卽自逆也適諸侯稱女適大夫稱字所以別尊卑也此春秋新例故稱書曰而不言凡也不於莊二十七年發例者嫌見逼而成昏因明之○自爲於僞反別彼列反

疏注適諸至明之○正義曰俱是外來逆女適諸侯諸侯遣臣來逆則稱逆女紀裂繻來逆女是也適大夫大夫自來逆則稱所逆之字此高固來逆叔姬是也二文不同所以別尊卑也傳言卿自逆者別其與君逆也莊二十七年莒慶來逆叔姬文與此同不於彼發例者嫌此高固見迫而成昏與常例或異故因此以明其不異也

○冬來反馬也禮送女留其送馬謙不敢自安三月廟見遣使反馬高固遂與叔姬俱寧故經傳具見以示譏○廟見賢遍反下同使所吏反

疏注禮送至示譏○正義曰禮送女適於夫氏留其所送之馬謙不敢自安於夫若被出棄則將乘之以歸故留之也至三月廟見夫婦之情既固則夫家遣使反其所留之馬以示與之偕老不復歸也法當遣使不合親行高固因叔姬歸寧遂親自反馬與之俱來故經傳具見其事以示譏也儀禮昏禮者士之禮也其禮無反馬故何休據之作膏肓以難左氏言禮無反馬之法鄭玄荅之曰冠義云無大夫冠禮而有其昏禮則昏禮者天子諸侯大夫皆異也士昏禮云主人爵弁纁裳緇衣乘墨車從車二乘婦車亦如之此婦車出於夫家則士妻始嫁乘夫家之車也詩鵲巢云之子于歸百兩御之又曰之子于歸百兩將之將送也國君之禮夫人始嫁自乘其家之車也則天子諸侯嫁女留其乘車可知也高固大夫也來反馬則大夫亦留其車也禮雖散亡以詩之義論之大夫以上其嫁皆有留車反馬之禮留車妻之道也反馬壻之義也高固以秋九月來逆叔

姬冬來反馬則婦入三月祭行乃反馬禮也是說禮有反馬之法唯高固不宜親行耳杜言三月廟見謂無舅姑者士昏禮婦至其夕成昏質明贊見婦於舅姑若舅姑既沒則婦入三月。乃。奠。菜鄭玄云奠菜者祭菜也又記曰婦入三月然後祭行鄭玄云謂助祭也曾子問篇端稱孔子曰三月而廟見稱來婦也擇日而祭。於禰成婦之義也鄭玄云謂舅姑沒者也是舅姑沒者以三月而祭因以三月爲反馬之節舅姑存者亦當以三月反馬也士昏禮又稱若不親迎則婦入三月然後壻見於妻之父母此高固親迎則不須更見故譏其親反馬也案杜注經云叔姬寧固反馬傳唯舉反馬不言寧者以寧是常事唯反馬非禮故傳舉其非禮者○

○楚子伐鄭陳及楚平晉荀林父救鄭伐陳爲明年晉衛侵陳傳

經六年春晉趙盾衛孫免侵陳○夏四月○秋八月螽無傳○冬十月

傳六年春晉衛侵陳陳卽楚故也○夏定王使子服求后于齊子服周大夫○秋赤狄伐晉圍懷及邢丘邢丘今河內平皋縣晉侯欲伐之中行桓子曰使疾其民驕則數戰爲民所疾○數所角反以盈其貫將可殪也殪盡也貫猶習也○貫古患反注同殪於計反

疏。注殪盡至習也○正義曰釋詁云貫習也殪死也言其死盡故以殪爲盡盈其貫者杜以爲盈滿其心使貫習來伐劉炫云案尙書泰誓武王數紂之惡云商罪貫盈言紂之爲惡如物在繩索之貫不得爲習也今知不然者以詩稱射則貫分先儒亦以爲習故杜用焉義得兩通劉直以尙書之文而規杜過恐非也

周書曰殪戎殷周書康誥也義取周武王以兵伐殷盡滅之

疏周書曰殪戎殷○正義曰如杜所注戎訓爲兵謂以兵伐殷而殪盡也殪字宜在下以周書本文故其字在上

此類之謂也爲十五年晉滅狄傳○爲于僞反下注同○冬召桓。公逆王后于齊召桓公王卿士事不關魯故不書爲成二年王

甥舅張本○召上照反○楚人伐鄭取成而還九年十一年傳所稱。厲之役蓋如此○鄭公子曼滿與王子伯廖語欲為卿二子鄭大夫○曼音萬廖力彫反伯廖告人曰無德而貪其在周易豐䷶離下震上豐之離䷝豐上六變而為純離也周易論變故雖不筮必以變言其義豐上六曰豐其屋蔀其家闚其戶闃其無人三歲不覿凶義取無德而大其屋不過三歲必滅亡○蔀步口反又普口反闚古規反闃苦鵙反覿徒歷反【疏】注豐上至滅亡○正義曰豐卦震上離下震為動離為明動而益明豐大之義豐卦上六變而為純離之卦故為豐之離也杜以筮得此卦爻變而為彼卦可言遇觀之否遇坤之比耳此直口語不是揲蓍而亦言豐之離者周易論變為義故雖不筮論易者必以變言其義故言豐之離也杜又引豐上六至不覿凶皆周易之文也王弼以為上六以陰處極而最在外不復於位深自幽隱絕跡深藏者也蔀者覆鄣之物也豐大其屋又鄣蔽其家闇之甚也以甚闇而處大屋不能久享其利其屋雖大其室將空故。窺其戶而闃然無人也經三歲而不能顯見則凶伯廖引此者義取無德而居乃屋不過三歲必滅亡○過弗之矣不過三年間一歲鄭人殺之○間間廁之間

經七年春衛侯使孫良夫來盟○夏公會齊侯伐萊傳例曰不與謀也萊國今東萊黃縣○萊音來不與音預【疏】衛侯至來盟○正義曰文二年晉人以公不朝使陽處父。父盟公以恥之書曰及晉處父盟去其族以厭恥也然則公與大夫對盟則為恥辱此良夫來盟無貶責者彼公親朝晉晉侯不與公盟故遣大夫敵公是為恥辱此不貶責者其君不得親來遣臣來與公盟不對彼君非為恥也○秋公至自伐萊無傳○大旱無傳書旱而不書雩雩無功或不雩○冬公會晉侯宋公衛侯鄭伯曹伯于

黑壤○壤如丈反

傳七年春衛孫桓子來盟始通且謀會晉也公卽位衛始脩好○好呼報反○夏公會齊侯伐

萊不與謀也凡師出與謀曰及不與謀曰會與謀者謂同志之國相與講議利害計成而行之故以相連及爲文若不獲己應命而出則以外合爲文皆據魯而言師者國之大事存亡之所由故詳其舉動以例別之○不與音預下及注與謀同年末不與放此應應對之應別彼列反下注同【疏】凡師至曰會○正義曰釋例曰與謀者同志之國彼我之計未定相與共謀講議利害計成而後行之故以相連及爲文不與謀而出師者謂不得已而應命故以外合爲文皆據魯而言之也公親會齊侯伐萊而傳以師出示例所以通卿大夫帥師者也魯既春會于曹以謀伐鄭夏遂起師而更從不與謀之文者厲公篡大子忽之位謀而納之非正故諱不與謀之例若夫盟主之合則上行乎下非匹敵和成之類故雖或先謀皆從不與謀之例成八年晉士燮來聘且言將伐鄭下云會伐鄭是也凡乞師者深求過理之辭執謙以偪成其計故雖小國乞之於大國大國乞之於小國亦皆從不與謀之例臧宣叔郤錡是也傳以師出爲例是唯繫於戰伐而劉賈許潁濫以經諸及字爲義本不在例今欲強合之所以多相錯伐也杜言小乞大大乞小者僖二十六年公子遂如楚乞師成二年臧宣叔如晉乞師是小國乞於大國也成十三年郤錡來乞師十六年欒黶來乞師十七年荀罃來乞師十八年士魴來乞師是大國乞於小國也與謀者心俱欲伐彼此同謀乞師者非彼所欲乞來爲己也我乞彼者彼不與我謀彼乞我者我不與彼謀是故凡言乞者皆從不與謀之例宣叔是小乞大郤錡是大乞小除晉乞魯以外更無大乞小者故舉郤錡以辯乞小之事耳晉是盟主自是上行乎下例無與謀之文不由郤錡乞師乃從不與謀之例

○赤狄侵晉取向陰之禾此無秋字蓋闕文晉用桓子謀故縱狄○向舒亮反【疏】注此無秋字蓋闕文○正

義曰苗秀乃名爲禾夏則無禾可取知此取必在秋此無秋字蓋闕文○鄭及晉平公子宋之謀也故相鄭伯以

會冬盟于黑壤王叔桓公臨之以謀不睦王叔桓公周卿士銜天子之命以監臨諸侯不同歃者尊卑之別也○相息亮反歃所洽反又所甲反監古銜反○晉侯之立也在二年公不朝焉又不使大夫聘晉人止公于會盟于黃父公不與盟以賂免黃父即黑壤故黑壤之盟不書諱之也慢盟主以取執止之辱故諱之【疏】注慢盟主諱之○正義曰昭十三年公會劉子晉侯云。于平丘八月甲戌同盟於平丘公不與盟於時晉以讒慝弘多不與公盟公不得與非國之恥故書其同盟而顯言不與此時公實有罪爲晉所執不得與盟是公之恥故諱而不書其盟若言諸侯實不盟公無所可與然

經八年春公至自會無傳義與五年書過同【疏】注義與五年書過同○正義曰被執不以爲恥而亦告廟飲至故書之以示過也故杜云義與五年書過同○夏六月公子遂如齊至黃乃復無傳蓋有疾而還大夫受命而出雖死以尸將事遂以疾還非禮也【疏】注蓋有至禮也○正義曰下言其卒故疑有疾而還也聘禮曰賓入竟而死遂也若。賓死未將命則既斂于棺造于朝介將命哀十五年傳曰有朝聘而終以尸將事之禮是入所聘之竟則當遂行黃是齊竟遂以疾還非禮也○辛巳有事于大廟仲遂卒于垂有事祭也仲遂卒與祭同日略書有事爲繹張本不言公子因上行還間無異事省文從可知也稱字時君所嘉無義例也垂齊地非魯竟故書地○大音泰傳同爲于僞反省所景反竟音境○【疏】。注有事至書地○正義曰有事祭也者謂禘祭也釋例以昭十五年有事于武宮傳稱禘于武公則知此言有事亦是禘也祭之日仲遂卒不言禘而略言有事者禘事得常不主書禘爲下繹祭張本耳上言公子遂如齊此言仲遂卒不言公子者此書有事爲仲遂卒而書之與上相

連猶是一事因上行還間無異事省公子之文從可知也衞氏難杜云其間有辛巳有事于大廟何得爲間無異事秦氏釋云有事于大廟是爲仲遂卒起文止是一事故云間無異事也既不。書公子而稱仲遂者時君所嘉寵故稱其字非義例也定五年傳季平子行東野卒于房房是魯地卒於竟內故不書其地垂是齊地非魯竟故書地也

壬午猶繹萬入去籥繹又祭陳昨日之禮所以賓尸萬舞名籥管也猶者可止之辭魯人知卿佐之喪不宜作樂而不知廢繹故內舞去籥惡其聲聞○去起呂反注及傳同籥羊略反管音館惡烏路反聲聞音問又如字

疏注繹又至聲聞○正義曰繹又祭釋天文孫炎云祭之明日尋繹復祭也公羊傳曰繹者何祭之明日也穀梁傳云繹者祭之旦日之享賓也天子諸侯謂之爲繹少牢饋食大夫之禮也謂之賓尸釋詁云繹陳也是陳昨日之禮以賓敬此尸也公羊傳曰萬者何干舞也籥者何籥舞也其言萬入去籥何去其有聲者廢其無聲者知其不可而爲之也猶者何通可以已也是萬爲舞名禮明堂位曰朱干玉戚冕而舞大武干楯也戚斧也此舞者左手執楯右手執斧故謂之武舞言王者以萬人服天下故以萬爲名詩言碩人之舞云左手執籥右手秉翟鄭玄云籥如管六孔何休云吹之以節舞也故吹籥而舞謂之文舞魯人知卿佐之喪不宜作樂故去其有聲而不知廢繹納舞去籥惡其聲聞也尋杜注意直云萬舞名又注隱五年亦直云萬舞也下問羽數則萬是舞之大名不取公羊萬是干舞之義則執羽吹籥是爲萬舞故杜云納舞去籥惡其聲聞是無干舞籥舞之別名也沈氏云案曾子問嘗禘郊社簠簋既陳天子崩后之喪廢則卿喪不廢正祭繹是又祭爲輕故當廢之

○戊子夫人嬴氏薨無傳宣公母也○晉師白狄伐秦○楚人滅舒蓼○秋七月甲子日有食之既無傳月三十日食○冬十月己丑葬我小君敬嬴敬。謚嬴姓也反哭成喪故稱葬小君

疏注敬謚○正義曰謚法夙夜。敬事曰敬

雨不克葬庚寅日中而克葬克成也

疏雨不至克葬○正義曰定十五年九

月丁巳葬我君定公雨不克葬戊午日下昊乃克葬彼云乃此云而者公羊傳曰而者何難也乃者何難也曷爲或言而或言乃乃難乎而也何休云難者臣子重難不得以正日葬其君言乃者內而深言而者外而淺下昊日昳久故言乃左氏無傳杜又不說或如公羊之言或是史家異辭○城平陽今泰山有平陽縣○楚師伐陳

傳八年春白狄及晉平夏會晉伐秦經在仲遂卒下從赴晉人獲秦諜殺諸絳市六日而蘇蓋記異也○諜徒協反間也今謂之細作絳古巷反○有事于大廟襄仲卒而繹非禮也○楚爲衆舒叛故伐舒蓼滅之○舒蓼二國名爲于僞反【疏】注舒蓼二國名○正義曰舒蓼二國名者蓋轉寫誤當云一國名案釋例土地名有舒羣舒。舒蓼舒庸舒鳩以爲五名則與文五年滅蓼同蓋蓼滅後更復故楚今更滅之劉炫以杜爲一國而規之非也楚子疆之○正其界也疆居良反○及滑汭滑水名○滑于八反汭如蛻反一音如悅反盟吳越而還吳國今吳郡越國今會稽山陰縣也傳言楚彊吳越服從○會古外反稽古兮反彊其良反【疏】盟吳越而還○正義曰譜云吳姬姓周大王之子大伯仲雍之後大伯仲雍讓其弟季歷而去之荊蠻自號句吳句或爲工夷言發聲也大伯無子而卒仲雍嗣之當武王克殷而因封其曾孫周章於吳爲吳子又別封章弟虞仲於虞自大伯五世而得封十二世而晉滅虞虞滅而吳始大至壽夢而稱王壽夢以上世數可知而不紀其年壽夢元年魯成公之六年也夫差十五年獲麟之歲也二十三年魯哀公之二十二年而越滅吳越姒姓其先夏后少康之庶子也封於會稽自號於越於者夷言發聲也濱在南海不與中國通後二十餘世至於允常魯定公五年始伐吳允常卒子句踐立是爲越王越王元年魯定公之十四年也魯哀公二十二年句踐滅吳霸中國卒春秋後七世大爲楚所破遂微弱矣外傳曰芊姓歸越是越本楚之

別封也或非夏后之後也○晉胥克有蠱疾惑以喪志○蠱音古喪息浪反郤缺爲政代趙盾秋廢胥克使趙

朔佐下軍朔盾之子。代胥克爲成十七年胥童怨郤氏張本○冬葬敬嬴旱無麻始用葛茀記禮變之所由茀所以引柩殯則有之以備火葬則以下柩○茀方勿反引棺索也柩其又反

疏注記禮至下柩○正義曰禮記諸言自某始者皆與後人爲始此云始用葛茀則自此以後常用葛故云記禮變之所由茀字禮或作紼或作綍繩之別名也周禮遂人大喪屬六紼天子用六也喪大記君葬用四紼大夫士葬用二紼是紼者所以引柩也於殯則已有之繫於輴車以備火災有災則引柩以辟火及葬則用之以下柩也

雨不克葬禮也禮卜葬先遠日辟不懷也懷思也

疏雨不至懷也○正義曰曲禮云凡卜筮日旬之外曰遠某日旬之內曰近某日喪事先遠日吉事先近日鄭玄云喪事葬與練祥也吉事祭祀冠取之屬也然則遠近日先卜上旬不吉卜次旬又不吉卜下旬喪事則先卜下旬卜葬先卜遠日辟不思念其親似欲汲汲而早葬之也今若冒雨而葬亦是不思其親欲得早葬故舉卜葬先遠日以證爲雨而止禮也王制云庶人葬不爲雨止者鄭玄云雖雨猶葬禮儀少也

○城平陽書時也○陳及晉平楚師伐陳取成而還言晉楚爭強

經九年春王正月公如齊無傳公至自齊無傳○夏仲孫蔑如京師○齊侯伐萊無傳

○秋取根牟根牟東夷國也今琅邪陽都縣東有牟鄉○八月滕子卒未同盟○九月晉侯宋公衛侯鄭伯曹伯會于扈○晉荀林父帥師伐陳○辛酉晉侯黑臀卒于扈卒於竟外故書地四與文同盟九月無辛酉日誤○竟音境

疏注卒於至日誤○正義曰釋例扈是鄭地故云卒於竟外黑臀以二年始立而云四與文同盟者杜注春秋又

爲釋例前後經傳勘當備盡豈晉侯二年始立不于文公之世而云四與文同盟必是後寫之誤蘇氏亦以爲然劉炫以此規杜非也其君卒或書地或不書
地皆從赴今云卒於竟外故書地者。晉侯實在竟外卒非以爲例也劉炫云襄七年鄭伯髡頑卒於鄵昭二十五年宋公佐卒于曲棘竟內亦書地非竟外九
月無辛酉者下有十月癸酉杜以長曆推之癸酉是十月十六日辛酉在前十二日耳故云九月無辛酉上有八月下有十月非月誤也○冬十月
癸酉衛侯鄭卒無傳三與文同盟【疏】注三與文同盟○正義曰鄭父燬以僖二十五年卒鄭代立其年盟于洮二十六年于向二十八年
于踐土文七年于扈十四年於新城唯二與文同盟云三者以二字體相近轉寫之誤耳若其不然杜無容不委劉炫以此規杜非也三○宋人圍
滕○楚子伐鄭○晉郤缺帥師救鄭○陳殺其大夫洩冶洩冶直諫於淫亂之朝以取死故不爲春
秋所貴而書名○洩息列反冶音也【疏】注洩冶至書名○正義曰文八年宋人殺其大夫司馬貴之而不名此書洩冶之名是不爲春秋所貴故書名傳稱
臣者所以治煩去惑是以伏死而爭則直諫者臣之盡忠之事洩冶忠諫而死不爲春秋所貴者釋例曰魯哀之可諫者甚衆未聞仲尼之苦言至於陳恆弒
其君孔子沐浴而朝告於哀公求討不義顯事施舍足以致益者固人臣之所當造膝也若乃情色之惑君不能得之於臣父不能得之於子臣子而欲顯直
於其君父適所以益謗而致罪也陳靈公宣淫悖德亂倫志同禽獸非盡言所救洩冶進無匡濟遠策退不危行言孫安昏亂之朝慕匹夫之直忘蘧氏可卷
之德死而無益故經同罪賤之文傳特稱仲尼以明之忠爲令德非其人猶不可況不令乎此其義也是說不責洩冶之意也然則比干忠諫紂而死孔子稱殷
有三仁焉善比干者家語云子貢曰陳靈公君臣宣淫於朝洩冶諫而殺之是與比干諫死同可謂仁乎孔子曰比干於紂親則諸父官則少師忠。款之心在
於存宗廟而已固當以必死爭之冀身死之後紂當悔悟本志存於仁者也洩冶之於靈公位在大夫無骨肉之親懷寵不去仕於亂朝以區區之身欲止一

國之淫昏死而無益可謂狷矣詩云民之多辟無自立辟其洩冶之謂乎是言洩冶之行不得同於比干之意也

傳九年春王使來徵聘徵召也言。周徵也徵聘不書徵加諷諭不指斥○諷芳鳳反夏孟獻子聘於周。王以爲有禮厚賄之。○賄呼罪反字林音悔○秋取根牟言易也○易以豉反○滕昭公卒爲宋圍滕傳○會于扈討不睦也謀齊陳陳侯不會前年與楚成故晉荀林父以諸侯之師伐陳不書諸侯師林父帥之無將帥○將子匠反帥所類反疏。注不書至將帥○正義曰僖二十八年晉侯齊師宋師秦師及楚人戰於城濮彼注云宋公齊國歸父秦小子。憖既次城濮以師屬晉不與戰也彼以師屬晉而經書其師此全不書者彼雖公卿不行仍有大夫帥之將卑師衆故稱師耳此則全無將帥以兵付晉并入晉軍林父獨自帥之故唯書林父伐陳也晉侯卒于扈乃還○冬宋人圍滕因其喪也○陳靈公與孔寧。儀行父通於。夏姬皆衷其衵服以戲于。朝二子陳卿夏姬鄭穆公女陳大夫御叔妻衷懷也衵服近身衣○夏戶雅反衷音忠王丁仲反衵女乙反一音汝栗反說文云日日所衣裳也字林同又云婦人近身內衣也仁一反御如字一音魚呂反近附近之近洩冶諫曰公卿宣淫民無效。焉宣示也○效戶教反且聞不令君其納之納藏衵服○聞如字一音問公曰吾能改矣公告二子二子請殺之公弗禁遂殺洩冶孔子曰詩云民之多辟無自立辟其洩冶之謂乎辟邪也辟法也詩大雅言邪辟之世不可立法國無道危行言孫○禁居鴆反又音金多辟本又作僻匹亦反注同立辟婢亦反注同邪似嗟反下同行下孟反孫音遜○楚子爲厲之役故伐鄭六年楚伐鄭取成於厲既成鄭伯逃

歸事見十一年○爲于僞反見賢遍反○晉郤缺救鄭鄭伯敗楚師于柳棼柳棼鄭地○柳力手反棼扶云反國
人皆喜唯子良憂曰是國之災也吾死無日矣自是晉楚交兵伐鄭。十二年卒有楚子入鄭之禍
經十年春公如齊公至自齊無傳○齊人歸我濟西田元年以賂齊也不言來公如齊因受之○濟子禮反
○夏四月丙辰日有食之無傳不書朔官失之○己巳。齊侯元卒未同盟而赴以名○齊崔氏出
奔衛齊略見舉族出因其告辭以見無罪○見賢遍反下同疏注齊略至無罪○正義曰崔杼有寵於惠公惠公既薨高國二家恐其偪前世之寵
又有寵於新君故畏其偪己因君薨而逐之崔杼未有罪也齊人疑其事故不言其名略言崔氏見其舉族出奔耳及仲尼脩之大夫出奔無罪不名不名卽
因無罪故因告稱氏而書氏次見無罪若胥之或稱官或稱字如司城子哀之類是也○公如齊五月公至自齊無傳○癸
巳陳夏徵舒弒其君平國。徵舒陳大夫也靈公惡不加民故稱臣以弒○夏戶雅反○六月宋師伐滕○公
孫歸父如齊○葬齊惠公無傳歸父襄仲之子晉人宋人衛人曹人伐鄭鄭及楚平故○秋天
王使王季子來聘王季子者公羊以爲天王之母弟然則字季子天子大夫稱字疏注王季至稱字○正義曰公羊傳曰王季子者何天
子之大夫也其稱王季子何貴也其貴奈何母弟也是公羊以爲天王之母弟也母弟而稱季子然則字季子也天子大夫例稱字襄三十年天王殺其弟佞
夫母弟稱弟此不言王弟者釋例云朝聘盟會嘉好之事此兄弟之篤睦非義例之所興故仍舊史之策或稱弟或稱公子是由義無所見故因其舊文其相
殺害乃稱弟以示義耳○公孫歸父帥師伐邾取繹繹邾邑魯國鄒縣北有繹山○繹音亦疏注繹邾至繹山○正義曰

文十三年傳稱邾遷于繹則繹爲邾之都矣更別有繹邑今魯伐取之非取邾之都也亦因繹山爲名蓋近在邾都之旁耳○大水無傳○季孫行父如齊○冬公孫歸父如齊齊侯使國佐來聘既葬成君故稱君命使也○饑無傳爲水災嘉穀不成

楚子伐鄭

傳十年春公如齊齊侯以我服故歸濟西之田公比年朝齊故○夏齊惠公卒崔杼有寵於惠公高國畏其偪也高國二家齊正卿○杼直呂反偪彼力反公卒而逐之奔衛書曰崔氏非其罪也且告以族不以名典策之法告者皆當書以名今齊特以族告夫子因而存之以示無罪又言且告以族不以名者明春秋有因而用之不皆改舊。史

【疏】注典策至改舊○正義曰傳言且告以族不以名知法當以名告而齊人誤以族告也釋例云若乃稱司城以貴效節於府人書歸父之還以善復命於介因齊人告辭以著其無罪蓋隨事以示褒貶也傳既云書曰崔氏以明非罪復云且告以族不以名知典策之書舊當以名通也齊國雖繆以族告適合仲尼。新褒之實因而不革以示無罪且明春秋之作或因仍舊史成文不必皆有改也何休膏肓以爲公羊譏世卿而難左氏蘇氏釋云崔杼祖父名不見經則知非世卿且春秋之時諸侯擅相征伐猶尙不譏世卿雖曰非禮夫子何由獨責又鄭駁異義引尙書世選爾勞又引詩刺幽王絕功臣之世然則興滅繼絕王者之常譏世卿之文其義何在

凡諸侯。之大夫違違奔放也

【疏】注違奔放也○正義曰釋例曰迫窘而奔及以禮見放俱去其國故傳通以違爲文是言違兼奔放也

告於諸侯曰某氏之守臣某上某。氏者姓下某。名○守手又反

【疏】注上某至某名○正義曰若言崔氏之守臣杼也大夫受氏常世守宗廟故謂之守臣言守宗廟之臣也僖十二年管仲云天子之二守高國在彼謂天

子命之爲守國之臣與此異也知此異於彼者豈天子命者出奔乃得告於諸侯餘臣出奔不得告也且下句云失守宗廟如守臣謂守宗廟之臣非守國也天子賜姓諸侯賜族對文則姓與族別散文則可以通禮謂族人爲庶姓故云上某出者姓其實正是族也失守宗廟敢告所有玉帛之使者則告玉帛之使謂聘○之使使所吏反【疏】注玉帛之使謂聘○正義曰聘禮執玉致命執帛致享故云玉帛之使謂聘也下注云恩好不接故亦不告又昭二十年曹公孫會自鄭出奔宋注云嘗有玉帛之使來告故書則杜意以爲奔者之身嘗有玉帛之使於彼國己經相接則告之若奔者未嘗往聘恩好不接則不告唯告奔者嘗聘之國餘不告也劉炫以爲玉帛之使謂國家有交好之國皆告非指奔者之一身不然則否恩好不接故亦不告○好呼報反○公如齊奔喪公親奔喪非禮也公出朝會奔喪會葬皆書如不言其事史之常也○陳靈公與孔寧儀行父飲酒於夏氏公謂行父曰徵舒似女對曰亦似君徵舒病之靈公卽位於今十五年徵舒已爲卿年大無嫌是公子蓋以夏姬淫放故謂其子爲似以爲戲○夏戶雅反女音汝公出自其廄射而殺之二子奔楚○廄居又反射食亦反○滕人恃晉而不事宋六月宋師伐滕○鄭及楚平前年敗楚師恐楚深怨故與之平諸侯之師伐鄭取成而還○秋劉康公來報聘報孟獻子之聘卽王季子也其後食采於劉○師伐邾取繹爲子家如齊傳○季文子初聘于齊齊侯初卽位○冬子家如齊伐邾故也魯侵小恐爲齊所討故往謝國武子來報聘報文子也○楚子伐鄭晉士會救鄭逐楚師于潁北潁水出河南陽城至下蔡入淮【疏】注潁水至入淮○正義曰釋例曰潁水出河南陽城縣陽乾山東南經潁川汝陰至淮南下蔡縣入淮也諸

侯之師戍鄭鄭子家卒鄭人討幽公之亂斲子家之棺而逐其族以四年弒君故也斲薄其棺不使從卿禮○斲竹角反

【疏】注以四至卿禮○正義曰喪大記云君大棺八寸屬六寸椑四寸上大夫大棺八寸屬六寸下大夫大棺六寸屬四寸士棺六寸然則子家上大夫棺當八寸今斲薄其棺不使從卿禮耳不知斲薄之使從何禮也

改葬幽公謚之曰靈

【疏】幽公○正義曰謚法動靜亂常曰幽

經十有一年春王正月○夏楚子陳侯鄭伯盟于辰陵楚復伐鄭故受盟也辰陵陳地潁川長平縣東南有辰亭○復扶又反下復封陳同○公孫歸父會齊人伐莒無傳○秋晉侯會狄于欑函晉侯往會之故以狄爲會主欑函狄地○欑才端反函音咸

【疏】注晉侯至狄地○正義曰凡諸侯聚會魯不與者皆歷序諸國云會于某地上盟于辰陵卽其事也狄從諸夏序列亦然僖三十年齊人狄人盟于邢是也此異於彼而云晉侯會狄是狄在彼地晉往會之故傳說晉大夫欲召狄郤成子勸其勤是晉侯自往故以狄爲會主成十五年會吳于鍾離襄十年會吳于柤其意與此同

○冬十月楚人殺陳夏徵舒不言楚子而稱人討賊辭也

【疏】注不言至辭也○正義曰討賊辭者言弒君之賊人人皆欲殺之作舉國共殺之文故不言楚子也襄二十七年衞殺其大夫甯喜亦是討賊但衞人自殺其臣故稱大夫徵舒非楚之臣不得言殺其大夫諸放殺及執他國之臣皆不言某國大夫者以人臣卑賤故沒其爵號而空書名氏

○丁亥楚子入陳楚子先殺徵舒而欲縣陳後得申叔時諫乃復封陳不有其地故書入在殺徵舒之後

【疏】注楚子至之後○正義曰案傳楚子爲陳討夏氏亂遂入陳殺夏徵舒轘諸栗門此經先書殺夏徵舒後書入陳者據先後事實爲文故杜注云楚子先殺徵舒而欲縣陳後得申叔時諫乃復封陳不有其

地故書入在殺徵舒之後是其事也劉炫云楚子入陳乃殺徵舒經先書殺徵舒後言入陳者以楚子本意止欲討賊無心滅陳及殺徵舒滅陳爲縣後得申叔時諫乃復封陳於例不有其地故云入陳言楚人既殺徵舒楚子乃復入陳納二子於陳入陳之文爲下納張本傳。云書曰入陳納公孫寧儀行父于陳書有禮也入納連文是入爲納也昭八年楚師滅陳執公子招放于越殺陳孔奐彼心欲滅陳此則主爲討賊無心滅陳而復封之君子善其自悔故退入陳於下隱其縣陳之過若其不然當云楚子入陳殺夏徵舒如此則楚子本爲入陳因入。乃討陳賊則是惡楚子故書入在殺徵舒之後納公孫寧儀行父于陳二子淫昏亂人也君弒之後能外託楚以求報君之讎內結強援於國故楚莊得平步而討陳除弒君之賊於時陳成公播蕩於晉定。亡君之嗣靈公成喪賊討國復功足以補過故君子善楚復之○播補賀反蕩如字【疏】注二子至復之○正義曰二子與君淫昏致使君死國亂實罪人也今楚子入陳而納之乃是納罪人也例應罪楚子而傳言書曰入陳納公孫寧儀行父于陳書有禮也既善楚子有禮則是恕彼之過故杜迹其合恕之由言賊討國復是二子之力其功足以補過故君子善楚復之賈逵云二子不繫之陳絕於陳也惡其與君淫故絕之善楚有禮也案子糾捷菑皆不繫國自是例之常賈說非也釋例云賈氏依放穀梁云稱納者內難之辭納公孫寧儀行父于陳言書有禮不可言內難也陳縣而見復上下交驩二人雖有淫縱之闕今道楚匡陳賊討君葬威權方盛傳稱其禮理無所難此先儒說之不安也杜言於時陳成公播蕩於晉者此傳云陳侯在晉襄二十五年傳云夏氏之亂成公播蕩是也

傳十一年春楚子伐鄭及櫟子良曰晉楚不務德而兵爭與其來者可也晉楚無信我焉得有信乃從楚夏楚盟于辰陵陳鄭服也傳言楚與晉狎。主盟○櫟力狄反爭爭鬬之爭焉於

虔反夏楚盟本或作楚子○楚左尹子重侵宋子重公子嬰齊莊王弟王待諸郟郟楚地○郟音延○令尹蒍

艾獵城沂艾獵孫叔敖也沂楚邑○艾五蓋反獵力涉反沂魚依反疏注艾獵孫叔敖○正義曰服虔亦云艾獵蒍賈之子孫叔敖也此年云令尹蒍艾獵明年云令尹孫叔敖明一人也世本艾獵為叔敖之兄世本多誤本不必然世使封人慮事封人其時主築城者慮事謀慮計功○慮如字一音力於反廣雅云無慮都邑也疏注封人至計功○正義曰周禮封人凡封國封其四疆造都邑之封域者亦如之大司馬大役與慮事受其要以待考而賞誅鄭玄云慮事者封人也於有役司馬與之屬賦丈尺與其用人數也是封人主造城邑計度人數此云使封人故云其時主築城者慮事者謀慮以築之事無則慮之訖則計功也書多有無慮之語皆謂揆度前事也史以授司徒司徒掌役量功命日命作日數分財用財用築作具平板榦榦楨也○榦古旦反亦作幹楨音貞疏注榦楨○正義曰釋詁云楨榦也舍人曰楨正也築牆所立兩木也榦所以當牆兩邊鄣土者也彼楨為榦故謂榦為楨謂牆之兩頭立木也在兩旁鄣土者即彼文榦也平板榦者等其高下使城齊也板稱畚築量輕重畚盛土器○畚音本盛音成程土物為作程限○為于僞反又如字疏注稱畚築程土物○正義曰畚者盛土之器築者築土之杵司馬法輦車所載二築是也稱畚築者量其輕重均負土與築者之力也程土物謂鍬钁畚舉之屬為作程限備豫也議遠邇均勞逸略基趾趾城足略行也○趾音止行下孟反具餱糧餱乾食也○餱音侯糧音良乾食如字一音嗣本或作乾飯度有司謀監主○度待洛反監古銜反事三旬而成十日為旬不愆于素不過素所慮之期也傳言叔敖之能使民○愆起虔反○晉郤成子求成于衆狄衆狄疾赤狄之役遂服于晉赤狄潞氏最強故服役衆狄○潞音路秋會于欑函衆狄服也是行

也諸大夫欲召狄郤成子曰吾聞之非德莫如勤非勤何以求人能勤有繼其從之也勤則功繼之詩曰文王既勤止詩頌文王勤以創業○創初亮反文王猶勤況寡德乎○冬楚子爲陳夏氏亂故伐陳十年夏徵舒弑君○爲于僞反謂陳人無動將討於少西氏少西徵舒之祖子夏之名○少詩照反疏注少西至之名○正義曰禮以王父字爲氏徵舒以夏爲氏知子夏是字少西是名言少西氏者氏猶家也言將討少西之家遂入陳殺夏徵舒轘諸栗門轘車裂也栗門陳城門○轘音患因縣陳滅陳以爲楚縣陳侯在晉靈公子成公午申叔時使於齊反復命而退王使讓之曰夏徵舒爲不道弑其君寡人以諸侯討而戮之諸侯縣公皆慶寡人楚縣大夫皆僭稱公○使所吏反僭子念反疏以諸侯討而戮之○正義曰經無諸侯而云以諸侯討之諸侯皆慶者時有楚之屬國從行也十二年邲之戰經不書唐而傳云唐侯爲左拒昭十七年長岸之戰經不書隨而傳言使隨人守舟明此時亦有諸侯但爲楚私屬不以告耳女獨不慶寡人何故對曰猶可辭乎王曰可哉曰夏徵舒弑其君其罪大矣討而戮之君之義也抑人亦有言曰牽牛以蹊人之田抑辭也蹊徑也○女音汝蹊音兮徑古定反而奪之牛牽牛以蹊者信有罪矣而奪之牛罰已重矣諸侯之從也曰討有罪也今縣陳貪其富也以討召諸侯而以貪歸之無乃不可乎王曰善哉吾未之聞也反之可乎對曰吾儕小人所謂取諸其懷而與之也叔時

謙言小人意淺謂譬如取人物於其懷而還之爲愈於不還○儕士皆反輩也乃復封陳鄉取一人焉以歸謂之夏州州鄉屬示討夏氏所獲也○復扶又反夏戶雅反疏謂之夏州○正義曰謂之夏州者討夏氏鄉取一人以歸楚而成一州故謂之夏州故書曰楚子入陳納公孫寧儀行父于陳書有禮也沒其縣陳本意全以討亂存國爲文善其復禮疏注沒其至復禮○正義曰言入陳納人爲有禮也直言入陳納人是沒其縣陳本意言陳國見存入而納此人耳是全以討亂存國爲文所以善其得禮○厲之役鄭伯逃歸蓋在六年自是楚未得志焉鄭既受盟于辰陵又徼事于晉爲明年楚圍鄭傳十年鄭及楚平既無其事辰陵盟後鄭徼事晉又無端跡傳皆特發以明經也自厲之役鄭南北兩屬故未得志九年楚子伐鄭不以黑壤與伐遠稱厲之役者志恨在厲役此皆傳上下相包通之義也○徼古堯反疏注爲明至義也○正義曰十年鄭及楚平既無其事謂經無之也鄭徼事晉又無端跡亦謂經所無也傳若不發此語不知楚以何故明年忽然圍鄭爲此特發此傳以明後年圍鄭之經也自厲役以來鄭南北兩屬不專心於楚故楚未得志而明年圍之七年晉爲黑壤之會鄭伯在焉厲役在黑壤之前九年傳言楚子爲厲之役故伐鄭事在黑壤之後而役傳不以黑壤與伐而遠稱厲之役者楚子之志所恨在於厲役逃歸不爲黑壤會晉故也上指厲下指辰陵中包黑壤此皆傳上下相包通之義也

附釋音春秋左傳注疏卷第二十二

春秋左傳注疏卷二十二校勘記　阮元撰盧宣旬摘錄

附釋音春秋左傳注疏卷第二十二宣公五年盡十一年

（經五年）

以先公遺體許人宋本公下有之字

叔孫得臣卒淳熙本得誤傳

而且相隨行耳宋本無且字

（傳五年）

連昏於鄰國之臣纂圖本毛本鄰作隣俗字正義同

故書曰逆叔姬卽自逆也是也補刊石經宋本岳本纂圖本閩本監本毛本卽作卿

嫌見逼而成昏宋本淳熙本逼作迫

不於彼發例者閩本缺於字

三月廟見淳熙本作廟古廟字

鄭玄荅之曰盧文弨荅作箴是也

緇衣浦鏜正誤衣作袘案儀禮作袘

乃奠菜鄭玄云閩本監本毛本乃奠菜鄭作然後祭行非也

擇日而祭於禰毛本於作于案曾子問作於

〔經六年〕

〔傳六年〕

注殪盡至習也宋本以下正義二節揔入此類之謂也注下

冬召桓公逆王后于齊補刊石經桓誤蘇

九年十一年傳所稱屬之役纂圖本閩本監本毛本屬作屬亦非宋本淳熙本岳本足利本作屬是也

其在周易豐之離也顧炎武云石經離卦誤畫作同人案碑乃宋梁補刊非唐刻

注豐上至滅亡宋本此節正義在鄭人殺之句下

故窺其戶宋本閩本監本毛本窺作闚不誤

〔經七年〕

衛侯至來盟宋本此節正義在衛侯使孫良夫來盟句下

使陽處父父盟公以恥之 宋本閩本監本毛本父字不重

(傳七年)

衞孫桓子來盟 毛本孫誤宋

厲公篡大子忽之位 閩本大作太案古太子字皆作大

故諱不與謀之例 宋本諱下有從字是也

臧宣叔郤錡是也 閩本監本臧誤臧下同毛本郤作卻亦非下同

所以多相錯伐也 閩本監本毛本伐作亂案伐疑代字之誤

公會劉子晉侯云于平丘 宋本重云字山井鼎云當作云云是也

(經八年)

若賓死未將命 毛本賓作實誤

有事至書地 宋本以下正義二節揔入去籥注下

既不書公子而稱仲遂者 宋本閩本監本毛本書作稱

敬謚 宋本岳本毛本謚作諡注正義同案當作謚說見前

敬謚 宋本此條正義在注文克成也之下

謚法夙夜敬事曰敬 宋本敬事作勤事是也

戊午日下昃乃克葬 宋本昃作昊是也閩本監本作曇毛本作昃下並同○今訂作昊

〔傳八年〕

晉人獲秦諜殺諸絳市 顧炎武云絳誤終案石經此處乃朱梁補刊

有事于太廟 補刊石經宋本淳熙本岳本足利本太作大是也石經空于字書丹時失寫也

舒蓼二國名 諸本作二陸粲云羅泌曰蓼與舒蓼別舒蓼皋陶之後偃姓若舒又是一國僖之三年滅矣杜氏分舒蓼爲二國名孔氏遂以爲郎文五年楚所滅之蓼皆臆說也按陸粲云是

舒蓼二國名 宋本以下正義二節揔入盟吳越而還注下

羣舒舒蓼 閩本監本毛本羣舒下空一字非也

劉炫以杜爲一國而規之非也 宋本一作二

郤缺爲政 毛本郤作卻非下同

朔盾之子代胥克 監本代作伐誤

注記禮至下柩宋本以下正義二節揔入注文懷忌也之下

禮或作紼監本紼作茀非

〔經九年〕

夏仲孫蔑如京師宋本淳熙本岳本纂圖本蔑作篾不誤補刊石經作䕻非

九月晉侯宋公衞侯鄭伯曹伯會于扈補刊石經九月下有公會二字衍文

晉侯實在竟外卒宋本晉上有據字

則少師忠款之心閩本監本毛本款作欵是俗字

〔傳九年〕

言周徵也淳熙本周作問非

夏孟獻子聘於周石經宋本於作于

厚賄之閩本監本賄誤賂

不書至將帥宋本此節正義在乃還句下

秦小子憖宋本憖作慭與說文合此本子誤七今訂正

陳靈公與孔寧儀行父通於夏姬 案鄭氏注禮運賈氏疏士喪禮引傳寧作甯補刊石經宋本於並作于是也下以戲于朝字唯纂圖本毛本作於

民無効焉 補刊石經宋本淳熙本岳本効作效是也釋文作傚

十二年卒有楚子入鄭之禍 淳熙本十二誤土字

（經十年）

巳巳齊侯元卒 石經宋本淳熙本岳本纂圖本巳巳作己巳是也○今訂正

靈公惡不加民 淳熙本民作氏

今魯伐取之 監本毛本伐作仍非也

（傳十年）

不皆改舊史 宋本無史字案正義摘注作典策至改舊是無史字之明證

注典策至改舊 宋本以下正義四節揔入不然則否注下

仲尼新褒之實 宋本新作所是也

凡諸侯之大夫違 石經宋本淳熙本岳本監本毛本並作侯此本閩本誤作使今訂正

上某氏者姓下某名宋本氏作出下某下有出者二字案正義曰故云上某出者姓似從宋本爲得也

豈天子命者出奔閩本監本毛本豈作蓋非也

如守臣謂守宗廟之臣宋本如作知是也盧文弨校本作則依考文改

飲酒於夏氏補刊石經宋本於作于

公出自其廏纂圖本監本毛本廏作廐俗字

注潁水至入淮宋本此節正義在諸侯之師戍鄭句下

諸侯之師戍鄭鄭子家卒毛本卒上七字纂圖本同何焯云宋本無諸侯之師戍鄭句今宋本皆有何焯所據似纂圖本也

注以四至鄉禮宋本此節正義在改葬幽公謚之曰靈句下

〔經十一年〕

潁川長平縣東南有辰亭案惠棟云酈氏曰今此亭在長平城西北長平縣在東南或杜氏不謬傳寫誤耳

故以狄爲會主淳熙本狄誤秋

欑函狄地毛本欑作攢非也

皆歷序諸國宋本毛本歷作列

傳云書曰入陳 閩本監本毛本云作言
因入乃討陳賊 宋本閩本作乃監本毛本作方非
定亡君之嗣 淳熙本亡作二非也
〔傳十一年〕
傳言楚與晉狎主盟 纂圖本監本毛本主誤王
注艾獵孫叔敖 宋本以下正義四節揔入不忽于素注下
本不必然 閩本監本毛本不必作必不
慮事謀慮計功 宋本岳本足利本謀作無按正義當作無
財用築作具 閩本監本作作用
平板榦 釋文榦作幹云本亦作榦是也
楨榦楨也 宋本榦楨作翰榦是也案莊廿九年成二年皆作翰榦○今訂正
臥鄭土者 宋本作臥是也此本作郎謬閩本監本毛本作卽亦非○今從宋本
卽彼文榦也 宋本毛本作文閩本監本誤丈榦宋本作翰

謀監主宋本主作正

注少西至之名宋本以下正義四節揔入書有禮也注下

夏徵舒爲不道弑其君監本毛本改殺其

反之可乎對曰吾儕小人閩本監本毛本脫對字

全以討亂存國爲大宋本淳熙本岳本監本毛本大作文是也

善其復禮岳本監本毛本復作得與正義合

注沒其至復禮監本毛本復作得

又徼事于晉釋文徼作儌

上指厲宋本厲下有役字

春秋左傳注疏卷二十二校勘記

附釋音春秋左傳注疏卷第二十三 宣十二年

杜氏注　孔穎達疏

經十有二年春葬陳靈公無傳賊討國復二十一月然後得葬○楚子圍鄭前年盟辰陵而又徼事晉故○徼古堯反○夏六月乙卯晉荀林父帥師及楚子戰于邲晉師敗績晉上軍成陳故書戰邲鄭地○邲扶必反一音弼陳音直覲反疏注晉上至鄭地○正義曰此一軍成陳兩軍不成陳成陳者雖少以戰爲文案昭二十三年雞父之戰六國成陳而楚不成陳成陳者多而以敗爲文者六國雖衆楚爲兵主楚既未陳故以獨敗爲文與此異也○秋七月○冬十有二月戊寅楚子滅蕭蕭宋附庸國十二月無戊寅戊寅十一月九日疏注蕭宋至九日○正義曰莊十二年宋萬弒閔公蕭叔。人心者宋蕭邑之大夫也平宋亂立桓公宋人嘉之以蕭邑封叔爲附庸莊二十三年蕭叔朝公是其事也此年楚子滅蕭定十一年宋公之弟辰入于蕭以叛則此後復爲宋邑也杜以長曆校之十二月無戊寅戊寅乃是十一月九日此不言月誤長曆云日月必有誤者案傳稱師人多寒若是十一月則今之九月未是寒時當月是而日誤也○晉人宋人衛人曹人同盟于清丘晉衛背盟故大夫稱人宋華椒承羣僞之言以誤其國宋雖有守信之善而椒猶不免譏清丘衛地今在濮陽縣東南○背蒲對反下注同疏注晉衛至東南○正義曰傳云盟曰恤病討貳陳貳於楚而宋伐之衛救陳不討貳也楚伐宋而晉衛不救不恤病也是晉衛背盟故貶其大夫而稱人曹是小國貶與不貶俱當稱人故不言曹也明年傳稱君子曰清丘之盟唯宋可以免則宋不違盟而亦貶宋卿者彼晉衛曹並皆僞妄華椒承羣僞之言以誤其國致使宋爲盟故伐陳衛人救之楚人討之伐陳怒楚被伐無救宋雖有守信之善而椒猶不免譏者爲諸國失信而累及椒也晉衛不信乃在盟後非是心欲不信而妄作此盟當盟之時未有不信之狀在後違約不可豫知而亦幷責椒者君子結交當擇善而從之所與不善必將敗德椒與不信約盟則是不信之黨雖獨守信幷亦貶之戒後之人使擇交也

宋師伐陳衛人救陳背清丘之盟

傳十二年春楚子圍鄭旬有七日鄭人卜行成不吉卜臨于大宮臨哭也大宮鄭祖廟○臨力鴆反下注同大宮音泰注同【疏】注臨哭至祖廟○正義曰案雜記客致含賵訖請臨襄十二年傳吳子壽夢卒臨于周廟故云臨哭也宮即廟也象其尊貌則謂之為廟言其牆屋則稱之為宮大宮宮之大者鄭祖廟者謂鄭大祖之廟也且巷出車吉出車於巷示將見遷不得安居國人大臨守陴者皆哭陴城上俾倪皆哭所以告楚窮也○陴婢支反徐扶移反俾普計反倪五計反【疏】注陴城上俾倪○正義曰陴城上小牆俾倪者看視之名襄六年晏弱圍萊堙之環城傅於堞注云堞女牆也又二十五年吳子門于巢巢牛臣隱於短牆以射之二十七年盧蒲嫳攻崔氏崔氏堞其宮而守之注云堞短垣也陴堞俾倪短牆短垣女牆皆一物也說文云堞城上女垣也廣雅云陴俾倪女牆也釋名云城上垣曰陴言於其孔中俾倪非常亦言陴益也助城之高也或曰女牆言其卑小比之於城如女子之於丈夫也

楚子退師鄭人脩城進復圍之三月克之哀其窮哭故為退師而猶不服故復圍之九十日○復扶又反注同故為于偽反【疏】注哀其至十日○正義曰杜以三月克之謂圍經三月方始克之故云九十日也知非季春克之者下云六月晉師救鄭及河聞鄭既及楚平桓子欲還是將欲至河鄭猶未敗至河聞敗猶欲還師在國聞敗師必不發若是季春克之不應此至六月而晉人不聞以此知三月非季春也經傳皆言春圍鄭不知圍以何月為始圍經旬有七日為之退師聞其脩城乃復更進圍三月方始克之則從初以至於克凡經一百二十許日蓋以三月始圍至六月乃克也入自皇門至于逵路逵塗方九軌曰逵○逵求龜反爾雅云

九達謂之逵說文作馗云九達道似龜背故謂之馗逵或馗字鄭伯肉袒牽羊以逆肉袒牽羊示服爲臣僕○袒徒旱反曰孤不天不爲天所佑○佑音又不能事君使君懷怒以及敝邑孤之罪也敢不唯命是聽其俘諸江南以實海濱亦唯命其翦以賜諸侯使臣妾之亦唯命翦削也○俘方夫反囚也濱音賓翦子淺反若惠顧前好楚鄭世有盟誓之好○好呼報反注同徼福於厲宣桓武不泯。其社稷周厲王宣王鄭之所自出也鄭桓公武公始封之賢君也願楚要福。于此四君使社稷不滅泯猶滅也○厲宣鄭桓公友周厲王之子宣王之母弟桓武鄭武公名滑突桓公之子泯彌忍反徐士軫反要於遙反【疏】注周厲至滅也○正義曰鄭桓公是周厲王之子宣王母弟又宣王封之故僖二十四年及此皆厲宣並言之桓公始封西鄭武公始居東鄭二公是始封之賢君若其存鄭則四君祐楚故願楚要福於此四君使社稷不滅泯滅也釋詁文使改事君夷於九縣楚滅九國以爲縣願得比之○九縣莊十四年滅息十六年滅鄧僖五年滅弦十二年滅黃二十六年滅夔文四年滅江五年滅六滅蓼十六年滅庸傳稱楚武王克權使鬭緡尹之又稱文王縣申息此十一國不知何以言九【疏】注楚滅至比之○正義曰楚滅諸國見於傳者哀十七年稱文王縣申息莊六年稱楚滅鄧十八年稱武王克權僖五年滅弦十二年滅黃二十六年滅夔文四年滅江五年滅六又滅蓼十六年滅庸凡十一國見於傳僖二十八年傳曰漢陽諸姬楚實盡之則楚之滅國多矣言九縣者申息定是其二餘不知所謂蘇氏沈氏以權是小國庸先屬楚自外爲九也君之惠也孤之願也非所敢望也敢布腹心君實圖之左右曰不可許也得國無赦王曰其君能下人必能信用其民矣庸可幾乎退三十里而許之平退一舍以禮鄭○下遐嫁反幾音冀

疏庸可幾乎○正義曰庸用也幾讀如冀言用可冀幸而得之乎何必滅其國潘尫入盟子良出質潘尫楚大夫子良鄭伯弟○尫
烏黃反質音致○夏六月晉師救鄭荀林父將中軍代郤缺○將子匠反下及注並同下尹將將左將右皆放此先
縠佐之彘季代林父○縠戶木反本又作縠音同彘直例反疏注彘季代林父○正義曰服虔云食采於彘或當然也文十二年河曲之戰荀林父
佐中軍臾駢佐上軍欒盾將下軍自爾以來傳無其代知先縠代林父郤克代臾駢趙朔代欒盾也八年傳趙朔佐下軍知欒書代趙朔也案傳文皆稱彘子
今注云彘季者勘譜亦以彘子彘季為一人則杜君別有所據書傳殘缺不可得而知也劉炫云傳文皆稱彘子何以知是彘季以縠非彘季以規杜今知非
者杜以子為男子之稱季是幼小之辭季之與子是得通稱子路或為季路舉其常稱謂之子論其字謂之季故公子友或稱季友而劉以傳唯稱彘子無彘
季而規杜非也士會將上軍河曲之役郤缺將上軍宣八年代趙盾為政將中軍士會代將上軍郤克佐之郤缺之子代臾駢○臾滋
朱反駢蒲邊反趙朔將下軍代欒盾欒書佐之欒盾之子代趙朔趙括趙嬰齊為中軍大夫括嬰齊皆
趙盾異母弟鞏朔韓穿為上軍大夫荀首趙同為下軍大夫荀首林父弟趙同趙嬰兄○鞏九勇反韓
厥為司馬韓萬玄孫疏注韓萬玄孫○正義曰韓世家云韓之先事晉得封韓原曰韓武子後三世有韓厥世本云桓叔生子萬萬生求伯求伯
生子輿子輿生獻子厥史記所云武子蓋韓萬也如彼二文厥是萬之會孫而服虔杜預皆言厥韓萬玄孫不知何所據也及河閒鄭既及
楚平桓子欲還曰無及於鄭而勦民焉用之桓子林父勦勞也○勦初交反徐又子小反焉於虔反楚歸
而動不後動兵伐鄭隨武子曰善武子士會會聞用師觀釁而動釁罪也○釁許靳反服云閒也疏注釁罪也

○正義曰釁訓爲罪者釁是間隙之名今人謂瓦裂龜裂皆爲釁釁既有間隙故爲得罪也德刑政事典禮不易不可敵也不爲是征言征伐爲有罪不爲有禮○爲于僞反注同【疏】德刑至是征○正義曰既言觀釁而動更說無釁之事德刑政事典禮此六事行之不變易者不可與之敵也聖王之制征伐者爲有罪者耳不爲是六事不易。行征伐也此舉六事之目下文歷說楚不易六事以充之楚軍討鄭怒其貳而哀其卑叛而伐之服而舍之。德刑成矣伐叛刑也柔服德也二者立矣昔歲入陳討徵舒今茲入鄭民不罷勞君無怨讟讟謗也○罷音皮讟徒木反【疏】君無怨讟○正義曰讟謗也政有常則民不恨故國君無人怨無人謗鞶鼓怨州吁鄭人謗子產是有怨謗也政有經矣經常也荆尸而舉荆楚也尸陳也楚武王始更爲此陳法遂以爲名○此陳直覲反下同商農工賈不敗其業而卒乘輯睦步曰卒車曰乘○賈音古卒子忽反注同乘繩證反注皆同輯音集又七入反【疏】商農至其業○正義曰齊語云公曰成民之事若何管子對曰四民者勿使雜處公曰處士工商農若何管子對曰昔聖王之制也處士就閒燕處工就官府處商就市井處農就田野彼四民謂士農工商此數亦四無士而有賈者此武子意言舉兵動衆四者不敗其業發兵則以士從征不容復就閒燕故不云士而分商賈爲二行曰商坐曰賈雖同是販賣而行坐異業發兵征伐四者悉皆不與故總云不敗其業也事不奸矣奸犯也○奸音干蔿敖爲宰擇楚國之令典宰令尹蔿敖孫叔敖○蔿于委反【疏】注宰令至叔敖○正義曰周禮六卿大宰爲長遂以宰爲上卿之號楚臣令尹爲長從他國論之謂令尹爲宰楚國仍別有大宰之官但位任卑耳傳稱大宰伯州犂是也楚國名上卿爲令尹者釋詁云令善也釋言云尹正也言用善人正此官也楚官多以尹爲名皆取其正直也軍行右轅左追蓐在車之右者挾轅爲戰備在左者追求草蓐爲宿備傳曰令尹南轅又曰改乘轅楚陳以轅爲主○蓐音辱挾胡牒反又古洽反一音古協反疏注在車至爲主○正義曰司馬法兵車一乘有甲士三人步卒七十二人甲士在車不共碎役所言左右者分步卒爲左右也兵車一轅服馬夾之而言挾轅者步卒被分在右者當軍行之時又分之使在兩廂挾轅以爲戰備楚陳以轅爲主故以轅表車正是挾車嚴兵以備不虞也其應在左者使之追求草蓐令離道求草不近兵車也蓐謂臥止之草故云爲宿備也此是在道時然故云軍行右轅左追蓐至於對陳之時則各在車之左右故豫定左右之分在道分使之耳

前茅慮無

慮無如今軍行前有斥候蹋伏皆持以絳及白爲幡見騎賊舉絳幡見步賊舉白幡備慮有無也茅明也或曰時楚以茅爲旌識○蹋徒臘反幡芳元反騎其寄反識申志反又音志疏注慮無至旌識○正義曰茅明也在前者明爲思慮其所無之事恐其卒有非常當預告軍中兵衆使知而爲之備也如今軍行謂當杜之時行軍有此法也前有斥候蹋伏者令人遠在軍前斥度候望慮有伏兵使蹋行之持以絳及白爲幡與軍人爲私號也曲禮曰前有水則載青旌前有塵埃則載鳴鳶前有車騎則載飛鴻前有士師則載虎皮前有摯獸則載貔貅其事與此見賊舉幡相似也茅明釋言文舍人曰茅昧之明也

中權

後勁

中軍制謀後以精兵爲殿○勁吉政反殿丁練反

百官象物而動軍政不戒而備

物猶類也戒勅令疏注物猶至勅令○正義曰類謂旌旗畫物類也百官尊卑不同所建各有其物象其所建之物而行動軍之政教不待約勅號令而自備辨也周禮大司馬中秋教治兵辨旗物之用王載大常諸侯載旂軍吏載旗師都載旜鄉遂載物郊野載旐百官載旟鄭玄云軍吏諸軍帥也師都遂大夫也鄉遂鄉大夫也或載旜或載物衆屬軍吏無所將也郊謂鄉遂之州長縣正以下野謂公邑大夫載旐者以其將羨卒也百官卿大夫也載旟者以其屬衛王也凡旌旗有軍衆者畫異物無者帛而已是其尊卑所建各有物類也案春官司常職云及國之大閱贊司馬頒旗物王建大常諸侯建旂孤卿建旜大夫士建物師都建旗州里建旟

縣鄙建旐道車載旞斿車建旌俱是周禮而所建不同者大司馬所云中秋教治兵之法司常所云中冬教大閱之法鄭玄云凡頒旗物以出軍之旗則如秋以尊卑之常建則如冬大閱備軍禮旌旗不如出軍時空辟實也是爲時不同故所建異此云象物而動謂軍行之時當指治兵之法也能用典矣

其君之舉也內姓選於親外姓選於舊言親疏並用舉不失德賞不失勞老有加惠賜老則不計勞旅有施舍旅客來者施之以惠舍不勞役疏其君至施舍○正義曰內姓謂同姓也其君之舉用人也於同姓則選之於親於外姓則選之於舊於親內選賢。言唯賢是任不以親以舊便卽用之所舉不失有德所賞不失有勞必有德乃舉有勞乃賞言不賞無勞不舉無德臣民年老有加壞恩惠外來旅客有施舍常法謂羈旅之臣以其新來施以恩惠不勞役也○注賜老則不計勞○正義曰老有加惠當謂年老有加增恩惠不論有勞與無勞也劉炫云老者當有恩惠之賜非勞役之限但恩惠則賞賜之以文連賞不失勞之下故杜云賜老則不計勞劉炫以不計勞之文而規杜氏之一何煩碎

君子小人物有服章尊卑別也○別彼列反貴有常尊賤有等威威儀有等差○差初佳反又初宜反疏注威儀有等差○正義曰言貴有常尊則當云賤有常卑而云賤有等威者威儀等差文兼貴賤既屬常尊於貴遂屬等威於賤使互相發明耳禮不逆矣德立刑行政成事時典從禮順若之何敵之見可而進知難而退軍之善政也兼弱攻昧武之善經也昧昏亂經法也○昧音妹疏德立至敵之○正義曰功德苦其不立刑威苦其不行政以成就爲上事以得時爲善典賞其從禮惡其逆故云德立刑行政成事時典從禮順各以義理相配爲文皆。不易之事既歷序此事乃云若之何敵之。副上德刑政事典禮不易不可敵也子姑整軍而經武乎姑且也且猶有弱而昧者何必楚仲虺有言曰取亂

侮亡兼弱也仲虺湯左相薛之祖奚仲之後虺許鬼反侮亡呂反相息亮反○疏注仲虺至之後○正義曰取亂侮亡尚書仲虺之誥文也
定元年傳薛宰曰薛之皇祖奚仲居薛以爲夏車正仲虺居薛以爲湯左相二人皆是薛祖是仲虺爲奚仲之後汋曰於鑠王師遵養
時晦汋詩頌篇名鑠美也言美武王能遵天之道須暗昧者惡積而後取之○汋章略反於音烏鑠舒若反疏注汋詩至取之○正義曰汋詩經無
汋字序云言能。汋先祖之道以養天下故以汋爲名焉鑠美釋詁文於歎辭也時是也晦昧也言於美乎哉武王之用師也能遵天之道養是闇昧之君待闇
昧者惡積而後取之言遵天之道者上天誅紂之期未至武王靖以待之是其遵天之道也耆昧也耆致也致討於昧○耆音旨徐其夷反老也注
及下同疏注耆致至於昧○正義曰耆音。指。指致聲相近故爲致也致討於昧者言養之使昧然後可討之上句云兼弱攻昧引仲虺之言以證兼弱引
武王之事以證攻昧此不言攻昧而言耆昧者以汋詩之意言養紂而不言伐紂不得謂之攻昧故緣詩之意言致之於昧然後攻之武曰無競
惟烈武詩頌篇名烈業也言武王兼弱攻昧故成無疆之業○疆居良反疏注武詩至之業○正義曰烈業也釋詁文競疆也詩意言無疆乎惟武王
之功業言克商功業實無疆也此引武詩承兼弱攻昧之下故杜以傳意解之言武王兼弱取昧故成此無疆之業此詩汋武二篇並無兼弱之事因傳上文
連言之撫弱耆昧以務烈所可也言當務從武王之功業撫而取之○以務烈所絕句疏注撫弱至可也○正義曰上言兼弱此
云撫弱言其撫養而取之未必皆攻伐以求之也此撫弱卽覆上仲虺有言兼弱也耆昧卽覆上汋曰於鑠王師者昧也以務烈所覆上武曰無競惟烈士會
言不須敵楚兼撫餘諸侯弱者致討諸侯昧者以務武王烈業之所可也彘子曰不可彘子先縠晉所以霸師武臣力也
今失諸侯不可謂力有敵而不從不可謂武由我失霸不如死且成師以出聞

敵彊。而退非夫也非丈夫命有。軍師。而卒以非夫唯羣子能我弗爲也以中軍佐濟佐彘子所帥也濟渡河〇帥所類反下及注有帥元帥三帥同疏晉所至佐濟〇正義曰言晉之所以得爲霸主者由軍師之武羣臣有力以有武力成此霸功今失諸侯不可謂之爲力見敵不能從不可謂之爲武命爲軍帥者三軍將佐皆受君命爲軍之主帥以中軍佐濟謂一軍之內將佐分之各有所帥故注云佐彘子所帥也傳二十八年胥臣以下軍之佐與此同也

知莊子曰此師殆哉〇莊子荀首知音智疏知莊子至大咎〇正義曰莊子見彘子逆命必當有。禍乃論其事云此師之行甚危殆哉周易之書而有此事師之初六變而爲臨初六爻辭云軍師之出當須以法若不善則致其凶既引易文以人從律今者師出乃以律從人則有不臧之凶又覆解不臧之義云執事上下相順和成則爲臧若相違逆則爲不臧既釋不臧之事又釋以律之意坎爲衆今變爲兌兌爲柔弱是衆散爲弱坎爲川今變爲兌兌爲澤是川壅爲澤坎爲法象今爲衆則弱爲川則壅是法律破壞從人之象故曰律否臧以釋易文律否臧之義否臧易注云爲師之始齊師者也齊衆以律失律則散故師出以律律不可失失律而臧何異於否失令有功法所不赦故師出不以律否臧皆凶釋否臧既了又釋凶之一字故云且律竭言法律竭盡也川水當盈而以竭盡且又被夭塞不得整流。似法當嚴整而以破壞被人違逆不得施行所以致此凶禍解釋凶義既了以盡易意然後論彘子之惡當此初六之禍故云水之不行是謂臨矣彘子有帥不從欲論不行之臨事誰甚於彘子周易所言是彘子之謂若能違辟前敵於事猶可若果敢遇敵必致禍敗也此禍敗之事彘子主受之雖在敵免死而歸必。大咎也師坎爲水坤爲衆衆行如水師出之象故名其卦爲師服虔云坎爲水坤爲衆又互體震震爲雷雷鼓類又爲長子長子帥衆鳴鼓巡水而行行師之象也臨兌爲澤坤爲地居地而俯視於澤臨下之義故名爲臨

周易有之在師䷆坎下坤上師之臨䷒兌下坤上臨師初六變而之臨曰師出

以律否臧凶此師卦初六爻辭律法否不也○臧子郎反執事順成為臧逆為否今彘子逆命不順成故應。否臧之凶

○應應對之應衆散為弱坎為衆今變為兌兌柔弱【疏】注坎為至柔弱○正義曰晉語文公筮尚有晉國司空季子占之曰震雷也車也坎水也衆也主雷與車而尚水與衆是坎為衆也易說卦兌為少女故為柔弱衆聚則彊散則弱坎變為兌是衆散為弱也川壅為澤坎為川今變為兌兌為澤是川見壅○壅於勇反本又作雍注皆同【疏】注坎為至見壅○正義曰說卦坎為溝瀆即是川也說卦兌為澤川是流水今變為澤是川見壅也

有律以如己也如從也法行則人從法法敗則法從人坎為法象今為衆則散為川則壅是失法之用從人之象【疏】注如從至之象○正義曰釋詁云如往也往是相從之義故訓為從也法行則人從之率人以從法也法敗則法從人人各有心。棄法不用。法從人也釋言云坎律銓也樊光曰坎卦水也水性平律亦平銓亦平也郭璞曰易坎卦主法法律皆所以銓量輕重是坎為法象也今坎變為兌為衆則散而為弱為川則壅而為澤是失法之所用法敗從人之象也

故曰律否臧且律竭也竭敗也坎變為兌是法敗【疏】注竭敗至法敗○正義曰竭是水涸之名坎為水為法水之竭似法之敗故云竭敗也坎變為兌則為不流。則為法不行失為坎之用是法敗之象

水盈而以竭夭且不整所以凶也水遇夭塞不得整流則竭涸也○夭於表反【疏】注水遇至涸也○正義曰哀九年傳曰如川之滿不可游也水當盈川而以壅故竭是水遇夭塞不得整流則竭涸也夭過是壅塞之義故云遇夭塞也

不行謂之臨水變為澤乃成臨卦。澤不行之物有師而不從臨孰甚焉

此之謂矣譬彘子之違命亦不可行果遇必敗遇敵彘子尸之主此禍【疏】注主此禍○正義曰釋言訓尸為主故云主此禍也服虔亦云。此禍也又引易師卦六五長子帥師弟子輿尸凶長子帥師以中行也弟子輿尸使不當也佐之於元帥弟子也而專以師濟使不當也軍必

破敗而輿尸案下句云雖免而歸則謂彘子當在陳而死師卦有雖免而歸必輿尸之語其言尸之或容有此意但尸字不可兩解故杜略去之

有大咎爲明年晉殺先縠傳○咎其九反韓獻子謂桓子獻子韓厥曰彘子以偏師陷子罪大矣子爲元帥師不用命誰之罪也失屬亡師爲罪已重不如進也今鄭屬楚故曰失屬彘子以偏師陷故曰亡師○令立呈反事之不捷惡有所分捷成也與其專罪六人同之不猶愈乎三軍皆敗則六卿同罪不得獨責元帥師遂濟楚子北師次於郔郔鄭北地○郔音延沈尹將中軍沈或作寢寢縣也今汝陰固始縣○沈音審

疏注沈或至始縣○正義曰楚官多名爲尹沈者或是邑名而其字或作寢哀十八年有寢尹吳由于因解寢爲縣名不言寢是而沈非也

子重將左子反將右將飲馬於河而歸子反公子側○飲於鴆反聞晉師既濟王欲還嬖人伍參欲戰參伍奢之祖父○嬖必計反徐甫詣反字林方豉反參七南反令尹孫叔敖弗欲曰昔歲入陳今茲入鄭不無事矣戰而不捷參之肉其足食乎參曰若事之捷孫叔爲無謀矣不捷參之肉將在晉軍可得食乎令尹南轅反旆迴車南鄉旆軍前大旗○旆蒲具反鄉本又作嚮同許亮反伍參言於王曰晉之從政者新未能行令其佐先縠剛愎不仁未肯用命愎很也○愎皮逼反很胡懇反其三帥者專行不獲欲專其所行而不得聽而無上衆誰適從聽彘子趙同趙括則爲軍無上令衆不知所從○適丁歷反此行也晉師必敗且君而逃臣若社稷何王病之告令尹改乘

轅而北之次于管。以待之晉師。在敖鄗之間滎陽京縣東北有管城敖鄗二山在滎陽縣西北○乘繩證反管古緩反管城管叔所封也本或作菅古顏反非也敖五刀反鄗苦交反疏次于管○正義曰土地名滎陽京縣東北有管城古管國也鄭皇戌使如晉師曰鄭之從楚社稷之故也未有貳心楚師驟勝而驕其師老矣而不設備子擊之鄭師爲承承繼也○皇戌雖律反使所吏反驟仕救反楚師必敗彘子曰敗楚服鄭於此在矣必許之欒武子曰武子欒書○敗必邁反楚自克庸以來在文十六年其君無日不討國人而訓之也討治于民生之不易禍至之無日戒懼之不可以怠于曰也○易以豉反在軍。無日不討軍實而申儆之軍實軍器○儆敬領反于勝之不可保紂之百克而卒無後訓之以若敖蚡冒篳路藍縷以啓山林若敖蚡冒皆楚之先君篳路柴車藍縷敝衣言此二君勤儉以啓土○紂直九反蚡扶粉反冒莫報反篳音必藍力甘反縷力主反疏注若敖至啓土○正義曰楚世家云熊咢卒子熊儀立是爲若敖若敖卒子霄敖立霄敖卒子熊眴立是爲蚡冒蚡冒卒弟熊達立是爲楚武王案杜注文十六年傳蚡冒楚武王父不從史記也以荊竹織門謂之篳門則篳路亦以荊竹編車故謂篳路爲柴車方言云楚謂凡人貧衣破醜敝爲藍縷藍縷謂敝衣也服虔云言其縷破藍藍然箴之曰民生在勤勤則不匱不可謂驕箴誠○箴章金反匱其位反先大夫子犯有言曰師直爲壯曲爲老我則不德而徼怨于楚我曲楚直不可謂老不得謂以力爭諸侯徼要也○要一遙反其君之戎分爲二廣君之親兵○廣古曠反下及注

皆同廣有一卒卒偏之兩十五乘爲一廣司馬法百人爲卒二十五人爲兩車十五乘爲大偏今廣十五乘亦用舊偏法復以二十五人爲承副

疏廣有至之兩○正義曰兩廣之別各有一卒之兵百人也一卒之外復有十五乘之偏幷二十五人之兩既言一卒又云卒偏之兩言卒之者成辭婉句耳或解云兩屬於偏云偏之兩者謂偏家之兩知不然者案成七年以兩之一卒亦云之字豈又是兩家之卒且杜注云十五乘爲大偏今楚亦用舊偏法此一廣之中實有此偏非是偏名爲兩而出一卒別復有偏之一兩二十五人從之劉炫云兩廣之別各有一卒百人一卒外復有偏一兩二十五人兵法十五乘爲偏偏有一兩從之兩是偏家之物故謂比爲偏之兩其實一廣十五乘有一百二十五人從之○注十五至承副○正義曰下云楚子爲乘廣三十乘分爲左右知十五乘爲一廣也史記稱齊景公時有司馬田穰苴善用兵至六國時齊威王使大夫追論古者司馬兵法附穰苴於其中凡二百五十篇號曰司馬法百人爲卒二十五人爲兩十五乘爲偏皆司馬法之文百人爲卒二十五人爲兩周禮亦有此文但周禮無偏故杜幷引司馬法耳此云大偏對成七年九乘爲小偏故此爲大偏也桓五年二十五乘爲偏戰時臨陳所用不同不可與此相對爲大小杜注多少皆。望文也言亦用舊偏法者謂楚雖荊尸而舉仍用舊偏舊。於穰苴前已有則應周禮有文但以亡沒者多故禮文不具

右廣初駕數及日中左則受之以至于昏內官序當其夜內官近官序次也○序當其夜一本作序當其次

疏右廣至其夜○正義曰右廣雞鳴初駕數及日中則左廣受而代之以至於昏此晝日事也其內官親近王者爲次序以當其夜若今宿直遞持更也

以待不虞不可謂無備子良鄭之良也師叔楚之崇也師叔潘尫爲楚人所崇貴師叔入盟子良在楚楚鄭親矣來勸我戰我克則來不克遂往以我卜也鄭不可從趙括趙同曰率師以來唯敵是求克

敵得屬又何俟。必從彘子得屬服鄭疏以我卜也○正義曰將我晉戰之勝負卜其遂來遂往猶人揲蓍看卦繇惡而卜其去之
與往也知季曰原屏咎之徒也知季莊子也原趙同屏趙括徒黨也○知季音智荀首後爲智氏屏步丁反趙莊子曰
欒伯善哉莊子趙朔欒伯武子實其言必長晉國實猶。充也言欒書之身行能。充此言則當執晉國之政也○長徐丁丈反行下
孟反楚少宰如晉師少宰官名○少詩照反注及下同曰寡君少遭閔凶不能文閔憂也聞二先君
之出入此行也二先君楚成王穆王疏注二先至穆王○正義曰莊十六年楚始伐鄭文王之世也二十八年子元伐鄭成王之初也僖五
年首止之會鄭伯逃歸自是以後鄭始時復從楚成王以前鄭未屬楚故出入此行唯成穆耳今之莊王成王孫穆王子出入此行猶往來於鄭將鄭
是訓定豈敢求罪于晉二三子無淹久淹留也隨季對曰昔平王命我先君文侯
曰與鄭夾輔周室毋廢王命。今鄭不率率遵也○夾古洽反舊古協反毋音無寡君使羣臣問諸
鄭豈敢辱候人候人謂伺候望敵者○候音戶豆反伺音司又音息嗣反敢拜君命之辱彘子以爲諂使趙
括從而更之曰行人失辭言誤對○諂勑檢反寡君使羣臣遷大國之迹於鄭遷。徙也曰無
辟敵羣臣無所逃命楚子又使求成于晉晉人許之盟有日矣有期日楚許伯御
樂伯攝叔爲右以致晉師單車挑戰又示不欲崇和以疑晉之羣帥○單音丹挑徒了反下文同帥所類反疏注單車至羣帥
○正義曰周禮環人掌致師鄭玄云致師致其必戰之志則致師者致己欲戰之意於敵人故單車揚威武以挑之下云趙旃請挑戰是也挑彼晉師故言以

致晉師也楚子既求成而又令挑戰示其不欲崇和以疑誤晉之羣帥許伯曰吾聞致師者御靡旌摩壘而還靡旌驅疾也摩近也○摩末多反壘力軌反近附近之近樂伯曰吾聞致師者左射以菆左車左也菆矢之善者○射食亦反下注音同菆側留反【疏】注左車至善者○正義曰兵車自非元帥皆射者在左御在中央故云左車左樂伯居左故稱左也下云莊子抽矢菆納諸廚子之房選好矢而留之知菆是矢之善者代御執轡御下兩馬掉鞅而還兩飾也掉正也示閒暇○兩馬徐云或作捅皆力掌反或音亮掉徒弔反徐乃較反鞅於丈反閒音閑【疏】注兩飾至閒暇○正義曰兩飾掉正皆無明訓服虔亦云是相傳爲然也飾馬者謂隨宜刷刮馬又正其鞅以示閒暇攝叔曰吾聞致師者右入壘折馘折馘斷耳○折之設反注同馘古獲反斷音短執俘而還皆行其所聞而復晉人逐之左右角之張兩角從旁夾攻之樂伯左射馬而右射人角不能進矢一而已麋興於前射麋麗龜麗著也龜背之隆高當心○麋亡悲反著直略反【疏】注麗著至心者○正義曰易離卦彖云離麗也日月麗乎天百穀草木麗乎土是麗爲著之義龜之形背高而前後下此射麋麗龜謂著其高處故杜以龜爲背之隆高當心者服虔亦然是相傳爲此說也晉鮑癸當其後使攝叔奉麋獻焉曰以歲之非時獻禽之未至敢膳諸從者鮑癸止之曰其左善射其右有辭君子也既免止不復逐○從才用反下從者同【疏】以歲至從者○正義曰周禮獸人冬獻狼夏獻麋春秋獻獸物者謂獻之以共王之膳耳非能徧及於百官也禮冬獵曰狩言圍守而取之獲禽多也於時虞人所獻或須及羣臣故言歲之非時獻禽之未至以爲語之辭耳晉魏錡求公族未得錡魏犫子欲爲公族大夫○錡魚綺反犫尺同反【疏】注錡

魏犨子○正義曰服虔亦以爲犫子世本以爲犫孫世本多誤未必然也而怒欲敗晉師請致師弗許請使許之遂
往請戰而還楚潘黨逐之及熒澤見六麋射一麋以顧獻曰子有軍事獸人無
乃不給於鮮敢獻於從者熒澤在熒陽縣東新殺爲鮮見六得一言其不如楚○敗必邁反又如字使所吏反熒戶扃反射食亦反
鮮音仙注同叔黨命去之叔黨潘黨潘尫之子趙旃求卿未得旃趙穿子且怒於失楚之致師者請
挑戰弗許請召盟許之與魏錡皆命而往郤獻子曰二憾往矣獻子郤克○弗憾胡暗反
備必敗彘子曰鄭人勸戰弗敢從也楚人求成弗能好也師無成命多備何爲
士季曰備之善若二子怒楚楚人乘我喪師無日矣乘猶登也○好呼報反下同喪息浪反不如
備之楚之無惡除備而盟何損於好若以惡來有備不敗且雖諸侯相見軍衛
不徹警也徹去也○警音景去起呂反彘子不可不肯設備士季使鞏朔韓穿帥七覆于敖前帥將
也覆爲伏兵七處○覆扶又反注同帥如字將子匠反處昌慮反故上軍不敗趙嬰齊使其徒先具舟于河故
敗而先濟潘黨既逐魏錡言魏錡見逐而退趙旃夜至於楚軍二人雖俱受命而行不相隨趙旃在後至席
於軍門之外使其徒入之布席坐示无所畏也【疏】使其徒入之○正義曰使己從人入壘以取俘馘也楚子爲乘廣
三十乘分爲左右右廣雞鳴而駕日中而說說舍也○乘繩證反下三十乘十乘并注皆同說舒鋭反注及下同

左則受之日入而說許偃御右廣養由基爲右彭名御左廣屈蕩爲右楚王更迭載之
故各有御右○屈居勿反更音庚迭直結反乙卯王乘左廣以逐趙旃趙旃弃車而走林屈蕩搏之
得其甲裳下曰裳搏音博○晉人懼二子之怒楚師也使軘車逆之軘車兵車名○軘徒温反疏注軘
車兵車名○正義曰襄十一年鄭人賂晉侯以廣車軘車淳十五乘甲兵備甲兵從之是兵車明矣鄭玄云廣車橫陳之車服虔云軘車屯守之車古名難得
而知其義或當然矣潘黨望其塵使騁而告曰晉師至矣楚人亦懼王之入晉軍也遂出
陳孫叔曰進之寧我薄人無人薄我詩云元戎十乘以先啓行先人也元戎戎車在前
也詩小雅言王者軍行必有戎車十乘在前開道先人爲備○騁勑景反陳直覲反下注皆同先人悉薦反注及下同疏注元戎至爲備○正義曰元大
也戎車也詩小雅六月之篇言王者軍行必有大車十乘常在軍前以開道諸軍從行所以先人爲備也詩毛傳云夏后氏曰鉤車先正也殷曰寅車先疾也
周曰元戎先良也三代行軍皆前有此車其名司馬法之文也其先正先疾先良毛解其名鄭玄又釋其意鉤車備設鉤。般其行曲直有正故曰先正寅進也
此車能進取遠道故曰先疾元戎大車之善者故曰先良也軍志曰先人有奪人之心薄之也奪敵戰心遂疾進
師車馳卒奔乘晉軍桓子不知所爲鼓於軍中曰先濟者有賞中軍下軍爭舟
舟中之指可掬也兩手曰掬○卒子忽反下及注並同掬九六反晉師右移上軍未動言餘軍皆移去唯上軍在經所
以書戰言猶有陳疏晉師至未動○正義曰晉之三軍上軍在左中軍在中下軍在右言晉之中軍下軍敗走在上軍之右者皆移唯上軍未動故杜云

餘軍皆移去唯上軍在工尹齊將右拒卒以逐下軍工尹齊楚大夫右拒陳名○拒音矩本亦作矩下同楚子使唐
狡與蔡鳩居告唐惠侯二子楚大夫唐屬楚之小國義陽安昌縣東南有上唐鄉○狡古卯反疏告唐惠侯○正義曰此未戰之
前告經不書唐侯者爲楚私屬故不見也曰不穀不德而貪以遇大敵不穀之罪也然楚不克君之
羞也敢藉。君靈以濟楚師藉猶假借也使潘黨。率。游闕四十乘游車補闕者○乘繩證反下之乘幷注易
乘同疏注游車補闕者○正義曰周禮車僕有闕車之倅鄭玄云闕車所用補闕之車也此言游闕知游車以擬補闕今使從唐侯是補闕也從唐
侯以爲左拒以從上軍駒伯曰待諸乎駒伯郤克上軍佐也隨季曰楚師方壯若萃於我
吾師必盡萃集也○萃似醉反不如收而去之分謗生民不亦可乎同奔爲分謗不戰爲生民殿其卒
而退不敗以其所將卒爲軍後殿○殿多練反注同王見右廣將從之乘屈蕩尸。之曰君以此始亦。
必以終。尸。止。軍中易乘則恐軍人識自是楚之乘廣先左以乘左得勝故疏注以乘左得勝故○正義曰桓八年傳云楚人
尚左君必左者謂置車尚左故君在左此言先左謂乘廣先左耳上文。且。云右廣初駕日中乃授左廣則舊法先乘右廣今楚王偶然乘左。廣以逐趙旃因是
而得戰勝以爲宜乘左廣自是以後乘廣先左以乘左得勝故也晉人或以廣隊不能進廣兵車○隊直類反疏注廣兵車○正
義曰襄十一年鄭人賂晉侯以廣車定四年史皇以乘廣死是兵車稱廣也。此言晉人廣隊下云拔旆投衡軍行則旆在軍前不是車皆有旆也此蓋是晉人
在軍之前載旆之車楚人惎。之脫扃惎教也扃車上兵。闌○惎其器反扃古熒反徐公冥反服云扃橫木校輪間一曰車前橫木也西京賦云

旗不脫扃薛綜云扃所以止旗也【疏】注惎教至兵。闕○正義曰脫扃拔旆皆是教人之語知惎爲教也服虔云扃橫木有橫木投於輪間一曰扃車前橫木張衡西京賦云旗不脫扃薛綜注云扃所以止旗今杜以扃爲車上兵。闕名以意言皆無明證而禮扛鼎之木其名曰扃則扃是橫木之名教之脫扃則扃是可脫之物杜云兵闌蓋橫木車前以約車上之兵器慮其落也隊坑則橫木有礙故不能進上少進馬還又惎之拔旆投衡乃出還便旋不進旆大旗也拔旆投衡上使不帆風差輕○帆凡劍反又作帆普霸反差於賣反【疏】注還便至差輕○正義曰旆扇風重故馬便旋而不能進釋天云緇廣充幅長尋曰旐繼旐曰旆郭璞曰帛續旐末爲燕尾者此旆能扇風使重令馬不能進則其制必大矣故云旆大旗也城濮之役亡大旆之左旆此之類也旆縣於竿插之車上衡是馬頸上橫木故拔取旗竿投於衡上臥之使不帆風則於車差輕故得出坑也帆是扇風之名今人船上張布以鄣風名之曰帆顧曰吾不如大國之數奔也趙旃以其良馬二濟其兄與叔父以他馬反遇敵不能去弃車而走林逢。大夫與其二子乘逢氏○數所角反乘繩證反謂其二子無顧不欲見趙旃顧曰趙傁在後。傁老稱也○傁素口反稱尺證反怒之使下指木曰尸女於是授趙旃綏以免明日以表尸之表所指木取其尸○女音汝皆重獲在木下兄弟累尸而死○重直龍反【疏】注兄弟累尸而死○正義曰獲者被殺之名並皆被殺唯當言皆獲耳欲見尸相重累之皆獲故杜辨之云兄弟累尸而死累卽傳之重也楚熊負羈囚知罃知莊子以其族反之負羈楚大夫知罃知莊子之子族家兵反還戰○罃於耕反還音環廚武子御武子魏錡○廚直誅反下軍之士多從之知莊子下軍大夫故每射抽矢菆。納諸廚子之房抽擢也菆好箭房箭舍○

射食夜切又食亦反擢直角反廚子怒曰非子之求而蒲之愛蒲楊柳可以為箭董澤之蒲可勝既乎
董澤澤名河東聞喜縣東北有董池陂既盡也○勝音升陂彼宜反疏可勝既乎○正義曰董物不可舉者謂之不勝用之不可盡者亦言不勝史傳多有
其事今人無復此語故少難解耳既盡也可勝盡乎言用之不可盡也知季曰不以人子吾子其可得乎吾不可
以苟射故也射連尹襄老獲之遂載其尸射公子穀臣因之以二者還穀臣楚王子○
射食亦反下同疏不以至故也○正義曰言我不以好箭射楚貴人之子而質之吾之子其可得乎吾為此計者不可用惡箭苟且為射故也及昏
楚師軍於邲晉之餘師不能軍不能成營屯宵濟亦終夜有聲言其兵衆將不能用○將子匠反丙
辰楚重至於邲重輜重也○重直勇反又直用反注上重字同輜側其反重也直用反疏注重輜重也○正義曰輜重載物之車也說文
云輜一名軿前後蔽也蔽前後以載物謂之輜車載物必重謂之重車人挽以行謂之輦輜重輦一物也襄十年傳稱秦董父輦重如役挽此車也輜重載器
物糧食常在軍後故乙卯日戰丙辰始至於邲也周禮鄉師大軍旅會同正治其徒役與其輦輦鄭玄云輦駕馬輦人輓行所以載任器也止以為蕃營司馬
法曰夏后氏謂輦曰余車殷曰胡奴車周曰輜輦輦一斧一斤一鑿一梩一鉏周輦加二版二築又曰夏后氏二十人而輦殷十八人而輦周十五人而輦說
者以為夏出師不踰時殷踰時周歷時故前世輦少而後世輦多遂次于衡雍潘黨曰君盍築武軍築軍營以章武功○
雍於用反盍戶臘反而收晉尸以為京觀積尸封土其上謂之京觀○觀古亂反注及下京觀同臣聞克敵必示子
孫以無忘武功楚子曰非爾所知也夫文止戈為武文字武王克商作頌曰載戢

干戈載櫜弓矢戢藏也櫜韜也詩美武王能誅滅暴亂而息兵○戢側立反櫜古刀反韜他刀反我求懿德肆于時夏允王保之肆遂也夏大也言武王既息兵又能求美德故遂大而信王保天下○夏戶雅反注同【疏】武王至保之○正義曰昔武王克商周公爲之作頌曰武王誅紂之後則戢藏其干戈則櫜韜其弓矢言既誅暴亂則無復所用故韜藏之懿美也肆遂也時是也夏大也允信也武王以天下既定又能求美德之士而任用之故於是功業遂大信哉唯我武王保之美武王能保天下也○注戢藏至息兵○正義曰戢訓爲斂聚斂藏之義故爲藏也櫜一名韜盛弓矢之衣也干戈弓矢藏而不復用是美武王能誅滅暴亂而息兵也此所引者周頌時邁之篇也詩序云頌者以其成功告於神明則頌詩功成乃成乃作此傳言武王克商作頌者武王克商後世追爲作頌頌其克商之功非克商之作也國語引此云周文公之頌曰則此周公所作也傳言克商作頌者包下三篇皆述武王之事○注肆遂至天下○正義曰肆之爲遂相傳爲此訓也夏大釋詁文求美德謂求而任用之遂大者功業遂大也又作武其卒章曰耆定爾功武頌篇名耆致也言武王誅紂致定其功○耆音旨注同【疏】又作至爾功○正義曰既作時邁又作武篇也頌皆一章言其卒章者謂終章之句也言武王誅紂致定爾武之大功也其三曰鋪時繹思我徂維求定其三三篇鋪布也繹陳也時是也思辭也頌美武王能布政陳教使天下歸往求安定○鋪普吳反徐音敷繹音亦【疏】其三至求定○正義曰其三周頌賚之篇也鋪布也繹陳也徂往也言武王能布陳政教故其時之民歸武王者皆云我徂惟自求安定美武王能安民故民歸之也○注其三至安定○正義曰鋪是布散之義故爲布也繹陳釋詁文思是語之辭不爲義也其六曰綏萬邦屢豐年其六六篇綏安也屢數也言武王既安天下數致豐年此三六之數與今詩頌篇次不同蓋楚樂歌之次第○屢力住反注同數所角反下數致同【疏】其六曰至豐年○正義曰其六周頌桓之篇也綏安也屢數也言武王伐紂安天下

萬國數有豐孰之年美武王能和衆國豐民財也○注其六六篇至次第○正義曰綏安釋詁文屢數常訓也杜以其三其六與今詩頌篇次不同故爲疑辭蓋楚樂歌之第言楚之樂人歌周頌者別爲次第故賚第三桓第六也劉炫以爲其三其六者是楚子第三引鋪時繹思第六引綏萬邦今刪定知非者此傳若是舊文及傳家敘事容可言楚子第三引鋪時繹思第六引綏萬邦此既引楚子之言明知先有三六之語故楚子引之得云其三其六若楚子始第三引詩第六引詩豈得自言其三曰其六曰劉以其三其六爲楚子引詩次第以規杜過何辟之甚沈氏難云襄二十九年季札觀樂篇次不同杜云仲尼未刪定此亦不同而云楚樂歌之次者襄二十九年雖少有篇次不同大略不甚乖越故云仲尼未刪定以前此之三六全與詩次不同故云楚樂歌之第今頌篇次桓第八賚第九也

夫武禁暴戢兵保大定功安民和衆豐財者也此武七德

疏注夫武至財者也○正義曰楚子既引四篇乃陳七德則四篇之內有此七者之義戢干戈櫜弓矢禁暴戢兵也時夏保之保大也耆定爾功定功也我徂求定安民也綏萬邦和衆也屢豐年豐財也我徂求定自能安民故往求定也綏萬國由德能和衆故萬國安也

故使子孫無忘其章著之篇章使子孫不忘

疏注著之至不忘○正義曰杜以不忘其章謂子孫不忘上四篇之詩故云著之篇章使子孫不忘必知然者以文承武王克商作頌之後文連四篇詩義故以爲著之篇章劉炫云能有七德故子孫不忘章明功業橫取下文京觀爲無忘其章明武功以規杜失非也

今我使二國暴骨暴矣觀兵以威諸侯兵不戢矣暴而不戢安能保大猶有晉在焉得定功所違民欲猶多民何安焉無德而強爭諸侯何以和衆利人之幾幾危也○暴骨蒲卜反本或作曝焉得於虔反強其丈反而安人之亂以爲己榮何以豐財兵動則年荒武有七德我無一焉何以示子

孫其爲先君宮告成事而已祀先君告戰勝疏注祀先君告戰勝○正義曰禮記曾子問稱古者師行必以遷廟主行載于齊車言必有尊也尚書甘誓云用命賞于祖謂遷廟之祖主也爲先君宮爲此遷主作宮於此祀之告成事告戰勝也禮大傳記云牧之野武王之大事也既事而奠於牧室亦是新作室而奠祭也曾子問又曰無遷主則何主孔子曰天子諸侯將出必以幣帛皮圭告于祖禰遂奉以出載于齊車以行每舍奠焉而後就舍

武非吾功也古者明王伐不敬取其鯨鯢而封之以爲大戮於是乎有京觀以懲淫慝鯨鯢大魚名以喻不義之人吞食小國○鯨直京反鯢五兮反懲直升反慝他得反疏注鯨鯢大魚名○正義曰裴淵廣州記云鯨鯢長百尺雄曰鯨雌曰鯢目即明月珠也故死即不見眼睛也周處風土記云鯨鯢海中大魚也俗說出入穴即爲潮水今罪無所晉罪無所犯也而民皆盡忠以死君命又何以爲京觀乎祀于河作先君宮告成事而還傳言楚莊有禮所以遂興

○是役也鄭石制實入楚師將以分鄭而立公子魚臣辛未鄭殺僕叔及子服僕叔魚臣也子服石制也疏是役至魚臣○正義曰入楚師言入此楚師於鄭國服虔云入楚師使楚師來入鄭是也此石制引楚師入鄭將以分鄭國以半與楚取半立公子魚臣爲鄭君己欲擅其寵也君子曰史佚所謂毋怙亂者謂是類也言恃人之亂以要利○佚音逸毋音無怙音戶要一遙反詩曰亂離瘼矣爰其適歸詩小雅離憂也瘼病也爰於也言禍亂憂病於何所歸乎歎之○瘼音莫疏注詩小至歎之○正義曰詩小雅四月之篇也離憂瘼病爰於皆釋詁文言時世禍亂必有憂病者於何其所適歸乎歎此禍亂不知將何以歸也歸於怙亂者也夫特禍則禍歸之○夫音扶鄭伯許男如楚爲十四年晉伐鄭傳秋晉師歸桓子

請死晉侯欲許之士貞子諫曰不可貞子士渥濁○渥於角反疏。桓子請死○正義曰檀弓云謀人之軍師敗則死之謀人之邦邑危則亡之桓子將軍師敗故請死今城濮之役晉師三日穀。在僖二十八年○濮音卜文公猶有憂色左右曰有喜而憂如有憂而喜乎言憂喜失時公曰得臣猶在憂未歇也歇盡也○歇許竭反困獸猶鬭況國相乎及楚殺子玉子玉得臣○相息亮反下熊相同公喜而後可知也喜見於顏色○見賢遍反曰莫余毒也已是晉再克而楚再敗也楚是以再世不競成王至穆王○競其敬反今天或者大警晉也。警戒也而又殺林父以重楚勝其無乃久不競乎林父之事君也進思盡忠退思補過社稷之衛也若之何殺之夫其敗也如日月之食焉何損於明晉侯使復其位言晉景所以不失霸○重直用反疏進思至補過○正義曰孝經有此二句孔安國云進見於君則必竭其忠貞之節以圖國事直道正辭有犯無隱退還所職思其事宜獻可替否以補王過此孔意進謂見君退謂還私職也或當以此二句據臣心為文文既據臣君在其上施之於君則稱進內省其身則稱退盡忠者盡己之心以進獻於君補過者內脩己心以補君愆失故以盡忠為進補過為退耳非謂進見與退還也○冬楚子伐蕭宋華椒以蔡人救蕭蕭人囚熊相宜僚及公子丙王曰勿殺吾退蕭人殺之王怒遂圍蕭。蕭潰。申公巫臣曰師人多寒王巡三軍拊而勉之。拊撫慰勉之○僚了彫反潰戶內反拊芳甫反疏。蕭潰○正義曰實未潰史以實王之意故言潰知者下云明日蕭潰是也三軍之士皆如挾纊。纊。綿也言說以忘寒○挾戶牒反纊音曠說音悅【疏】注纊綿也○正義曰玉藻云纊為繭縕為袍鄭玄云纊新綿也遂傳於蕭。還無社與司馬卯言號申叔展還無社蕭大夫司馬卯申叔展皆楚大夫也無社素識叔展故因卯呼之○傳音附還音旋卯馬飽反號徐戶到反一音戶刀反呼也叔展曰有麥麴乎曰無有山鞠窮乎曰無。麥麴鞠窮所以禦濕欲使無社逃泥水中無社不解故曰無軍中不敢正言故謬語○麴去六反鞠起弓反禦魚呂反下同解音蟹下同【疏】注麥麴至謬語○正義曰麥麴鞠窮所以禦濕賈逵有此言則相傳為此說也尚書說命云若作酒醴爾惟麴糵則麥麴作酒之物本草有芎藭者是藥草之名觀傳文勢欲使無社逃於泥水中而問有此物以否知是禦濕所用但不知若為用之耳河魚腹疾奈。何叔展言無禦濕藥將病曰目於眢井而拯之無社意解欲入井故使叔展視虛廢井而求拯己出溺為拯○眢烏丸反眢井廢井也字林云井無水也一皮反拯拯救之拯注同【疏】河魚至拯之○正義曰上句是叔展之言曰下是無社對語無社頻荅言無叔展乃言必須入水故以水厄告之云如似河中之魚久在水內則生腹疾無此二物其奈濕何無社乃解其意告叔展云當目視於眢井而拯出之出溺為拯方言文若為茅絰哭井則己。叔展又教結茅以表井須哭乃應以為信○絰直結反己音紀舊音以應應對之應【疏】若為至則己○正義曰此亦叔展之言也無社既解其意令展視井拯己但廢井必多不可知處故教無社令結茅為絰置於井上又恐無社錯應他人更教之云若號哭向井則是我之己身己。展。叔自謂也明日蕭潰申叔視其井則茅絰存焉號而出之號哭也傳言蕭人無守心○號戶刀反注同守手又反○晉原穀宋華椒衛孔達曹人同盟于清丘原穀先穀【疏】注原穀先穀○正義曰杜譜以為雜人則不知誰之子也案傳先穀或稱原穀此蓋先穀之後也傳有名號之異杜譜皆並言之先穀之

下不言原穀是杜脫也上文稱爲彘子服虔以爲食菜於彘今復稱原原其上世所食也於時趙氏有原同蓋分原邑而共食之也曰恤病討貳

於是卿不書不實其言也宋伐陳衛救之不討貳也楚伐宋晉不救不恤病也宋爲盟故伐陳陳貳於楚故○爲于僞反衛人救之孔達曰先君有約言焉若大國討我則死之衛成公與陳共公有舊好故孔達欲背盟救陳而以死謝晉爲十四年衛殺孔達傳○約於妙反又如字共公音恭好呼報反背音佩十四年經注同

附釋音春秋左傳注疏卷第二十三

春秋左傳注疏卷二十三校勘記　阮元撰盧宣旬摘錄

附釋音春秋左傳注疏卷第二十三　宣十二年宋本春秋正義卷第十七石經春秋經傳集解宣下第十一岳本宣字下增公字並盡十八年

〔經十二年〕

而又徼事晉故　釋文徼作儌

蕭叔人心者　宋本監本毛本人作大是也

戊寅乃是十一月九日　閩本監本毛本脫戊寅二字

〔傳十二年〕

臨哭至祖廟　宋本以下正義六節總入子良出質注下

陴城上僻倪　宋本僻作俾是也案說文云陴城上女牆俾倪也釋名作睥睨言於其孔中睥睨非常也廣雅作埤堄云女牆也○今依宋本作俾倪疏內並同

巢牛臣隱於短牆以射之　宋本毛本臣誤城

陴倪女牆也　宋本作陴俾倪女牆也案今本廣雅作埤堄

不應此至六月而晉人不聞　宋本閩本監本毛本此作比

圍三月　宋本圍上有進字

不泯其社稷　各本作泯補刊石經作泜依石經避唐太宗嫌名

願楚要福于此四君　纂圖本毛本于作於與傳文同

皆廣宣並言之　閩本並誤竝

先縠佐之　補刊石經此處缺釋文云縠本又作穀

注彘季代林父句注下　宋本自此以下至注鯨鯢大魚名正義總入告成事而還

隨武子曰善　石經宋本淳熙本岳本纂圖本隨作隨

觀釁而動　李善注班孟堅述高帝紀引傳文釁作舋俗字也

不易行征伐也　宋本不易下有者字

楚軍討鄭　石經宋本淳熙本足利本軍作君是也

服而舍之　李善注文選辨亡論引作赦之

傳稱大宰伯州犂是也　宋本犂作黎

不共碎役　閩本監本毛本碎作卒非也

前有斥候蹹伏　案爾雅釋言疏引亦作蹹岳本足利本作蹋是也釋文同案說文無蹹字○今訂正

而自備辨也　宋本辨作辦

以其屬衞王也　閩本監本毛本王作士誤也

言唯賢是任　宋本言上有於舊內選賢五字

皆不易之事　宋本皆下有是字

副上德　閩本監本副誤嗣

序云言能汋先祖之道以養天下故以汋爲名焉　案詩序汋作酌

耆音指指致聲相近　閩本監本毛本指指改旨旨

聞敵彊而退　閩本監本彊作疆

命有軍師　補各本有作以師作帥與釋文正義合此本誤也

必當有禍　監本毛本禍誤過

似法當嚴整　閩本監本毛本似作以非

必大咎也宋本必下有有字是也

故應否臧之凶宋本岳本足利本否作不

川壅爲澤釋文云壅本又作雍注皆同案說文巛字注引作雝澤字下多凶字

乘法不用閩本監本毛本乘作乖亦非宋本作棄是也○今依宋本

法從人也宋本法上有是字是也

故曰律否臧補刊石經否作不

則爲法不行宋本則上有水不流三字

澤不行之物纂圖本監本毛本澤誤釋

此禍也宋本此上有主字是也

爲明年晉殺先穀傳宋本淳熙本晉下有人字

六人同之補刊石經六誤作立改刊加兩點遂成亦字謬

三軍皆敗毛本皆作既

楚子北師次於郔釋文亦作郔監本毛本誤作郔注同

令尹叔孫敖弗欲曰 補刊石經宋本淳熙本岳本叔孫作孫叔是也○今訂正

令尹南轅反旆 補刊石經宋本岳本旆作斾不誤注同○今訂正

廻車南鄉 宋本纂圖本毛本廻作迴釋文云鄉本又作嚮案後漢書袁紹傳注引作回軍南向按鄉是正字

次于管以待之 釋文于作於又云管本或作菅案管字是也管叔所封之國見僖二十四年杜於彼注亦云管國在滎陽京縣東北

晉師在敖鄗之閒 顧炎武云石經師誤帥案石經不誤所據乃王堯惠刻也

鄭皇戌使如晉師曰 宋本岳本閩本監本戌作戍是也釋文亦作戍浦鏜云凡人名除定十三年公叔戍外並從戍亥之戌○校不悉出

在軍 宋本軍誤君

子熊煦立 浦鏜正誤煦作𪏭按浦鏜校亦非玉篇口部呴字云史記曰楚先有熊呴是爲蚡冒則呴當从口

凡人貧衣破醜敝爲藍縷 考文破作被非

多少皆望文也 宋本望作妄字按疏謂三處偏字皆各望文爲訓耳望是也

舊於穰苴前已有 宋本舊下有偏字

又何俟 補刊石經俟字下後人旁增焉字非也

實猶充也 監本毛本充誤克下同

毋廢王命 纂圖本閩本監本毛本毋誤母

遷徙也 淳熙本纂圖本閩本毛本徙作徒非也

靡旌驅疾也 宋本旌作族非

御下兩馬 案惠棟云鄭注周禮環人引作掚馬釋文引徐先民云或作掚案此則兩本掚字故服杜訓爲飾古文省作兩

龜背之隆高當心 宋本淳熙本岳本足利本心下有者字

非能徧及於百官也 毛本徧作偏非

及滎澤 岳本纂圖本滎作熒非注同案後漢書郡國志注引傳文脫澤字

與魏錡皆命而往 石經皆下旁有受字後人妄加也

二憾往矣 釋文憾作感石經宋本亦作感石經改刊加小旁不可從也

右廣鷄鳴而駕 纂圖本閩本監本毛本雞作鷄

養由基爲右 毛本由作甴避所諱後漢書班彪傳作游文選東都賦同

屈蕩搏之 閩本監本毛本搏作摶誤

備設鉤鞶 案鞶字當作般說詳毛詩校勘記

敢藉君靈 石經初刻藉誤从竹改从廾

使潘黨率游闕四十乘 鄭氏注周禮車僕引傳文率作帥游作斿

屈蕩尸之曰 石經宋本淳熙本岳本尸作戸是也案漢書王嘉傳注李善文選范蔚宗宦者傳論注引並同錢大昕跋余仁仲校刻左傳本云家藏淳熙九經及長平游御史本巾箱小本俱作戸字

亦必以終 李善注范蔚宗宦者論引作必以此終

尸止 宋本淳熙本岳本足利本尸作戸止下右也字是也

軍中易乘 宋本淳熙本軍字脫

上文且則右廣初駕 閩本監本毛本則作云盧文弨校本且則作則云亦非宋本且作旦

今楚王偶然乘左廣以逐趙旃 宋本監本毛本廣作車非

此言晉人廣隊 閩本此作比非也

楚人惎之脫扃 惠棟云說文引作楚人舁之云舉也黄顥說廣車陷楚人為舉之案此則惎當為舁杜氏所據本與許所據不同也

扃車上兵闌 宋本岳本闌作蘭案管子小匡篇注云蘭錡兵架也

注惎教至兵蘭 閩本監本毛本蘭作闌非

今杜以扃爲車上兵闌宋本闌作蘭下同

逢大夫與其二子乘閩本逢作逄岳本有注云逄音龐蜀本作逄此七字校刊時誤入案逄从夅是也从夆者誤

趙傁在後惠棟云傁與叟同見無極山碑說文作叜云叜或作傁案五經文字云傁素口反與叟同見春秋傳

抽矢菆惠棟云鄭注既夕禮云古文菆作騶漢書鼂錯傳云材官騶發矢道同的如淳曰騶矢也小顏曰騶謂善矢左氏傳作菆字其音同耳則知古菆字作騶也按騶自是假借字作菆是正字

與其輂輦監本輂作輦非也

止以爲蓄營閩本監本毛本蓄作藩

築軍營以章武功淳熙本岳本足利本章作彰

載戢干戈監本毛本干誤于

則頌詩功成乃成乃作案乃成二字衍文宋本無

夏大釋詁文宋本閩本監本毛本大誤人

鋪時繹思案詩周頌正義引作敷時斁思

我徂維求定石經宋本淳熙本岳本維作惟案傳引詩書多從小旁

我往惟自求安定　閩本監本毛本往作徂毛本惟作維

屢豐年　案惠棟云說文無屢字當從毛詩作婁今詩亦有作屢者俗作之

蓋楚樂歌之次第　依正義及宋本標起止皆云之第則次字衍也

注其六六篇至次第　宋本無篇至二字次作之字按疏云故楚樂歌之第是注古本無次字也

季札觀樂　宋本札作扎非也

今頌篇次　宋本今下有周字是也

取其鯨鯢而封之　惠棟云說文引作鱷鯢云海大魚也或从京漢書薛宣傳曰古者明王伐不敬取其鱷鯢小顏曰鱷古鯨字

又何以爲京觀乎　宋本淳熙本岳本足利本何作可石經無觀字後旁增于京字下爾雅疏引亦脫

子服石制也　淳熙本子作予誤

是役至魚臣　宋本以下正義二節總入注特亂則禍歸之之下

桓子請死　宋本以下正義二節總入使復其位注下

晉師三日穀　石經曰字下旁增館字此後人據僖廿八年傳妄加也

今天或者大警晉也　淳熙本大誤天正德本作夫亦非

遂圍蕭蕭潰　顧炎武云下有明日蕭潰之文此處疑衍若此云蕭潰下便不得言遂傅于蕭也炎武說是也

拊而勉之　文選李善注潘安仁馬汧督誄引拊作撫

蕭潰　宋本以下正義五節總入明日蕭潰節注下

皆如挾纊　說文引亦作皆如挾纊云或從光作絖水經注廿二如作同非是

纊綿也　宋本綿作緜正義同按緜綿正俗字

遂傅於蕭　補刊石經蕭下有城字非也

有山鞠窮乎　羣經音辨引作鞠藭

鞠窮所以禦濕　纂圖本毛本濕作溼

奈何　淳熙本岳本奈作柰按柰正字○今訂正

哭井則己　補刊石經宋本岳本巳作己是也○今訂正

己展叔自謂也　浦鏜正誤作叔展是也

注原縠先縠　宋本此節正義在衞人救之節注下

於是卿不書　補刊石經作扵是乎卿不書

春秋左傳注疏卷二十三校勘記

杜氏注　孔穎達疏

經十有三年春齊師伐莒○夏楚子伐宋○秋螽無傳為災故書冬晉殺其大夫先穀書名以罪討

傳十三年春齊師伐莒莒恃晉而不事齊故也○夏楚子伐宋以其救蕭也救蕭在前年君子曰清丘之盟唯宋可以免焉宋討陳之貳今宋見伐晉衛不顧盟以恤宋而經同貶宋大夫傳嫌華椒之罪累及其國故曰唯宋可以免○累劣僞反疏注宋討至以免○正義曰往年清丘之盟宋卿亦貶傳稱不實其言此年宋被楚伐而晉衛不救即是不實之狀於此發傳言唯宋可以免者意在責諸國耳嫌華椒之罪累及其國恐言宋亦有罪宜其不救但盟之不信唯椒身合貶宋國無罪言惟宋可以免見諸國皆合責也○秋赤狄伐晉及清先穀召之也邲戰不得志故召狄欲為變清一名清原○冬晉人討邲之敗與清之師歸罪於先穀而殺之盡滅其族君子曰惡之來也己則取之其先穀之謂乎盡滅其族為誅已甚故曰惡之來也疏注盡滅至來也○正義曰先穀之罪不合滅族盡滅其族為誅已甚亦是晉刑大過是為大惡君子既嫌晉刑大過又尤先穀自招故曰惡之來也己自取之惡之來也言大惡之事來先穀之家○清丘之盟晉以衛之救陳也討焉尋清丘之盟以責衛使人弗去曰罪無所歸將加而師孔達曰苟利社稷請以我

說欲自殺以說晉○使所吏反我說如字又音悅以說音悅又如字罪我之由我則爲政而亢大國之討將以
誰任亢禦也謂禦宋討陳也○亢苦浪反任音壬我則死之。爲明年殺孔達傳

經十有四年春衛殺其大夫孔達書名背盟于大國罪之夏五月壬申曹伯壽卒無傳文十四年盟新城○晉侯伐鄭○秋九月楚子圍宋○葬曹文公無傳○冬公孫歸父會齊侯
于。穀

傳十四年春孔達縊而死衛人以說于晉而免以殺告故免于伐○縊一賜反遂告于諸侯曰
寡君有不令之臣達構。我敝邑于大國既伏其罪矣敢告諸殺大夫亦皆告衛人以爲
成勞復室其子以有平國之功復以女妻之○復扶又反妻七計反【疏】注以有至妻之○正義曰釋詁以平爲成則成亦平也男子謂妻爲室故杜以爲衛人以其父有平定國家之勞復以女妻之言衛侯以女妻之也劉炫以爲傳文無衛侯之女爲孔達之妻復室其子謂復以室家還其子謂達既被誅家當沒入官復以孔達財物家室還其子今知非者案檢傳文上孔達云苟利社稷請以我說是孔達忠於衛國本實無罪所以告於諸侯秖欲虛以說晉衛人荷其功力何得沒其家貲男子謂妻爲室則室者對夫之言故傳云女有家男有室今若以孔達之妻而還其子便則以母還子不得云復室其子又諸國大夫之妻傳皆不載其氏姓何得獨責孔達之妻須言衛侯之女既言復室其子明孔達之妻則衛侯之女可知劉以孔達之妻爲衛侯之女於傳無文以規杜過於義非也
使復其位襲父祿位○夏晉侯伐鄭爲邲故也晉敗。於邲鄭遂屬楚○爲于僞反告於

諸侯蒐焉而還蒐簡閱。車馬○蒐所留反閱音悅中行桓子之謀也曰示之以整使謀而來鄭

人懼使子張代子良于楚十二年子良質於楚子張穆公孫○行戶郎反質音致鄭。伯如楚謀晉故也鄭

以子良爲有禮故召之有讓國之禮○楚子使申舟。聘于齊曰無假道于宋申舟無畏亦

使公子馮聘于晉不假道于鄭申舟以孟諸之役惡宋文十年楚子田孟諸無畏抶宋公僕○馮皮冰

反惡烏路反抶勑乙反曰鄭昭宋聾昭明也聾闇也○聾力工反疏。注昭明也聾闇也○正義曰人之聽視聰明唯在耳目而已鄭昭言

其目明則宋不明也宋聾言其耳闇則鄭不闇也耳目各舉一事而對以相反言宋不解事必殺我也晉使不害我則必死王曰

殺女我伐之見犀而行犀申舟子以子託王示必死○使所吏反使者同女音汝見賢遍反及宋宋人止之華元

曰過我而不假道鄙我也鄙我亡也以我比其邊鄙是與亡國同○過古臥反又古禾反殺其使者必伐

我伐我亦亡也亡一也乃殺之楚子聞之投袂而起投振也袂袖也○袂面世反袖徐又反屨及

於窒。皇窒皇寢門闕○屨九具反窒直結反疏注窒皇寢門闕○正義曰下云劍及於寢門之外則屨之所及未至於外故以窒皇爲寢門之闕謂

至門。逐及也莊十九年鬻拳葬於絰皇注云絰皇冢前闕者亦以此而知也絰傳通謂兩觀爲闕唯指雉門。高大爲縣舊章而使民觀之故雉門之觀特得闕

名名爲闕者以其在門兩旁而中央闕然爲道雖則小門亦如此耳故杜於絰門冢門皆以闕言之此作窒彼作絰字異音同未知孰是其名爲窒皇及市名

蒲胥其義皆未聞劍及於寢門之外車及於蒲胥之市秋九月楚子圍宋○冬公孫歸

父會齊侯于穀見晏桓子與之言魯樂桓子告高宣子桓子晏嬰父宣子高固○樂音洛【疏】與之言魯樂○正義曰樂謂樂居高位也曰子家其亡乎懷於魯矣子家歸父字懷思也懷必貪貪必謀人謀人人亦謀己一國謀之何以不亡為十八年歸父奔齊傳【疏】懷於至不亡○正義曰懷思也謂思高位於魯也既思高位必貪貪必計謀。他人既謀去他人他人亦謀去己一國之人謀去之何以不至亡也

○孟獻子言於公曰臣聞小國之免於大國也聘而獻物物玉帛皮幣也【疏】孟獻至公說○正義曰臣聞小國之免罪於大國也使卿往聘大國而獻其玉帛皮幣之物於是主人亦禮待之庭前所實籩豆醯醢有百品也君自親朝於牧伯之國而獻其治國之功若征伐之功於是主人敬以待之主人之身有威儀容貌車服之飾有物采文章嘉淑皆善也有善言辭善稱讚燕而送賓有加增賄貨言賓往既共則主報亦厚禮使小國如此朝聘大國者謀其不免於罪也若不往朝聘待其被誅責而始薦賄貨則無及於好事矣今楚子在宋君其圖之勸君使往聘也劉炫以為皆是賓事聘而獻物謂獻其國內之物於是所獻之物庭中實之有百品謂聘享之禮龜金竹箭之屬有百品也朝而獻功言治國有功故土饒物產於是。玄纁璣組羽毛齒革乃得為容貌之物采文章嘉淑謂美善之物加貨謂賄賂之多多獻賄賂以謀其不免於罪也○注物玉帛皮幣也○正義曰聘禮賓執圭以致命享用。束帛加璧夫人聘用璋享用玄纁束帛加琮○其享幣又有皮馬是聘所獻物有玉帛皮幣也於是有庭實旅百主人亦設籩豆百品實於庭以荅賓【疏】注主人至荅賓○正義曰聘禮君使卿韋弁服歸饔餼五牢有司入陳鼎豆簋鉶醯醢百甕米百筥黍稷稻粱皆設於中庭是主人設籩豆百品實於庭以荅賓也劉炫謂治國有功土饒云云炫以杜注莊二十二年庭實旅百奉之以玉帛諸侯朝王陳贄幣之象則。朝聘陳幣亦實百品於庭非。獨主人也朝而獻功獻其治國若征伐之功於

牧伯於是有容貌采章嘉淑而有加貨。容貌威儀容顏也采章車服文章也嘉淑令辭稱讚也。加貨命有幣帛也言往共則來報亦備【疏】注容貌至亦備○正義曰杜謂於是有者皆主人之事故以容貌爲威儀容顏當謂善爲威儀容顏以接賓也采章車服文章謂主人陳設物采文章以接賓周禮車逆之類也嘉淑皆訓爲善容貌。采章以外別言善善故以爲令辭稱讚謂接賓之時善言辭善稱讚也加貨謂好貨加增於常若僖二十九年。介葛盧來朝禮之加燕好成十三年孟獻子爲介王重賄之之類故以加貨爲命有幣帛也劉炫云案此勸君行聘唯當論聘之義深不宜言主之禮備豈慮楚不禮而言此也君之威儀無時可舍豈待朝聘賓至乃始審威儀正顏色無賓客則驕容儀容儀非報賓之物何言報禮備又獻其治國劉炫云傳稱朝以正班爵之儀率長幼之序則不名獻功成二年王禮鞏伯如侯伯克敵使大夫告慶之禮則侯伯克敵祇合使大夫告王征伐之功何故親朝獻牧伯禮小朝大小國不合專征復有何功可獻炫謂采章加貨則聘享獻國所有玄纁璣組羽毛齒革皆充衣服旌旗之飾可以爲容貌物采文章嘉淑謂美善之物加貨言賄賂之多皆賓所獻亦庭實也於聘總言庭實於朝指其所有詳於君略於臣也案莊二十二年傳庭實旅百則朝者庭實又成二年傳云侯伯克敵使大夫告慶之禮據此文則聘賓有庭實又庭實旅百與容貌采章相對杜何知庭實容貌之等非是賓之所有必爲主人之物又君無獻征伐之功何以知獻功於牧伯今知劉說非者僖二十二年楚子入享于鄭庭實旅百加籩豆六品又昭五年燕有好貨飧有陪鼎僖二十九年葛盧來朝禮之加燕好此傳云嘉淑而有加貨故知加貨庭實之等皆是主人待賓之物禮傳賓之於主無加貨之文故杜爲此解襄八年鄭伯親獻蔡捷于邢丘是獻征伐之功於牧伯也劉苟違杜義以爲庭實旅百及容貌采章嘉淑加貨之等並爲賓物又以諸侯親朝無獻征伐之功以規杜氏違經背傳於義非也謀其不免也誅而薦賄則無及也薦進也見責而往則不足解罪○賄呼罪反今楚在宋君其圖之公說爲明年歸

父會楚子傳○說音悅

經十有五年春公孫歸父會楚子于宋○夏五月宋人及楚人平平者總言二國和故不書其人【疏】注平者至其人○正義曰平者和也言其先不平而今始平小服大弱下彊之意昭七年暨齊平燕與齊平也定十年及齊平十一年及鄭平會與平也諸言平者皆舉國言平總言二國和同之意故不書其人謂不書公卿也燕暨齊平不言人此言宋人楚人史異辭耳穀梁傳曰人者衆辭也平稱衆上下欲之也賈逵云稱人衆辭善其與衆同欲然則彼不稱人者豈唯國君欲平而在下不欲平乎傳載盟辭則此平有盟不書盟者釋例曰宋人及楚人平實盟書平從赴辭也

○六月癸卯晉師滅赤狄潞氏以潞子嬰兒歸潞赤狄之別種潞氏國故稱氏子爵也林父稱師從告○潞音路種章勇反【疏】注潞赤至從告○正義曰狄有赤狄白狄就其赤白之間各自別有種類此潞是國名赤狄之內別種一國夷狄祖其雄豪者子孫則稱豪名爲種若中國之始封君也謂之赤白其義未聞蓋其俗尚赤衣白衣也傳稱天子建德因生以賜姓胙之土而命之氏者卽以國名爲氏但華夏不須言夏國名不以氏配赤狄既須言狄單國不成文故以氏配之潞氏甲氏皐落氏皆是也杜言氏國故稱氏雖指解此狄而中國亦然劉炫云狄稱種者周禮內宰上春生穜稑之種賤之同之草木故稱種林父尊卿當稱師師今從將卑師衆之例直稱師者從告也

○秦人伐晉無傳

○王札子殺召伯毛伯稱殺者名兩下相殺之辭兩下相殺則殺者有罪王札子王子札也蓋經文倒札字○札側八反徐又側乙反召上照反倒丁老反【疏】注稱殺至札字○正義曰穀梁傳曰不言其兩下相殺也言兩臣下自相殺非君殺臣不得言其大夫也釋例曰大臣相殺死者無罪則兩稱名氏以示殺者之罪王札子殺召伯毛伯是也若一死者有罪不稱殺者名氏晉殺其大夫陽處父是也傳稱此人爲王子捷捷札一人而札在

子上故疑經文倒札字也公羊傳曰王札子者何長庶之號也何休云天子之庶兄也左傳言札爲王孫蘇所使非是尊貴不得爲王之庶兄故譜以爲雜人不知何王之子

○秋螽無傳○螽音終

○仲孫蔑會齊高固于無婁無傳無婁杞邑

○初稅畝公田之法十取其一今又履其餘畝復十收其一故哀公曰二吾猶不足遂以爲常故曰初○稅始銳反復扶又反

疏注公田至曰初○正義曰公羊傳曰古者什一而藉古者曷爲什一而藉什一者天下之中正也多乎什一大桀小桀寡乎什一大貉小貉什一者天下之中正也什一行而頌聲作矣何休云多取於民比於桀蠻貉無百官制度之費稅薄穀梁傳亦云古者什一而藉孟子云夏后氏五十而貢殷人七十而助周人百畝而徹其實皆什一也趙岐注云民耕五十畝者貢上五畝耕七十畝者以七畝助公家耕百畝者徹取十畝以爲賦雖異名而多少同故云皆什一也書傳言十一者多矣故杜言古者公田之法十取其一謂十畝內取一舊法既已十畝取一矣今又履其餘畝更復十收其一乃是十取其二故論語云哀公曰二吾猶不足謂十內稅二猶尚不足則從此之後遂以十二爲常故曰初言初稅十二自此始也諸書皆言十一而周禮載師云凡任地近郊十一遠郊二十而三甸稍縣都皆無過十二漆林之征二十而五者彼謂王畿之內所共多故賦稅重諸書所言十一皆謂畿外之國故鄭玄云十一而稅謂之徹徹通也爲天下之通法言天下皆十一耳不言畿內亦十一也孟子又曰方里爲井井九百畝其中爲公田八家皆私百畝同養公田公事畢然後敢治私事漢書食貨志取彼意而爲之文云井田方一里是爲九夫八家共之各受私田百畝公田十畝是爲八百八十畝餘二十畝爲廬舍諸儒多用彼爲義如彼所言則家別一百一十畝是爲十外稅一也鄭玄詩箋云井稅一夫其田百畝則九而稅一其意異於漢書不以志爲說也又孟子對滕文公云請野九一而助國中什一使自賦鄭玄周禮匠人注引孟子此言乃云是邦國亦異外內之法則鄭玄以爲諸侯郊外郊內其法不同郊內十一使自賦其一郊外九而助一是爲二十而稅二故鄭玄又云諸侯謂之徹者通其率以十一爲

正言郊內郊外相通其率爲十稅一也杜今直云十取其一則又異於鄭唯謂一夫百畝以十畝歸公今又履其餘畝稅之更十取一耳履畝穀梁傳文也趙岐不解夏五十殷七十之意蓋古者人多田少一夫唯得五十七十畝耳五十而貢貢五畝七十而助助七畝好惡於此鄭注考工記云周人畿內用夏之貢法邦國用殷之助法

○冬蝝生蝝子以冬生遇寒而死故不成蝝○蝝悅全反字林尹絹反劉歆云蚍蜉子也董仲舒云蝗子疏注蝝子至成蝝○正義曰釋蟲云草蠡負蠜蜇蠡蜙蝑李巡云皆分別蝗子異方之語也釋蟲又云蝝蝮蜪李巡云蝮蜪一名蝝蝝蝗子也郭璞云蝗子未有翅者劉歆以爲蚍蜉有翅者非也如李郭之說是蝝爲蠡子也上云秋蠡秋而生子於地至冬其子復生遇寒而死故不成災傳稱凡物不爲災不書此不爲災而書之者傳云幸之也此年既飢若使蝝早生更爲民害則其困甚矣喜其冬生以爲國家之幸故喜而書之公羊傳亦云蝝生不書此何以書幸之也

○饑風雨不和五稼不豐疏注風雨至不豐○正義曰此年秋蠡知不爲蠡而饑者春秋書蠡多矣有蠡之年皆不書饑而此獨書饑知年饑不專爲蠡故云風雨不和五穀不豐也

傳十五年春公孫歸父會楚子于宋終前年傳○宋人使樂嬰齊告急于晉晉侯欲救之伯宗曰不可伯宗晉大夫古人有言曰雖鞭之長不及馬腹言非所擊天方授楚未可與爭雖晉之彊能違天乎諺曰高下在心度時制宜○度待洛反○川澤納汙受汙濁○汙音烏注同山藪藏疾山之有林藪毒害者居之○藪素口反疏川澤至藏疾○正義曰周禮虞之官有大澤大藪小澤小藪爾雅十藪皆是大澤則藪是澤類鄭玄周禮注云澤水所鍾也水希曰藪是藪者澤之少水之名也川澤山藪相配爲文者川是流水澤是委水俱是水故總云納汙言其納汙濁也

山有木藪有草毒螫之蟲在草在木故俱云藏疾言其藏毒害也藪是澤類而杜云山之有林藪者藪雖澤類傳文與山相連藪是草木積聚之處近山近澤皆得稱藪上既有川澤之文下別云山藪之事此藪近山故杜云山之有林藪也劉炫以爲澤旁之藪以規杜氏非也瑾瑜匿瑕匿亦藏雖美玉之質亦或居藏瑕穢○瑾其斬反瑜羊朱反匿女力反【疏】注匿亦至瑕穢○正義曰瑾瑜玉之美名聘義曰瑕不揜瑜瑜不揜瑕鄭玄云瑕玉之病也瑜其中間美者玉之性惡不相揜此云匿瑕似以美匿惡故云匿亦藏也言玉質雖美亦瑕藏其中不言瑜能揜蓋瑕也國君含垢忍垢恥○垢古口反本或作詬音同天之道也晉侯恥不救宋故伯宗爲說小惡不損大德之喻○爲于僞反君其待之待楚衰乃止使解揚如宋使無降楚曰晉師悉起將至矣鄭人囚而獻諸楚楚子厚賂之使反其言反言晉不救○解音蟹降戶江反不許三而許之登諸樓車使呼宋而告之樓車車上望櫓○櫓音魯遂致其君命楚子將殺之使與之言曰爾既許不穀而反之何故非我無信女則棄之速即爾刑對曰臣聞之君能制命爲義臣能承命爲信信載義而行之爲利謀不失利以衛社稷民之主也義無二信欲爲義者不行兩信○女音汝下注而女也同信無二命欲行信者不受二命君之賂臣不知命也受命以出有死無霣霣廢隊也○霣于敏反隊直類反又可賂乎臣之許君以成命也成其君命死而成命臣之祿也寡君有信臣己不廢命下臣獲考考成也死又何求楚子舍之以歸○夏五月楚師將去宋在宋積九月不能服宋故申犀稽首

於王之馬前曰毋。畏知死而不敢廢王命王弃言焉王不能荅未服宋而去申故曰弃言○申叔時僕僕御也曰築室反耕者宋必聽命從之築室於宋分兵歸田示無去志王從其言宋人懼使華元夜入楚師登子反之牀起之曰寡君使元以病告兵法因其鄉人而用之必先知其守將左右謁者門者舍人之姓名因而利道之華元蓋用此術得以自通○守手又反將子匠反道音導曰敝邑易子而食析骸。以爨爨炊也○析思歷反骸戶皆反本又作骨公羊傳作骸何休注云骸骨也爨七亂反雖然城下之盟有以國斃不能從也寧以國斃不從城下盟○斃婢世反去我三十里唯命是聽子反懼與之盟而告王退三十里宋及楚平華元為質盟曰我無爾詐爾無我虞楚不詐宋宋不備楚盟不書不告○質音致

疏子反懼與之盟○正義曰服虔云與華元私盟許為退師若孟任割臂與魯莊公盟下云盟曰是兩國平後共盟而楚人為此辭耳非此華元子反私盟之辭也

○潞子嬰兒之夫人晉景公之姊也酆舒為政而殺之又傷潞子之目酆舒潞相○酆芳忠反相息亮反晉侯將伐之諸大夫皆曰不可酆舒有三儁。才儁絕異也言有才藝勝人者三○儁音俊

疏注儁絕至者三○正義曰。辨名記云。倍人曰。茂十人曰選倍選曰。儁千人曰英倍英曰賢萬人曰桀倍桀曰聖是儁為絕異之稱也有三儁才知其有才藝勝人者三事耳不知三者何事也

不如待後之人伯宗曰必伐之狄有五罪儁才雖多何補焉不祀一也耆酒二也棄仲章而奪黎氏地三也仲章潞賢人也黎氏黎侯國上黨。壺關縣有黎亭○耆市志反黎禮兮反國名虐

我伯姬四也傷其君目五也【疏】不祀至五也○正義曰此五者從輕至重。祀雖為大罪廢祀未是害物故先言之耆酒則廢亂政事有害於民故次之弃賢人而侵鄰國其害已大又次之殺夫人傷君目罪之大者故後言之棄仲章而奪黎氏地是為二事而并數為一者俱是為政之惡故并數之奪黎氏地己盡奪之使黎侯失位故下云立黎侯而還更復其國也怙其儁才而不以茂德茲益罪也後之人或者將敬奉德義以事神人而申固其命審其政令若之何待之不討有罪曰將待後後有辭而討焉毋乃不可乎夫恃才與衆亡之道也商紂由之故滅由用也【疏】商紂由之故滅○正義曰史記殷本紀云紂。賢辯捷疾聞見甚敏材力過人手格猛獸知足以拒諫。飾。是。非。之。端。矜人臣以能高天下以聲以為皆出己之下武王伐滅之是由恃才儁故滅也天反時為災寒暑易節地反物為妖。羣物失性民反德為亂亂則妖災生故文反正為乏文字【疏】天反至災生○正義曰據其害物謂之災言其怪異謂之妖時由天物在地故屬災於天屬妖於地其實民有亂德感動天地天地。為之見變妖災因民而生天地共為之耳非獨天為災而地為妖民謂人也感動天地皆是人君感之非庶民也昭七年傳曰國無政不用善則自取讁於日月之災言以政取讁是其由君不由民以民表人故釋例引此即改民為人是其民謂人也傳言天災地妖民亂歷序以尊卑為次更言亂則妖災生明妖災由民起妖災亦通言耳天雖四時氣唯寒暑故壯以反時為寒暑易節物則其數無窮故總云羣物失性反其常性即是妖也釋例曰物者雜而言之則昆蟲草木之類也大而言之則歲時日月星辰之謂也歲者水旱饑饉也時者寒暑風雨。雷霆雪霜也日月者薄食夜明也星辰者彗孛霣錯失其次也山崩地震者陽伏而不能出陰迫而不能升也凡天反其時地反其物以害其物性皆為妖災是言妖災皆通天地共為之也此傳地反物者唯言妖耳洪範五行傳則有妖孽禍痾眚祥六者之名以積漸爲義漢書五行志說此六名云凡草物之類謂之妖妖猶夭胎言尚微也蟲豸之類謂之孽孽則牙孽矣及六畜謂之禍言其著也及人謂之痾痾病貌言浸深也甚則異物生謂之眚自外來謂之祥是六名以漸爲稱唯眚祥有外內之異耳大旨皆是妖也○故文反正爲乏○正義曰許慎說文序云蒼頡之初作書蓋依類象形謂之文其後形聲相益謂之字文者物象之本字者孳乳而生是文謂之字也制字之體文反正爲乏服虔云言人反正者皆乏絕之道也人反德則妖災生妖災生則國滅亡是乏絕之道也

盡在狄矣晉侯從之六月癸卯晉荀林父敗赤狄于曲梁辛亥滅潞曲梁今廣平曲梁縣也書癸卯從赴【疏】盡在狄矣○正義曰言盡在狄矣則狄皆有之其反德爲亂則五罪是也天地災妖傳不指斥不知於時潞國有何災何妖也

酆舒奔衛衛人歸諸晉晉人殺之○王孫蘇與召氏毛氏爭政三人皆王卿士使王子捷殺召戴公及毛伯衛王子捷即王札子卒立召襄襄召戴公之子【疏】卒立召襄○正義曰卒終也謂後終立之非此時即立毛氏後亦不滅但傳不言之耳

○秋七月秦桓公伐晉次于輔氏晉地壬午晉侯治兵于稷以略狄土略取也稷晉地河東聞喜縣西有稷山壬午十月二十九日晉時新破狄土地未安權秦師之弱故別遣魏顆距秦而東行定狄也○顆苦果反立黎侯而還狄奪其地故晉復立之○復扶又反及雒魏顆敗秦師于輔氏晉侯還及雒也雒晉地○雒音洛獲杜回秦之力人也

初魏武子有嬖妾無子武子疾命顆曰必嫁是武子魏犨顆之父○嬖必計反疾病則曰必以爲殉及卒顆嫁之曰疾病則亂吾從其治也及輔氏之役顆見老人結草以亢

杜回亢禦也○殉似俊反本或作必以殉治直吏反下治命同亢苦浪反杜回躓而顛故獲之夜夢之曰余而所嫁婦人之父也而女也○躓陟吏反徐又丁四反爾用先人之治命余是以報傳舉此以示教○晉侯賞桓子狄臣千室千家亦賞士伯以瓜衍之縣士伯士貞子○瓜古華反衍以善反曰吾獲狄土子之功也微子吾喪伯氏矣伯桓子字郯之敗晉侯將殺林父士伯諫而止○喪息浪反羊舌職說是賞也職叔向父○說音悅向香丈反曰周書所謂庸庸祗祗者謂此物也夫周書康誥庸用也祗敬也物事也言文王能用可用敬可敬夫音扶○士伯庸中行伯言中行伯可用君信之亦庸士伯此之謂明德矣文王所以造周不是過也故詩曰陳錫哉周能施也錫賜也詩大雅言文王布陳大利以賜天下故能載行周道福流子孫○施式豉反率是道也其何不濟○晉侯使趙同獻狄俘于周不敬劉康公曰不及十年原叔必有大咎劉康公王季子也原叔趙同也○孚芳扶反不敬一本作而傲天奪之魄矣心之精爽是謂魂魄爲成八年晉殺趙同傳○魄普白反疏注心之至同傳○正義曰心之精爽是謂魂魄魂魄去之何以能久昭二十五年傳文○初稅畝非禮也穀出不過藉周法民耕百畝公田十畝借民力而治之稅不過此以豐財也疏注初稅至財也○正義曰藉者借也民之田穀出共公者不過取所借之田欲以豐民之財故不多稅也既譏其稅畝言非禮乃舉正禮言穀出不過藉則知所稅畝者是藉外更稅故杜氏爲十一外更十取一且以哀公之言驗之知十二而稅自此始也○冬蝝生饑幸之也蝝未爲災而書之者幸其冬生不爲物害時歲雖饑猶喜而書之疏

冬螽生饑幸之也○正義曰幸之者爲幸螽冬生不幸饑也而傳以饑連螽生乃云幸之者以歲饑而復有災則民彌益其困由饑之故乃以爲幸故傳連。饑釋之

經十有六年春王正月晉人滅赤狄甲氏及留吁甲氏留吁赤狄別種晉既滅潞氏今又并盡其餘黨士會稱人從告○吁況于反種章勇反并必政反一音如字○夏成周宣榭。火傳例曰人火之也成周洛陽宣榭講武屋別在洛陽者爾雅曰無室曰榭謂屋歇前○榭本又作謝音同【疏】注傳例至歇前○正義曰楚語云先王之爲臺榭也榭不過講軍實臺不過望氛祥知榭是講武屋也名之曰宣則其義未聞服虔云宣揚威武之處義或當然也成周周之下都此榭別在洛陽講習武事則往就之爾雅釋宮云無室曰榭又云闍謂之臺有木者謂之榭李巡曰臺積土爲之所以觀望臺上有屋謂之榭則榭是臺上之屋居臺而臨觀講武故無室而歇前歇前者無壁也如今廳是也公羊以爲宣宮之榭謂宣王之廟也以其中興其廟不毀與左氏異也○秋郯伯姬來歸○冬大有年。無傳○郯音談

傳十六年春晉士會帥師滅赤狄甲氏及留吁鐸辰鐸辰不書留吁之屬○鐸待洛反三月獻狄俘獻于王也晉侯請于王戊申以黻冕命士會將中軍且爲大傅代林父將中軍且加以大傅之官黻冕命卿之服大傅孤卿○黻音弗將子匠反大音泰注同【疏】注代林至孤卿○正義曰晉之中軍之將執政之上卿也大傅又尊於上卿且加大傅以褒顯之禮命臣者皆賜之以服使服而受命傳言以黻冕者黻冕是命孤卿之服故以之命士會也論語稱禹惡衣服而致美乎黻冕鄭玄云黻冕祭服之衣冕其冠也此云黻冕亦當然也黻韍膝也祭服謂之黻其他服謂之韠俱以韋爲之。制同而色異韠各從裳色黻則其色皆赤尊卑以深淺爲異天子純朱諸侯

黃朱大夫赤而已大夫以上冕服悉皆有黻故禹言黻冕此亦云黻冕但冕服自有尊卑耳周禮司服孤之服自希冕而下此士會黻冕當是希冕也天子大傅三公之官也諸侯大傅孤卿之官也周禮典命云公之孤四命鄭衆云九命上公得置孤卿一人春秋時晉爲霸主侯亦置孤卿文六年有大傅陽子大師賈佗則晉嘗置二孤於是晉國之盜逃奔于秦羊舌職曰吾聞之禹稱善人稱舉也不善人遠此之謂也夫詩曰戰戰兢兢如臨深淵如履薄冰善人在上也言善人居位則無不戒懼○遠于萬反夫音扶兢居陵反本亦作矜善人在上則國無幸民諺曰民之多幸國之不幸也是無善人之謂也○諺音彥○夏成周宣榭火人火之也凡火人火曰火天火曰災疏凡火至曰災○正義曰人火從人而起人失火而爲害本其火之所來故指火體而謂之爲火天火則自然而起不能本其火體故以其所害言之謂之爲災聖人重天變故異其名春秋天變多矣唯此言火耳○秋郯伯姬來歸出也○爲毛召之難故王室復亂毛召難在前年○爲于僞反難乃旦反注同復扶又反王孫蘇奔晉晉人復之毛召之黨欲討蘇氏故出奔○冬晉侯使士會平王室定王享之原襄公相禮原襄公周大夫相佐也○相息亮反注同殽烝烝升也升殽於組○殽戶交反烝之承反疏注烝升也升殽於組○正義曰禮升殽於組皆謂之烝故烝爲升也鄭玄詩箋云凡非穀而食之曰殽則殽是可食之名切肉爲殽乃升於組故謂之殽烝武子私問其故享當體薦而殽烝故怪問之武士會謚季其字疏注享當至其字○正義曰若公侯來朝王爲設享則當有體薦薦其半體亦謂之房烝武子謂己被王享亦當房烝今乃殽烝故怪而問之王聞之召武子曰季氏而弗聞乎王

享。有體薦享則半解其體而薦之所以示共儉【疏】注享則至共儉○正義曰王爲公侯設享則半解其體而薦之爲不食故不解折所以示共儉也示共儉與下示慈惠成十二年傳文宴。有。折俎體解節折升之於俎物皆可食所以示慈惠也○折之設反注同【疏】注體解至惠也○正義曰王爲公侯設宴禮體解節折升之於俎卽殽烝是也其物解折使皆可食共食噉之所以示慈惠也其宴飲殽烝其數無文若祭祀體解案特牲饋食禮有九體則肩一臂二臑三肫四胳五正脊六橫脊七長脅八短脅九此謂士禮也若大夫禮則十一體加脡脊代脅其諸侯天子無文或同十一公當享卿當宴王室之禮也公謂諸侯【疏】注公謂諸侯○正義曰五等諸侯總名爲公故云公謂諸侯言諸侯親來則爲之設享又設燕也享用體薦燕用折俎若使卿來雖爲設享仍用公之燕法亦用折俎是王室待賓之禮也周語說此甚詳王召士季曰子弗聞乎禘郊之事則有全烝王公立飫則有房烝親戚宴享則有殽烝今叔父使士季實來唯是先王之宴禮欲以貽爾體解節折而共飲食之於是乎有折俎以示容合好將安用全烝注國語者皆云禘祭宗廟郊祭天地則有全其牲體而升於俎謂之全烝王公立飫卽享禮也禮之立成者名爲飫半解其體而升於俎謂之房烝傳言體薦卽房烝也親戚宴享則宴享禮同皆體解節折乃升於組謂之殽烝此傳略而爲文猶是彼意故注皆取彼解之武子歸而講求典禮以脩晉國之法。傳言典禮之廢久

經十有七年春王正月庚子許男錫我卒無傳再與文同盟【疏】注再與文同盟○正義曰錫我以文六年卽位七年盟于扈十四年于新城魯許俱在是再同盟也丁未蔡侯申卒無傳未同盟而赴以名丁未二月四日○夏葬許昭公無傳葬蔡文公無傳○六月癸卯日有食之無傳不書朔官失之○己未公會晉侯衞侯曹伯

邾子同盟于斷道斷道晉地○斷丁管反一音短○秋公至自會無傳○冬十有一月壬午公弟

叔肹卒傳例曰公母弟○肹許乙反

傳十七年春晉侯使郤克徵會于齊徵召也欲為斷道會齊頃公帷婦人使觀之郤子登

婦人笑於房跛而登階故笑之○頃音傾跛波可反【疏】注跛而登階○正義曰沈氏引穀梁傳云會行父禿晉郤克跛衛孫良夫眇曹公子

首僂故婦人笑之是以知郤克跛也穀梁傳定本作郤克眇衛孫良夫跛獻子怒出而誓曰所不此報無能涉河不復

度河而東○復扶又反○獻子先歸使欒京廬待命于齊曰不得齊事無復命矣欒京廬郤克之介使

得齊之罪乃復命廬音盧又力於反○郤子至請伐齊晉侯弗許請以其私屬又弗許私屬家衆也為成二

年戰于鞌傳○鞌音安齊侯使高固晏弱蔡朝南郭偃會晏弱桓子○朝如字及斂盂高固逃歸聞郤

克怒故○斂徐音廉一音力漸反盂音于夏會于斷道討貳也盟于卷楚卷楚即斷道○卷音權一音居免反辭齊人

晉人執晏弱于野王執蔡朝于原執南郭偃于溫執三子不書非卿野王縣今屬河內苗賁皇使

見晏桓子賁皇楚鬭椒之子楚滅鬭氏而奔晉食邑于苗地晏弱時在野王故因使而見之○賁扶云反使所吏反注及下同歸言於晉

侯曰夫晏子何罪昔者諸侯事吾先君皆如不逮言汲汲也○逮音代或大計反汲音急舉言羣

臣不信諸侯皆有貳志舉亦皆也齊君恐不得禮不見禮待故不出而使四子來左右或

沮之沮止也○沮在呂反曰君不出必執吾使故高子及斂盂而逃夫三子者曰若絕君好寧歸死焉爲是犯難而來吾若善逆彼彼齊三人○好呼報反爲于僞反難乃旦反以懷來者吾又執之以信齊沮吾不既過矣乎過而不改而又久之以成其悔何利之有焉使反者得辭反者高固謂得不當來之辭疏以信齊沮○正義曰使沮者之言信也○而又至有焉○正義曰晏桓子等懼晉之命不得已而來恨齊侯之使也今晉不以禮待之而又久執之以成其悔恨言本恨齊今又恨晉齊侯見晉如此。將有背晉之心齊若叛晉何利之有言此者勸晉侯免之耳而害來者以懼諸侯將焉用之晉人緩之逸緩不拘執使得逃去也傳言晉不能脩禮諸侯所以貳○焉於虔反拘九于反○秋八月晉師還○范武子將老老致仕初受隨故曰隨武子後更受范復爲范武子○復扶又反召文子曰燮乎吾聞之喜怒以類者鮮文子士會之子燮其名○燮素協反鮮息淺反易者實多易遷怒也詩曰君子如怒亂庶遄沮君子如祉亂庶遄已詩小雅也遄速也沮止也祉福也○遄市專反祉音恥君子之喜怒以已亂也弗已者必益之郤子其或者欲已亂於齊乎。不然余懼其益之也余將老使郤子逞其志庶有豸乎。豸解也欲使郤子從政快志以止亂○豸本又作鳩直是反或音居牛反非也解音蟹此訓見方言疏。注豸解也○正義曰方言文爾從二三子唯敬二三子晉諸大夫乃請老郤獻子爲政○冬公弟叔肸卒公母弟也凡大子之母弟公在曰公子不在曰弟以兄爲尊凡稱弟皆母弟也此策書之通例也庶弟不得稱公弟而母弟或稱公子若嘉好之事則仍舊史之文惟相殺害然後據例以示義所以篤親親之恩崇友于之好釋例論之備矣○好呼報反

【疏】凡大至弟也○正義曰此例再言凡者前凡明稱母弟之人適子及妾子之等後凡明策書稱弟者皆母弟之義公之母弟見經者鄭段魯公子友衛叔武實母弟而不稱弟陳公子招昭元年稱公子八年稱弟釋例曰弟之寵異於衆弟蓋緣自然之情以養母氏之志公在雖俱稱公子其兄爲君則特稱弟殊而異之親而睦之以隆友于之恩亦以獎爲人弟之敬成相親之益也遞庶子爲君故不言夫人之子而曰母弟母弟之見於經者二十而傳之所發六條而已凡稱弟皆母弟此策書之通例也庶弟不得稱弟而母弟得稱公子故傳之所發隨而釋之諸稱弟者不言皆必稱弟也秦伯之弟鍼適晉女叔齊曰秦公子必歸此公子亦國之常言得兩通之證也仲尼因母弟之例據例以興義鄭伯懷害弟之心天王縱羣臣以殺其弟夫子探書其志故顯稱二兄以首惡佞夫稱弟不聞反謀也鄭段去弟身爲謀首也然則兄而害弟稱弟以章兄罪弟又害兄則去弟以罪弟身也推此以觀其餘秦伯之弟鍼陳侯之弟黃衞侯之弟鱄出奔皆是兄害其弟也秦伯有千乘之國而不能容其母弟傳曰罪秦伯歸罪秦伯則鍼罪輕也陳侯不能制御臣下使逐其弟傳曰非罪非黃之罪則罪在陳侯此互舉之文也至於陳招殺兄之子宋辰率羣卿以背宗國披大邑以成叛逆然不推刃於其兄故以首惡稱弟稱名從兩下相殺也統論其義兄弟二人交相殺害各有曲直。存弟則示兄曲也鄭伯既云失教若依例存弟則嫌善段故特去弟兩見其義也若夫朝聘盟會嘉好之事此乃兄弟之篤睦非義例之所興故仍舊史之策或稱弟或稱公子踐土之盟叔武不稱弟此其義也莒挐非卿非卿則不應書今嘉獲故特書特書猶不稱弟明諸書弟者皆卿也先儒說母弟善惡褒貶既多相錯涉又云稱弟皆謂公子不爲大夫者得以君爲尊案傳莒挐非卿乃法所不書書而不言弟非得以君爲尊也凡聘享嘉好之事於是使卿故夷仲年之聘皆以卿稱弟而行此例所謂兄稱弟皆母弟左傳明文而自違之穎氏又曰臣無竟外之交故云弟以貶季友子招樂憂故去弟以懲過鄭段去弟唯以名通故謂之貶今此二人皆稱公子公子者名號之美稱又非貶所也劉炫云再言凡者前凡據適妻子爲文後凡嫌妾子爲君母弟不得稱弟故更言凡也

經十有八年春晉侯衛世子臧伐齊○臧子郎反○公伐杞無傳○夏四月○秋七月

邾人戕鄫子于鄫。傳例曰自外曰戕。邾大夫就鄫殺鄫子○戕在良反徐又在精反鄫才陵反

疏注傳例至鄫子○正義曰杜以會盟之例卿則書名氏大夫則稱人此稱邾人故云邾大夫耳賈逵亦云邾使大夫往殘賊之

○甲戌楚子旅卒未同盟而赴以名吳楚之葬僭而不典故絕而不書同之夷蠻以懲求名之僞○僭子念反懲直升反止也又作徵如字明也

疏注未同至之僞○正義曰諸侯之葬魯不會則不書知吳楚之葬爲僭不書者襄二十九年傳稱葬楚康王公親送葬經亦不書故知其不爲魯不會也禮坊記曰天無二日國無二王示民有君臣之別春秋不稱楚越之王喪恐民之惑也鄭玄云楚越之君僭號稱王不稱其喪謂不書葬也公羊傳曰吳楚之君不書葬辟其號也辟其號者五等諸侯死則稱爵書卒及葬則從彼臣子之辭皆稱爲公若書楚葬亦宜從彼所稱當云葬楚王以此僭而不典不得稱王故遂絕之而不書其葬同之蠻夷言其不足紀錄以懲創自求名號之僞同之蠻夷者蠻夷卒亦不書言其不書似之也

○公孫歸父如晉○冬十月壬戌公薨于路寢○

歸父還自晉至笙。遂奔齊大夫還不書春秋之常也今書歸父還奔善其能以禮退不書族者非常所及今特書略之笙魯竟也故不言出○笙音生徐又勑貞反云本又作檉亦作朾案徐後音是依二傳文竟音境

傳十八年春晉侯衛大子臧伐齊至于陽穀齊侯會晉侯盟于繒以公子彊爲

質于晉晉師還蔡朝南郭偃逃歸晉既與齊盟守者解緩故得逃○繒才陵反質音致解佳買反○夏公使如楚乞師欲。以伐齊公不事齊齊與晉盟故懼而乞師于楚不書微者行○秋邾人戕鄫子于鄫凡。自虐其君曰弒自外曰戕弒戕皆殺也所以別內外之名弒者積微而起所以相測量非一朝一夕之漸戕者卒暴之名○弒音試注同弒字從式殺字從殳他皆放此別彼列反一朝如字卒寸忽反【疏】注弒戕至之名○正義曰弒者試也言臣下伺候間隙試犯其君戕者殘也言外人卒暴而來殘賊殺害也弒。戕皆是殺也所以別內外之名耳釋例曰列國之君而受害於臣子其所由者積微而起所以相測量非一朝一夕之漸故改殺為弒戕者卒暴之名有國之君當重門設險而輕近暴客變起倉卒亦因事而見戒也臣弒其君子弒其父世之惡逆君子難言故春秋。諸自內虐其君者通以弒為文也春秋弒君多矣其戕唯此一事自弒其君足明無道臣罪之例戕者外人所殺為無防被害皆是君自招之縱使君或無道其惡不加外國不得從弒君之例也若戰死則書滅此謂在國見殺耳○楚莊王卒楚師不出既而用晉師成二年戰于鞌是楚於是乎。有蜀之役在成二年冬蜀魯地泰山博縣西北有蜀亭○公孫歸父以襄仲之立公也有寵歸父襄仲子欲去三桓以張公室時三桓強公室弱故欲去之以張大公室○去起呂反下注將去並同張如字一音陟亮反與公謀而聘于晉欲以晉人去之冬公薨季文子言於朝曰使我殺適立庶以失大援者仲也夫適謂子惡齊外甥襄仲殺之而立宣公南通於楚既不能固又不能堅事齊晉故云失大援也○適丁歷反注同援于眷反夫音扶臧宣叔怒曰當其時不能治也後之人何罪子欲去之許請去之宣叔文仲子武仲父許其名也時為司寇主行刑言子自以歸父害己欲去者許請爲子去。○請爲于僞反遂逐東門氏襄仲居東門故曰東門氏子家還及笙子家歸父。字壇帷復命於介除地爲壇而張帷介副也將去使介反命於君○壇音善介音界【疏】。復命於介○正義曰聘禮復命之禮云公南鄉使者執圭反命曰以君命聘于某君某君受幣于某。宮某君再拜以享某君某君再拜若聘君薨于後歸執圭復命于殯升自西階不升堂子即位不哭。辯復命如聘子臣皆哭與介入北鄉哭出袒括髮入門右即位踊是君之存亡皆有復命之。禮。今身。將。出奔不得親自復命故立介於位介當南面歸父於介前北面執圭復命既復命之後北面哭乃退括髮說前即位北面哭三踊而出以復命之語語介使知令介以此言告於殯也既復命袒。括。髮。以麻爲髮○袒音但括古活反即位哭三踊而出依在國喪禮設哭位公薨故遂奔齊書曰歸父還自晉善之也

附釋音春秋左傳注疏卷第二十四

春秋左傳注疏卷二十四校勘記　阮元撰盧宣旬摘錄

附釋音春秋左傳注疏卷第二十四 宣十三年至十八年

〔經十三年〕

〔傳十三年〕

己則取之 石經此處缺宋本岳本纂圖本已作己不誤今從之

亦是晉刑大過 閩本監本毛本大作太下同

爲明年殺孔達傳 閩本監本毛本爲上不加注字舊式也

〔經十四年〕

冬公孫歸父會齊侯于穀 毛本于作丁誤

〔傳十四年〕

構我敝邑于大國 石經初刻構作搆改從木旁是也閩本監本毛本作搆

注以有至妻之 宋本此節正義在使復其位注下

復以女妻之 閩本監本毛本復作故按作復是也

晉敗於邲鄭遂屬楚 纂圖本毛本於作于屬作服誤也

蒐簡閱車馬 足利本作軍馬

鄭伯如楚 閩本鄭誤郎

楚子使申舟聘于齊 呂氏春秋行論篇注引舟作周案舟周古字通石經此處缺

注昭明也聾闇也 宋本以下正義二節總入楚子圍宋之下

屨及於窒皇 惠棟云高誘呂覽行論篇注引傳作經皇與莊十九年經皇一也

謂至門遂及也 閩本監本毛本遂作逐非也

唯指雉門高大 宋本高字上有以雉門三字是也

與之言魯樂 宋本以下正義三節總入何以不亡注下

貪必計謀他人 宋本謀下有去字

孟獻至公說 宋本以下正義三節總入注文爲明年歸父會楚子傳之下

於是玄纁璣組 宋本是下有有字

享用秉帛加璧 補毛本秉作束秉字誤也今正

則朝聘陳幣亦實百品於庭非獨主人也浦鏜正誤朝作此獨作謂云從傅士凱注解辨誤校

而有加貨淳熙本加誤嘉注同

容貌文章以外浦鏜正誤文作采是○今依改

葛盧來朝宋本葛上有介字是也

〔經十五年〕

潞赤狄之別種潞氏國宋本足利本無下潞字案正義引注云杜言氏國故稱氏足證潞字爲衍文

而中國亦然按各本同依上文則亦字當作不字

更復十收其一監本毛本收作取

趙岐不解夏五十殷七十之意宋本岐作歧俗字

一夫唯得五十七十畝耳閩本監本毛本耳誤且屬下讀

好惡於此閩本監本毛本惡於作異如

蜇螽蜙蝑監本毛本蜇作蜇蜙作螆並誤閩本亦作螆

至冬其子復生宋本冬作今

五稼不豐 纂圖本毛本稼作穀非也

五穀不豐也 宋本閩本監本毛本穀作稼不誤

〔傳十五年〕

雖晉之彊 閩本監本彊作疆

山藪藏疾 漢書路温舒傳引傳藏疾作臧疾案藏古作臧

川澤至藏疾 宋本以下正義三節總入去我三十里節注下

周禮虞之官 宋本禮下有澤字是也

是藪者澤之少水之名也 閩本監本少作小非也

瑜能揜蓋瑕也 毛本揜作掩同監本作裺非

國君含垢 釋文云垢本或作詬案漢書路温舒傳引作詬

晉侯恥不救宋 監本毛本恥作耻俗字

毋畏知死而不敢廢王命 纂圖本監本毛本毋作無非也

必先知其守將左右謁者門者 淳熙本者下增守字非也

析骸以爨釋文云骸本又作骨案史記宋世家楚世家呂氏春秋引作骨何休注公羊云骸骨也

鄧舒有三雋才宋本淳熙本岳本足利本雋作儁石經此處缺案下文作儁才則此處亦當作儁

儁絕至者三宋本以下正義六節總入晉人殺之句下

辨名記篇閩本監本辨作辦形相近而誤案辨名又作別名見白虎通聖人

倍人曰戎宋本戎作茂不誤浦鏜正誤倍作五是也

倍選曰儁閩本監本毛本儁作雋下同

上黨壺關縣有黎亭監本壺作壼

祀雖爲大罪宋本祀上有不字是也

紂賢辯捷疾浦鏜正誤賢作資依史記殷本紀改也

飾是非之端案殷本紀作言足以飾非

地反物爲妖案說文祅字注云地反物爲祅

天地爲之見變宋本爲作謂

時者寒暑風雨雷電雪霜也宋本雷作震

凡草物之類謂之妖宋本閩本監本毛本物作木案漢書五行志作物

及人謂之痾監本及作反非也

痾病類言浸深也案漢書五行志類作貌浸作濅

壬午十月二十九日宋本淳熙本岳本足利本十作七不誤

權秦師之弱淳熙本師作帥

而東行定狄也宋本淳熙本岳本纂圖本足利本也作地

狄奪其地纂圖本毛本狄作欲非也

晉侯還及雒也淳熙本也誤地

必以爲殉閩本殉作狥釋文無爲字云本或作必以爲殉案論衡死僞篇引作必以是爲殉則爲字當有也

而女也宋本纂圖本閩本監本毛本女作汝

爾用先人之治命石經用字下有而字案漢書張衡傳注論衡死僞篇引傳無而字顧炎武九經誤字云監本脫當依石經未辨此處石經乃朱梁補刊也

吾獲狄土顧炎武云石經土誤士案炎武所據乃王堯惠刻也

曰周書所謂庸庸祗祗者 淳熙本謂誤得

故詩曰陳錫哉周 石經宋本纂圖本監本毛本哉作載案詩傳訓哉爲載正義曰哉與載古字通

故杜氏爲十一外更十取一 宋本氏作以

故傳連饑釋之 宋本毛本饑作譏非也

（經十六年）

成周宣榭火 釋文榭作謝云本又作榭案惠棟云說文無謝字周郙敦銘曰王格于宣射古文榭字作射

冬大有年 案說文秊字注引作大有秊从禾千聲云穀孰也

（傳十六年）

注代林至孤卿 宋本此節正義在善人在上節之下

以韋爲之祭 宋本閩本監本毛本祭作制屬下讀是也○今依改

但冕服自有尊卑耳 毛本脫服字但下衍黻字

有太傅陽子 宋本太作大下同

禹稱善人 玉篇引作禹偁善人云與稱同

戰戰兢兢 釋文云兢兢本亦作矜矜纂圖本閩本監本毛本作競競非也

春秋天變多矣 宋本天變作書災是也

毛召難在前年 纂圖本閩本監本毛本召誤伯下注同

注烝升也升殽於俎 宋本以下正義五節總入以脩晉國之灋注下

武子私問其故 宋本子作季石經此處缺山井鼎云今本後人武子上補足季字所校諸本皆無檢杜注武士會謚季其字不爲無據也陳樹華云杜氏爲下傳文季氏而出此注且內外傳文閒稱士季無有稱季武子者山井鼎說非也

王享有體薦 詩伐木正義禮王制正義引享作饗

宴有折俎 詩伐木正義引作燕以折俎

正義曰五等諸侯總名 閩本監本毛本脫正義曰三字

以脩晉國之法 宋本法作灋

〔經十七年〕

傳例曰父母弟 纂圖本閩本監本毛本父作同亦非宋本淳熙本岳本足利本作公是也○今改正

〔傳十七年〕

不復度河而東 補各本度作渡

注跛而登階 宋本以下正義三節總入而害來者節注下

討貳也 閩本貳作式非

盟于卷楚 顧炎武云石經誤作巷案此處石經乃補刊

將有背晉之心 宋本毛本將作當

郤子其或者欲已亂於齊乎 顧炎武云石經乎誤平案石經不誤炎武所據乃王堯惠刻考文引宋板作欲已於亂乎非也

庶有豸乎 唐石經初刻豸作鳩後改豸釋文亦作鳩注同案羣經音辨引作庶有鳩乎云今文作豸集韻四紙引同云徐邈讀通作豸與釋文合

注豸解也 宋本此節正義在乃請老郤獻子爲政句下

前凡明稱母弟之人 閩本監本毛本人作文

釋例曰弟之寵 宋本弟上有母字

見於經者二十 毛本於作于十誤千

衞侯之弟緯出奔 宋本閩本監本毛本緯作鱄不誤

皆是兄害其弟也 宋本也上有者字

則鍼罪輕也 閩本監本毛本則誤見

傳言非罪 閩本監本毛本言作曰

存弟則示兄曲也 襄廿七年正義引作書弟非也

則嫌善段 閩本監本毛本善作書非

莒挐非卿 閩本監本毛本挐作拏非下同

又非貶所也 閩本監本毛本貶所作所貶

〔經十八年〕

邾人戕鄫子于鄫 纂圖本閩本監本毛本戕誤戕注同○案傳並同

國無二王 宋本國作土與坊記合

當云葬楚王 宋本楚下有莊字是也

歸父還自晉至笙 釋文云笙本作檉亦作朾案公羊穀梁作檉

笙魯竟也 宋本岳本足利本也作外

〔傳十八年〕

欲以伐齊 石經欲作將下空一字

凡自虐其君曰弑 石經自下有內字案周禮大司馬之職正義李善魏都賦注引傳並有內字顧炎武云虐上多內字誤也

弑戕皆是殺也 毛本戕誤君

故春秋諸自內虐其君者 閩本監本毛本諸誤謂

楚於是乎有蜀之役 淳熙本乎誤平

時三桓強 閩本監本作疆非纂圖本毛本作彊

許請爲子去 宋本淳熙本岳本纂圖本監本毛本去下有之字

子家歸父字 宋本無字字

復命於介 宋本此節正義在遂奔齊節之下

某君受幣于某官 宋本官作宮與聘禮合〇今依訂正

辯復命 宋本辯作辨案聘禮作辯

皆有復命之禮 宋本禮作法

今身將出奔 閩本監本毛本今誤若將出誤在外〇今改正

袒括髮石經初刻脫袒字改刻增袒括二字案惠棟云士喪禮曰主人髻髮袒鄭注云古文髻作括爲古文髻也

春秋左傳注疏卷二十四校勘記

附釋音春秋左傳注疏卷第二十五 成元年盡二年

杜氏注　孔穎達疏

成公○陸曰成公名黑肱宣公子謚法安民立政曰成　疏正義曰魯世家云成公名黑肱宣公之子穆姜所生以定王十七年即位謚法安民立政曰成釋例曰計公衡之年成公又非穆姜所生不知其母何氏也案宣元年夫人婦姜至自齊即穆姜也至此始十八年耳二年傳稱公衡為質於楚公衡成公子也既堪為質則其年已長成公若是穆姜之子未得有成長之男

經元年春王正月公即位無傳○二月辛酉葬我君宣公無傳○無冰無傳周二月今之十二月而無冰書冬温　疏注周二至冬温○正義曰襄二十八年春無冰彼春無月則是竟春無冰此亦應竟春無冰而書在二月下者以盛寒之月書之也穀梁傳曰終時無冰則志此未終時而言無冰何也終無冰矣加之寒之辭也其意言此月寒最甚此月無冰則終無冰矣杜言今之十二月者見此意也冬而無冰是時之失故書之記冬温也○三月作丘甲周禮九夫爲井四井爲邑四邑爲丘丘十六井出戎馬一匹牛三頭四丘爲甸甸六十四井出長轂一乘戎馬四匹牛十二頭甲士三人步卒七十二人此甸所賦今魯使丘出之譏重斂故書○甸徒練反一音繩證反乘繩證反卒尊忽反斂力驗反

疏周禮至故書○正義曰周禮九夫爲井四井爲邑四邑爲丘四丘爲甸小司徒職文也司馬法六尺爲步步百爲畝畝百爲夫夫三爲屋屋三爲井四井爲邑四邑爲丘丘有戎馬一匹牛三頭是曰匹馬丘牛四丘爲甸甸六十四井出長轂一乘馬四匹牛十二頭甲士三人步卒七十二人戈楯具謂之乘馬然則杜之此注多是司馬法文而獨以周禮冠之者以司馬法祖述周禮其所陳者即是周法言此是周之禮法耳不言周禮有此文也鄭注論語云司馬法成

方十里出革車一乘與此不同者鄭注小司徒云方十里為成緣邊一里治溝
洫實出稅者方八里六十四井案鄭注小司徒又引司馬法云成出革車一乘
甲士十人徒二十人十成為終千井革車十乘甲士百人徒二百人十終為同
萬井革車百乘甲士千人徒二千人與此車一乘甲士三人步卒七十二人不同
同者小司徒辨畿內都鄙之地域鄭所引士十人徒二十人者謂公卿大夫畿
內采地之制此之所謂諸侯邦國出軍之法故不同也古者用兵天子先用六
鄉六鄉不足取六遂六遂不足取公卿采邑及諸侯邦國若諸侯出兵先盡三
鄉三遂鄉遂不足然後總徵竟內之兵案此一車甲士步卒總七十五人周禮
大司馬五人為伍五伍為兩四兩為卒五卒為旅五旅為師五師為軍大敗不
同昔大司馬所云謂鄉遂出軍及臨時對敵布陳用兵之法此甲士三人步卒
七十二人謂徵課邦國出兵之時所徵之兵既至臨陳還同鄉遂之法必知臨
敵用鄉遂法者以桓五年戰于繻葛先偏後伍又宣十二年廣有一卒卒偏之
兩及尚書牧誓云千夫長百夫長是臨時對敵皆用卒兩師旅也長轂馬牛甲
兵戈楯皆一甸之民同共此物若鄉遂所用車馬甲兵之屬皆國家所共知者
以一鄉出一軍則是家出一人其物不可私備故也此言四丘為甸並據上地
言之若以上中下地相通則二甸共出長轂一乘耳甸即乘也六十四井出車
一乘是故以甸為名此一乘甲兵甸之所賦今魯使丘出甸賦乃四倍於常譏
其重斂故書之也穀梁傳曰作為也丘為甲也丘甲國之事也丘作甲非正也
古者立國家百官具農工皆有職以事上古者有四民有士民有商民有農民
有工民丘作甲非正也其意以為四邑為丘使一丘農民皆作甲以農為工失
其本業故譏之今左氏經傳並言作丘甲耳重斂之事傳無明文而知必異穀
梁以為丘作甸甲者以傳云為齊難故作丘甲以慮有齊難而多作甲兵知使
丘為甸甲而倍作之也士卒牛馬悉倍於常而獨言甲者甲是新作之物其餘
斂充之耳非作之也譏其新作故舉甲言之初稅畝言初此不言初者此備齊
難暫為之耳非是終用故不言初然則築城備難非時不譏此亦備難而譏之
者魯是大國甲兵先多僖公之世頌云公車千乘昭公之蒐傳稱革車千乘此

時。不應然也其甲足以拒敵而又加之重斂故譏之○夏臧孫許及晉侯盟于赤棘晉地○秋王師敗績于茅。戎茅戎。別。種。也不言戰王者至尊天下莫之得校故以自敗為文不書敗地而書茅戎明為茅戎所敗書秋從告○茅戎亡交反史記及三傳皆作貿戎種章勇反○冬十月

傳元年春晉侯使瑕。嘉平戎于王平文十七年郯垂之役詹嘉處瑕故謂之瑕嘉○郯音審詹之廉反單襄公如晉拜成單襄公王卿士謝晉為平戎○單音善為于偽反下文同劉康公徼。戎將遂伐之康公王季子也戎平還欲要其無備○徼古堯反要也要一遙反疏。注康公至無備○正義曰宣十年經書王季子來聘傳言劉康公知即王季子也傳言平戎于王戎必遣使詣周受平但康公要戎者非要戎平還之使單使來平不足伐也欲伐其國耳以未平之日設備禦周今既平矣戎必無備要其無備將遂往伐之故下云遂伐茅戎起兵伐其國也叔服曰背盟而欺大國此必敗叔服周內史○背音佩下音同背盟不祥欺大國不義神人弗助將何以勝不聽遂伐茅戎三月癸未敗績于徐吾氏徐吾氏茅戎之別也疏敗績于徐吾氏○正義曰敗于徐吾之地也茅戎已是戎內之別徐吾又是茅戎之內聚落之名王師與茅戎戰之處○為齊難故作丘甲前年魯乞師於楚欲以伐齊楚師不出故懼而作丘甲○難乃旦反下同○聞齊將出楚師夏盟于赤棘與晉盟懼齊楚○秋王人來告敗解經所以秋乃書○冬臧宣叔令脩賦繕完治完城郭○繕完市戰反下和端反具守備曰齊楚結好我新與晉盟晉楚爭盟齊師必至雖晉人伐齊楚必救之是齊楚。同。

我也同共也○守手又反好呼報反知難而有備乃可以逞逞解也為二年齊侯伐我傳○解音蟹

經二年春齊侯伐我北鄙○夏四月丙戌。衛孫良夫帥師及齊師戰于新築衛師敗績新築衛地皆陳曰戰大崩曰敗績四月無丙戌丙戌五月一日○築音竹陳直覲反○六月癸酉季孫行父臧孫許叔孫僑如公孫嬰齊帥師會晉郤克衛孫良夫曹公子首及齊侯戰于鞌齊師敗績魯乞師於晉而不以與謀之例者從盟主之令上行於下非匹敵和成之類例在宣。七年曹大夫常不書而書公子首者首命於國備於禮成為卿故也鞌齊地○僑其驕反注同郤去逆反鞌音安與音預敵如字本或作適亦音敵疏注魯乞至齊地○正義曰此云盟主之令故不從與謀釋例云乞師不得從與謀所以不同者以事得兩通故互言之魯於聘與盟會雖二卿並行止書一使至於行師用兵則並書諸將此書四卿昭定之世或書三卿或書二卿皆謂重兵故書之其他國唯書元帥詳內略外也書曹公子首者釋例曰公侯伯子男及卿大夫士命數周官具有等差當春秋時漸以變改是故仲尼丘明據時之宜從而然之不復與周官同也命者其君正爵命之於朝其宮室車旗衣服禮義各如其命數皆以卿禮書於經衛之於晉不得比次國則邾莒杞鄫之屬固以微矣此等諸國當時附隨大國不得列於會者甚衆及其得列上不能自通於天子下無暇於備禮成制故與於盟會戰伐甚多唯曹公子首得見經其餘或命而禮儀不備或未加命數故皆不書之是言首成為卿故書○秋七月齊侯使國佐如師己酉及國佐盟于袁婁穀梁曰鞌去。齊五百里袁婁去。齊五十里疏注穀梁至十里○正義曰齊之四竟不應過遠且。鞌已是齊地未必竟上之邑豈得去齊有五百里乎穀梁又云壹戰綿地五百里則是甚言之耳釋例土地名鞌與袁婁並闕不知其處遠近無以驗之○八月壬午宋公鮑卒。未同盟而赴以名○鮑步卯反○庚寅，衞侯速卒。宣十七年盟于斷道據傳庚寅九月七日○取汶陽田。晉使齊還魯故書取不以好得故不言歸○汶音問好呼報反

【疏】注晉使至言歸○正義曰晉使齊還魯魯不用力故直書取哀八年齊人歸讙及闡此不言齊人歸者不以好得非齊歸我故不言歸

○冬，楚師、鄭師侵衞。子重不書不親伐

【疏】注子重不書不親伐○正義曰僖二十五年楚人圍陳注云子玉稱人從告此云子重不書不。親伐者彼以路遠或當不以實告此傳言侵衞遂侵我道路既近告當以實經傳皆言楚師則是將卑師衆故以為子重不親伐所以弘通其義也

○十有一月，公會楚公子嬰齊于蜀。公與大夫會不貶嬰齊者時有許蔡之君故

【疏】注公與至君故○正義曰傳稱在禮卿不會公侯會公侯則貶之而稱人翟泉之盟是也此嬰齊會公。乃。稱。公。子而不貶者為其會有蔡許之君蔡侯許男與公相敵嬰齊不與公敵故不貶也傳稱孟孫賂楚楚人許平即云十一月公及楚公子嬰齊蔡侯許男秦右大夫說宋華元陳公孫寧衞孫良夫鄭公子去疾及齊國之大夫盟于蜀凡會。盟。觀者必先會而後盟盟時蔡許在列會時必亦在焉以二君乘楚車謂之失位經雖抑而不書會時其身實在且二君與楚同行無容不列於會故知二君在會嬰齊不敵公也或以為於時兵將嬰齊為主蔡許為王左右隸屬嬰齊則二君卑於嬰齊何由得與公敵斯不然矣征伐以主兵為先盟會以尊卑為序春秋之常也僖二十七年楚人陳侯蔡侯鄭伯許男。圍宋楚既稱人必非貴者為其主兵猶序於上文。七年公會諸侯晉大夫盟于扈傳曰齊侯宋公衞侯陳侯鄭伯許男曹伯會晉趙盾盟于扈於時晉為盟主召諸侯使集會而趙盾猶序於下文不先諸侯則知此時行兵楚為其主會則蔡許在先故二君自敵公明嬰齊不敵公也襄二十六年公會晉人鄭良霄宋人曹人于澶淵傳曰公會晉趙武宋向戌鄭良霄曹人于澶淵趙武不書尊公也於是衞侯會之然則時有衞侯猶貶趙武者於時衞侯雖往晉將執之不得與會而趙武敵公故貶之也彼傳又曰晉人執甯喜北宮遺使女齊以

先歸衛侯如晉。人執之於會已執其卿衛侯如晉晉卽執之明其不得與會公無所敵故趙武敵公與此異也○丙申公及楚人秦人宋人陳人衛人鄭人齊人曹人邾人薛人鄫人盟于蜀齊在鄭下非卿傳曰卿不書匱盟也然則楚卿於是始與中國準自此以下楚卿不書皆貶惡也○匱其位反

疏注齊在至惡也○正義曰諸會盟同地而間無他事者例不重序其人此會盟。序者前會之時唯公會楚耳蔡許從楚而行唯。應蔡許在列秦宋以下諸國未至會盟人別故別序也諸征伐會盟實卿而貶稱人者傳皆言其名氏實是大夫而本合稱人者則傳皆言大夫此傳鄭公子去疾以上言其名氏則皆是卿也齊國之大夫則實是大夫故齊在鄭下為非卿故也傳曰卿不書匱盟也謂匱盟之故并貶楚卿楚卿於是盟上始與中國相準釋例曰楚之尹臣最多混錯舊說亦隨文強生善惡之狀混瀆無已其不能得辭則皆言惡蠻夷得志然當齊桓之盛而經以屈完敵之若必有褒貶非抑楚也此乃楚之初興未閑周之典禮告命之書自生同異猶秦之辟陋不與中國準故春秋。抑。秦以存例也楚之熊繹始封於楚辟在荊山蓽路藍縷以居。俗。裔及武王熊。違始居江漢之間然未能自同於列國故經稱荊敗蔡師荊人來聘從其所居之稱而總其君臣至於魯僖始稱楚人而班次在於蔡下僖二十一年當楚成王之世能遂其業內列於公侯會於盂楚之君爵始與中國列然其臣名氏猶多參錯至魯成二年楚公子嬰齊始乃具列傳曰卿不書匱盟也兼為楚臣示例也自此以上春秋未以入例自此以下褒貶之義可得而論之也杜言兼為楚臣示例者解傳言匱盟之意傳言卿不書者非獨言諸侯之卿不書兼言楚卿亦不書是兼為楚卿示例

傳二年春齊侯伐我北鄙圍龍。龍魯邑在泰山博縣西南頃公之嬖人盧蒲就魁門焉。攻龍門也○頃音傾嬖必計反魁苦回反龍人囚之齊侯曰勿殺吾與而盟無入而封封竟○竟音境弗聽殺而

。膊諸城上膊磔也○膊普各反磔陟百反疏。注膊磔也○正義曰周禮掌戮掌斬殺賊諜而搏之鄭玄云搏當爲膊諸城上之膊字之誤也膊謂去衣磔之方言云膊曝也齊侯親鼓。士陵城三日。取龍遂南侵及巢丘取龍侵巢丘不書其義未聞疏注取龍至未聞○正義曰外取內邑非魯之罪無所可諱而此獨不書故杜云其義未聞賈逵云殺盧蒲就魁不與齊盟以亡其邑故諱不書耳案楚子滅蕭嬰齊入莒皆殺楚人而經不變文以加罪此何當改文以諱惡也哀八年齊人取讙及闡以淫女見取猶尙書之此殺敵見取何以當諱知諱義不通故不從也

○衛侯使孫良夫石稷甯相向禽將侵齊與齊師遇齊伐魯還相遇於衛。也良夫孫林父之父石稷石碏四世孫甯相甯俞子○相息亮反向舒亮反碏七略反俞羊朱反石子欲還孫子曰不可以師伐人遇其師而還將謂君何言無以荅君若知不能則如無出今既遇矣不如戰也夏有闕文失新築戰事

石成子曰師敗矣子不少須衆懼盡成子石稷也衛師已敗而孫良夫復欲戰故成子欲使須救○復扶又反子喪師徒何以復命皆不對又曰子國卿也隕。子辱矣隕見禽獲○喪息良反隕于敏反疏皆不對○正義曰予者指斥孫子其言並告諸將言皆不對者孫子與甯相向禽皆不對又曰子國卿也乃專與孫子言耳子以衆退我此乃止。我於此止。禦齊師○禦魚呂反且告車來甚衆新築人教孫桓子故並告令軍中齊師乃止次于鞫。居鞫居衛地○鞫居六反

新築人仲叔于奚救孫桓子桓子是以免于奚守新築大夫疏○注于奚守新築大夫○正義曰大夫守邑以邑冠之呼爲某人孔子父鄹邑大夫傳稱鄹人紇論語謂孔子爲鄹人之子即此類也既衛人賞之以邑賞于奚辭請曲縣

軒縣也周禮天子樂宮縣四面諸侯軒縣闕南方○縣音玄注同【疏】注軒縣至南方○正義曰周禮小胥正樂縣之位王宮縣諸侯軒縣。大夫判縣士特縣鄭衆云宮縣四面縣軒縣去其一面判縣又去一面特縣又去一面四面象宮室四面有牆故謂之宮縣軒縣三面其形曲故春秋傳曰請曲縣繁纓以朝諸侯之禮也鄭玄云樂縣謂鍾磬之屬縣於筍虡者軒縣去南面辟王也判縣左右之合又空北面特縣縣於東方或於階閒而已是先儒皆以闕南方故曲也家語說此事云請曲縣之樂繁纓以朝王肅云軒縣。闕一面故謂之曲縣

繁纓以朝許之繁纓馬飾皆諸侯之服○繁步干反注同【疏】注繁纓至之服○正義曰周禮巾車掌王之五路玉路樊纓十有再就以祀金路樊纓九就同姓以封象路樊纓七就異姓以封革路條纓五就以封四衛木路前樊鵠纓以封蕃國鄭玄云樊讀如鞶帶之鞶謂。今馬大帶也纓。今馬鞅也玉路金路象路其樊及纓皆以五彩罽飾之就成也玉路十二成金路九成象路七成革路樊纓以條絲飾之而五成木路以淺黑飾韋為樊鵠色飾韋為纓亦五成是言天子諸侯樊纓之飾繁即鞶也字之異耳巾車又云孤乘夏篆卿乘夏縵大夫乘墨車士乘棧車其飾皆無樊纓是繁纓為馬之飾皆諸侯之服也案儀禮既夕士薦馬纓三。就又諸侯之卿有受革輅木輅之賜皆有繁纓而云諸侯之服者以與曲縣相對又于奚所請故云諸侯之服且諸侯之卿特賜乃有大輅士喪禮為送葬設盛服耳皆非正法所有。

仲尼聞之曰惜也不如多與之邑唯器與名不可以假人器車服名爵號君之所司也名以出信名位不愆為民所信○愆起虔反信以守器動不失信則車服可保器以藏禮車服所以表尊卑禮以行義尊卑有禮各得其宜義以生利得其宜則利生利以平民政之大節也若以假人與人政也政亡則國家從之弗可止也已【疏】仲尼至止也已○正義曰仲尼在後聞之曰此曲縣繁纓可惜也不如多與之邑唯車服之器與爵號之名不可以

借人也此名號車服是君之所主也名位不愆則爲下民所信此名所以出信也動不失信然後車服可保此信所以守車服之器也禮明尊卑之別車服以表尊卑車服之器其中所以藏禮言禮藏於車服之中也義者宜也尊卑各有其禮上下乃得其宜此禮所以行其物宜也物皆得宜然則是利生焉此義所以生利益也利益所以成民此乃政教之大節也若以名器借人則是與人政也政教既亡則國家從之而亡不復可救止也已言利以平民否平成也每事有利所以成就下民使國益民皆是利也此以曲縣繁纓與人假人器耳名器俱是可重故幷言。也

孫桓。子還於新築不入不入國遂如晉乞師○臧宣叔亦如晉乞師皆主郤獻子宣十七年郤克至齊爲婦人所笑遂怒故魯衛因之孫桓子臧宣叔皆不以國命各自詣郤克故不書晉侯許之七百乘五萬二千五百人○乘繩證反下同郤子曰此城濮之賦也城濮在僖二十八年○濮音卜有先君之明與先大夫之肅故捷克於先大夫無能爲役無。能爲之役使請八百乘許之六萬人郤克將中軍士燮將。上軍范文子代荀庚○將子匠反

疏。注范文子代荀庚○正義曰宣十二年邲之戰傳稱荀林父將中軍先縠佐之士會將上軍郤克佐之趙朔將下軍欒書佐之十三年晉殺先縠當是士會佐中軍郤克將上軍不知誰代郤克佐上軍疑是荀首爲之十六年士會將中軍則林父卒矣當是郤克佐中軍疑是荀首將上軍荀庚佐之十七年士會請老郤克將中軍當是荀首佐中軍荀庚將上軍所以知者此年傳稱楚屈巫對莊王云知罃之父中行伯之季弟也新佐中軍則荀首於莊王之世已佐中軍明士會老後郤克還而荀首代也首於邲戰尚爲大夫不應宣之末年得佐中軍故疑先縠死後代郤克佐上軍也明年荀庚來聘傳稱中行伯之於晉也其位在三則此時荀庚將上軍矣林父卒來已久不應始用荀庚故疑林父卒後荀庚即佐上軍士會老後荀庚轉將上軍故杜以爲士燮代荀庚也邲戰以來趙朔無代今

欒書將下軍則趙朔卒矣故知欒書代趙朔不知此時誰代欒書佐下軍也欒書將下軍代趙朔韓厥爲司馬以救魯

衛臧宣叔逆晉師且道之季文子帥師會之及衛地韓獻子將斬人郤獻子馳

將救之至則既斬之矣郤子使速以徇告其僕曰吾以分謗也不欲使韓氏獨受謗○道音導

徇似俊反師從齊師于莘莘齊地○莘所巾反六月壬申師至于靡笄之下靡笄山名○靡笄如字又音摩笄音

雞齊侯使請戰曰子以君師辱於敝邑不腆敝賦詰朝請見詰朝平旦○腆他典反詰起吉反朝

如字注及下朝夕朝食同見賢遍反對曰晉與魯衛兄弟也來告曰大國朝夕釋憾於敝邑之地

大國謂齊敝邑魯衛自稱○憾胡暗反本又作感寡君不忍使羣臣請於大國無令輿師淹於君地輿衆

也淹久也○令力呈反師如字下無令輿師同一音所類反能進不能退君無所辱命言自欲戰不復須齊君命○復扶又反

侯曰大夫之許寡人之願也若其不許亦將見也齊高固入晉師桀石以投人

桀擔也○擔丁甘反禽之而乘其車既獲其人因釋己車而載所獲者車繫桑本焉以徇齊壘將至齊壘以桑樹繫車而

走欲自異○壘力軌反曰欲勇者賈余餘勇賈賣也言己勇有餘欲賣之○賈音古注同賣摩懈反癸酉師陳于鞌

邴夏御齊侯逢丑父爲右晉解張御郤克鄭丘緩爲右齊侯曰余姑翦滅此而

朝食姑且也翦盡也○陳直覲反邴音丙又彼命反夏戶雅反解張音蟹下如字一音直亮反不介馬而馳之介甲也郤克傷

於矢流血及屨未絶鼓音中。軍將自執旗鼓故雖傷而擊鼓不息○將子匠反下將在左同疏○注中軍至不息○正義曰以郤克爲中軍之將言己之傷而未絶鼓音明是法當自執旗鼓也周禮大僕軍旅田役贊王鼓鄭玄云王通鼓佐擊其餘面上云齊侯親鼓則天子諸侯自將兵者亦親執旗鼓以令衆曰余病矣張侯曰自始合而矢貫余手及肘余折以御左輪朱殷豈敢言病吾子忍之張侯解張也朱血色血色久則殷殷音近烟今人謂赤黑爲殷色言血多汙車輪御猶不敢息○貫古亂反下注同肘竹九反折之設反殷於閑反徐於辰反注同近附近之近汙汙穢之汙字林一故反緩曰自始合苟有險余必下推車子豈識之然子。病矣以其不識己推車○推昌誰反又他回反注及下推車同張侯曰師之耳目在吾旗鼓進退從之此車一人殿之可以集事殿鎭也集成也殿多練反注同○若之何其以病。○絶句敗君之大事也擐甲執兵固即死也擐貫也即就也○擐音患疏若之至事也○正義曰郤克云余病矣言己不堪擊鼓欲有退軍之意故責之云如之何其以身病之故欲喪敗君之大事也病未及死吾子勉之左并轡右援枹而鼓馬逸不能止師從之晉師從郤克車○并必政反徐方聘反援音爰枹音浮鼓槌也字林云擊鼓柄也本亦作桴疏援。桴而鼓○正義曰說文云援引也枹擊鼓杖也援枹而鼓謂引杖以擊之齊師敗績逐之三周華不注華不注山名○華如字又戶化反注之住反韓厥夢子輿謂己曰且辟左右子輿韓厥父故中御而從齊侯居中代御者自非元帥御者皆在中將在左○帥所類反疏注居中至在左○正義曰韓厥爲司馬亦是軍之諸將也以夢之故乃居中爲御明其本不當中先非御者若御不在中又不須云

代御以此知自非元帥其餘軍之諸將皆御者在中將在左邴夏曰射其御者君子也公曰謂之君子而射
之非禮也齊侯不知戎禮○射食亦反下幷注皆同【疏】注齊侯不知戎禮○正義曰僖二十二年傳曰雖及胡耇獲則取之明恥教戰求殺敵也
宣二年傳曰戎昭果毅以聽之之謂禮殺敵為果致果為毅是戎事以殺敵為禮齊侯謂射君子為非禮者乃是齊侯不知戎禮也射其左越于
車下越隊也○隊直類反射其右斃于車中綦毋張喪車從韓厥曰請寓乘綦毋張晉大夫寓寄也○
綦毋音其下音無喪息浪反乘繩證反從左右皆肘之使立於後以左右皆死不欲使立其處○處昌慮反【疏】○皆肘之正義
曰說文云肘臂節也謂左右為凶處故以肘排退之韓厥俛定其右俛俯也右被射仆車中故俯安隱之○俛音勉仆音赴又蒲北反【疏】
韓厥俛定其右○正義曰言此者為下丑父與公易位由厥之俯故不覺其易綦毋張蓋助厥定右故並不見之逢丑父與公易位居公
處將及華泉驂絓於木而止驂馬絓也○華戶化反絓戶卦反一音卦驂七南反丑父寢於轏中○轏士車轏生
產反又士板反字林仕諫反云臥車也【疏】注轏士車○正義曰周禮巾車士乘棧車鄭玄云棧車不革輓而漆之考工記輿人云棧車欲弇鄭玄云為其
無革輓不堅易坼壞然則弇者謂上狹下闊也轏與棧字異音義同耳蛇出於其下以肱擊之傷而匿之故不能
推車而及為韓厥所及丑父欲為右故匿其傷○肱古弘反匿女力反注同韓厥執縶馬前縶馬絆也執之示脩臣僕之職○縶
張立反絆音半再拜稽首奉觴加璧以進進觴璧亦以示敬○觴式羊反【疏】韓厥至以進○正義曰襄二十五年鄭公孫舍之帥
師入陳傳曰陳侯免擁社子展執縶而見再拜稽首承飲而進獻事與此同唯無璧耳蓋古者有此禮彼雖敗績猶是國君故戰勝之將示之以臣禮事之不

忍卽加屈辱所以申貴賤之義晉語云靡笄之役郤獻子伐齊。侯來獻之以得殞命之禮也服虔引司馬法其有殞命以行禮如會所用儀也若殞命則左結旗司馬授飲右持苞壺左承飲以進杜不引之者蓋彼此不甚相當故也曰寡君使羣臣爲魯衞請曰無令輿師陷

入君地本但爲二國救請不欲乃過入君地讓辭○爲于僞反注同令力呈反下臣不幸屬當戎行無所逃隱屬適也○屬音燭注同行下郎反且懼奔辟而忝兩君臣辱戎士若奔辟則爲辱晉君并爲齊侯羞故言二君此蓋韓厥自處臣僕謙敬之飾言○辟音避注同徐扶臂反服氏扶赤反敢告不敏攝官承乏言欲以己不敏攝承空乏從君俱還○從才用反又如字

丑父使公下如華泉取飲鄭周父御佐車宛茷爲右載齊侯以免佐車副車○宛紆元反茷扶廢反韓厥獻丑父郤獻子將戮之呼曰自今無有代其君任患者有一於此將爲戮乎郤子曰人不難以死免其君我戮之不祥赦之以勸事君者乃免之齊

侯免求丑父三入三出重其待己故三入晉軍求之○呼火故反任音壬難乃旦反【疏】注重其至求之○正義曰劉炫以齊侯三入齊軍又三出齊軍以求丑父每出之時齊之將帥敗而怖懼以師而退不待齊侯致使齊侯入于狄卒今知不然者以傳文三入在前三出在後若用此說齊侯先在晉軍今入齊軍得以三入在前今齊侯既先在齊軍欲出求丑父應先出後入不應先入後出且初時二出容有二入在後之出遂入狄卒有出無入何得云三入又以傳文師帥兩字分明故杜以爲齊侯每出齊師以帥屬每退者每出之文別自爲義不計上之三出劉君不達此旨妄規杜失非也

出齊師以帥退入于狄卒齊師大敗皆有退心故齊侯輕出其衆以帥厲退者遂进入狄卒狄卒者狄人從晉討齊者○卒子忽反

注及下同輕遣政反迸補諍反狄卒皆抽戈。楯冒之以入于衛師衛師免之狄畏齊之強故不敢害齊侯皆共
免護之○楯食準反又音允冒亡報反遂自徐。關入齊侯。見保者曰勉之齊師敗矣所過城邑皆勉勵其守者
○守手又反辟。女子使辟君也齊侯單還故婦人不辟之辟音避注皆同一音扶赤反單音丹○女子曰君免乎曰免矣
曰銳司徒免乎曰免矣銳司徒主銳兵者○銳悅歲反曰苟君與吾父免矣可若何。言餘人不可復如何
○復扶又反乃奔走辟君齊侯以為有禮先問君後問父故也既而問之辟司徒之妻也辟司徒主壘壁
者○辟音壁必覓反注同徐甫亦反予之石窌石窌邑名濟北盧縣東有地名石窌○窌力救反一音力到反晉師。從齊師入自
丘輿擊馬陘。丘輿馬陘皆齊邑○陘音刑齊侯使賓媚人賂以紀甗玉磬與地媚人國佐也甗玉甗皆滅
紀所得○媚美冀反賂音路甗魚輦反徐音彥又音言字林牛健反甑子孕反又慈陵反【疏】注媚人至所得○正義曰經書齊侯使國佐如師故知賓媚人
即國佐也杜譜云國佐賓媚人武子三事互見於經傳不知賓媚人是何等名號也鄭衆注考工記云甗無底甑方言云甑自關而東謂之甗知甗是甑也下
云子得其國寶知甗亦以玉為之傳文玉在甗磬之間明二者皆是玉也莊四年紀侯大去其國不言齊滅而云滅紀所得者紀侯被偪而去後齊侯收其民
人又取其。國寶此則與滅無異故為此解不可則聽客之所為賓媚人致賂晉人不可曰必以蕭同
叔子為質同叔蕭君之字齊侯外祖父子女也難斥言其母故遠言之○質徐音致下同難乃旦反而使齊之封內盡東其
畝使壟畝東。西行○盡津忍反壟力勇反行戶郎反又如字對曰蕭同叔子非他寡君之母也若以匹敵則

亦晉君之母也吾子布大命於諸侯而曰必質其母以爲信其若王命何言違王命且是以不孝令也詩曰孝子不匱永錫爾類詩大雅言孝心不乏者能以孝道長賜其志類又若以不孝令於諸侯其無乃非德類也乎不以孝德賜同類疏蕭同至類也乎○正義曰蕭同叔子非他人是寡君之母也若以匹敵言之則亦晉君之母也吾子布大命於諸侯而曰必質其諸侯之母以爲信其若王命何先王之命諸侯也使之孝於母親其類今輕慢其母不愛同類即是違王命也柰此王命何乎今輕齊侯之母亦是輕晉侯之母自輕其母即是不孝且告吾諸侯云以母爲質是此者以不孝之事令諸侯也詩之意言孝子所以行孝不爲匱乏之道故以孝道長賜女之族類諸侯皆晉侯之類晉侯皆以孝德賜同類若以不孝之事號令諸侯其無乃非是以孝德賜同類乎責其違孝道也所引詩者大雅既醉之篇先王疆理天下物土之宜而布其利疆界也理正也物土之宜播殖之物各從土宜○疆居良反注下皆同故詩曰我疆我理南東其畝詩小雅或南或東從其土宜疏詩曰至其畝○正義曰此詩小雅信南山之篇今吾子疆理諸侯而曰盡東其畝而已唯吾子戎車是利晉之伐齊循壟東行易○易以豉反無顧土宜其無乃非先王之命也乎反先王則不義何以爲盟主其晉實有闕闕失四王之王也禹湯文武○之王于況反樹德而濟同欲焉樹立也濟成也五伯之霸也夏伯昆吾商伯大彭豕韋周伯齊桓晉文○或曰齊桓晉文宋襄秦穆楚莊疏注夏伯至晉文○正義曰鄭語云祝融能昭顯天地之光明其後八姓昆吾爲夏伯矣大彭豕韋爲商伯論語云管仲相桓公霸諸侯昭九年傳曰文之伯也豈能改物是三代有伍伯伯矣伯者長也言爲諸侯之長也鄭玄云天子衰諸侯興故

曰霸霸把也言把持王者之政教故其字或作伯或作霸也勤而撫之以役王命役事也今吾子求合諸侯以
逞無疆之欲疆竟也○竟如字又音境【疏】四王至之欲○正義曰禹湯文武四王之王天下也立德於民而成其同欲民有所欲上即同之東
畝南畝皆順民意五伯之霸諸侯也唯勤勞其功而撫順之以奉事王命而已不改王之制度也吾子求合諸侯以快其無疆畔之欲止求自快己欲不與民
同是違王霸之政也詩曰布政優優百祿是遒詩頌殷湯布政優和故百祿來聚遒聚也○遒在由反徐子由反子實不
優而棄百祿諸侯何害焉言不能為諸侯害【疏】詩曰至害焉○正義曰詩商頌言成湯布政優優然而寬故。百種福祿於是聚
歸之子實不能優寬而自棄福祿於諸侯何害言不能為諸侯害也所引詩者商頌長發之篇不然不見許寡君之命使臣則有
辭矣曰子以君師辱於敝邑不腆敝賦以犒從者戰而曰犒為孫辭○使所吏反犒苦報反從才用反【疏】
注戰而曰犒為孫辭○正義曰士卒之勞於外師衆枯槁以酒食勞之謂之犒師此以師拒戰非犒勞之義而亦稱犒者言以此師衆往當待之如以酒食犒
之然為孫順之辭耳畏君之震師徒橈敗。震動橈曲也○橈乃教反吾子惠徼齊國之福不泯其社稷
使繼舊好唯是先君之敝器土地不敢愛子又不許請收合餘燼燼火餘木○泯彌忍反好
呼報反合如字音閤燼似刃反一背城借一欲於城下復借一戰○背音佩復扶又反敝邑之幸亦云從也況其不
幸敢不唯命是聽言完全之時尚不敢違晉今若不幸則從命【疏】注言完至從命○正義曰言於先完全福幸之時尚不違晉故言亦
云從也是指其實事劉炫以為齊人請戰言敝邑脫或有幸戰勝云從也虛稱未然之事乖違文勢上下茍異杜氏而規其過非也亦魯衛諫曰

齊疾我矣諫郤克也其死亡者皆親暱也子若不許讎我必甚唯子則又何求子得其國寶謂甗磬○暱女乙反○我亦得地齊歸所侵而紓於難齊服則難緩○紓音紓緩也一音直呂反難乃旦反下同其榮多矣齊晉亦唯天所授豈必晉晉人許之對曰羣臣帥賦輿賦輿猶兵車以爲魯衞請。若苟有以藉。口而復於寡君藉薦復白也○爲于僞反藉在夜反注同【疏】注藉薦復白也○正義曰禮承玉之物名爲繅藉藉是承薦之言故爲薦也復者報命於君故爲白也言無物則空口以爲報少有所得則。與口爲藉故曰藉口服虔云今河南俗語治生求利少有所得皆言可用藉手矣君之惠也敢不唯命是聽禽鄭自師逆公禽鄭魯大夫歸逆公會晉師秋七月晉師及齊國佐盟于爰婁使齊人歸我汶陽之田公會晉師于上鄍上鄍地闕公會晉師不書史闕○鄍覓經反【疏】注上。鄍。至史闕○正義曰定八年經書公會晉師于瓦此獨不書故云史闕謂舊史先闕故仲尼脩經無之賜三帥先路三命之服三帥郤克士燮欒書已嘗受王先路之賜今改而易新幷此車所建所服之物○帥所類反注及下同【疏】賜三至之服○正義曰周禮典。士命公之孤四命其卿三命其大夫再命其士一命侯伯之卿大夫士亦如之此三帥皆卿也本國三命故魯賜以三命之服司馬司空輿。帥候正亞旅皆大夫本國一命故皆受一命之服於卿言賜於大夫言受互相足也周禮大夫再命此司馬司空等皆一命者春秋之時其事已異於周禮故大夫一命○注三帥至之物○正義曰三卿皆統一軍故總稱三帥魯君之賜晉臣正可知其法所得服改新以與之耳不得特命他臣發初賜以此物且彼若先無此物則無由敢受魯賜故杜以爲此三帥已嘗受王先路之賜今改而易新幷此車所建之旗旗所著之衣服皆賜之也案釋例先路者革路若木路或云先或云

次蓋以就數爲差其受之於王則稱大杜言革路若木路者或用革或用木也
知受之於王則稱大者鄭子蟜叔孫穆子受之於王皆稱大是也革木是卿大
夫車之尊者故云大路金路是諸侯車之尊者亦稱大則定四年大路大旂是
也。玉路天子車之尊者亦稱大故顧命云大路在賓階面是也言所建所服之
物者居禮巾車革路建大白以即戎司服云凡兵事韋弁服巾車又云木路建
大麾以田司服又云凡田冠弁服然則此車所建或是大白大麾所服或是韋
弁冠弁劉炫以爲既言先路則是晉君之賜杜云受王先路之賜非其義也今
知不然者杜以穆叔子蟜嘗受王路故杜據而言之釋例應云受王大路之賜
言先路者順傳先路之文故也劉
以爲嘗受晉君賜而規杜氏非也
司馬司空輿帥。候正亞旅皆受一命之服晉司
馬司空皆大夫輿。帥主兵車候正
主斥候亞族亦大夫也皆魯侯賜
【疏】注晉司至侯賜○正義曰司馬司空本是
卿官之名但晉之諸卿皆以三軍將佐爲
號其司馬司空皆爲大夫之官仍有爲卿之嫌故云晉司馬司空皆大夫也明
他國以爲卿晉以爲大夫也輿帥至於亞旅本是大夫官名故又云亦大夫也
軍行有此大夫從者司馬主甲兵司空主營壘輿帥主兵車候正主斥候亞旅
次於卿是衆大夫也無專職掌散共軍事故後言之直言受服嫌非魯賜故云
皆魯
侯賜
○八月宋文公卒始厚葬用蜃。炭益車馬始用殉燒蛤爲炭以瘞壙多埋
車馬用人從葬○蜃市
忍反蛤也炭吐旦反殉似浚反蛤古
荅反瘞於例反壙苦晃反一音曠
【疏】。注燒蛤至從葬○正義曰晉語云雀入
于海爲蛤雉入于淮爲蜃月令孟冬雉
入大水爲蜃鄭玄云大水謂淮也大蛤曰蜃則蜃者蛤之類也周禮掌蜃掌斂
互物蜃物以共闉壙之蜃鄭玄云互物蟠蛤之屬闉猶塞也將幷椁先塞下以
蜃禦濕也是用蜃以瘞壙也禮檀弓記曰塗車芻靈自古有之鄭玄云芻靈束
茅爲人馬謂之靈者神之類也不解塗車當是用泥爲車也傳言益車馬者謂
用此塗車茅馬益多於常故云多埋車馬也鄭玄云殺人以衛死者曰殉言殉
還其左右也言始用殉則自此以後宋君葬常用殉故謂此爲始也劉炫以爲

用蜃炭者用蜃復用炭知不然者杜以傳用蜃炭共文故知燒蛤為炭且炭亦灰之類雖灰亦得稱炭劉君以為用蜃復用炭而規杜氏非也又重器備重猶多也○重直恭反注同【疏】注重猶多也○正義曰重謂重疊故猶多多為。皿器也言器備者士喪禮下篇陳明器云用器弓矢耒耜敦。杅槃匜役器甲胄干笮燕器杖笠翣其器有共用之器有備禦之器故言器備椁有四阿棺有翰檜四阿四注椁也翰旁飾檜上飾皆王禮○椁音郭翰戶旦反一音韓檜古外反徐音會【疏】注四阿至王禮○正義曰周禮匠人云殷人四阿重屋鄭玄云阿棟也四角設棟也是為四注椁也士喪禮下篇陳明器云抗木橫三縮二謂於椁之上設此木從二橫三以負土則士之椁上平也今此椁上四注而下則其上方而尖也禮天子椁題湊諸侯不題湊不題湊則無四阿釋詁云楨翰榦也舍人曰楨正也築牆所立兩木也翰所以當牆兩邊障土者也翰在牆之旁則知此翰亦在旁也詩云會弁如星鄭玄云會謂弁之縫中言其際會之處也會在弁之上知此檜亦在上棺有此物明是其飾故以為旁飾上飾也言椁有棺有則是本不當有言其厚葬譏其奢。僭宋公所僭必僭天子明此四阿翰檜皆是王之禮也蜃炭言用亦本不當用其蜃炭蓋亦王之禮也車馬器備法得有之言益言重但譏其多耳殉則本不得然非譏其僭君子謂華元樂舉於是乎不臣臣治煩去惑者也是以伏死而爭今二子者君生則縱其惑謂文十八年殺母弟須○去起呂反下去之同爭爭鬭之爭死又益其侈是弃君於惡也何臣之為若言何用為臣○侈昌氏反又式氏反【疏】注若言何用為臣○正義曰言何用為臣是不成臣也。言雖有若無劉君還以為不成臣與杜義無別而規杜氏非也○九月衞穆公卒晉二。子自役弔焉哭於大門之外師還過衞故因弔之未復命故不敢成禮○過古禾反又古臥反衞人逆之逆於門外設喪位婦人哭於門內喪位婦人哭於堂賓在門外故移在門內送亦如之遂常以葬至葬行此禮疏哭於至以葬○正義曰哭於大門之外謂大門外之西東面衛人逆之謂大門外之東西面各從賓主之位婦人哭於門內謂門內之西東面以堂上在西東面故也至於。三子之去衛人送之其位亦如之自此有鄰國弔者常行此禮以至於葬沈氏云雜記弔者即位于門西東面主孤西面。檀者受命曰孤某使。請事客曰寡君使某如何不淑相者入告出曰孤某須矣弔者入主人升堂西面弔者升自西階東面致命此臣奉君命行弔之禮今三子師行經衛竟不敢成禮故於大門之外○注喪位至於堂○正義曰喪大記云君之喪夫人坐于西方內命婦姑姊妹子姓立于西方外命婦率外宗哭於堂上北面又曰婦人迎客送客不下堂是喪位婦人哭於堂○楚之討陳夏氏也在宣十。二年○夏戶雅反下同莊王欲納夏姬申公巫臣曰不可君召諸侯以討罪也今納夏姬貪其色也貪色爲淫淫爲大罰周書曰明德慎罰周書康誥文王所以造周也明德務崇之之謂也慎罰務去之之謂也疏。周書至謂也○正義曰周書康誥之篇周公述文王之事以告康叔云惟乃丕顯考文王克明德慎罰巫臣既引其言乃申其意言文王能爲此行故所以造周國也務崇之謂務欲崇益道德務去之謂務欲去其刑罰若與諸侯以取大罰非慎之也君其圖之王乃止子反欲取之巫臣曰是不祥人也是天子蠻子蠻鄭靈公夏姬之兄殺死無後○殺申志反下文殺靈侯同殺御叔御叔夏姬之夫亦早死○御魚據反疏天子蠻殺御叔○正義曰子蠻御叔自以短命死耳似天鍾美於是致使物無兩大故以二事爲夏姬之罪弒。靈侯陳靈公也戮夏南夏姬子徵舒出孔儀孔寧儀行父喪陳國楚滅陳○喪息浪反下注而喪同何不祥如是人生實難其有不獲死乎言死易得無爲取夏姬以速之○易以豉反天下多美婦人何必是子反乃止王以予連尹襄老襄老死於邲不獲其尸邲戰在宣十二年其子黑要烝焉黑要襄老子○要一遙反烝之承反巫臣使道焉曰歸吾聘女道夏姬使歸鄭○道音導注同聘女匹政反下音汝疏歸吾聘女○正義曰禮記內則云聘則爲妻奔則爲妾道之云女歸鄭國吾依禮聘女以爲妻也又使自鄭召之曰尸可得也襄老尸必來逆之姬以告王王問諸屈巫屈巫巫臣○屈居勿反對曰其信知罃之父成公之嬖也而中行伯之季弟也知罃父荀首也中行伯荀林父也邲之戰楚人因知罃○知罃音智下於耕反新佐中軍而善鄭皇戌甚愛此子愛知罃也其必因鄭而歸王子與襄老之尸以求之王子楚公子穀臣也邲之戰。以荀首囚。也鄭人懼於邲之役而欲求媚於晉其必許之王遣夏姬歸將行謂送者曰不得尸吾不反矣巫臣聘諸鄭鄭伯許之聘夏姬及共王即位將爲陽橋之役楚伐魯至陽橋在此年冬○共音恭使屈巫聘于齊且告師期巫臣盡室以行室家盡去申叔跪從其父將適郢遇之叔跪申叔時之子○跪其委反一音居委反從才用反郢以井反又以政反曰異哉夫子有三軍之懼而又有桑中之喜宜將竊妻以逃者也桑中衛風淫奔之詩及鄭使介反幣而以夏姬行介副也幣聘物○介音界將奔齊齊師新敗曰吾不處不勝之國遂奔晉而因郤至至郤克族子疏注至郤克族子○正義曰世本郤豹生冀芮芮生缺缺生

克又云豹生義義生步楊楊生蒲城鵲居居生至如世本克是豹之會孫至是豹之玄孫於克爲二從兄弟子以臣於晉晉人使爲邢

大夫邢晉邑邢音刑○子反請以重幣錮之禁錮勿令仕○錮音固令力呈反【疏】注禁錮勿令仕○正義曰說文云錮鑄塞

也鐵器穿穴者鑄鐵以塞之使不漏禁人使不得仕○官者其事亦似之故謂之禁錮今世猶然王曰止其自爲謀也則過矣其

爲吾先君謀也則忠忠社稷之固也所蓋多矣蓋覆也○自爲于僞反又如字爲吾于僞反且彼若

能利國家雖重幣晉將可乎言不許若無益於晉晉將棄之何勞錮焉爲七年楚滅巫臣族

晉南通吳張本○晉師歸范文子後入武子曰無爲吾望爾也乎武子士會文子之父對曰師有

功國人喜以逆之先入必屬耳目焉是代帥受名也故不敢武子曰吾知免矣

知其不益己禍○屬章欲反後同帥所類下注稱帥軍帥將帥同吾知一本無知字反郤伯見公曰子之力也夫對曰君

之訓也二三子之力也臣何力之有焉郤伯郤克○見賢遍反下同夫音扶范叔見勞之如郤伯

對曰庚所命也克之制也燮何力之有焉荀庚將上軍時不出范文子上軍佐代行故稱帥以讓○勞力報反將子

匠反下同欒伯見公亦如之對曰燮之詔也士用命也書何力之有焉詔告也欒書下軍帥故推

功上軍傳言晉將帥克讓所以能勝齊○宣公使求好于楚莊王卒宣公薨不克作好在位十八年○好呼

報反下同公卽位受盟于晉元年赤棘盟會晉伐齊衛人不行使于楚不聘楚○使所吏反而亦受

盟于晉從於伐齊故楚令尹子重爲陽橋之役以救齊將起師子重曰君弱傳曰寡人生十年而喪先君共王即位至是。二年蓋年十二三矣羣臣不如先大夫師衆而後可詩曰濟濟多士文王以寧詩大雅言文王以衆士安○濟子禮反夫文王猶用衆況吾儕乎儕等○儕仕皆反且先君莊王屬之曰無德以及遠方莫如惠恤其民而善用之。乃大戶閱民戶口○閱音悅已責弃逋責○逋補吾反逮鰥施及老鰥○鰥古頑反施始豉反救乏赦罪悉師王卒盡行彭名御戎蔡景公爲左許靈公爲右王卒盡行故王戎車亦行雖無楚王令二君當左右之位○卒子忽反注同令力呈反

疏注王卒至之位○正義曰諸言御戎皆御君之戎車此云彭名御戎知王戎車亦行也若君親在軍則君當車中御者在左勇力之士在右故御戎戎右常連言之此王車雖行王身不在故不立戎右使御者在中令蔡許二君居王車上當左右之位夾衞王然下注云乘楚王車爲左右是二君皆在車之上也

若二君弱皆強冠之冬楚師侵衞遂侵我師于蜀公。略之而退故不書侵○強其丈反冠古亂反使臧孫往臧孫宣叔也辭曰楚遠而久固將退矣無功而受名臣不敢不敢虛受退楚名楚侵及陽橋陽橋魯地孟孫請往賂之楚侵遂深故孟孫請以賂往孟孫獻子也以執斲執鍼織紝。執斲匠人執鍼女工織紝織繒布者○斲竹角反鍼之林反紝女金反徐而鴆反皆百人公衡爲質公衡成公子○質音致以請盟楚人許平十一月公及楚公子嬰齊蔡侯許男秦右大夫說宋華元陳公孫寧衞孫良夫鄭公子去疾及齊

國之大夫盟于蜀齊大夫不書其名非卿也○說音悅去起呂反疏注齊大至卿也○正義曰諸大夫盟會經貶之稱人或總言大夫若實是國卿本合書名者傳即顯其名氏若本是大夫不合書名者傳直言其大夫見其貶與不貶俱當稱人故不復言其名氏此傳言齊國之大夫傳不顯其名為非卿故也襄十六年溴梁之會經書戊寅大夫盟傳云於是叔孫豹晉荀偃宋向戌衛寗殖鄭公孫蠆小邾之大夫盟於時會上鄭之下有曹言邾薛杞而小邾之大夫最處其下舉小邾而上包之此盟鄭人之下有齊曹邾薛鄫俱是大夫。最在上舉齊而下總之止為齊若是卿則合言名氏此會非卿故舉齊也

卿不書匱盟也於是乎畏晉而竊與楚盟故曰匱盟也匱乏也疏注匱乏也○正義曰私竊為盟盟終不固此盟是匱乏之道也傳既言匱盟以解經又自解名曰匱盟之意於是乎畏晉而竊與楚盟故曰此是匱乏之盟也諸侯之卿竊與楚盟而仲尼貶之言其不應背晉故責之也責諸侯之背晉是成晉為盟主也哀十二年公會吳于橐皋吳子請盟公不欲使子貢辭之而私與衛侯宋皇瑗盟彼畏吳而竊相與盟不貶者不與吳為盟主言其私盟可許但魯自畏吳不書其盟其情無可責也釋例曰諸侯畏晉而竊與楚盟書盟而貶其卿此所以成晉為盟主也吳之彊大始於會鄫終於黃池凡三會三伐三盟惟書會伐而不書盟者吳以盟主自居而行其夷禮禮儀不典則盟神不蠲非所以結信義昭明德故不錄其盟不與其成為盟主也既不與吳之為盟主則宋魯衛三國私盟可許故無貶文是也若然僖二十一年公會諸侯盟于薄二十七年公會諸侯盟于宋彼二者皆顯與楚盟並無貶責此竊與楚盟而貶之者當僖公之時齊桓既卒晉文未與中國無伯唯彊是與雖遠共楚盟無所可責此時晉為盟主堪率諸侯私竊為盟心實畏晉故貶之耳然諸侯之卿畏晉容可貶之楚之彊盛恆與晉敵非是畏晉卿亦貶者楚既彊盛應顯然作盟今私竊受盟不敢宣露。非是畏晉之義且成晉為伯事須貶楚

蔡侯許男不書乘楚車也謂之失位乘楚王車為左右則失位也卿不書則稱人諸侯不

書皆不見經君臣之別○見賢遍反別被列反疏注乘楚至之別○正義曰小國之從大國其征伐也皆自乘其車自率其軍至戰陳之時與同出力耳此二君棄己之車乘楚之乘乃爲楚王左右則是失位既失其位非復國君故侵與盟會並皆不序經書楚師鄭師侵衞於時蔡許在矣公會楚公子嬰齊于蜀蔡許亦在也及盟又蔡許之君在焉侵也會也盟也三事並失其位經悉不書故傳於盟下釋之明上侵衞會蜀皆失位也舊說諸侯之貶亦書爲人杜意謂諸侯之貶不至於人故因此而又明之卿不書則稱人諸侯不書則全不見經此是君臣之別明貶諸侯無稱人之法也君子曰位其不可不慎也乎蔡許之君一失其位不得列於諸侯況其下乎詩曰不解于位民之攸塈。詩大雅言在上者勤正其位則國安而民息也攸所也塈息也○解佳賣反塈許器反疏詩曰至攸塈○正義曰此大雅假樂之篇其是之謂矣○楚師及宋公衡逃歸臧宣叔曰衡父不忍數年之不宴宴樂也○數所主反樂音洛以棄魯國國將若之何誰居後之人必有任是夫國棄矣居辭也言後人必有當此患○居音基任音壬夫音扶是行也晉辟楚畏其衆也君子曰衆之不可已也大夫爲政猶以衆克況明君而善用其衆乎大誓所謂商兆民離周十人同者衆也大誓周書萬億曰兆民離則弱合則成衆言殷以散亡周以衆興疏大誓至衆也○正義曰泰誓云受有億兆夷人離心離德予有亂臣十人同心同德此言大誓所謂者引其意非本文也晉侯使鞏朔獻齊捷于周王弗見使單襄公辭焉曰蠻夷戎狄不式王命式用也○捷在妾反淫湎毀常王命伐之則有獻捷王親受而勞之所以懲不敬勸有功也兄弟甥舅侵敗王略兄弟同姓國甥舅異姓國略經略法度○湎面善反勞力報反敗必邁反王命伐之告事而已不獻其功所以敬親暱告伐事而不獻因俘○暱女乙反禁淫慝也淫慝謂虢掠百姓取因俘也○慝他得反虢本又作暴薄報反掠音亮今叔父克遂有功于齊克能也而不使命卿鎮撫王室所使來撫余一人而鞏伯實來未有職司於王室鞏朔上軍大夫非命卿名位不達於王室又奸先王之禮謂獻齊捷○奸音干余雖欲於鞏伯欲受其獻其敢廢舊典以忝叔父夫齊甥舅之國也而大師之後也齊世與周昏故曰甥舅○大音泰寧不亦淫從其欲以怒叔父抑豈不可諫誨士莊伯不能對莊伯鞏朔○從子用反本亦作縱王使委於三吏委屬也三吏三公也○三公者天子之吏也疏注三吏三公也○正義曰曲禮云五官之長曰伯其擯於天子也曰天子之吏鄭玄云謂三公也是三公稱吏故知三吏三公也禮之如侯伯克敵使大夫告慶之禮降於卿禮一等王以鞏伯宴而私賄之使相告之曰非禮也勿籍相相禮者籍書也王畏晉故私宴賄以慰鞏朔○相息亮反注同疏禮之至一等○正義曰如侯伯克敵使大夫告慶之禮則不得依獻捷之禮其獻捷之禮王待之必重於告慶之禮鞏朔晉之上軍大夫也縱使得如獻捷之禮亦當降卿禮一等傳言降於卿禮一等以見王待鞏朔不失常也

春秋左傳注疏卷二十五校勘記　阮元撰盧宣旬摘錄

附釋音春秋左傳注疏卷第二十五　成元年盡二年宋本春秋正義卷第十八　石經春秋經傳集解成上第十二淳熙本岳本成字下增公字並盡十年

〔成公〕

〔經元年〕

無傳　毛本傳下有注字誤倒

書冬温　重脩監本冬誤多

彼春無月　毛本月誤冰

此亦應竟春無冰　閩本監本脫此字

大敗不同者　監本毛本敗作致亦非宋本作數是也

士卒牛馬　閩本監本毛本作馬牛

此時不應然也　宋本不作亦是也

秋王師敗績于茅戎　釋文云茅戎史記及二傳皆作貿戎也按茅貿古音皆讀如矛

茅戎別種也六經正誤引建本同宋本淳熙本纂圖本監本毛本重戎字宋本無種字與正誤所引注疏及臨川本合毛氏云戎別也欠種字誤釋文別種音章勇反無種字者誤也岳本脫也字

〔傳元年〕

晉侯使瑕嘉平戎于王周禮典瑞釋文引作段嘉惠棟云古文止作段讀爲遐

劉康公徼戎石經徼作儌

注康公至無備宋本以下正義二節總入背盟不祥節注下

是齊楚同我也此本楚同二字誤作小字注文今訂正

〔經二年〕

夏四月丙戌石經宋本岳本纂圖本戊作戌是也下同

及齊師戰于新築石經師下半字缺顧炎武云師誤侯所據乃王堯惠刊也

例在宣七年纂圖本正德本閩本監本毛本作十年誤也

鞌去齊五百里袁婁去齊五十里案穀梁二齊字並作國陳樹華云杜氏引據恐不明白改作齊也

且鞍已是齊地宋本監本毛本鞍作鞌案鞌鞍正俗字

取汝陽田 石經陽下後人妄增之字

此云子重不書不親伐者 閩本親誤稱下同

乃稱公子 宋本作計亦應貶考文作言亦應貶

凡會盟觀者 宋本無觀字盟上有且字是也

許男圍宋 宋本閩本監本毛本作圍此本誤爲今訂正

文七年 監本毛本七誤作十

衞侯如晉人執之 宋本閩本監本毛本人字上重晉字與襄廿六年傳合

此會盟序者 宋本序上有别字是也

唯應蔡許在列 閩本監本毛本應誤慮

故春秋抑秦以存例也 宋本抑秦作亦未

以居俗裔 宋本毛本作以居草莽是也

及武王熊違 宋本毛本違作達監本作通依史記楚世家改也杜氏世族譜文十六年宣十二年昭廿二年正義及釋文引世家並作熊達漢地理志淮南子主術訓注亦俱作達困學紀聞十一引史同宋本是也

〔傳二年〕

圍龍 案史記魯世家晉世家龍並作隆索隱曰劉氏云隆卽龍也

盧蒲就魁門焉 石經就作就非

殺而膊諸城上 閩本監本膊誤膞正義同

注膊磔也 宋本以下正義七節總入弗可止也已下

齊侯親鼓 石經纂圖本閩本監本毛本鼓字作鼔按說文支部鼓字之錄切宋人誤用爲工戶切最爲謬說

三日 毛本日誤百

相遇於衞也 宋本淳熙本岳本纂圖本足利本也作地是也

隕子辱矣 說文引傳隕作抎

我於此止禦齊師 纂圖本監本毛本我於誤倒釋文禦作御

次于鞫居 石經鞫字右半言字模糊葉抄釋文作鞠

周禮天子樂宮縣四面 宋本淳熙本岳本面作周案周禮小胥鄭司農注云宮縣四面家語正論解王肅注云禮天子宮縣四周

大夫判縣 宋本大夫上有卿字與周禮同

請曲縣繁纓以朝毛本請誤語繁語於

軒縣闕一面毛本闕誤曲

謂金馬大帶也宋本毛本金作今是也下同

士薦馬纓三就閩本監本毛本就作薦非也

皆非正法所有宋本有下有也字

故弁言也宋本也作名是也

孫栢子還於新築石經宋本淳熙本岳本纂圖本毛本作桓此本誤作柏閩本同今訂正

無能爲之役使宋本淳熙本岳本足利同無能作不中

士燮將上軍石經宋本淳熙本岳本足利本將作佐是也案四年傳尙云士燮佐上軍至十三年傳始云士燮將上軍此時不得爲將明矣

注范文子代荀庚宋本以下正義廿四節總入司馬司空節注之下

郤子使速以徇監本毛本徇誤狥

大國朝夕釋憾於敝邑之地宋本憾作感石經初刊同後人妄加小旁釋文亦作感是也云本亦作憾

買賣也岳本足利本賣作買非也

逢丑父閩本逢作逄非也段玉裁云字从夆逢丑父逢伯陵逢蒙皆薄紅反東轉爲江乃薄江反宋人廣韻改字从夅薄江切殊謬不可不正可爲典要

余姑翦滅此而朝食此本而後二字誤作小注石經宋本淳熙本岳本足利本無後字是也今依訂正案說文繫傳引翦滅作揃摵似不

中軍將自執旗鼓纂圖本閩本監本毛本脫軍字

然子病矣淳熙本子誤予

○絕句此二字釋文也閩本監本毛本誤作注

右援枹而鼓釋文枹作桴云鼓槌也案李善注孫子荊爲石仲容與孫浩書引作桴禮記云蕢桴而土鼓元應書引詔定古文官書云枹桴二字同體說詳釋文校勘記

援桴而鼓宋本閩本監本毛本桴作枹

且辟左右石經宋本且作旦顧炎武云石經誤非也案錢大昕云夢必在夜則作旦義爲長

綦母張喪車石經宋本淳熙本岳本母作毋不誤注同

從左右皆肘之淳熙本纂圖本肘作射非也

周禮中車宋本毛本中作巾是也

棧車不韋輓而漆之 宋本韋作革與周禮巾車注合輓宋本作輓非是

易拆壞 閩本監本毛本拆作折非也

韓厥執縶馬前 石經縶字上半缺案說文引傳作韓厥執㬐前讀若輒縶㬐或从糸執臧琳云古文左氏本作韓厥執㬐前㬐卽縶正字今本訛爲馬又別出縶字縶當爲衍文

郤獻子伐齊侯來 宋本侯上重齊字是也

狄卒皆抽戈楯冒之 諸本作戈此本誤弋今訂正

遂自徐關入 案作徐郎十七年傳云國佐以穀畔齊侯與之盟於徐關纂圖本閩本監本毛本作齊非也

齊侯見保者曰 石經初刻脫侯字後增

辟女子 案惠棟云下云乃奔則辟當讀爲趩與五年伯宗辟重同周禮大司寇云使其屬蹕康成曰故書蹕作避杜子春云避當爲辟謂辟除姦人者也按謂蹕止行也古蹕字有作辟注訓爲避非也

可若何 毛本何誤乎

晉師從齊師 閩本監本毛本晉師誤晉侯

擊馬陘 案史記齊世家陘作陵徐廣曰一作陘賈逵曰馬陘齊地也

又取其國寶 宋本國作珍

使韙敢東西行 案史記集解引服虔注無西字朱鶴齡亦云西字衍文然西非衍字注謂作由西達東之路耳

乎今輕齊侯之母 閩本乎作子是也監本此處模糊

且告吾諸侯云 宋本吾作語

注夏伯至晉文 宋本此節正義在四王至之欲之下

詩曰布政優優 案詩作敷政鄭氏儀禮聘禮注云今文布作敷

故百種福祿 宋本閩本監本毛本作百此本誤首今訂正

師徒橈敗 石經凡橈字偏旁皆改刻此正從木是也

謂甗磬 淳熙本甗誤獻

若苟有以藉口而復於寡君 閩本監本藉下衍於字陳樹華云一本無若字宜作一本無於字也

則與口爲藉 閩本監本毛本與作於非

注上郹至史闕 毛本郹字下增地闕二字

周禮典士命 宋本無士字是也

司馬司空輿帥閩本帥作師非也

玉路天子車之尊者閩本監本毛本玉作王

輿帥閩本監本毛本帥作師非注及正義同

用蚤茇釋文蚤作蝨案說文䖵部無蝨字作蝨非也

注燒蛤至從葬宋本以下正義四節總入何臣之爲注下

多爲皿器也閩本監本亦誤作皿宋本毛本作明

敦扜槃匜宋本毛本扜作杅是也

是爲四注椁也閩本監本毛本作槨也

譏其奢僭監本毛本僭作僣

言雖有若無毛本言誤亦

晉二子自役弔焉石經宋本淳熙本岳本足利本二作三林氏直解云三子謂郤克士燮欒書也

至於三子之去閩本監本毛本三作二非也

楹者受命曰宋本閩本監本毛本楹作相是也

孤某使某請事閩本監本毛本亦脫次某字據宋本補

在宣十二年宋本淳熙本岳本纂圖本足利本二作一不誤

周書至謂也宋本以下正義五節總入若無益於晉節注下

亦早死毛本早誤卑

殺靈侯石經宋本殺作弒

邲之戰以荀首囚也宋本岳本足利本無以字也作之淳熙本亦作之是也

禁人使不得仕官者陳樹華云官疑宦是也

在位十八年宋本淳熙本岳本纂圖本足利本位作宣是也

共王卽位至是二年岳本足利本二作三陳樹華云楚莊王卒於宣十八年之秋當依岳本作三山井鼎云或云作三年非蓋未之審耳閩本卽誤郎

而善用之纂圖本閩本監本毛本善下衍其字

注王卒至之位宋本以下正義六節總入是行也節注下

公略之而退宋本淳熙本岳本足利本略作賂不誤

以執斲執鍼織紝釋文紝作絍案說文云紝或从任作䋕李善注東都賦引杜注云織紝織繒布也

最在上宋本最上有齊字是也

然諸侯之卿重脩監本卿誤瑯

非是畏晉之義宋本非作亦

民之攸墍毛本誤作攸塈注及正義同

衆之不可已也石經宋本淳熙本岳本足利本可下有以字

謂虩掠百姓釋文虩作暴云本亦作虩案李善注蕪城賦洞簫賦引字書云虩古文暴字

三公者天子之吏也此八字乃釋文岳本混入注中

注三吏三公也宋本以下正義二節總入非禮也勿籍注下

王待之必重於告慶之禮閩本待誤作侍

春秋左傳注疏卷二十五校勘記

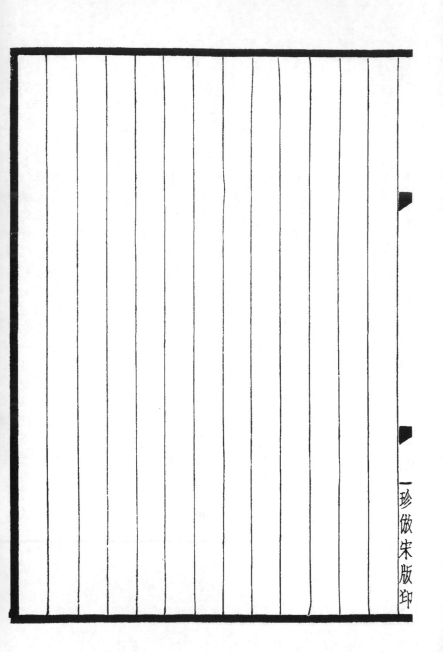

附釋音春秋左傳注疏卷第二十六 成三年盡十年

杜氏注　孔穎達疏

經三年春王正月公會晉侯宋公衛侯曹伯伐鄭宋衛未葬而稱爵以接鄰國非禮也 疏 注宋衛至禮也○正義曰僖九年傳曰宋桓公卒未葬而襄公會諸侯故曰子凡在喪公侯曰子傳因未葬而發在喪之例是先君未葬嗣君不得稱爵以會諸侯也知非踰年得成君者文八年八月天王崩九年春毛伯來求金傳曰不書王命未葬也彼王既踰年矣猶不得稱王命知諸侯雖則踰年但是未葬不得稱爵以接鄰國正以王不命臣明知其非禮也 ○辛亥葬衛穆公傳無 ○二月公至自伐鄭傳無 ○甲子新宮災三日哭無傳三年喪畢宣公神主新入廟故謂之新宮書三日哭善得禮宗廟親之神靈所馮居而遇災故哀而哭之○馮皮冰反 疏 注三年至哭之○正義曰公羊傳曰新宮者何宣公之宮也宣宮則曷為謂之新宮不忍言也其言三日哭何廟災三日哭禮也穀梁傳曰新宮者禰宮也三日哭哀也其哀禮也迫近不敢稱謚恭也二傳皆以新宮為宣宮三日哭為得禮故杜依用之宣公以其十八年冬十月薨至二年十月而大祥祥而禘祭神主新始入廟故謂之新宮禮檀弓記曰有焚其先人之室則三日哭故曰新宮火亦三日哭鄭玄云謂人燒其宗廟新宮火人火也記稱新宮火者指此新宮災耳傳例曰天火曰災人火曰火三家經傳有五字皆為災鄭玄以為人火雖非其義要天火人火其哭皆當三日是其善得禮也哀三年桓宮僖宮災不言哭而此言三日哭者釋例曰新宮者宣公之廟父廟也諒闇始闋而遇天災故感而哭之以致哀異於餘廟也 ○乙亥葬宋文公無傳七月而葬緩 ○夏公如晉 ○鄭公子去疾帥師伐許 ○公至自晉傳無 ○秋叔孫僑如帥師圍

棘棘汶陽田之邑在濟北蛇丘縣○蛇以支反一音如字○大雩無傳以過時書○晉郤克衛孫良夫伐廧咎如
赤狄別種○廧在良反咎古刀反種章勇反○冬十有一月晉侯使荀庚來聘○衛侯使孫良夫來
聘○丙午及荀庚盟疏及荀庚盟○正義曰隱元年及宋人盟于宿魯之微者及之也此言及荀庚盟及孫良夫盟十一年及郤犨盟
皆是公自及之非臣及之也知者僖二十八年傳晉欒枝入盟鄭伯襄十一年傳晉趙武入盟鄭伯鄭子展出盟晉侯臣對君者皆君自與盟知此使來亦公
自與盟也上言來聘盟又不地盟於國都公親可知故不言公○丁未及孫良夫盟先晉後衛尊霸主鄭伐許無傳不書將帥
告辭略○將子匠反帥所類反疏傳不書至辭略○正義曰直舉國名傳無其說知是告辭略故史異文耳賈逵云鄭小國與大國爭諸侯仍伐許不稱將
帥夷狄之刺無知也此年夏鄭公子去疾帥師伐許明年冬鄭伯伐許先後並無貶責何獨此伐偏刺之

傳三年春諸侯伐鄭次于伯牛討邲之役也伯牛鄭地邲役在宣十二年遂東侵鄭晉潛軍深入
鄭公子偃帥師禦之偃穆公子使東鄙覆諸鄤覆伏兵也○覆扶又反注同鄤亡袁反又莫于反徐武旦反一音萬敗
諸丘輿鄭丘輿皆鄭地晉偏軍爲鄭所敗故不書皇戌如楚獻捷○夏公如晉拜汶陽之田前年晉使齊歸
魯汶陽田故○許恃楚而不事鄭鄭子良伐許○晉人歸楚公子穀臣與連尹襄老
之尸于楚以求知罃邲之戰楚獲知罃於是荀首佐中軍矣荀首知罃父故楚人許之王送
知罃曰子其怨我乎對曰二國治戎臣不才不勝其任以爲俘馘執事不以釁

鼓以血塗鼓爲釁鼓○勝音升下注同俘芳夫反馘古獲反釁許覲反疏注以血至釁鼓○正義曰說文釁血祭也禮雜記釁廟之禮云雍人舉羊升屋自中中屋南面封羊血流于前乃降釁廟以血塗廟知釁鼓以血塗鼓也使歸卽戮君之惠也臣實不才又誰敢怨王曰然則德我乎疏然則德我乎○正義曰德加於彼彼荷其恩故謂荷恩爲德論語以德報德傳稱王德狄人皆是也對曰二國圖其社稷而求紓其民紓緩也○紓音舒各懲其忿以相宥也宥赦也○懲直升反宥音又兩釋纍因以成其好纍繫也○纍力誰反好呼報反下同二國有好臣不與及其誰敢德言二國本不爲己○與音預爲于僞反王曰子歸何以報我對曰臣不任受怨君亦不任受德無怨無德不知所報王曰雖然必告不穀對曰以君之靈纍臣得歸骨於晉寡君之以爲戮死且不朽戮其不勝任○任音壬下亦不任同疏死且不朽○正義曰懷荷君恩身雖死而朽腐此恩不朽腐也死尚不朽以示其至死不忘也若從君之惠而免之以賜君之外臣首稱於異國君曰外臣首其請於寡君而以戮於宗亦死且不朽。若不獲命君不許戮而使嗣宗職嗣其祖宗之位職次及於事而帥偏師以脩封疆雖遇執事遇楚將帥○疆居良反將子亮反帥所類反其弗敢違違辟也其竭力致死無有二心以盡臣禮所以報也王曰晉未可與爭重爲之禮而歸之○秋叔孫僑如圍棘取汶陽之田棘不服故圍之僑如叔孫得臣子○晉郤克衛孫良夫伐廧咎如討赤狄之餘焉宣十五年晉滅赤狄潞氏其餘民散入廧咎如故討之【疏】。注宣十至討之○正義曰謂赤狄餘民散入咎如之內今伐咎如者來就咎如之內討彼赤狄餘黨然廧咎如容赤狄餘民則咎如亦赤狄矣劉炫以爲廧咎如之國卽是赤狄之餘今知不然者以赤狄之國種類極多潞氏甲氏鐸辰臯落氏等皆是其類並爲建國假令潞氏甲氏鐸辰臯落雖滅自外猶存則是不滅者多止應言討赤狄之類不得稱餘且伐者聲其鐘鼓討者責其罪狀以廧咎如容受赤狄餘黨故伐而討責若以廧咎如卽是赤狄之餘應取土地與兵絶滅何當唯伐討而已劉以廧咎如卽是赤狄之餘而規杜非也廧咎如潰上失民也此傳釋經之文而經無廧咎如潰蓋經闕此四字○潰戶內反【疏】注此傳至四字○正義曰傳言上失民也釋經潰文若經無潰文則傳無。所解故疑經闕此四字釋例曰傳。文廧咎如潰上失民也今經但言伐廧咎如無廧咎如潰之文若經本無此文則丘明爲橫益經文而加失民之傳也是言知經闕之意也。三年潰逃已有例矣復發傳者嫌夷狄異於中國故重發也○冬十一月晉侯使荀庚來聘且尋盟尋元年赤棘盟荀庚林父之子衞侯使孫良夫來聘且尋盟尋宣七年盟公問諸臧宣叔曰仲行伯之於晉也其位在三下卿【疏】。其位在三○正義曰於時郤克將中軍荀首佐之荀庚將上軍是其位在三也注云下卿者傳稱小國之上卿當大國之下卿又言衞在晉不得爲次國則以衞爲小國荀庚若是中卿自然當先晉矣乃云晉爲盟主其將先之直以盟主先晉明是二人位等以此知荀庚是下卿也晉立三軍將佐有六第三猶爲下卿則其餘皆下卿也蓋以諸侯之禮唯合三卿三是其正故定以三人爲上中下餘皆從下卿也卿有上下往年賜晉三帥皆以三命之服者侯伯之卿禮皆三命上卿下卿命不異也孫子之於衞也位爲上卿將誰先對曰次國之上卿當大國之中中當其下下當其上大夫降等一小國之上卿當大國之下卿中當其上大夫下當其下大夫降大國二等上下如是古之制也古制公爲大國侯伯爲次國子男爲小國衞在晉不得爲次國春秋時以強弱爲大小故衞雖侯爵猶爲小國疏注春秋至小國○正義曰古制公爲大國侯伯爲次國子男爲小國以土地之大小命數爲等差也春秋之世彊陵弱大吞小爵雖不能自改地則以力升降諸侯聚會彊者爲雄史書時事大小爲序此事不可改易仲尼即而用之宋公在齊侯之下許男在曹伯之上不復計爵之尊卑故衞雖侯爵猶爲小國以地狹小故也襄二十五年傳子產語晉曰今大國多數圻矣圻方千里是晉有方千里者三四也昭五年十三年傳皆言晉有革車四千乘計衞比於晉不過當五六分之一耳故不得爲次國其爲次國者當齊秦乎晉爲盟主其將先之計等則二人位敵以盟主故先晉丙午盟晉丁未盟衞禮也

○十二月甲戌。晉作六軍爲六軍僭王也萬二千五百人爲軍○僭子念反韓厥趙括鞏朔韓穿荀騅趙旃皆爲卿賞鞌之功也韓厥爲新中軍趙括佐之鞏朔爲新上軍韓穿佐之荀騅爲新下軍趙旃佐之晉舊自有三軍今增此故爲六軍○騅音佳疏注韓厥至六軍○正義曰杜知韓厥爲新中軍及上下新軍將佐者以下六年傳云韓厥將新中軍且爲僕大夫時晉更增置新中上下三軍韓厥將新中軍名居其首故杜依名配其將佐

○齊侯朝于晉將授玉。行朝禮疏。將授玉○正義曰玉謂所執之圭也凡諸侯相朝升堂授玉於兩楹之間於此時郤克趨進故記之也史記齊世家曰頃公十一年晉初置六軍頃公朝晉欲尊王晉景公景公不敢。當晉世家云景公十二年齊頃公如晉欲上尊景公爲王景公讓不敢然此時天子雖微諸侯並盛晉文不敢請隧楚莊不敢問鼎又齊弱於晉所較不多豈爲一戰而勝便即以王相許準時度勢理必不然竊原馬遷之意所以有此說者當讀此傳將授玉以爲將授。王遂。節成爲此謬辭耳郤克趨進曰此行

也君為婦人之笑辱也寡君未之敢任。言齊侯之來以謝婦人之笑非為脩好故。云晉君不任當此惠○君為于偽反下為兩君同任音壬晉侯享齊侯齊侯視韓厥韓厥曰君知厥也乎齊侯曰服改矣戎朝異服也言服改明識其人疏注戎朝異服○正義曰周禮司服凡兵事韋弁服禮玉藻記云諸侯皮弁以聽朔朝服以日視朝聘禮賓皮弁聘公皮弁迎賓迎聘客尚以皮弁迎朝賓必皮弁矣在朝君臣同服公當皮弁則韓厥於時亦皮弁也鄭玄云韋弁以靺韋為弁又以為衣裳春秋傳曰晉郤至衣靺韋之跗注是也皮弁之服十五升白布衣素積以為裳是戎朝異服也韓厥登舉爵曰臣之不敢愛死為兩君之在此堂也○荀罃之在楚也鄭賈人有將寘諸褚中以出既謀之未行而楚人歸之賈人如晉荀罃善視之如實出己。賈人曰吾無其功敢有其實乎吾小人不可以厚誣君子遂適齊傳言知罃之賢○賈音古下同寘之豉反褚中呂反

經四年春宋公使華元來聘○三月壬申鄭伯堅卒無傳二年大夫盟于蜀壬申二月二十八日○杞伯來朝○夏四月甲寅臧孫許卒無傳○公如晉○葬鄭襄公無傳○秋公至自晉○冬城鄆無傳公欲叛晉故城而為備○鄆音運疏冬城鄆○正義曰釋例土地名魯有二鄆文十二年城諸及鄆杜云此東鄆莒魯所爭者城陽姑幕縣南有員亭或曰鄆即員也成十六年傳晉人執季文子公待于鄆杜云此西鄆昭公所出居者東郡廩丘縣東有鄆城然則此為公欲叛晉故城鄆以為備當西鄆也○鄭伯伐許

傳四年春宋華元來聘通嗣君也○宋共公卽位共音恭疏通嗣君也○正義曰文元年公孫敖如齊傳曰始聘焉禮也凡君卽位卿出並聘踐脩舊好要結外援好事鄰國以衛社稷忠信卑讓之道也其事與此一也謂君初卽位聘鄰國耳在魯而出謂之始聘自外而來謂之通嗣君言彼君嗣位以來未與魯通於此始通之也○杞伯來朝歸叔姬故也將出叔姬先脩禮朝魯言其故○夏公如晉晉侯見公不敬季文子曰晉侯必不免言將不能壽終也後十年陷。厠。而死詩曰敬之敬之天惟顯思命不易哉詩頌言天道顯明受其命甚難不可不敬以奉之○易以豉反夫晉侯之命在諸侯矣可不敬乎敬諸侯則得天命○秋公至自晉欲求成于楚而叛晉季文子曰不可晉雖無道未可叛也國大臣睦而邇於我邇近也諸侯聽焉未可以貳聽服也史佚之志有之周文王大史○大音泰曰非我族類其心必異楚雖大非吾族也與魯異姓其肯字我乎公乃止字愛也○冬十一月鄭公孫申帥師疆許田前年鄭伐許侵其田今正其界○疆居良反許人敗諸展陂鄭伯伐許取鉏任泠敦之田展陂亦許地○陂彼皮反鉏仕居反任音壬泠力丁反○晉欒書將中軍代郤克○將子匠反荀首佐之士燮佐上軍以救許伐鄭取氾祭氾祭鄭地成皐縣東有氾水○氾音凡注同或音祀祭側介反疏○注氾祭至氾水○正義曰杜注滎陽中牟縣有東氾襄城縣有西氾知此氾祭非彼二氾而以成皐縣東有氾水者以傳爲晉伐鄭取氾祭既爲晉人所取當是鄭之西北界卽今之氾水也字書水旁已爲氾水旁已爲氾字相亂也漢書音義亦爲氾今氾水上源。謂氾谷楚子反救鄭鄭伯與許男訟焉於子反前爭曲直皇戌攝鄭伯之辭代之對子反不能決也曰君若辱在寡君寡君與其二三臣共聽兩君之所欲成其可知也欲使自屈。在楚子。前決之不然側不足以知二國之成側子反名爲明年許愬鄭於楚張本○愬音素○晉趙嬰通于趙莊姬趙嬰趙盾第莊姬趙朔妻朔盾之子

經五年春王正月杞叔姬來歸出也傳在前年疏杞叔姬來歸○正義曰杞既出之猶稱杞者雜記曰諸侯出夫人夫人比至。于。國以夫人之禮行至以夫人入鄭玄云行道以夫人之禮者棄妻致命其家乃義絕不用此爲始○仲孫蔑如宋○夏叔孫僑如會晉荀首于穀穀齊地○梁山崩記異也梁山在馮翊夏陽縣北疏注記異也○正義曰公羊傳曰梁山崩何以書記異也公羊以爲非常爲異害物爲災此山崩無所害故爲異也○秋大水無傳○冬十有一月己酉天王崩○十有二月己丑公會晉侯齊侯宋公衛侯鄭伯曹伯邾子杞伯同盟于蟲牢蟲牢鄭地陳留封丘縣北有桐牢

傳五年春原屏放諸齊放趙嬰也原同屏季嬰之兄○屏步丁反嬰曰我在故欒氏不作我亡吾二昆其憂哉且人各有能有不能言己雖淫而能令莊姬護趙氏○令力丁反舍我何害弗聽嬰夢天使謂己祭余余福女使問諸士貞伯貞伯曰不識也既而告其人自告貞伯從人○舍音捨

又音赦聽吐丁反女音汝從才用反疏注自告貞伯從人○正義曰嫌告趙嬰使人故云自告貞伯從人也若告趙嬰使人不得云神福仁而禍淫曰
神福仁而禍淫淫而無罰福也祭其得亡乎以得放遣為福祭之之明日而亡為八年晉殺趙同趙括傳
○孟獻子如宋報華元也前年宋華元來聘○夏晉荀首如齊逆女故宣伯餫諸
穀野饋曰餫運糧饋之敬大國也○餫音鄆饋其媿反疏注野饋至大國○正義曰釋詁云饁饋也孫炎曰饁野之饋也彼言野饋饋田農在野之人此
言野饋饋在野行路之人俱是在野。言之謂之。餫者言其運糧饋之彼。自逆女而往饋之者敬大國也○梁山崩晉侯以傳召伯
宗傳驛○傳中戀反注及下同驛音亦伯宗辟重曰辟傳重載之車○辟重匹亦反徐甫赤反本又作僻曰辟音避重人曰待
我不如捷之速也捷邪出○捷在妾反邪似嗟反疏注捷邪出○正義曰捷亦速也方行則遲邪出則速楚辭謂邪行小道為捷徑是捷
為邪出問其所曰絳人也問絳事焉曰梁山崩將召伯宗謀之問將若之何曰山
有朽。壤而崩可若何國主山川主謂所主祭○絳古巷反壤如丈反故山崩川竭君為之不舉去盛
饌○為于偽反去起呂反饌仕戀反降服損盛服乘縵車無文○縵武旦反又莫半反疏注車無文正義曰周禮巾車掌王之五路皆不言車
有文飾其下服車五乘孤乘夏篆卿乘夏縵大夫乘墨車鄭玄云夏篆五采畫轂約也夏縵亦五采畫無瑑耳墨車不畫也孤之車尚有瑑約明諸侯之車必
有瑑約詩所謂約軝錯衡是其事也乘縵車無文蓋乘大夫墨車也覲禮侯氏乘墨車乃朝鄭玄云墨車大夫制也乘之者入天子之國車服不可盡同也彼
為適王尚乘墨車明此山崩降服亦乘墨車也徹樂息八音出次舍於郊疏注舍於郊○正義曰僖三十三年傳秦伯以師敗于殽秦服郊

（次此言出次降服明亦次於郊也文四年傳楚人滅江秦伯為之降服出次注云辟正寢與此文互相見也）祝幣（陳玉帛）史辭（自罪責）以禮焉（禮山川）其如此而已雖伯宗若之何伯宗請見之（見之於晉君○見賢遍反注皆同）不可（不肯見）遂以告而從之（從重人言）○許靈公愬鄭伯于楚（前此年鄭伐楚故）六月鄭悼公如楚訟不勝楚人執皇戌及子國（以鄭伯不直故也子國鄭穆公子）故鄭伯歸使公子偃請成于晉秋八月鄭伯及晉趙同盟于垂棘（垂棘晉地）○宋公子圍龜為質于楚而歸（圍龜文公子○質音致下注同）華元享之請鼓譟以出鼓譟以復入（出入輒擊鼓○譟素報反復扶又反下同）曰習攻華氏宋公殺之（蓋宣十五年宋楚平後華元使圍龜代己為質故怨而欲攻華氏）○冬同盟于蟲牢鄭服也諸侯謀復會宋公使向為人辭以子靈之難（子靈圍龜也宋公不欲會以新誅子靈為辭為明年侵宋傳○向舒亮反難乃旦反一本無之難二字子靈為辭一本無為辭二字）○十一月己酉定王崩（經在蟲牢盟上傳在下月倒錯眾家傳悉無此八字或衍文○倒丁老反）

疏注經在至衍文○正義曰傳不虛舉經文此無所明又上下倒錯諸家之傳又悉無此言必是衍文此杜以疑事毋質不敢輒去之耳

經六年春王正月公至自會（無傳）○二月辛巳立武宮（魯人自鞌之功至今無患故築武軍又作先君武公宮以告成事欲以示後世）

疏注魯人至後世○正義曰杜以傳稱季文子以鞌之功立武宮故云魯人自鞌之功至今無患追思鞌戰以為己功故築武軍又作先君武公之廟以告戰勝之事欲以章示後世明己之功也其意言築為武軍又作武公之廟公羊傳曰武宮者何武公之宮也是立宮為武公廟也武

公是成公九世之祖其廟毀已久矣今復立之以為不毀之廟禮明堂位曰魯公之廟文世室也武公之廟武世室也世室言其世世不毀劉炫以為直立武公之宮不築武軍今知不然者以下傳云聽於人以救其難不可以立武立武由己非由人也是丘明譏魯立武以章武功明非徒築宮而已又宣十二年潘黨請築武軍楚子云武有七德我無一焉武非吾功遂不敢築武軍以明武功此則丘明譏魯章武功明亦築武軍也若其唯築武宮傳應云不可以立武宮不得單稱武也劉以為唯築武公之宮而規杜非也○取鄟附庸國也○鄟徐音專又徒欒反○衛孫良夫帥師侵宋○

夏六月邾子來朝無傳○公孫嬰齊如晉嬰齊叔肸子○壬申鄭伯費卒前年同盟蟲牢○費音祕

○秋仲孫蔑叔孫僑如帥師侵宋○楚公子嬰齊帥師伐鄭○冬季孫行父如晉○晉欒書帥師救鄭

傳六年春鄭伯如晉拜成謝前年再盟子游相子游公子偃○相息亮反下甯相同授玉于東楹之東禮授玉兩楹之間鄭伯行疾故東過【疏】○注禮授至東過○正義曰聘禮云公受玉于中堂與東楹之間鄭玄云中堂南北之中也入堂之深尊賓事也東楹之間亦以君行一臣行二也聘禮大夫奉命來聘君臣不敵故授玉于東楹之間國君來朝尊卑禮敵。傳言東楹之東以譏鄭伯行速明禮當授玉于兩楹之間

士貞伯曰鄭伯其死乎自弃也已視流而行速不安其位宜不能久視流不端諦○諦音帝

○二月季文子以鞌之功立武宮非禮也宣十二年潘黨勸楚子立武軍楚子荅以武有七德非己所堪其為先君宮告成事而已今魯倚晉之功又非霸主而立武宮故譏之○倚於綺反【疏】○注宣十至譏之○正義曰服虔云鞌之戰禱武公以求勝故立其宮

案定元年傳昭公出故季平子禱于煬公立煬宮此若為禱而立。何以不言禱也无驗之說故不可從聽於人以救其難不可以立武立武由己非由人也言請人救難勝非己功○難乃旦反注同○取鄭言易也○易以豉反○三月晉伯宗夏陽說衞孫良夫甯相鄭人伊雒之戎陸渾蠻氏侵宋夏陽說晉大夫蠻氏戎別種也河南新城縣東南有蠻城經。唯書。衞孫良夫獨衞告也○夏戶雅反說音悅下文注同渾戶門反種章勇反以其辭會也辭會在前年師于鍼衞人不保不守備○鍼其廉反一音針說欲襲衞曰雖不可入多俘而歸有罪不及死伯宗曰不可衞唯信晉故師在其郊而不設備若襲之是弃信也雖多衞俘而晉無信何以求諸侯乃止。師還衞人登陴聞說謀故陴毗支反晉人謀去故絳○晉復命新田為絳故謂此故絳○復扶又反諸大夫皆曰必居郇瑕氏之地郇瑕古國名河東解縣西北有郇城○郇音旬解音蟹沃饒而近盬盬鹽也猗氏縣盬池是○近附近之近下及注近寶皆同盬音古猗於宜反疏。沃饒至失也○正義曰土田良沃五穀饒多民豐則國利財多則君樂其處不可失也○注盬鹽至池是○正義曰說文云盬河東鹽池袤五十一里廣七里周總百一十六里字從鹽省古聲然則盬是鹽之名盬雖是鹽唯此池之鹽獨名為盬餘鹽不名盬也國利君樂不可失也韓獻子將新中軍且為僕大夫兼大僕○樂音洛下謂樂同將子匠反下注軍將同大僕音泰公揖而入獻子從公立於寢庭路寢之庭疏注路寢之庭○正義曰禮玉藻云君日。出而視朝退適路寢聽政知寢庭是路寢之庭也沈氏云大僕職云王視燕朝則正位掌擯相鄭注云燕朝朝於路寢之庭韓獻子既為僕大夫故知寢庭路寢之庭也其路門之外外朝則司士掌焉故司士掌治朝之儀治朝則路門之外每日治朝事之朝也其庫門之外朝則朝士掌焉故朝士
云掌外朝之法此是詢衆庶問罪人之處也凡人君內朝二外朝一內朝二者路門內外之朝也外朝一者庫門外之朝也若諸侯三門臯應路外朝則在應
門外魯之三門庫雉路則外朝在雉門外謂獻子曰何如問諸大夫言是非對曰不可郇瑕氏土薄水淺土薄
地下其惡易覯惡疾。疢覯成也○易以豉反下注同覯古豆反疢勑覲反本或作疹同疏注惡疾。疢覯成也○正義曰下云土厚水深居之不
疾此云土薄水淺必居之多疾以此知惡是疾疢也爾雅訓覯爲見杜以惡爲疾疢疾疢非難見之物唯苦其病成耳故訓覯爲成言其病易成由水土惡故
也易覯則民愁民愁則墊隘墊隘羸困也○墊丁念反隘於賣反羸劣僞反疏易覯至墊隘○正義曰疾疢易成則下民愁苦
民既愁苦則必羸困羸困而謂之墊隘者方言云墊下也地之下。濕狹隘猶人之羸瘦困苦故杜以墊隘爲羸困也於是乎有沈溺重膇
之疾沈溺。濕疾重膇足腫○溺乃歷反膇治僞反反一音直媿反足腫章勇反一音常勇反不如新田今平陽絳邑縣是土厚水深
居之不疾高燥故有汾澮以流其惡汾水出。大原經絳北西南入河澮水出平陽絳縣南西入汾惡垢穢○汾扶云反澮古外
反垢古口反且民從教无災患十世之利也疏且民至利也○正義曰民有災患則不暇從上无災患則從教化十者數之小
成故云十世之利也夫山澤林鹽國之寶也國饒則民驕佚財易致則民驕侈○佚音逸疏注財易至驕侈○正
義曰魯語敬姜云昔者聖王之處民也擇瘠土而居之勞其民而用之故長王天下夫民勞則思思則善心生逸則淫淫則忘善忘善則惡心生沃土之民不
材逸也瘠土之民莫不向義勞也敬姜此語自是激發之辭未必聖王盡然要亦有此理也大史公書稱武王克殷患殷民富侈大史公曰奢昏厚葬以破其

產爲其富而驕佚故設法以貧之也管子曰倉廩實而知禮節衣食足而知榮辱讓生於有餘爭生於不足論語稱孔子適衛欲先富而後教爲其貧而無恥
欲營生以富之也此皆觀民設教故其理不同若遷都近鹽則民皆商販則富者彌富驕侈而難治貧者益貧。飢寒而犯。法且貧者貪富而致貧富者削貧而
爲富惡民之富乃是愍民之貧欲使貧富均而勞。逸等也近寶公室乃貧不可謂樂近寶則民不務本疏注近寶則民不務本
○正義曰農業人之本也商販事之末也若民居近寶則棄本逐末廢農爲商則貧富兼幷若貧富兼幷則貧多富少貧者無財以共官富者不可以倍稅賦
稅少則公室貧也公說從之夏四月丁丑晉遷于新田爲季孫如晉傳○說音悅○六月鄭悼公卒
終士貞伯之言○子叔聲伯如晉命伐宋晉人命聲伯秋孟獻子叔孫宣伯侵宋晉命也○
楚子重伐鄭鄭從晉故也前年。楚晉盟○○冬季文子如晉賀遷也○晉欒書救鄭與
楚師遇於繞角繞角鄭地楚師還晉師遂侵蔡楚公子申公子成以申息之師救蔡
申息楚二縣○成音城○禦諸桑隧汝南朗陵縣東有桑里。在上蔡西南○禦魚呂反隧音遂趙同趙括欲戰請於武子
武子將許之武子欒書知莊子荀首中軍佐○范文子士燮上軍佐○韓獻子韓厥新中軍將諫曰不可吾
來救鄭楚師去我吾遂至於此此蔡地○是遷戮也戮而不已又怒楚師戰必不克
遷戮不義怒敵難當故不克○雖克不令成師以出而敗楚之二縣何榮之有焉六軍悉出故曰成師以大
勝小不足爲榮若不能敗爲辱已甚不如還也乃遂還於是軍師之欲戰者衆或謂欒

武子曰聖人與衆同欲是以濟事子盍從衆盍何不也○帥所類反下注同盍戶臘反子爲大政中軍
元帥將酌於民者也酌取民心以爲政○子之佐十一人六軍之卿佐○疏。子之佐十一人○正義曰服虔云是時欒書將
中軍荀首佐之荀庚將上軍士燮佐之郤錡將下軍趙同佐之韓厥將新中軍趙括佐之鞏朔將新上軍韓穿佐之荀騅將新下軍趙旃佐之其不欲
戰者三人而已知范韓也欲戰者可謂衆矣商書曰三人占從二人衆故也商書洪範疏
注商書洪範○正義曰武王克殷始作洪範。今見在周書傳謂之商書者以箕子商人所陳故也○武子曰善鈞從衆鈞等也○夫善
衆之主也三卿爲主可謂衆矣三卿皆晉之賢人○從之不亦可乎傳善欒書得從衆之義且爲八年晉侵蔡
○傳
經七年春王正月鼷鼠食郊牛角改卜牛鼷鼠又食其角乃免牛无傳稱牛未卜日免放也
免牛可也不郊非禮也○鼷音兮○疏鼷鼠至免牛○正義曰釋獸。鼷鼠李巡曰鼷鼩鼠一名鼷鼠孫炎曰有螫毒者蓋如今鼠狼改卜牛下重言鼷鼠又
食其角不重言牛者何休云言角牛可知後食牛者未必故鼠故重言鼠改卜被食角者言乃免牛則前食角者亦免之矣從下免省文也○注稱牛至禮也
○正義曰僖三十一年傳曰牛卜日曰牲今稱牛是未卜日也免放也放不殺遂不郊也○吳伐郯○。郯音談○夏五月曹伯來
朝○不郊猶三望无傳書不郊間有事三望非禮○秋楚公子嬰齊帥師伐鄭○公會晉侯齊
侯宋公衛侯曹伯莒子邾子杞伯救鄭八月戊辰同盟于馬陵馬陵衛地。陽。平元城縣東南有

地名馬陵公至自會无傳○吳入州來州來楚邑淮南下蔡縣是也○冬大雩無傳書過○衞孫林父出
奔晉
傳七年春吳伐郯郯成季文子曰中國不振旅蠻夷入伐而莫之或恤振整也旅衆也
無弔者也夫言中國不能相愍恤故夷狄內侵○夫音扶○詩曰不弔昊天亂靡有定其此之謂乎詩小
雅刺在上者不能弔愍下民故號天告亂○昊戸老反號戸刀反疏詩曰至有定○正義曰此詩小雅節南山之篇有上不弔其誰不
受亂上謂霸主吾亡無日矣君子曰知懼如是斯不亡矣○鄭子罕相成公以如晉
見且拜師謝前年晉救鄭之師爲楚伐鄭張本○相息亮反見賢遍反○○夏曹宣公來朝疏曹宣公來朝○正義曰比文及
八年傳召桓公來賜公命並无所解釋而虛載經文者釋例曰其經傳事同而文異者或告命之辭有差異或氏族名號當須互見此蓋須互見名號故舉之
也○○秋楚子重伐鄭師于氾氾鄭地在襄城縣南○氾音凡諸侯救鄭鄭共仲侯羽軍楚師二子
鄭大夫○共音恭○因鄭公鍾儀獻諸晉八月同盟于馬陵尋蟲牢之盟且莒服故也蟲牢
盟在五年莒本屬齊齊服故莒從之○鄭本亦作員音云邑名○晉人以鍾儀歸因諸軍府。軍藏府也爲九年晉侯見鍾儀張本
○藏才浪反○楚圍宋之役在宣十四年○師還子重請取於申呂以爲賞田王許之分申呂之
田以自賞申公巫臣曰不可此申呂所以邑也是以爲賦以御北方若取之是無申

呂也言申呂賴此田成邑耳不得此田則无以出兵賦而二邑壞也○所以邑也一本作所邑也御魚呂反○晉鄭必至于漢王乃止子重是以怨巫臣子反欲取夏姬巫臣止之遂取以行子反亦怨之及共王即位楚共王以魯成公元年即位○共音恭子重子反殺巫臣之族子閻子蕩及清尹弗忌皆巫臣之族○閻音鹽○及襄老之子黑要以夏姬故幷怨黑要○要一遙反○而分其室子重取子閻之室使沈尹與王子罷分子蕩之室子反取黑要與清尹之室巫臣自晉遺二子書子重子反○罷音皮下同遺唯季反曰爾以讒慝貪惏事君而多殺不辜余必使爾罷於奔命以死巫臣請使於吳晉侯許之吳子壽夢說之乃通吳于晉壽夢季札父○慝他得反惏力含反請使所吏反夢莫公反說音悅札側八反以兩之一卒適吳舍偏兩之一焉司馬法百人爲卒二十五人爲兩。車九乘爲小偏十五乘爲大偏蓋留九乘車及一兩二十五人令吳習之○卒子忽反注同舍音赦舊音捨乘繩證反下注同令力呈反○

疏以兩至一焉○正義曰以兩之一謂將二十五人也又言卒謂更將百人也言之者婉句耳凡將一百二十五人適吳也舍偏謂舍一偏之車九乘也兩之一焉又舍二十五人也凡舍九乘車二十五人與吳矣發首言兩之一者爲舍此兩之一故先言之又言卒者見巫臣所將非唯有一兩也司馬法車九乘爲小偏十五乘爲大偏傳言偏不言大當是留九乘車矣唯言留一偏不見元將車數不知去時幾乘車去也丘明爲傳辭皆易解此獨蹇澁或誤本文蘇氏云舍九乘車以六乘車還則以去時十五乘車傳不言者以舍既。備偏明去時有車可知從省文也沈氏云聘使未有將兵車者。今此特將兵車爲方欲教吳戰陳故與常不同○與其射御教

吳乘車教之戰陳教之叛楚○前是吳常屬楚○戰陳直覲反寘其子狐庸焉使爲行人於吳吳

始伐楚伐巢伐徐巢徐楚屬國○寘之豉反子重奔命救徐巢○馬陵之會吳入州來子重自鄭

奔命因伐鄭而行○子重子反於是乎一歲七奔命蠻夷屬於楚者吳盡取之是以始

大通吳於上國上國諸夏○夏戶雅反○○衛定公惡孫林父冬孫林父出奔晉林父孫良夫之子○

惡烏路反衛侯如晉晉反戚焉戚林父邑林父出奔戚隨屬晉○戚七狄反○疏戚林至屬晉○正義曰傳言晉反戚焉則戚已屬晉

襄二十六年衛孫林父入于戚以叛此不言叛故解之戚是孫氏世所食邑林父出奔之後戚自從隨而屬晉非林父入而將去故不言叛也

經八年春晉侯使韓穿來言汶陽之田歸之于齊齊服事晉故晉來語魯使還二年所取田○語魚據反○

○晉欒書帥師侵蔡○公孫嬰齊如莒○宋公使華元來聘○夏宋公使公孫

壽來納幣昏聘不使卿今華元將命故特書之宋公無主昏者自命之故稱使也公孫壽蕩意諸之父○疏注昏聘至之父○正義曰傳於華元

來聘之下云聘共姬也則華元新始告魯欲圖爲昏昏禮發首云昏禮下達乃言納采鄭玄云達通也將欲與彼合昏姻必先使媒氏通其言女氏許之乃後

使人納其采擇之禮此華元來聘則彼昏禮所謂下達者也士禮使媒諸侯不可求媒於其國自使臣行則亦媒之義昏有六禮下達之後初有納采擇之禮

既行納采其日卽行問名問女之名將歸卜其吉凶也歸既卜得吉又使使者往告謂之納吉納吉則昏禮定矣復遣納徵徵成也納幣以成昏禮士禮納徵

有玄纁束帛儷皮其諸侯謂之納幣以其幣多故指幣言之納幣以後又有請期親迎是之謂六禮也計華元來聘之後當有納采納吉二使二使之後乃次

納幣今唯書納幣者納采納吉其使非卿故不書也釋例曰諸侯昏禮士以士昏禮準之不得唯止於納幣逆女納幣逆女二事皆必使卿行卿行則書之他禮非卿則不書也宋公使華元來聘聘不應使卿故傳但言聘共姬也使公孫壽來納幣納幣應使卿故傳明言得禮也魯君之昏唯存納幣逆女此其義也是言聘女不應使卿今華元以卿將命故特書之也隱二年公羊傳曰昏禮不稱主人宋公使公孫壽來納幣則其稱主人何辭窮也辭窮者何無母也禮有母則母命之宋公無主昏者宋公自命之故稱宋公使公孫壽來也公孫壽蕩意諸之父者文十六年傳文○晉殺其大夫趙同趙括。傳曰原屛咎之徒也明本不以德義自居宜其見討故從告辭而稱名

疏 注傳曰至稱名○正義曰傳稱莊姬譖之則是同括無罪大夫無罪見殺例不書名此並書名故解之宣十二年傳曰原屛咎之徒也明本不以德義自居而妄叨高位宜其見討今雖實不作亂從告而稱其名言從告者凡殺大夫必以其實有罪告不肯言其無罪魯史詳其曲直乃立其文故所書或從或否耳○○秋七月天子使召伯來賜公命。諸侯卽位天子賜以命圭與之合瑞八年乃來。緩也天子天。王王者之通稱○通稱尺證反○

疏 注諸侯至通稱○正義曰天子賜諸侯之命書傳亦無正禮唯文元年天。王使毛伯來錫公命僖十一年傳王賜晉惠公命周語王賜晉文公命皆是卽位而賜之又賜之以圭擬朝而合瑞諸侯卽位禮必朝王明當卽位卽賜之命今八年乃來是緩也隱元年宰咺來賵爲其緩書名以譏之此亦緩也而不譏之者彼贈死不及尸弔生不及哀子氏未薨而豫凶事所失者大故特譏之春秋之時賜命禮廢唯文公卽位而賜成公八年乃賜桓公死後追賜其餘皆不得賜苟以得之爲榮故不復譏其緩也且賜之以圭者爲朝而合瑞魯尚不朝天子不宜譏天子賜緩也天子之見經者三十有。二稱天王者二十五稱王者。八稱天子者一卽此事是也三稱並行傳無異說故知天子天王王者之通稱也其不同者史異辭耳公羊傳曰其稱天子何元年春王正月正也其餘皆通矣杜用彼說也賈逵云諸夏稱天王畿內曰。王夷狄曰天子王使榮

叔歸含且賵以恩深加禮妾母恩同畿內故稱王成公八年乃得賜命與夷狄同故稱天子左氏無此義故杜不從之○冬十月癸卯杞叔姬卒前五年來歸者。女。歸適人雖見出弃猶以成人禮書之終爲杞伯所葬故稱杞叔姬○晉侯使士燮來聘○叔孫僑如會晉士燮齊人邾人伐郯先謀而稱會盟主之命不同之於列國○衛人來媵古者諸侯取適夫人及左右媵各有姪娣皆同姓之國國三人凡九女所以廣繼嗣也魯將嫁伯姬於宋故衛來媵之○媵以證反又繩證反適丁歷反姪大結反字林丈一反娣大計反○疏注古者至媵之○正義曰莊十九年公羊傳曰媵者何諸侯娶一國則二國往媵之以姪娣從姪者何兄之子也娣者何弟也諸侯一聘九女是諸侯娶適夫人及左右媵各有姪娣也傳曰異姓則否是夫人與媵皆同姓之國也魯衛同姓故來媵之釋例曰古者諸侯之娶適夫人及左右媵各有姪娣皆同姓之國國三人凡九女參骨肉至親所以息陰訟陰訟息所以廣繼嗣也當時雖無其人必待年而送之所以絕望求塞非常也辭稱憃愚不教故遣大夫隨之亦謂之媵臣所以將謙敬之實也夫人薨不更聘必以姪娣媵繼室一與之醮則終身不二所以重婚姻固人倫人倫之義既固上足以奉宗廟下足以繼後世此夫婦之義也○

傳八年春晉侯使韓穿來言汶陽之田歸之于齊季文子餞之餞送行飲酒○餞錢淺反說文云送去食也字林子扇反毛詩箋云祖而舍軷飲酒於其側曰餞○疏注餞送行飲酒○正義曰詩大雅韓奕篇云韓侯出祖出宿于屠顯父餞之清酒百壺是餞爲送行飲酒也○私焉私與之言曰大國制義以爲盟主疏大國至盟主○正義曰義者宜也事得其宜謂之爲義汶陽之田宜其歸魯是歸魯爲義歸齊不義大國當制其義事以爲諸侯之盟主是以諸侯懷德畏討無有貳心謂汶陽

之田敝邑之舊也而用師於齊使歸諸敝邑用師鞌之戰今有二命曰歸諸齊信以行義義以成命小國所望而懷也信不可知義無所立四方諸侯其誰不解體言不復肅敬於晉○復扶又反【疏】信以至解體○正義曰言之有信義事乃行是信以行義事必以義命乃成就故義以成命也杖信以行義事以義而命諸侯故以小國所望而歸之懷歸也言而無信則信不可知所命非義則義無所立如是則四方諸侯其誰不解體謂事晉之心皆疏慢也詩曰女也不爽士貳其行士也罔極二三其德爽差也極中也詩衛風婦人怨丈夫不一其行喻魯事晉猶女之事夫不敢過差而晉有罔極之心反二三其德○行下孟反注同差初賣反又初佳反【疏】詩曰至其德○正義曰衛風氓之篇七年之中一與一奪二三孰甚焉士之二三猶喪妃耦而況霸主霸主將德是以以用也○喪息浪反妃音配耦苦口反而二三之其何以長有諸侯乎詩曰猶之未遠是用大簡猶圖也簡諫也詩大雅言王者圖事不遠故用大道諫之○長音如字一音丁丈反行父懼晉之不遠猶而失諸侯也是以敢私言之【疏】詩曰至言之○正義曰詩大雅板之篇也言王者之所圖謀其事未能長遠我以是故用大道諫王行父今亦懼晉之不能遠圖而因此以失諸侯是以敢私言之私布此言郎是大諫也○

○晉欒書侵蔡六年未得志故遂侵楚獲申驪申驪楚大夫○驪力馳反楚師之還也謂六年遇於繞角時【疏】楚師之還也○正義曰還在六年不於彼言者因其今獲申驪追言六年侵沈述欒書得從善之功故於此并言之晉侵沈獲沈子揖初從知范韓也繞角之役欒書從知莊子范文子韓獻子之言不與楚戰自是常從其謀師出有功故傳善之沈國今汝

南平。與縣○揖徐音集○又於立反與音餘一音預君子曰從善如流宜哉宜有功也如流喻速詩曰愷悌君子遐不作人遐遠也作用也詩大雅言文王能遠用善人不語助○愷開在反樂也悌徒禮反易也○疏詩曰至作人○正義曰大雅旱麓之篇○求善也夫作人斯有功績矣是行也鄭伯將會晉師會伐蔡之師○夫音扶○門于許東門大獲焉過許見其無備因攻之○過古禾反○聲伯如莒逆也自為逆婦而書者因聘而逆○為于僞反下文為趙嬰同○宋華元來聘聘共姬也穆姜之女成公姊妹為宋共公夫人聘不應使卿故傳發其事而已○共音恭疏。注穆姜之女○正義曰明年季文子如宋致女還稱宋土之樂穆姜出拜謝之知是穆姜所生之女也○夏宋公使公孫壽來納幣禮也納幣應使卿○○晉趙莊姬為趙嬰之亡故譖之于晉侯趙嬰亡在五年曰原屏將為亂欒郤為徵欒氏郤氏亦徵其為亂○六月晉討趙同趙括武從姬氏畜于公宮趙武莊姬之子莊姬晉成公女畜養也○疏。注趙武至養也○正義曰史記趙世家云趙朔娶晉成公姊為夫人案傳趙衰適妻是文公之女若朔妻成公之姊則亦文公之女父之從母不可以為妻且文公之卒距此四十六年莊姬此時尚少不得為成公姊也賈服先儒皆以為成公之女故杜從之史記又稱有屠岸賈者有寵於靈公此時為司寇追論趙盾弒君之事誅趙氏殺趙朔趙同趙括而滅其族案二年傳欒書將下軍則於時朔已死矣同括為莊姬所譖此年見殺趙朔不得與同括俱死也於時晉君明諸臣彊無容有屠岸賈輒廁其閒得如此專恣又說云公孫杵臼取他兒代武死程嬰匿武於山中居十五年因晉侯有疾韓厥乃請立武為趙氏後與左傳。皆違馬遷妄說不可從也○以其田與祁奚韓厥言於晉侯曰成季之勳宣孟之忠成季趙衰宣孟趙盾○祁巨之反字林上尸反衰初危反盾徒本反而無後爲善者其懼矣三代之令王皆數百年保天之祿夫豈無辟王賴前哲以免也言三代亦有邪辟之君但賴其先人以免禍耳○數所主反辟匹亦反注及下同哲陟列反邪似嗟反○疏夫豈至免也○正義曰此趙同趙括謂天祿之父祖若桀紂之輩雖邪辟子孫賴禹湯之功而食天祿○周書曰不敢侮鰥寡所以明德也周書康誥言文王不侮鰥寡而德益明欲使晉侯之法文王○侮亡甫反鰥古頑反乃立武而反其田焉○秋

召桓公來賜公命召桓公周卿士○晉侯使申公巫臣如吳假道于莒與渠丘公立於池上渠丘公莒子朱也池城池也渠丘邑名莒縣有蘧里○蘧其居反○疏注渠丘至蘧里○正義曰十四年莒子朱卒知渠丘公即是朱也渠丘莒之邑名夷不當有謚或作別號此朱以邑名爲號不知其故何也○曰城已惡莒子曰辟陋在夷其孰以我爲虞虞度也○已惡如字已猶大也本或作城已惡矣度待洛反○對曰夫狡焉狡猾之人○狡交卯反猾于八反○思啓封疆以利社稷者何國蔑有唯然故多大國矣唯或思或縱也世有思開封疆者有縱其暴掠者莒人當唯此爲命○疆居良反注同唯然音維本或作雖後人改也掠音亮疏唯然○正義曰俗本唯作雖今定本作唯勇夫重閉況國乎爲明年莒潰傳○重直龍反又直勇反閉補計反又補結反一音戶旦反○冬杞叔姬卒來歸自杞故書愍其見出來歸故書卒也若更適大夫則不復書卒○復扶又反○晉士燮來聘言伐郯也以其事吳故七年郯與吳成公賂之請緩師文子不可文子士燮曰君命無貳失信不立禮無加貨事無二成公私不兩成○君後諸侯

是寡君不得事君也。欲與魯絕○後如字徐音胡豆反○爕將復之季孫懼使宣伯帥師會伐郯

○衛人來媵共姬禮也凡諸侯嫁女同姓媵之異姓則否必以同姓者參骨肉至親所以息陰訟○

疏衛人至則否○正義曰膏肓以爲媵不必同姓所以博異氣今左傳異姓則否十年齊人來媵何以無貶刺之文左氏爲短鄭箴云禮稱納女於天子云備百姓於國君云備酒漿不得云百姓是不博異氣也齊是大國今來媵我得之爲榮不得貶也

經九年春王正月杞伯來逆叔姬之喪以歸○公會晉侯齊侯宋公衛侯鄭伯曹伯莒子杞伯同盟于蒲。蒲衛地在長垣縣西南○公至自會無傳○二月伯姬歸于宋宋不使卿逆非禮○○夏季孫行父如宋致女女嫁三月又使大夫隨加聘問謂之致女所以致成婦禮篤。昏姻之好○好呼報反

疏注女嫁至之好○正義曰桓三年九月夫人姜氏至自齊冬齊侯使其弟年來聘傳曰齊仲年來聘致夫人也此二月伯姬歸于宋夏季孫行父如宋致女二者其問並近三月禮婦入三月廟見知致女必以三月蓋廟見之後婦禮既成使大夫聘問謂之致女其成婦之禮存謙敬序殷勤所以篤昏姻之好也仲年行父俱是致女而彼言聘者在魯而出則曰致女在他國而來則但言聘外內之異文也以彼言聘而實是致女故二注皆言使大夫隨加聘問爲此也

晉人來媵媵伯姬也○秋七月丙子齊侯無野卒無傳五同盟丙子六月一日書七月從赴

疏注五同盟○正義曰無野以宣十年即位此二年及國佐盟于袁婁又盟于蜀五年于蟲牢七年于馬陵此年于蒲皆魯齊俱在是五同盟也

○晉人執鄭伯鄭伯既受盟于蒲又受楚賂會於鄧故晉執之稱人者晉以無道於民告諸侯例在十五年晉欒書帥師伐鄭○冬十有一月葬齊

頃公無傳○頃音傾○楚公子嬰齊帥師伐莒庚申莒潰民逃其上曰潰楚人入鄆鄆莒別邑也楚偏師入鄆故稱人○秦人白狄伐晉○鄭人圍許城中城魯邑也在東海廩丘縣西南此閏月城在十一月之後十二月之前故傳曰書時○疏注魯邑至書時○正義曰長曆推此年閏十一月傳城中城文在十二月上而云書時也即是閏月城之閏月半後即是十二月節故水昏已正而城之是得時也

傳九年春杞桓公來逆叔姬之喪請之也叔姬已絕於杞魯復強請杞使還取葬○復扶又反下同強其丈反杞叔姬卒為杞故也還為杞婦故卒稱杞○為于偽反下注為魯下文為歸汶陽同逆叔姬為我也既弃而復逆其喪明為魯故○逆叔姬絕句為我也本或無為字○為歸汶陽之田故諸侯貳於晉歸田在前年晉人懼會於蒲以尋馬陵之盟馬陵在七年○季文子謂范文子曰德則不競尋盟何為競強也范文子曰勤以撫之寬以待之堅彊以御之明神以要之柔服而伐貳德之次也是行也將始會吳吳人不至為十五年會鍾離傳○御魚呂反要一遙反○二月伯姬歸于宋為致女復命起○楚人以重賂求鄭鄭伯會楚公子成于鄧為晉人執鄭伯傳○夏季文子如宋致女復命公享之賦韓奕之五章韓奕詩大雅篇名其五章言蹶父嫁女於韓侯為韓侯相所居莫如韓樂文子喻魯侯有蹶父之德宋公如韓侯宋土如韓樂○蹶九衛反為于偽反相息亮反樂音洛下同穆姜出于房再拜曰大夫勤辱不忘先君以

及嗣君施及未亡人穆姜伯姬母聞文子言宋樂喜而出謝其行勞婦人夫死自稱未亡人○施以豉反先君猶有望也言先君亦望文子之若此敢拜大夫之重勤又賦綠衣之卒章而入綠衣詩邶風也取其我思古人實獲我心喻文子言得己意○重直勇反又直用反綠如字本又作祿吐亂反注同邶音邶又作鄁○晉人來媵禮也同姓故○秋鄭伯如晉晉人討其貳於楚也執諸銅鞮銅鞮晉別縣在上黨○鞮丁兮反欒書伐鄭鄭人使伯蠲行成晉人殺之非禮也兵交使在其間可也明殺行人例○蠲古玄反又音圭使在所吏反楚子重侵陳以救鄭陳與晉故晉侯觀于軍府見鍾儀問之曰南冠而縶者誰也南冠楚冠縶拘執○縶中立反拘九于反疏注南冠楚冠○正義曰應劭漢官儀云法冠一曰柱後冠左傳南冠而縶則楚冠也秦滅楚以其冠賜近臣御史服之即今解豸冠也古有解豸獸觸不直者故執憲以其用形為冠令觸人也有司對曰鄭人所獻楚囚也使稅之鄭獻鍾儀在七年稅解也○稅吐活反徐始銳反注同召而弔之再拜稽首問其族對曰泠人也泠人樂官○泠力丁反依字作伶疏注泠人樂官○正義曰詩簡兮序云衞之賢者仕於泠官鄭玄云泠官樂官也泠氏世掌樂官而善焉故後世多號樂官為泠官呂氏春秋稱黃帝使泠倫自大夏之西崐崙之陰取竹斷兩節而吹之以為黃鍾之宮昭二十一年傳景王鑄無射泠州鳩其之是泠氏世掌樂官也周語云景王鑄鍾成泠人告和魯語云泠籥詠歌及鹿鳴之三此稱泠人詩稱泠官是泠為樂官之名也公曰能樂乎對曰先父之職官也敢有二事言不敢學他事使與之琴操南音南音楚聲○操七刀反下同公曰君王何如對曰非小人之所得知

也固問之對曰其爲大子也師保奉之以朝于嬰齊而夕于側也嬰齊令尹子重側司馬子反言其尊卿敬老不知其他公語范文子文子曰楚囚君子也言稱先職不背本也樂操。土風不忘舊也稱大子抑無私也舍其近事而遠稱少小以示性所自然明至誠○語魚據反背音佩下同舍音捨少詩照反疏注舍其至至誠○正義曰楚王既爲君矣不言爲君時事而遠稱大子者若言爲君時事嫌爲君隱惡或疑已在君位矯情爲善舍其當時近事遠稱大子少小者未爲君時不須隱蔽以示王性自然言其從小如此以明己之至誠無所私也禮君前臣名字則貴於名此道二卿之名不言字是尊晉君也名其二卿尊君也尊晉君也不背本仁也不忘舊信也無私忠也尊君敏也敏達也○仁以接事信以守之忠以成之敏以行之事雖大必濟言有此四德必能成大事君盍歸之使合晉楚之成公從之重爲之禮使歸求成爲下十二月晉楚結成張本○盍戶臘反○冬十一月楚子重自陳伐莒圍渠丘渠丘城惡衆潰奔莒戊申楚入渠丘月六日莒人囚楚公子平楚人曰勿殺吾歸而俘莒人殺之楚師圍莒莒城亦惡庚申莒潰月十八日楚遂入鄆莒無備故也終巫臣之言君子曰恃陋而不備罪之大者也備豫不虞善之大者也莒恃其陋而不脩城郭浹辰之間而楚克其三都無備也夫浹辰十二日也○浹子協反徐又音子荅反夫音扶疏。注浹辰十二日也○正義曰浹爲周。匝也從甲至癸爲十日從子至亥爲十二辰周禮縣治象浹日而斂之謂周甲癸十日此言浹辰謂周子亥十二辰故爲十二日也詩曰雖有絲麻無弃菅蒯。雖有姬姜無弃蕉萃。凡百君子莫不代匱言備之不可以已也逸詩也姬姜大國之女蕉萃陋賤之人○菅古顏反蒯苦怪反蕉在遥反萃在醉反匱其位反【疏】無弃菅蒯○正義曰釋草云白華野菅郭璞曰菅茅屬陸璣毛詩疏曰菅似茅滑澤無毛。肕宜爲索漚及曝尤善蒯與菅連亦菅之類喪服疏屨者傳曰藨蒯之菲也可以爲屨明。肕如菅並可代絲麻之乏故云無棄也○秦人白狄伐晉諸侯貳故也○鄭人圍許示晉不急君也此秋晉執鄭伯是則公孫申謀之曰我出師以圍許示不畏晉爲將改立君者而紓晉使紓緩也勿亟遣使。請晉示欲更立君○爲將並如字或于僞反非也本或作僞將紓音舒使所吏反注及下同亟紀力反急也或欺異反數也晉必歸君爲明年晉侯歸鄭伯張本○城中城書時也○十二月楚子使公子辰如晉報鍾儀之使請。脩好結成鍾儀奉晉命歸故楚報之○好呼報反

經十年春衛侯之弟黑背帥師侵鄭○夏四月五卜郊不從乃不郊無傳卜常祀不郊皆非禮故書【疏】注卜常至故書正義曰曲禮論卜筮云旬之外曰遠某日旬之內曰近某日則卜者每旬一卜傳稱啓蟄而郊則周之三月郊之大期此云五卜者當是三月三卜四月又二卜皆不吉乃止也僖三十一年傳云禮不卜常祀不應卜而卜以不吉而不郊皆非禮也○五月公會晉侯齊侯宋公衛侯曹伯伐鄭晉侯太子州。蒲也稱爵見。其生代父居位失人子之禮○見賢遍反【疏】注晉侯至之禮○正義曰如傳文知晉侯是大子也漢末有汝南應劭作舊。名。諱議云昔者周穆王名滿晉厲公名州滿又有王孫滿是同名不諱則此爲州滿或。兩州蒲誤耳今定本作蒲

傳無譏文知譏其生代父位失人子之禮者傳稱凡在喪公侯曰子父喪代位尙不稱君生代父位譏之必矣傳言立大子以爲君若其不譏則不須此傳是顯其譏之意

○齊人來媵無傳媵伯姬也異姓來媵非禮也○丙午晉侯𦈇卒六同盟據傳丙午六月七日有日無月○𦈇乃侯反【疏】注六同盟○正義曰𦈇以宣九年即位十七年盟于斷道元年于赤棘二年于袁婁五年于蟲牢七年于馬陵九年于蒲皆魯晉俱在是六同盟也

○秋七月公如晉○冬十月

傳十年春晉侯使糴茷如楚糴茷晉大夫○糴徐徒弔反一音杜敎反又土弔反茷扶廢反一音蒲發反又蒲艾反報大宰子商之使也子商楚公子辰使在前年○大音泰使所吏反下及注使在同○衞子叔黑背侵鄭晉命也晉命衞使侵鄭○鄭公子班聞叔申之謀改立君之謀三月子如立公子繻子如公子班○繻音須夏四月鄭人殺繻立髡頑子如奔許髡頑鄭成公大子○髡苦門反頑如字徐五班反欒武子曰鄭人立君我執一人焉何益不如伐鄭而歸其君以求成焉晉侯有疾五月晉立大子州蒲以爲君而會諸侯伐鄭生立子爲君此父不父子不子經因書晉侯其惡明○州蒲本或作州滿鄭子罕賂以襄鍾子罕穆公子襄鍾鄭襄公之廟鍾○子然盟于脩澤子駟爲質子然子垂皆穆公子○熒陽卷縣東有脩武亭○質音致卷音權字林丘權反如淳漢書同音辛巳鄭伯歸鄭伯歸不書鄭不告入○晉侯夢大厲被髮及地搏膺而踊曰殺余孫不義厲鬼也趙氏之先祖也八年晉侯殺趙同趙括故怒○被皮寄反搏音博踊音勇【疏】注厲鬼至故怒○正義曰鬼怒言殺

余孫不義必是枉死者之祖也景公即位以來唯有殺趙同趙括故知是趙氏之先祖趙氏先祖其人非一鬼不自言其名未知誰之鬼世本云公明生趙夙晉語云趙衰趙夙之弟則括之祖公明是也服虔又以為公明之鬼凡為疫癘之鬼皆妖邪之氣未必真是彼人故杜不復指斥余得請於帝矣壞大門及寢門而入公懼入于室又壞戶公覺召桑田巫桑田。巫邑○壞音怪下同及寢門一本無及字覺古孝反巫言如夢巫云鬼怒如公所夢公曰何如曰不食新矣言公不得及食新麥公疾病求醫于秦秦伯使醫緩為之緩醫名為猶治也○醫於其反未至公夢疾為二豎子曰彼良醫也懼傷我焉逃之其一曰居肓之上膏之下若我何肓鬲也心下為膏○懼傷我絕句焉徐於虔反一讀如字屬上句逃之絕句肓徐音荒說文云心下鬲上也鬲音革【疏】注肓鬲至為膏○正義曰此賈逵之言杜依用之古今傳文皆以為膏之下賈服何休諸儒等亦皆以為膏雖凝者為脂釋者為膏其實凝者亦曰膏故內則云小切狼臅膏則此膏謂連心脂膏也劉炫以為釋首者為膏連心之脂不得稱膏以為膏當為鬲改易傳文而規杜氏非也醫至曰疾不可為也在肓之上膏之下攻之不可達之不及藥不至焉不可為也達。針○攻音工公曰良醫也厚為之禮而歸之六月丙午晉侯欲麥周六月今四月麥始。熟使甸人獻麥甸人主為公田者○甸徒練反饋人為之召桑田巫示而殺之將食張。張腹滿也○饋其媿反為如字張中亮反注同如廁陷而卒小臣有晨夢負公以登天及日中負晉侯出諸廁遂以為殉傳言巫以明術見殺小臣以言夢自禍○○鄭伯討立君者戊申殺叔申叔禽叔禽叔申弟○【疏】注叔禽叔申弟○正義曰此無文也以禽與申俱死當是坐其兄弟知是弟也君子曰忠爲令德非其人猶不可況不令乎。言申叔爲忠不得其人還害身【疏】忠爲至令乎○正義曰言叔申忠誠爲此令善之德施之於鄭伯施非得其善人猶尚不可何況不有令德者乎言令德者往年公孫申曰我出師以圍許爲將改立君者而紓晉使晉必歸君是也○○秋公如晉親弔非禮晉人止公使送葬於是糴茷未反。是春晉使糴茷至楚結成晉謂魯二於楚故留公須糴茷還驗其虛實。冬葬晉景公公送葬諸侯莫在魯人辱之故不書諱之也諱不書晉葬也

附釋音春秋左傳注疏卷第二十六

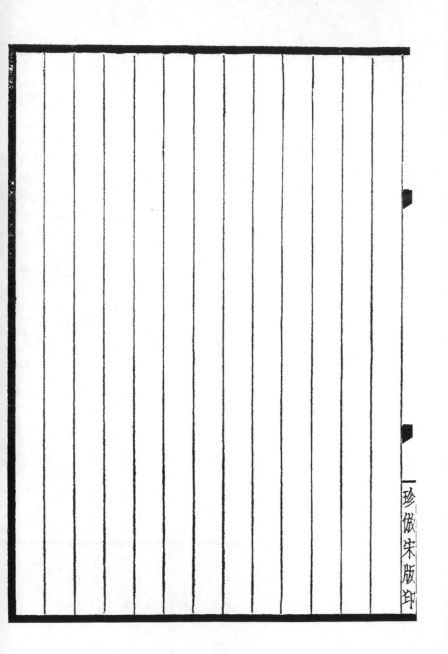

春秋左傳注疏卷二十六校勘記

阮元撰盧宣旬摘錄

附釋音春秋左傳注疏卷第二十六 成三年盡十年

〔經三年〕

三家經傳有五字 監本毛本五作火

乙亥葬宋文公 淳熙本脫宋字

晉郤克衛孫良夫伐廧咎如 石經宋本淳熙本作廧俗字省筆耳

及荀庚盟 宋本此節正義在冬十有一月節注下

〔傳三年〕

覆伏兵也 釋文注亦作兵也宋本淳熙本脫也字

皇戍如楚獻捷 石經宋本岳本戍作戍不誤

以爲俘馘 案說文聝字注引作以爲俘聝从耳或聝云或从首作馘

注以血至釁鼓 宋本以下正義三節總入其竭力致死節下

正義曰 宋本曰字空缺

亦死且不朽 閩本朽誤杇

注宣十至討之 宋本以下正義二節總入上失民也注下

則傳無所解 閩本監本毛本所作此非

釋例曰傳文 宋本文作云

三年潰逃已有例矣 宋本三上有文字是也

其位在三 宋本以下正義二節總入丙午節之下

子產語晉曰 宋本語作論

十二月甲戍 石經宋本岳本纂圖本閩本毛本戍作戌是也

將授玉 案惠士奇云授玉古文左傳作授王詳左傳補注然玉王二字篆體分別甚微此處自因太史公誤認玉爲王正義所言是也

將授玉 宋本以下正義二節總入在此當也之下

景公不敢當 案史記當作受

以爲將授王 毛本王作玉非也

遂節成爲此謬辭耳 補各本節作飾

君爲婦人之笑辱也石經初刻作御後改作婦

非爲脩好淳熙本好誤子下句故云誤文云

故云晉君不任當此惠宋本無惠字

迎聘客尚以皮弁監本毛本客作賓

如寶出己石經宋本岳本已作己是也

（經四年）

（傳四年）

陷廁而死淳熙本而誤師岳本廁作廁不誤

取鉏任泠敦之田閩本泠誤汵

取汜祭石經汜作氾岳本纂圖本毛本作氾是也釋文亦作氾音凡注同或音祀案正義引字書云水旁已爲氾水旁巳爲汜字相亂也

注汜祭至汜水宋本此節正義在不然節注下

襄城縣有南汜閩本監本毛本南作西按作南與僖廿四年注合

字書水旁巳爲汜案巳當作㔾

今汜水上源爲汜谷 宋本爲作謂

欲使自屈在楚子前決之 岳本在作於監本毛本作于山井鼎引考異亦作于楚子下多之字

〔經五年〕

夫人比至于國 宋本國上有其字與禮記雜記合毛本于誤干

〔傳五年〕

注自告貞伯從人 宋本此節正義在祭之之明日而亡注下

俱是在野言之 宋本言上有皆以野三字

謂之鞸者 閩本監本毛本鞸作鞼非也

彼自逆女 閩本監本毛本自作晉非也

注捷邪出 宋本以下正義三節總入遂以告而從之注下

山有朽壤而崩 閩本朽誤杇

前此年鄭伐楚故 宋本足利本此作比楚作許與三年經合淳熙本岳本纂圖本亦作許

〔經六年〕

故云魯人自夆之功宋本故云上有案在二年今始立武宮九字

（傳六年）

注禮授至東過宋本此節正義在士貞伯曰節注下

傳言東楹之東宋本傳字上有且字

注宣十至譏之宋本此節正義在聽訟人節注下

何以不言禱也宋本何作可

經唯書衛孫良夫岳本唯作惟宋本無衛字

乃止淳熙本止誤上

沃饒至失也宋本以下正義八節總入公說從之節注下

君日出而視朝宋本日下有出字是也

惡疾疢監本毛本疢作疢正義同釋文亦作疢云本或作疢同也按當云本或作疹俗譌从尔

地之下濕狹隘毛本濕作溼下文注亦作溼

汾水出大原淳熙本岳本纂圖本大作太按太泰字古皆作大

飢寒而犯法 閩本監本毛本飢誤饑法作灋

而勞逸等也 宋本閩本監本毛本逸作佚

前年楚晉盟 宋本淳熙本足利本楚作從不誤

汝南朗陵縣東有桑里 案後漢書郡國志引注作桑里亭

子之佐十一人 宋本以下正義二節總入從之不亦可乎注下

今見在周書 宋本閩本監本毛本作今此本誤令今改正

〔經七年〕

釋獸 宋本獸下有云字是也

郯音談 此釋文也閩本監本並誤作注

陽平元城縣 案郡國志引注作平陽誤也

〔傳七年〕

詩曰至有定 宋本此節正義在斯不亡矣之下

尋蟲牢之盟 石經亦作蟲顧炎武云誤作蟲所據乃王堯惠刻也

軍藏府也　淳熙本軍誤車

軍九乘爲小偏　宋本淳熙本岳本纂圖本監本毛本軍作車是也

以兩至一焉　宋本此節正義在子重子反節注下

以舍既備偏　宋本備作犕

今此特將兵車　宋本閩本監本毛本作今此本誤令今改正

林父出奔　監本脫出字

戚自從隨而屬晉　閩本監本毛本而上衍之字

（經八年）

必先使媒氏通其言　宋本通上有下字

諸侯不可求媒於其國　宋本毛本其作他

晉殺其大夫趙同趙括　閩本括誤栝

天子使召伯來賜公命　案曲禮正義引作來錫公命公羊穀梁亦作錫

八年乃來緩也　重脩監本緩誤作綏

天子天王 監本王誤作主

天王使毛伯來錫公命 閩本監本毛本王誤作子

三十有二 浦鏜正誤二作四盧文弨云是也

稱王者八 宋本八作六不誤

畿內曰王 宋本王作主

女歸適人 宋本淳熙本岳本纂圖本監本毛本歸作既是也重脩監本女誤作文

〔傳八年〕

注餞送行飲酒 宋本以下正義五節總入是以敢私言之句下

信以至解體 宋本閩本監本毛本作信以此本誤倒今訂正

猶女之事夫 宋本脫事夫二字

是用大簡 案詩作大諫杜云簡諫也古義本通

楚師之還也 宋本無也字以下正義二節總入門于許東門之下

今汝南平與縣 閩本監本毛本與作輿釋文亦作輿字按釋文當作與字故曰音餘一音預宋本作平與則作與者古本也

注穆姜之女 宋本此節正義在禮也注下

注趙武至養也 宋本以下正義二節總入乃立武而反其田焉之下

與左傳皆違 閩本監本毛本皆作背

以其田與祁奚 纂圖本祁作祈非也

夫豈無辟王賴前哲以免也 釋文辟作僻哲作喆

謂天祿之父祖 齊召南校本謂作嗣

秋召桓公來賜公命 閩本賜作錫

莒縣有蘧里 郡國志引注蘧下有邱字

渠邱至蘧里 宋本以下正義二節總入勇夫重閉節注下

夫狡焉思啓封疆 陸粲附注云狡焉當屬下爲句李善潘岳關中詩注引傳封上有其字

唯然 釋文云唯音維本或作雖後人改也正義曰俗本唯作雖今定本作唯

君命無貳 纂圖本無誤不

是寡君不得事君也 閩本脫也字

（經九年）

在長垣縣西南 毛本垣作咺非也

篤昏姻之好 纂圖本昏作婚

注女嫁至之好 宋本此節正義入晉人來媵注下

桓三年九月 監本毛本三誤二

其成婦之禮 宋本其上有致字

在東海廩邱縣西南 宋本岳本纂圖本監本毛本廩作廩案晉書地理志東海郡屬有厚邱無廩邱而劉昭注續漢書郡國志于東海郡厚邱條下引杜云縣西南有中鄉城又水經沭水注云又南逕東海厚邱縣則廩當是厚字之誤

（傳九年）

使還取葬 閩本還誤之

馬陵在七年 宋本淳熙本足利本陵下有盟字

堅疆以御之 石經宋本淳熙本岳本閩本監本毛本疆作彊是也

又賦綠衣之卒章而入 釋文云綠本又作褖案詩綠衣箋云綠當爲褖字之誤陸氏又作之說從鄭箋也

詩邶風也　纂圖本閩本監本毛本邶誤邶釋文亦作邶云又作鄁

注南冠楚冠　宋本以下正義三節總入君盍歸之節注下

卽今解豸冠也　閩本監本解作獬毛本作獬豸作廌案字林亦作廌

故執憲以其用形爲冠　宋本用作角不誤監本毛本作以其形用非也

泠人也　釋文云泠依字作伶案作伶非也五經文字云泠樂官或作伶訛

呂氏春秋稱黃帝使泠倫　宋本泠作伶

以爲黃鍾之宮　宋本閩本監本毛本鍾作鐘下鑄鍾同

泠州鳩其之　閩本監本毛本其作藏亦誤宋本作非是也

樂操土風　操字閩本誤作橾

備豫不虞　石經凡豫字皆缺筆避代宗諱此處誤作豫

注浹辰十二日也　宋本以下正義二節總入詩曰節注下

浹爲周匝也　宋本匝作帀按帀匝正俗字

無弃菅蒯　案玉篇蔽字注引作無棄菅蔽蒯字注云同上

無弃蕉萃 漢書文帝紀注引亦作蕉萃案詩東門之池正義引作憔悴後漢應劭傳注云蕉萃憔悴古通用

陸璣毛詩疏曰 案璣當作機

肋宜爲索 宋本肋作肕从刃是也下同按詩白華正義爾雅疏並作靭

勿亟遣使請晉 宋本淳熙本岳本纂圖本監本毛本請作詣不誤

請脩好結成 監本毛本請作謂誤

（經十年）

晉侯大子州蒲也 宋本淳熙本岳本纂圖本閩本監本毛本亦作蒲正義引應劭諱議云周穆王名滿晉厲公名州滿又有王孫滿則此爲州滿定本亦作滿釋文云州蒲本或作州滿劉氏史通雜駮篇以蒲爲誤案史記又作壽曼梁玉繩云曼滿音相近壽州字相通

見其生代父居位 釋文無其字

應劭作舊名諱議云 宋本名作君是也監本諱誤緯

或兩州蒲誤耳 閩本監本毛本亦誤作兩宋本作爲

冬十月 浦鏜云案禮記中庸正義成十年不書冬十月此有者當是後人妄增耳

（傳十年）

晉立大子州蒲以爲君 釋文云本或作州滿案定本作滿說見經

鄭子罕賂以襄鍾 宋本淳熙本岳本足利本鍾作鐘與石經合注同

熒陽卷縣東有脩武亭 淳熙本監本毛本熒作滎非也案水經濟水注引脩武作武脩方輿紀要云原武縣有武脩亭故卷城在今原武縣北宋本卷作巷誤也

注厲鬼至故怒 宋本以下正義二節總入小臣節注下

唯有殺趙同趙括 閩本監本毛本並作有亦非宋本作柾是也

則括之祖 浦鏜云括上當脫同字

凡爲疫厲之鬼 閩本監本毛本厲誤癘

桑田巫邑 宋本淳熙本岳本纂圖本監本毛本巫作晉是也

懼傷我焉逃之 岳本我字絕句釋文云焉於虔反一讀如字屬上句逃之絕句

肓鬲也心下爲膏 閩本監本毛本作肓鬲至爲膏

劉炫以爲釋首者 宋本無首字

達針 釋文作鍼也音針

麥始孰 宋本淳熙本岳本纂圖本閩本監本毛本孰作熟

張如廁 玉篇脹字注引作脹如廁案脹乃俗字釋文亦作張

注叔禽叔申弟 宋本以下正義二節總入君子曰節注之下

況不令乎 高注呂覽至忠篇引作況不令之尤者乎是所見本有異也

於是羅茷未反 淳熙本羅作鑼非監本注文茷誤作茂

晉謂魯二於楚 岳本閩本監本毛本二作貳

春秋左傳注疏卷二十六校勘記

附釋音春秋左傳注疏卷第二十七 成十一年盡十五年

杜氏注　孔穎達疏

經十有一年春王三月公至自晉正月公在晉不書諱見止疏注正月至見止○正義曰襄二十九年正月公在楚傳曰釋不朝正于廟也彼以踰年故書正月公在楚此亦踰年不書正月公在晉者為諱見止故正月不以告廟案春秋上下公之在晉諱與不諱悉皆不書此言諱見止者以此兼有諱義故詳之也宣五年傳公如齊高固使齊侯止公請叔姬焉夏公至自齊書過也注云公既見止連昏於鄰國之臣厭尊毀列累其先君而於廟行飲至之禮故書以示過宣七年公會晉侯云云于黑壤傳稱晉侯以公不朝又不聘止公于會不與公盟八年公至自晉注云義與五年書過同此亦見止還而告至杜不言義與書過同者公實不貳於楚晉以無罪止公非所當諱故依法告至然則正月諱不告者正月公猶被執守臣若以其告廟當云公被晉執故諱而不告公還不以為恥故告至耳○晉侯使郤犨來聘己丑及郤犨盟郤犨郤克從父兄弟○犨尺由反○疏注郤犨至兄弟○正義曰案世本郤豹生冀芮芮生缺缺生克也又云豹生義義生步揚揚生州州即犨也如彼文則犨與克俱是豹之曾孫當為從祖昆弟服虔以為從祖昆弟杜云從父昆弟或父當是祖字誤耳○夏季孫行父如晉○秋叔孫僑如如齊○僑其驕反○○冬十月

傳十一年春王三月公至自晉晉人以公為貳於楚故止公公請受盟而後使歸前年七月公如晉弔至是乃得歸○郤犨來聘且涖盟公請受盟故使大夫來臨之○涖音利又音類○聲伯之母

不聽。聲伯之母叔肸之妻不聘無媒禮○聘本亦作娉四政反肸許乙反媒亡回反穆姜曰吾不以妾為姒昆弟之妻相謂為姒穆姜宣公夫人宣公叔肸同母昆弟○姒音似疏注昆弟之妻相謂為姒○正義曰世人多疑娣姒之名皆以為兄妻呼弟妻為娣弟妻呼兄妻為姒因即惑於傳文不知何以為說今謂母婦之號隨夫尊卑娣姒之名從身長幼以其俱來夫族其夫班秩既同尊卑無以相加遂從身之少長喪服小功章曰娣姒婦報傳曰娣姒婦者弟長也以弟長解娣姒言娣是弟姒是長也公羊傳亦云娣者何弟也是其以弟解娣自然以長解姒長謂身之年長非夫之年長也釋親云長婦謂稚婦為娣婦娣婦謂長婦為姒婦止言婦之長稚不言夫之大小今穆姜謂聲伯之母為姒昭二十八年傳叔向之嫂謂叔向之妻為姒二者皆呼夫弟之妻為姒豈計夫之長幼乎釋親又云女子同出謂先生為姒後生為娣孫炎云同出謂俱嫁事一夫也事一夫者以己生先後為娣姒則知娣姒以己之年非夫之年也故賈逵鄭玄及此注皆云兄弟之妻相謂為姒言兩人相謂謂長者為姒知娣姒之名不計夫之長幼也生聲伯而出之嫁於齊管于奚生二子而寡以歸聲伯以其外弟為大夫外弟管于奚之子為魯大夫○而嫁其外妹於施孝叔孝叔魯惠公五世孫郤犨來聘求婦於聲伯聲伯奪施氏婦以與之婦人曰鳥獸猶不失儷儷。耦也○儷力許反疏注儷耦也○正義曰禮謂兩皮為儷皮儷兩也故為耦子將若何曰吾不能死亡言不與郤犨婦懼能忿致禍○婦人遂行生二子於郤氏郤氏亡晉人歸之施氏施氏逆諸河沈其二子沈之於河○沈徐蔭反注同一音如婦人怒曰已不能庇其伉儷而亡之伉敵也○已音以又音紀庇必利反又音祕伉苦浪反疏注伉敵也○正義曰伉伉者相當之言故為敵也伉儷者言是相敵之匹耦又不能字人之孤而殺之字愛也將何以終遂誓施氏約誓不復爲之婦也傳言郤犨淫縱所以亡也○復扶又反下文注復出皆同○夏季文子如晉報聘且涖盟也郤犨文盟魯晉之君其意一也故但書來盟舉重略輕疏注郤犨至略輕

○正義曰晉臣來盟於魯魯臣往盟於晉俱是相要其意一也意既同矣可書一以包二宜舉重而略輕遣使爲輕君親爲重故郤犨書聘又書盟文子直書如晉略言其聘而已衞冀隆難以爲他卿來敵魯君春秋所諱魯卿出敵他國顯書名氏則應郤犨來盟爲輕行父盟晉爲重今書郤犨之盟則是舉輕略重何得云舉重略輕蘇氏釋云所言輕重者自謂魯之君臣臣盟爲輕君盟爲重二國各稟君命奉使而行非關敵公之義其意不同不得相難

○周公楚惡惠襄之偪也惠王襄王之族○惡烏路反且與伯與爭政伯與周卿士○伯與音餘本亦作輿不勝怒而出及陽樊陽樊晉地王使劉子復之盟于鄄而入三日復出奔晉王既復之而復出所以自絕於周爲明年周公出奔傳鄄周邑○鄄音絹○秋宣伯聘于齊以脩前好脩以前之好○好呼報反注同○晉郤至與周爭鄇田鄇溫別邑今河內懷縣西南有。鄇人亭○鄇音侯字林音侯鄇人本又作候人如字王命劉康公單襄公訟諸晉郤至曰溫吾故也故不敢失言溫郤氏舊邑○單音善疏注言溫郤氏舊邑○正義曰鄇是溫之別邑本從溫內分出溫屬晉鄇屬周溫是郤氏舊邑郤氏既已得溫則謂從溫而分出者亦宜從溫而屬郤氏故郤至爭之。其劉子單子之言襄王勞文公而賜之溫於時鄇已分矣賜晉以溫不賜以鄇也狐氏陽氏先處溫邑於時亦不得鄇鄇本未嘗屬晉故爲王官之邑○劉子單子曰昔周克商使諸侯撫封各撫有其封內之地蘇忿生以溫爲司寇與檀伯達封于河蘇忿生周武王司寇蘇公也與檀伯達俱封於河內

○檀徒丹反○疏注蘇忿至公也○正義曰尚書立政云周公若曰大史司寇蘇公此傳與彼俱言蘇公爲司寇明是一人此言克商卽爲司寇是爲武王
司寇蘇氏卽狄又不能於狄而奔衛事在僖十年襄王勞文公而賜之温在僖二十五年○勞力報
反狐氏陽氏先處之狐溱陽處父先食温地○溱側巾反而後及子若治其故則王官之邑也子
安得之晉侯使郤至勿敢爭傳言郤至貪所以亡○宋華元善於令尹子重又善於欒武
子聞楚人既許晉糴茷成而使歸復命矣在往年○華戶化反冬華元如楚遂如晉合晉
楚之成爲明年盟宋西門外張本○秦晉爲成將會于令狐晉侯先至焉秦伯不肯涉河次
于王城使史顆盟晉侯于河東史顆秦大夫○令力丁反顆苦果反晉郤犨盟秦伯于河西就盟王城
范文子曰是盟也何益齊盟所以質信也齊一心質成也會所信之始也始之不從其
何質乎秦伯歸而背晉成爲十三年伐秦傳背音佩卷內皆同○
經十有二年春周公出奔晉○夏公會晉侯衛侯于瑣澤瑣澤地闕○瑣素果反依字宜作璅○
秋晉人敗狄于交剛交剛地闕○冬十月
傳十二年春王使以周公之難來告周公奔在前年○難乃旦反○書曰周公出奔晉凡自周
無出周公自出故也天子無外故奔者不言出周公爲王所復而自絕於周故書出以非之疏注天子至非之○正義曰凡言出者

謂出其封內天子以天下爲家本無出封之理以無外之故雖有出奔之人史策皆不言出昭二十六年尹氏召伯毛伯以王子朝奔楚實出而不言出是其事也襄王𣪘於四夫之孝不顧天下之重故書云出居于鄭此周公王既復之而又自出故書云出奔是不應言出而言出皆所以罪責之也鄭玄荅孫皓曰凡自周無出者周無放臣之法罪大者刑之小則宥之以爲實無出法案書流宥五刑則宥者流之非不出也舜放四罪投之四裔安得不出鐵乎若如周禮無流放之文卽云周無放臣之法禮三諫不從待放於郊然則周臣三諫不從終是不蒙王放欲令諫者何所措身左傳發凡自是書策之例因卽以爲周制謂其實無出者執文害意爲𣪘何甚

○宋華元克合晉楚之成終前年事夏五月晉士燮會楚公子罷許偃二子。楚大夫○罷音皮○癸亥盟于宋西門之外曰凡晉楚無相加戎好惡同之同恤菑危備救凶患若有害楚則晉伐之在晉楚亦如之交贄往來道路無壅贄幣也○好惡並如字又上呼報反下烏路反菑音災贄本又作摯之二反壅於勇反

疏注贄幣也○正義曰傳言交贄往來謂聘使來去也聘禮賓執圭以通命執幣以致享故知贄是幣謂聘享之幣也

謀其不協而討不庭討背叛不來在王庭者有渝此盟明神殛之殛誅也○渝羊朱反殛本。又作極紀力反注同俾隊其師無克胙國俾使也隊失也○俾本亦作卑必爾反隊直類反注同胙才故反鄭伯如晉聽成聽猶受也晉楚既成鄭往受命會于瑣澤成故也晉既與楚成合諸侯以申成好○好呼報反盡年皆同○狄人閒宋之盟以侵晉而不設備○閒宋閒廁之閒秋晉人敗狄于交剛○晉郤至如楚聘且泣盟楚子享之子反相爲地室而縣焉縣。鐘鼓也○相息亮反縣音玄注同郤至將登登堂

金奏作於下擊鍾而奏樂【疏】注擊鍾而奏樂○正義曰作樂謂之奏奏樂先擊鍾故周禮大司樂樂師每事皆云令奏鍾鼓以鍾先擊故先言鍾也鍾以金爲之謂之金奏故鍾師掌金奏鄭玄云金奏擊金以爲奏樂之節金謂鍾及鎛也鄭玄燕禮注云以鍾鎛播之鼓磬應之所謂金奏也是金爲奏節之初故傳言金奏作於下作樂先擊鍾故注云擊鍾而奏樂也禮記仲尼燕居云兩君相見入門而縣興升堂而樂闋郊特牲曰賓入大門而奏肆夏示易以敬也鄭玄云賓朝聘者朝聘連言之則燕享朝賓聘客皆入門卽奏樂矣其賓朝賓入門而奏樂聘客則至庭乃奏樂此郤至將登堂始奏樂者縣當在庭而楚之爲地室而縣待客將登乃奏皆所以見異故欲以驚賓矣燕享聘客皆當入門奏肆夏若燕己之羣臣則有王事之勞者乃得以樂納賓其常燕唯有升歌閒合而已無納賓之樂也故燕禮記云若以樂納賓則賓及庭奏肆夏鄭玄云卿大夫有王事之勞者則奏此樂焉是燕己之臣無王事之勞者不以樂納賓也驚而走出子反曰日云莫矣寡君須矣吾子其入也賓曰君不忘先君之好施及下臣貺之以大禮重之以備樂貺賜也○莫音暮本亦作暮施以豉反重直用反○【疏】驚而至備樂○正義曰卒聞地下鍾聲出其不意故驚而走出其出實爲驚怖因卽飾辭辭樂言己不敢當大禮匿其驚走之意○如天之福兩君相見何以代此下臣不敢言此兩君相見之禮【疏】注言此至之禮○正義曰仲尼燕居云兩君相見入門而縣興是賓入門作樂爲兩君相見之禮也而燕禮雖兼聘問之賓以燕己臣爲主而云若以樂納賓燕己之臣尚有以樂納賓之法則燕享聘客必以樂納賓矣故鄭玄郊特牲注云賓朝聘者朝聘並言則君臣同樂郤至不敢同君故以之爲辭耳非謂禮不得也子反曰如天之福兩君相見無亦唯是一矢以相加遺焉用樂言兩君戰乃相見無用此樂○遺唯季反焉於虔反【疏】注言兩至此樂○正義曰子反意言晉楚並是大國不肯相朝

唯戰乃相見其相見之時唯當用是一矢以相加陵相遺與耳無爲用此樂也寡君須矣吾子其入也賓曰傳諸交讓得賓主辭者多曰賓主以明之[疏]注傳諸至明之○正義曰知傳諸交讓得賓主辭多曰賓主者此傳每稱郤至爲賓文十二年傳稱西乞術爲賓幷稱主人曰之類是也若讓之以一矢禍之大者其何福之爲世之治也諸侯間於天子之事則相朝也王事間缺則脩私好○治直吏反下注治世同間音閑注同○於是乎有享宴之禮享。以訓共。儉享有體薦設几而不倚爵盈而不飲肴乾而不食所以訓共儉○享許丈反薦又許亮反本亦作饗宴於見反徐於顯反倚於綺反[疏]注享有至共儉○正義曰享有體薦宣十六年傳文也設几而不倚爵盈而不飲昭五年傳文也禮聘義記曰聘之禮至大禮也酒清人渴而不敢飲也肉乾人。飢而不敢食也彼言聘禮即是享聘賓之禮此事皆所以教訓。恭儉也宴以示慈惠宴則折俎相與共食○折之設反○[疏]注宴則至共食○正義曰宣十六年傳云宴有折俎宴則節折其肉升之於俎相與共啗食之所以表示慈惠也○共儉以行。禮。而。慈。惠。以。布。政。政。以。禮。成民是以息百官承事朝而不夕不夕言無事○朝直遙反朝日朝徐音朝旦之朝[疏]注朝而不夕○正義曰旦見君謂之朝莫見君謂之夕哀十四年傳稱子我夕晉語稱叔向夕皆謂夕見君也人息事少故百官承奉職事皆朝朝而莫不夕不夕言無事也○此公侯之所以扞城其民也扞蔽也言享宴結好鄰國所以蔽扞其民○扞戶旦反○[疏]注扞蔽至其民○正義曰扞者扞禦寇難故爲蔽也言燕享結好與鄰國通和甲兵不與人得。○安息所以蔽扞其民若如城然故云所以扞城其民也故詩曰赳赳武夫公侯干城詩周南之風赳赳武貌干扞也言公侯之以武夫止。于扞難而已○赳居黝反一音居醜反難乃旦反干戶旦反本亦作扞又如字下同[疏]注詩周至而已○正義曰詩周南兔罝之篇言兔罝之人亦是賢者其人乃是赳赳然雄武之夫與公侯共扞城其民也引詩之意言世治無事公侯之與武夫設共儉慈惠之禮與人扞難而已不侵伐他國也干扞釋言文○及其亂也諸侯貪冒侵欲不忌爭尋常以盡其民八尺曰尋倍尋曰常言爭尺。丈之地以相攻伐○冒莫報反又亡北反○疏注八尺至攻伐○正義曰周禮考工記云人長八尺殳長尋有四尺崇於人四尺車戟常崇於殳四尺是八尺曰尋倍尋曰常喻其少故言爭尺丈之地以相攻伐盡殺其民孟子曰爭城以戰殺人盈城爭地以戰殺人盈野是謂盡殺其民也略其武夫以爲己腹心股肱爪牙略取也言世亂則公侯制禦武夫以從己志使侵害鄰國爲搏噬之用無已○搏音博噬市制反疏注略取至無已○正義曰武夫有武能爲人之扞蔽世治則公侯同於武夫同其腹心相與扞己民而已不侵犯他人也世亂則使武夫同於公侯其公侯欲得拓竟寬土則制禦武夫以從己志使武夫爲己腹心股肱爪牙令之侵害鄰國搏擊也噬齧也犬能搏噬齧之於犬爲搏噬之用無已時也故詩曰赳赳武夫公侯腹心舉詩之正以駮亂義詩言治世則武夫能合德公侯外爲扞城內制其腹心○駮邦角反疏注舉詩至腹心○正義曰此亦兔罝之篇美賢人之事而引之以證世亂故解之此舉詩之正以駮世亂之義詩言治世則武夫能合德公侯外則扞城其民內則制其腹心也以其人心則本貪縱之則害物矣美公侯能以武夫制己腹心自守扞難而已不害人也天下有道則公侯能爲民干城而制其腹心亂則反之略其武夫以爲己腹心爪牙○能爲于僞反又如字疏天下至反之○正義曰天下有道之時則公侯能爲扞城禦難而使武夫制其己之腹心不侵犯他國也亂則反之不復扞蔽己民乃以武夫從己腹心將武夫爲股肱爪牙以侵害他國是反治世也晉楚世爲仇敵常有相害之心子反言一矢相加仍懷戰鬭之意故郤至言世治則自守世亂則相侵。害荅上一矢之言冀得久爲和好故說此也今吾子之言亂之道也不可以爲法然吾子主也至敢不從遂入卒事歸以語范文子文子曰無禮必食言吾死無日矣夫言晉楚不能久和必復相伐爲十六年鄢陵戰張本○語魚據反夫音扶本亦無此字復扶又反鄢謁晚反漢書音義一建反 疏 無禮至矣夫○正義曰以一矢爲辭是無禮也食言是其將背盟也背盟必相伐故爲死亡無日矣冬楚公子罷如晉聘且涖盟報郤至十二月晉侯及楚公子罷盟于赤棘晉地

經十有三年春晉侯使郤錡來乞師將伐秦也侯伯當召兵而乞師謙辭○錡魚綺反 疏 注將伐至謙辭○正義曰晉雖是侯伯恐魯不與若。言召兵或容辭說言乞則不得不與釋例曰乞師者深求過理之辭執謙以逼成其計是解乞爲謙意○三月公如京師伐秦道過京師因朝王○過古禾反又古臥反 疏 注伐秦至朝王○正義曰公本爲伐秦道過京師因往朝王不稱朝而言公如京師者以明公朝。于王所王不在京師故指言王所據王言之不得不稱朝此則王在京師京師是國之總號不斥王身不可稱朝故依尋常朝聘鄰國之文稱如而已劉炫云魯朝聘皆言如不果彼國必成其禮或在道而還如者書其始發言往而已言公朝王所者發國不爲朝王至彼遇王朝之朝訖乃書故稱朝也此過京師亦宜稱朝言如者發雖主爲伐秦卽有朝王之意書其初發故言如也○夏五月公。自京師遂會晉侯齊侯宋公衛侯鄭伯曹伯邾人滕人伐秦○曹伯盧卒于師五同盟○盧本亦作盧力吳反 疏 注五同盟○正義曰盧以宣十五年卽位十七年盟于斷道成二年于袁婁又于蜀五年于蟲牢七年于馬陵九年于蒲凡六同盟不數宣公斷道爲五○秋七月公至自伐秦無傳○冬葬曹宣公傳十三年春晉侯使郤錡來乞師將事不敬將事致君命孟獻子曰郤氏其亡乎禮身之幹也敬身之基也郤子無基【疏】禮身至無基○正義曰幹以樹木爲喻基以牆屋爲喻樹木以本根爲幹有幹故枝葉茂焉牆屋以下土爲基有基乃牆屋成焉人身以禮敬爲本必有禮敬身乃得存郤子無基則亦無幹但言有所局不復得言幹耳且先君之嗣卿也受命以求師將社稷是衛而惰棄君命也不亡何爲郤錡郤克子故曰嗣卿爲十七年晉殺郤錡傳○惰徒臥反○三月公如京師宣伯欲賜欲王賜己請先使王以行人之禮禮焉不加厚○使所吏反孟獻子從王以爲介而重賄之介輔相威儀者獻子相公以禮故王重賄之○從才用反介音界相息亮反下同○【疏】宣伯至賄之○正義曰周語云簡王八年魯成公來朝使叔孫僑如先聘且告見王孫說與之語說言於王曰魯叔孫之來有異焉其幣薄而言諂殆請之也若請之必欲賜也且其狀方上而銳下宜觸冒人王其勿賜若貪陵之人來而盈願是不賞善也且財不給王使私問諸魯魯人云請之也王遂不賜禮如行人孔晁云行人使人也以使人之禮禮之不從聘者之賜禮也又曰魯侯至仲孫蔑爲介王孫說與之語說讓說以語王王厚賄之公及諸侯朝王遂從劉康公成肅公會晉侯伐秦劉康公王季子劉成二公不書兵不加秦成子受脤于社不敬脤宜社之肉也盛以脤器故曰脤宜出兵祭社之名○脤市軫反盛音成【疏】注脤宜至之名○正義曰宜者祭社之名脤是盛肉之器受脤于社受祭社之胙肉也周禮掌蜃祭祀共蜃器之蜃鄭玄云飾祭器之屬也春秋定十四年秋天王使石尚來歸脤蜃蜃之器以蜃飾因名焉鄭衆云脤可以白器令色白是盛以脤器故曰脤也既言宜社又自解宜名釋天云起大事動大衆必先有事乎社而後出謂之宜孫炎曰有事祭也宜求見祐也是宜者出兵祭社

之名劉子曰吾聞之民受天地之中以生所謂命也是以有動。作。禮。義。威儀之則以定命也能者養之。以。福養威儀以致福不能者敗以取禍是故君子勤禮小人盡力勤禮莫如致敬盡力莫如敦。篤敬在養神篤在守業國之大事在祀與戎祀有執膰膰祭肉○盡津忍反下同膰音煩○【疏】注。膰祭肉○正義曰詩詠祭祀之禮云爲俎孔碩或膰或炙又曰旨酒欣欣。燔炙芬芬毛傳云傳火曰燔祭肉有燔而薦者因謂祭肉爲膰也戎有受脤神之大節也交神之大節今成子惰弃其命矣惰則失中和之氣其不反乎。爲成肅公卒于瑕張本【疏】民受至反乎○正義曰天地之中謂中和之氣也民者人也言人受此天地中和之氣以得生育所謂命也命者教命之意若有所稟受之辭故孝經說云命者人之所稟受度是也命雖受之天地短長有本順理則壽考逆理則夭折是以有動作禮義威儀之法則以定此命言有法則命之長短得定無法則夭折無恆也故人有能者養其威儀禮法以往適於福或本分之外更得延長也不能者敗其威儀禮法而身自取禍或本分之內仍有減割也爲其求福畏禍之故君子勤禮以臨下小人盡力以事上勤禮莫如致敬盡力莫如用心敦篤敬之所施在於養神朝廷百官事神必敬篤在守業草野四民勿使失業也國之大事在祀與戎宗廟之祀則有執膰兵戎之祭則有受脤此是交神之大節也今成子受脤而惰是自棄其命矣死必在近此行其不得反乎爾之往也養。之。以福謂將身向福也敗以取禍謂禍及身也福則人之所欲作往就之辭也禍則人之所惡作自來之語也敬則所施有處故言致敬也厚則唯在己身無所可致故重言敦篤也執膰受脤俱是於祭末受而執之互相見也劉炫云命者冥也言其生育之性得之於冥兆也○夏四月戊午晉侯使呂相絕秦呂相魏錡子蓋口宣已命○相息亮反注同曰昔逮我獻公及穆公晉獻公秦穆公○逮音代一音大計反相好。戮力同心申之以盟誓重之以昏姻穆公夫人獻公之女○好呼報反六同戮力相承音六嵆康力幽反呂靜字韻與飃同字林音遼【疏】戮力同心○正義曰孔安國以戮力為陳力以論語有陳力就列故也戮力猶言勉力努力耳天禍晉國文公如齊惠公如秦辟。驪姬也不言狄梁舉所恃大國○辟音避驪力知反無祿獻公即世穆公不忘舊德。俾我惠公用能奉祀于晉僖十年秦納惠公○俾本或作卑必爾反下及注同又不能成大勳而為韓之師僖十五年秦伐晉獲惠公【疏】又不至之師○正義曰言秦既納惠公又不能遂成大功而復伐晉為此韓之師也下云亦悔于厥心謂秦悔伐晉也亦悔于厥心用集我文公集成也是穆之成也成功於晉文公躬擐甲冑跋履山川草行為跋○擐音患冑直又反跋蒲末反踰越險阻征東之諸侯虞夏商周之胤而朝諸秦則亦既報舊德矣鄭人怒君之疆埸我文公帥諸侯及秦圍鄭晉自以鄭。貳於楚故圍之鄭非侵秦也晉以此誣秦事在僖三十年○疆居良反埸音亦秦大夫不詢于我寡君擅及鄭盟詢謀也盟者秦伯謙言大夫○詢思巡反擅市戰反諸侯疾之將致命于秦致死命而討秦時無諸侯蓋諸侯遣致此意○【疏】注致死至此意○正義曰劉炫以為誣秦今知不然者凡誣秦者謂加之罪傳辭少略者可得稱誣今傳云諸侯疾之將致命于秦文公恐懼綏靜諸侯又云我有大造于西傳文既詳明諸侯實有此意若無諸侯何得稱為大造且秦師襲鄭鄭亦疾秦此則諸侯之義也劉以為實無諸侯而規杜過非也文公恐懼綏靜諸侯秦師克還無害則是我有大造于西也。造成也言晉有成功於秦○恐曲勇反

無祿文公卽世穆爲不弔不見弔傷疏注不見弔傷○正義曰曲禮云知生者弔知死者傷知生而不知死弔而不傷知死而不
知生傷而不弔鄭玄云人恩各施於所知弔傷皆謂致命辭也雜記諸侯使人弔辭曰寡君聞君之喪寡君使某如何不淑此施於生者傷辭未聞也說者有
衍弔辭云皇天降災子遭罹之如何不淑此施於死者蓋傷辭畢退皆哭是弔傷之事蔑死。我君寡我襄公寡弱也○死我君本或以
我字在死上疏蔑死至襄公○正義曰輕蔑文公以爲死無知矣謂襄公寡弱而陵忽之迭。我殽地奸絕我好。伐我保城
殄滅我費滑伐保城誣之費滑滑國都於費今緱氏縣○迭直結反徐音逸殽戶交反奸音干費扶味反滑于八反緱古侯反疏奸絕我好
○正義曰奸亂斷絕不復與我和好也。○注伐保至氏縣○正義曰伐我涑川俘我王官傳皆無文。獨謂此爲誣者於時輕行襲鄭不得在道用兵故知此伐
保城是誣之也春秋之時更無費國秦惟滅滑不滅費知費卽滑也國都於費國邑並舉以圖文耳散離我兄弟撓。亂我同盟滑晉
同姓○撓乃卯反徐許高反傾覆我國家我襄公未忘君之舊勳納文公之勳○覆孚服反下同而懼社稷
之隕是以有殽之師在僖三十三年隕于敏反下同○猶願赦罪于穆公晉欲求解於秦穆公弗聽而
卽楚謀我天誘其衷成王隕命秦使鬬克歸楚求成事見文十四年文元年楚弒成王○見賢遍反疏注秦使至成王○正
義曰文十四年傳云初鬬克囚于秦秦有殽之敗使歸求成僖三十三年秦敗于殽文元年楚弒成王故謀不成也穆公是以不克逞志
于我逞快也○逞勑景反穆襄卽世康靈卽位文六年晉襄秦穆皆卒○康公我之自出晉外甥○又欲闕
翦。我公室傾覆我社稷。帥我蝥賊以來蕩搖我邊疆蝥賊食禾稼蟲名謂秦納公子雍○闕其月反徐如

字蝥賊莫侯反爾雅食苗爲蝥食節爲賊蟲【疏】注蝥賊至蟲名○正義曰釋蟲云食根蟊食節賊是食禾稼之蟲也納雍害晉若蟲食禾然彼晉自召雍

非秦罪也我是以有令狐之役在文十年康猶不悛入我河曲悛改也○悛七全反伐我涑川俘我

王官涑水出河東聞喜縣西南至蒲坂縣入河○涑徐息錄反又音速字林同俘芳夫反翦我羈馬我是以有河曲之戰

在文十二年東道之不通則是康公絕我好也言康公自絕故不復東通晉○復扶又反及君之嗣也君秦

桓公我君景公引領西望曰庶撫我乎望秦撫恤晉○君亦不惠稱盟不肯稱晉望而共盟○稱尺證反注

同利吾有狄難謂晉滅潞氏時○難乃旦反入我河縣焚我箕郜芟夷我農功夷傷也○箕音基一音其

郜古報反芟所銜反夷本亦作痍音夷虔劉我邊陲虔劉皆殺也○【疏】注虔劉皆殺也○正義曰劉殺釋詁文方言云虔殺也重言殺者亦

圍文耳我是以有輔氏之聚聚衆也在宣十五年○聚才喻反注同【疏】注聚衆也○正義曰謂聚衆以拒秦也以上有殺之師令

狐之役河曲之戰不用重文故變文言聚古人爲文亦有辟耳君亦悔禍之延延長也而欲徼福于先君獻穆晉獻

秦穆○徼古堯反使伯車來命我景公伯車秦桓公子曰吾與女同好棄惡復脩舊德以追念

前勳言誓未就景公即世我寡君是以有令狐之會令狐會在十一年申厲公之命宜言寡人稱君誤也

○女音汝下文皆同好呼報反一音如字復音服又扶又反寡君讀者亦作寡人【疏】注令狐至誤也○正義曰劉炫以爲臣之出使自稱己君皆曰寡君

今呂相雖奉君兼有己語稱寡君正是其理杜何知宜爲寡人稱君爲誤今刪定知劉說非者以呂相奉厲公之命而往絕秦則皆是厲公之言不得兼有己

語案隱十一年鄭伯告許大夫云假手于我寡人今呂相稱厲公之命還與君自稱無異亦當云我寡人故知稱君爲誤劉以稱寡君爲是以規杜過非也

又不祥也祥善背棄盟誓白狄及君同州也及與【疏】白狄及君同州○正義曰周禮職方氏正西曰雍州其川涇汭其浸渭洛皆秦地也正北曰幷州其澤藪曰昭餘祁其川虖池嘔夷皆晉地也是秦屬雍而晉屬幷白狄蓋狄之西偏屬雍州也君之仇讎而我之昏姻也。季隗廧咎如赤狄之女也白狄伐而獲之納諸文公○隗五罪反廧在良反咎音羔【疏】季隗至文公○正義曰三年晉衛伐廧咎如傳曰討赤狄之餘焉知咎如是赤狄也文公所棄之狄不言赤白以其伐赤不應赤自相伐知白狄伐之也其女雖是赤狄之種而由白狄以納文公得以白狄爲昏姻也且此辭多誣欲親狄以曲秦故引狄爲昏姻耳晉人自數伐狄寧復顧昏姻也杜以傳有季隗之事引之以證昏姻未必晉於白狄處無昏姻君來賜命曰吾與女伐狄寡君不敢顧昏姻畏君之威而受命于吏君有二心於狄曰晉將伐女狄應且憎是用告我言狄雖應荅秦而心實憎秦無信○應應對之應注同楚人惡君之二三其德也亦來告我曰秦背令狐之盟而來求盟于我昭告昊天上帝秦三公楚三王三公穆康共三王成穆莊○惡烏路反下同昊戶老反共音恭【疏】昭告昊天上帝○正義曰禮諸侯不得祭天其盟不主天神鄭玄覲禮注云。巡守之盟其神主日諸侯之盟其神主山川襄十一年亳城北之盟其載書云司愼司盟名山名川注云二司天神唯告天之別神不告昊天上帝此秦楚爲盟告天帝者春秋之時不能如禮且此辭多誣未必是實晉與諸國結盟皆不告昊天上帝何由秦楚獨敢告之蓋欲示楚人恨秦之深言其所告處重耳曰余雖與晉出入出入猶往來余唯利是視不穀惡其無成德是用宣之以懲不壹諸侯備聞此言斯是用痛心疾首暱就寡人疾亦痛也暱親也○懲直升反暱女乙反【疏】以懲不壹○正義曰楚道秦人用心不壹其盟不足與固宣示諸侯以懲創不壹之人寡人帥以聽命唯好是求君若惠顧諸侯矜哀寡人而賜之盟則寡人之願也其承寧諸侯以退承君之意以寧靜諸侯豈敢徼亂徼要也○要一遙反君若不施大惠寡人不佞其不能。諸侯退矣敢盡布之執事俾執事實圖利之俾使也【疏】寡人不佞○正義曰服虔云佞才也不才者自謙之辭也論語云焉用佞禦人以口給屢憎於人則佞非善事而以不佞為謙者佞是口才捷利之名本非善惡之稱但為佞有善有惡耳為善敏捷是善佞為惡敏捷是惡佞但君子欲訥於言而敏於行言之雖多情或不信故云焉用佞耳秦桓公既與晉厲公為令狐之盟而又召狄與楚欲道以伐晉諸侯是以睦於晉晉辭多誣秦故傳據此三事以正秦罪○道音導晉欒書將中軍荀庚佐之代荀首○將子匠反凡將某軍者放此以意求之士燮將上軍代荀庚郤錡佐之代士燮韓厥將下軍代郤錡荀罃佐之代趙同趙旃將新軍代韓厥○旃之然反郤至佐之代趙括郤毅御戎欒鍼為右郤毅郤至弟欒鍼欒書子○鍼其廉反孟獻子曰晉帥乘和師必有大功帥軍帥。乘車士○帥所類反乘繩證反注同五月丁亥晉師以諸侯之師及秦師戰于麻隧秦師敗績獲秦成差及不更女父不更秦爵戰敗績不書以為晉直秦曲則韓役書戰時公在師復不須告克獲有功亦無所諱蓋經文闕漏傳文獨存○隧音遂差初佳反徐初宜反更音庚女音汝復扶又反【疏】注不更至獨存○正義曰秦之官爵有此不更之名知一女父是人之名字不更是官爵之號漢書稱商君爲法於秦戰斬一首者賜爵一級其爵名一爲公士二上造三簪褭四不更五大夫六公大夫七官大夫八公乘九五大夫十左庶長十一右庶長十二左更十三中更十四右更十五少上造十六大上造十七駟車庶長十八大庶長十九關內侯二十徹侯商君者商鞅也秦孝公之相封於商號爲商君案傳此有不更女父襄十一年有庶長鮑庶長武春秋之世已有此名蓋後世以漸增之商君定爲二十非是商君盡新作也其名之義難得而知耳傳言戰敗而經不書杜以意測之不知其故欲以爲秦曲晉直不以曲者敵直故不書戰則僖十五年韓之戰秦直晉曲書戰于韓也欲以爲不告故不書當時公親在師復不須告也欲以爲無功諱負則克獲有功亦無所諱也再三捘度不識所以故云蓋經文闕漏傳文獨存也經文依史官策書策書所無故經文遂闕也傳文采於簡牘簡牘先有故傳文獨存也曹宣公卒于師師遂濟涇及侯麗而還涇水出安定東南徑扶風京兆高陸縣入渭也○徑音經麗力馳反疏注涇水至渭也○正義曰釋例曰涇水出安定朝那縣西東南經新平扶風至京兆高陸縣入渭迓晉侯于新楚迓迎也既戰晉侯止新楚故師還過迎之麻隧侯麗新楚皆秦地○迓本又作訝五嫁反疏注迓迎至秦地○正義曰經書公會晉侯齊侯宋公衛侯鄭伯曹伯邾人滕人伐秦是伐時諸侯親行也傳云晉師以諸侯之師及秦師戰則知諸侯不親行也蓋皆別次以待之新楚當是晉侯次之處也以傳不言其次晉侯或聞戰勝而移處故云止新楚也成肅公卒于瑕終劉子之言瑕晉地○六月丁卯夜鄭公子班自訾求入于大宮不能殺子印子羽訾鄭地大宮鄭祖廟十年班出奔許今欲還爲亂子印子羽皆穆公子○班本亦作般同訾子斯反大音泰下同印一刃反反軍于市己巳子駟帥國人盟于大宮子駟穆公子遂從而盡焚之焚燒也殺子如子駹孫叔孫

知子如公子班子駹班弟孫叔子如子孫知子駹子○駹武邦反【疏】注子如至駹子○正義曰子如卽是子班據傳可知以外無文見其同時被殺必是近親相傳爲此說耳○曹人使公子負芻守使公子欣時逆曹伯之喪二子皆曹宣公庶子○芻初俱反守手又反欣時如字徐云或作款亦音欣案公羊傳作喜時宜音忻秋負芻殺其大子而自立也宣公大子諸侯乃請討之晉人以其役之勞請俟他年冬葬曹宣公既葬子臧將亡子臧公子欣時國人皆將從之不義負芻故成公乃懼成公負芻告罪且請焉請留子臧乃反而致其邑還邑於成公爲十五年執曹伯傳

經十有四年春王正月莒子朱卒無傳九年盟于蒲○夏衞孫林父自晉歸于衞晉納之故曰歸○秋叔孫僑如如齊逆女成公逆夫人最爲得禮而經無納幣者文闕絕也【疏】注成公至絕也○正義曰釋例曰成公逆女及夫人至最爲得禮故詳其文丘明謂之微而顯婉而成章也然則杜以傳文詳知其最得禮也釋例又云成公娶夫人而不納幣此經文闕也貴聘而賤逆失禮之微者傳猶詳之言其不終若實不納幣非所略也是言闕之意也闕絕者闕而文斷絕蓋疑仲尼脩定後其文始闕若脩時已闕傳應言其故也○鄭公子喜帥師伐許○九月僑如以夫人婦姜氏至自齊○冬十月庚寅衞侯臧卒五同盟【疏】注五同盟○正義曰臧父速以二年八月卒而臧代立其年十一月衞大夫與公盟于蜀三年孫良夫來盟五年于蟲牢七年于馬陵九年于蒲皆魯衞俱在是五同盟也○秦伯卒无傳二年大夫盟於蜀而不赴以名例在隱七年

傳十四年春衛侯如晉晉侯強見孫林父焉林父以七年奔晉強見欲歸之○強其丈反注同見賢遍反注強見下而見之同定公不可。夏衛侯既歸晉侯使郤犨送孫林父而見之衛侯欲辭定姜曰不可定姜定公夫人是先君宗卿之嗣也同姓之卿【疏】注同。之卿○正義曰世本孫氏出於衛武公至林父八世是同姓也大國又以為請不許將亡雖惡之不猶愈於亡乎君其忍之違大國必見伐故亡○為如字或于僞反惡烏路反安民而宥宗卿不亦可乎衛侯見而復之復林父位○宥音又衛侯饗苦成叔。成叔郤犨甯惠子相相佐禮惠子甯殖○相息亮反注同苦成叔傲。甯子曰苦成家。其亡乎。古之為享食也以觀威儀省禍福也故詩曰兕觥。其觩。旨酒思柔詩小雅言君子好禮飲酒皆思柔德雖設兕觵觩然不用以兕角為觵所以罰不敬觩陳設之。貌○傲五報反本又作敖音同下同食音嗣兕徐辭姊反觵古橫反觩徐音虯又巨彪反一音巨秋反好呼報反【疏】。注詩小至之貌○正義曰詩小雅桑扈之章言設爵不用之意君子好禮與於燕者皆思柔順之德无過可罰故雖設觵爵不用之也兕是獸名觵是爵稱知兕觵以兕角為觵也周禮小胥職云觵其不敬者是所以罰不敬也異義韓詩說觵五升所以罰不敬也觵廓也著明之貌君子有過廓然明著詩毛傳說觵大七升許慎云觵罰有過一飲七升為過多當謂五升是也詩良耜云有觩其角則觩是角貌此詩之意指其角貌言陳設不用故云陳設之貌彼交匪傲萬福來求彼之交於事而不惰傲乃萬福之所求【疏】。詩曰至來求○正義曰兕觵罰酒之爵言古之王者與羣臣燕飲無失禮者用兕觵之爵其觩然空陳設之無所可罰在席飲美酒者皆能思柔順中和故不用也彼飲燕君子與人交接非有傲慢之心故萬種福祿。求。來歸之今

夫子傲取禍之道也為郤氏亡十七年○秋宣伯如齊逆女稱族尊君命也疏稱族尊君命○
正義曰宣元年已發尊君命尊夫人之例今復發者彼以喪娶嫌非正禮且公子非族故重明之何休膏肓難左氏叔孫僑如舍族為尊夫人案襄二十七年
豹及諸侯之大夫盟復何所尊而亦舍族春秋之例一事再見者亦以省文耳左氏為短鄭箴云左氏以豹。違命故貶之而去族今僑如無罪而亦去族故以
為尊夫人也春秋有事異文同則此類也○八月鄭子罕伐許敗焉為許所敗○敗必邁反下同戊戌鄭伯復伐
許庚子入其郛郛郭也○復扶又反許人平以叔申之封四年鄭公孫申疆許田許人敗之不得定其封疆今許以是所
封田求和於鄭○疆居良反下同○九月僑如以夫人婦姜氏至自齊舍族尊夫人也舍族謂不稱叔
孫○舍音捨注同故君子曰春秋之稱微而顯辭微而義顯○稱尺證反志而晦志記也晦亦微也謂約言以記事事
敘而文微○晦呼內反婉而成章婉曲也謂。屈。曲其辭有所辟諱以示大順而成篇章○婉怨晚反盡而不汙謂直言其事盡其事
實無所汙曲○汙憂于反注同懲惡而勸善善名必書惡名不滅所以為懲勸○懲直升反非聖人誰能脩之脩史策成此五
者○衛侯有疾使孔成子甯惠子立敬姒之子衎以為大子成子孔達之孫敬姒定公妾衎獻公
○衎徐苦旦反冬十月衛定公卒夫人姜氏既哭而息見大子之不哀也不內酌飲歎
曰是夫也將不唯衛國之敗其必始於未亡人定姜言獻公行無禮必從己始下言暴妾使余是也○內如字
徐音納酌市略反又章略反烏呼天禍衛國也夫吾不獲鱄也使主社稷鱄衎之母弟○夫音扶鱄徐市戀反

〔一音專〕大夫聞之無不聳懼孫文子自是不敢舍其重器於衛〔寶器○聳息勇反舍音赦或音捨〕盡寘諸戚〔寘置也戚孫氏邑○寘之豉反〕而甚善晉大夫〔備亂起欲以為援為襄十四年衛侯出奔傳〕

經十有五年春王二月葬衛定公〔無傳〕○三月乙巳仲嬰齊卒〔無傳襄仲子公孫歸父弟宣十八年逐東門氏既而又使嬰齊紹其後曰仲氏〕

疏注襄仲至仲氏○正義曰公羊穀梁皆以嬰齊為仲遂之子歸父之弟也以為歸父之弟則同其言稱仲之意則異公羊以為弟無後兄之義使嬰齊為歸父之子則為仲遂之孫故以王父字為氏穀梁以為宣八年仲遂卒者為殺子赤踈之不使稱公子父既見踈不得稱公子故其子由父亦踈之不得稱公孫故別言仲氏杜之此注其言不明當以為襄仲歸父本以東門為氏及命嬰齊紹歸父之後改之曰仲氏也劉炫云仲遂受賜為仲氏故其子孫稱仲氏耳

○癸丑公會晉侯衛侯鄭伯曹伯宋世子成齊國佐邾人同盟于戚〔○成音城〕晉侯執曹伯歸于京師〔不稱人以執者曹伯罪不及民歸之京師禮也〕

疏注不稱至禮也○正義曰諸傳於其事之下發凡例者杜皆於經之下引傳而言傳例曰今傳因曹伯發凡杜不引傳例者。據稱人以執為例卻云不然則否曹伯稱侯以執從不然之例故杜不得引之也不稱人以執者曹伯罪不及民其稱人之例於義為然也諸侯不得相治。故歸之京師使天子治之是禮也釋例曰執諸侯當歸于京師而或以歸或歸于諸侯皆失其所從實而顯之義可知也

公至自會〔無傳〕○夏六月宋公固卒〔四同盟〕

疏注四同盟○正義曰固父鮑以二年八月卒而固代立其年十一月宋大夫與公盟于蜀五年于蟲牢七年于馬陵九年于蒲皆魯宋俱在是四同盟

○楚子伐鄭○秋八月庚辰葬宋共公〔三月而葬速○共音恭〕○宋華元出奔晉宋華元自晉歸于

宋華元欲挾晉以自重故以外納告○挾音協【疏】注華元至納告○正義曰案傳華元奔晉魚石卽議止之魚石自止華元于河上元始至河本未至晉既書奔晉又書自晉歸者華元既出宋卽來告華元既歸宋復來告十八年傳例曰凡去其國國逆而立之曰入復其位曰復歸諸侯納之曰歸此是魚石止之宜從國逆之例而爲諸侯納之文書曰自晉歸者華元與欒書相善布懼桓族欲挾晉以自重以晉納告于諸侯春秋從而書之以示元之本情故也

宋殺其大夫山不書氏明背其族宋魚石出奔楚公子目夷之曾孫○冬十有一月叔孫僑如會晉士燮齊高無咎宋華元衛孫林父鄭公子鰌邾人會吳于鍾離吳夷未嘗與中國會今始來通晉帥諸侯大夫而會之故殊會明本非同好鍾離楚邑淮南縣○燮息協反咎其九反鰌音秋好呼報反○許遷于葉許畏鄭南依楚故以自還爲文葉今南陽葉縣也○葉舒涉反

傳十五年春會于戚討曹成公也討其殺大子而自立事在十三年執而歸諸京師書曰晉侯執曹伯不及其民也惡不及民凡君不道於其民諸侯討而執之則曰某人執某侯稱人示衆所欲執不然則否謂身犯不義者【疏】凡君至則否○正義曰春秋執諸侯多矣或名或否此例不言之者釋例曰諸侯見執者已在罪賤之地名與否非例所加故但書執某侯也天生民而樹之君使司牧之勿使失性若乃肆於民上人懷怨讎諸侯致討則稱某人執某侯衆討之文也諸侯雖身犯不義而惡不及民則不稱人以執之晉人執曹伯是也諸無加民之惡而稱人以執皆時之赴告欲重其罪以加民爲辭國史承以書策而簡牘之記具存夫子因示虛實傳隨而著其本狀以明得失也

諸侯將見子臧於王而立之子臧辭曰前志有之

曰聖達節聖人應天命不拘常禮○見賢遍反應應對之應拘九于反次守節謂賢者下失節。愚者妄動爲君非吾節也雖不能聖敢失守乎遂逃奔宋疏聖達至守乎○正義曰節猶分也人生天地之閒性命各有其分聖人達於天命識已知分若以曆數在已則當奉承靈命不復拘君臣之。交上下之禮舜禹受終湯武革命是言達節者也若自知已分不合高位得而不取與而不受子臧季札衞公子郢楚公子閭如此之類皆守節者也下愚之人不識已分僥張妄作取非其理干紀亂常如此之輩古今多矣州吁無知之等皆失節者也子臧自以身是庶子不合有國故言爲君非吾節也雖不能爲聖敢失其。守節者乎○夏六月宋共公卒爲下宋亂起○楚將北師侵鄭衞子囊曰新與晉盟而背之無乃不可乎子反曰敵利則進何盟之有晉楚盟在十二年子囊莊王子公子貞○囊乃郎反申叔時老矣在申老歸本邑聞之曰子反必不免信以守禮禮以庇身信禮之亡欲免得乎言不得免○庇必利反又音祕楚子侵鄭及暴隧遂侵衞及首止鄭子罕侵楚取新石新石楚邑○隧音遂欒武子欲報楚韓獻子曰無庸庸用也使重其罪民將叛之背盟數戰罪也○數所角反無民孰戰爲明年晉敗楚於鄢陵傳○秋八月葬宋共公於是華元爲右師魚石爲左師蕩澤爲司馬蕩澤公孫壽之孫疏注蕩澤公孫壽之孫正義曰世本云公孫壽生大司馬虺虺生司馬澤也華喜督之玄孫者又云督生世子家家生季。老老生司徒鄭鄭生司徒喜也公孫師莊公之孫者又云莊公生右師戊戊生司城師也鱗。朱鱗矔孫者又云桓公生公子鱗鱗生東。鄉矔矔生司徒文文生大司寇子奏奏生小司寇朱也向戌桓公曾孫者又云桓公生向父肹肹生司城訾守

(守生小司寇鱣及合左師左師卽向戌也)華喜爲司徒(華父督之玄孫)公孫師爲司城(莊公孫)向爲人爲大司寇鱗朱爲少司寇(鱗矔孫○少詩照反下同矔古亂反)向帶爲大宰魚府爲少宰蕩澤弱公室殺公子肥(輕公室以爲弱故殺其枝黨肥文公子○帶音帶本又作帶大音泰)華元曰我爲右師君臣之訓師所司也今公室卑而不能正(不能討蕩澤)吾罪大矣不能治官敢賴寵乎乃出奔晉二華戴族也(華元華喜)司城莊族也六官者皆桓族也(魚石蕩澤向爲人鱗朱向帶魚府皆出桓公)魚石將止華元魚府曰右師反必討是無桓氏也(恐華元還討蕩澤幷及六族)魚石曰右師苟獲反雖許之討必不敢(言畏桓族強)且多大功國人與之不反懼桓氏之無祀於宋也(華元大功克合晉楚之成劫子反以免宋圍)右師討猶有戌在(向戌桓公曾孫言其賢華元必不討○戌音恤)桓氏雖亡必偏(偏不盡)魚石自止華元于河上請討許之乃反使華喜公孫師帥國人攻蕩氏殺子山(喜師非桓族故使攻之)書曰宋殺大夫山言背其族也(蕩氏宋公族還害公室故去族以示其罪○去起呂反)魚石向爲人鱗朱向帶魚府出舍於睢上(睢水名五大夫畏同族罪及將出奔○睢音雖徐許惟反又音綏)華元使止之不可冬十月華元自止之不可乃反(五子不止華元還)魚府曰今不從不得入矣(不得復入宋○復扶又反)右師視速而言疾有異志焉若不我納今將馳矣登丘而望之

則馳騁而從之五子亦馳逐之○登丘而望之則馳絕句騁勅景反則決睢澨澨水涯決壞也○澨市利反涯本又作崖魚佳反一音宜壞音怪閉門登陴矣左師二司寇二宰遂出奔楚四大夫不書獨魚石告○陴婢支反疏注四大至石告○正義曰襄元年傳謂此五人爲五大夫故除去魚石謂之四大夫也彼四大夫所以不書者宋人獨以魚石告不以四人告也服虔云魚石卿故書以爲四人非卿故不書杜不然者案文七年傳云宋成公卒於是公子成爲右師公孫友爲左師樂豫爲司馬鱗矔爲司徒公子蕩爲司城華御事爲司寇六卿和公室哀二十六年傳宋景公無子於是皇緩爲右師皇非我爲大司馬皇懷爲司徒靈不緩爲左師樂茷爲司城樂朱鉏爲大司寇六卿三族降聽政據彼二文則向爲人爲大司寇亦是卿也若五人皆告爲卿則書向爲人亦當書之何以獨書魚石杜言獨以魚石告正爲向爲人不書故也或少司寇二宰等六卿之外亦是卿官合書名氏猶如魯之三卿外別有公孫嬰齊臧孫許但非如六卿等世掌國政也華元使向戌爲左師老佐爲司馬樂裔爲司寇以靖國人老佐戴公五世孫○裔以制反○晉三郤害伯宗譖而殺之及欒弗忌欒弗忌晉賢大夫伯州犂奔楚伯宗子○犂力兮反韓獻子曰郤氏其不免乎善人天地之紀也而驟絕之不亡何待既殺伯宗又及弗忌故曰驟也爲十七年晉殺三郤傳○驟仕救反初伯宗每朝其妻必戒之曰盜憎主人民惡其上子好直言必及於難傳見婦人之言不可廢○惡烏路反好呼報反難乃旦反見賢遍反○十一月會吳于鍾離始通吳也始與中國接○許靈公畏偪于鄭請遷于楚辛丑楚公子申遷許于葉

附釋音春秋左傳注疏卷第二十七

春秋左傳注疏卷二十七校勘記　　阮元撰盧宣旬摘錄

附釋音春秋左傳注疏卷第二十七成十一年盡十五年宋本春秋正義卷第十九石經春秋經傳集解成下第十三岳本成字下增公字並盡十八年

〔經十一年〕

公至自晉　監本毛本晉作會與宣八年經合

晉侯使郤犨來聘　監本郤誤郤下同

己丑及郤犨盟　閩本監本毛本己誤巳

郤犨郤克從父兄弟　案正義引注兄作昆又云服虔以爲從祖昆弟或父當爲祖字誤耳非也此條注文當正爲從祖昆弟以儀禮稱爲昆弟兄弟晝然不同言之則定當作昆也

或父當是祖字誤耳　宋本是作爲

〔傳十一年〕

聲伯之母不聘　釋文作不娉云本亦作聘字按作娉與說文合

長婦謂稚婦爲娣婦　宋本毛本下重娣婦二字是也

儷耦也李善鸚鵡賦注引作偶也

今河內懷縣西南有郇人亭釋文郇作鄇云本又郇字按說文邑部引傳爭郇田

其劉子單子之言閩本監本其作則

（經十二年）

（傳十二年）

晉士燮會楚公子罷許偃閩本監本燮作爕

二子楚大夫纂圖本子楚作公之非也

交贄往來道路無壅釋文贄本又作摯石經宋本足利本壅作雍案周禮秋官有雍氏惠棟云古壅字皆作雍無從土者說文作雝

俾隊其師釋文俾作卑云本亦作俾諸本作俾石經左邊缺

縣鍾鼓也宋本岳本纂圖本閩本監本毛本鍾作鐘疏內並同

享以訓共儉賈公彥儀禮燕禮疏引享作饗共作恭詩卷耳正義同按依左傳字例作享周禮儀禮字例作饗二禮疏引傳宜作享而申明之曰享與饗同如李善之注文選則善矣輒改左傳文為饗未合也

肉乾人飢而不敢食也監本毛本飢誤饑

皆所以教訓恭儉也宋本恭作共

共儉以行禮而慈惠以布政政以禮成石經行字起禮字止計十一字蓋書丹時失去而字後復增入也

人得〇安息宋本閩本監本毛本作人得安息此本〇誤增也

止于扞難而已毛本于誤千

言爭尺丈之地岳本丈作寸非也

則公侯能爲扞城禦難宋本爲下有民字是也

世亂則相侵害閩本監本毛本脫害字

〔經十三年〕

若言召兵監本言作能非

以明公朝于王所閩本于誤子

公自京師石經公下有至字衍文也

〔傳十三年〕

禮身至無基宋本此節正義在不亡何爲注下

但言有所局　監本局作拘

故王重賄之　宋本淳熙本岳本纂圖本足利本賄作賜

宜觸冒人王　閩本監本王作主按國語周禮作王

是不賞善也　閩本監本毛本不賞誤倒

成子受脤于社　詩緜正義引傳作受蜃

蜃以脤器故曰脤　段玉裁校本以脤作以蜃按說文云蜃以蜃故謂之祳

天王使石尚來歸蜃　按作蜃與周禮掌蜃注合今春秋定十四年經作脤

膰可以白器　宋本監本毛本膰作脤按鄭司農注周禮作蜃是也又按正義大致蜃膰同字而轉寫又不無訛誤

是以有動作禮義威儀之則　案漢書律曆志五行志引傳禮義在動作二字上律曆志以作故義作誼是所據本不同也

能者養之以福　各本並作之以惟漢書五行志律曆志漢酸棗令劉熊碑均作以之惠棟云杜注養威儀以致福則當如漢書所引作養以之福與下敗以取禍文正相對案顏氏注漢志云之往也往就福也段玉裁云作養以之福謂將身向福也亦與漢志合

盡力莫如敦篤　漢書五行志引作惇篤案惇通作敦

注膰祭肉　此節正義宋本在民受至反乎之後總入其不反乎注下

燔炙芬芬　宋本閩本監本毛本燔作膰案詩作燔

其不反乎　漢書五行志引乎作虖案虖古乎字

養之以福　段玉裁校改作以之

戮力同心　石經宋本戮作勠釋文亦作勠案說文勠并力也从力翏聲惠棟說詳補注○疏內並同

辟驪姬也　釋文驪作麗同

俾我惠公　釋文俾作卑云本亦作俾石經此處缺

晉自以鄭貳於楚　閩本監本毛本改作二於非

則是我有大造于西也　李善注陸機弔魏武帝文引傳于作乎石經此處缺

蔑死我君　石經初刊作蔑我先君後于我字之上改死字先字改我字釋文云本或以我字在死字上非也

迭我殽地　閩本作送我誤字也按迭者軼之假借凡浸突而過曰軼

奸絕我好　石經好字上旁增同字非唐刻也

奸絕我好　宋本此節正義在奸絕我好之下

疏注伐保至氏縣　閩本監本毛本疏亦作○依宋本改此一節正義宋本在上注今絳氏縣之下

銅謂此爲誣者 閩本監本毛本銅作今亦誤宋本作獨是也○今從宋本

撓亂我同盟 宋本撓作橈六經正誤云撓作橈誤建本從才非從木旁也按毛說是也說文撓擾也與木旁之橈義別且从手之字上聲从木之字去聲釋文云乃卯反卽唐韻之奴巧切也

又欲闕翦我公室 纂圖本監本毛本翦作剪俗字

闕翦我公室 正義曰闕謂缺損翦謂滅削言欲損害晉之公室 宋本以上二十四字在傾覆我社稷句下閩本監本毛本亦脫

俘我王官 葉抄釋文俘作浮

則是康公絕我好也 石經公字下後人旁增弃字我字下正增同字非唐刻也

謂晉滅潞氏時 宋本閩本監本毛本同淳熙本潞誤作輅

芟夷我農功 釋文夷作痍云本又作夷

虔劉我邊陲 石經宋本淳熙本岳本纂圖本足利本作我邊垂是也按說文垂遠邊也陲危也其義各別

而欲徼福於先君獻穆 釋文徼作儌是也

我寡君是以有令狐之會 釋文云讀者亦作寡人陸粲云杜注云宜言寡人稱君誤也今案上文我是以有令狐之役我是以有河

曲之戰我是以有輔氏之聚此準上例疑寡君當爲衍字

今呂相雖奉君閩本監本毛本作今此本誤令今改正宋本今下有命字諸本脫

而我之昏姻也宋本淳熙本岳本無之字與石經合此本初刊亦無後擠增纂圖本閩本監本毛本作而我之昏姻也皆仍此本之誤

巡守之盟宋本巡上有王字與覲禮注合

暱就寡人釋文暱作昵案昵爲暱之或字

以懲不壹宋本此節正義在以懲不壹句下

其不能諸侯退矣宋本淳熙本岳本閩本監本毛本能下有以字與石經合

寡人不佞宋本此節正義在其不能以諸侯退矣句下

帥軍帥乘車士纂圖本毛本帥作師非

三簪褭段玉裁校漢書百官公卿表七上褭作裊

六公大夫七官大夫浦鏜云公官字互誤是也

襄十一年有庶長鮑閩本監本毛本鮑誤飽

東南徑扶風京兆高陸縣入渭也宋本岳本足利本徑作經

迓晉侯于新楚 釋文迓本又作訝石經及諸本皆作訝

使公子欣時逆曹伯之喪 釋文云欣徐云或作款亦音欣公羊傳作喜時宜音忻案漢書古今人表作曹劌時顏師古注云即曹欣時也

〔經十四年〕

〔傳十四年〕

衛侯既歸 淳熙本脫侯字

同之卿 宋本監本毛本同下有姓字

衛侯饗苦成叔 漢書五行志引饗作享字按左傳多作享此作饗爲僅見

苦成叔傲 釋文云傲本又作敖音同下同漢書五行志引作敖師古曰敖讀曰傲則此字古本當作敖

苦成家其亡乎 石經家字上旁增叔字與初學記所引合然非唐刻未敢從也乎五行志引作虖

兕觥其觩 釋文亦作觥石經此處缺宋本淳熙本岳本纂圖本監本毛本作觵案說文觵字注云兕牛角可以飲者也从角黃聲其狀觵觵故謂之觵觥字注云俗觵從光據此當以觵爲正也說文引詩觩作斛

觩陳設之貌 淳熙本貌誤象

注詩小至之貌宋本此節正義在詩曰至來求之下

詩曰至來求宋本此節正義在今夫子節注下

求來歸之毛本求來誤倒

左氏以豹違命故貶之閩本監本毛本違誤遺

謂屈曲其辭淳熙本岳本纂圖本閩本監本毛本屈曲二字誤倒

〔經十五年〕

據稱人以執爲例宋本據上有傳字

故歸之京師閩本監本故作欲非也

公子目夷之曾孫淳熙本曾作魯非也

吳夷未嘗與中國會閩本監本未作昧非也

〔傳十五年〕

名與否宋本名上有書字

愚者妄動纂圖本愚誤作遇

不復拘君臣之交 毛本交誤文

敢失其守節者乎 毛本守誤安

注蕩澤公孫壽之孫下 宋本作注蕩澤云云此節正義在猶有戌在句注之

家生季老 閩本監本毛本季作秀非此據宋本改

鱗宋鱗矔孫者 宋本監本毛本宋作朱是也○今訂正

鱗生東鄉矔 宋本鄉作鄉非案文七年正義引世本作鄉段玉裁云鄉卽向也

守生小司寇鱣 毛本守誤安

向帶爲大宰 宋本淳熙本岳本足利本帶作帶與石經合釋文云本又作帶案說文無帶字而經典帶字時有如此作者

今公室卑而不能正 毛本公誤宮

書曰宋殺大夫山 宋本淳熙本岳本足利本殺下有其字石經此處缺依字數而論亦當有其字也

左師二司寇二宰遂出奔楚 閩本二司作三司誤也

樂豫爲司馬 閩本樂誤欒

向戍 石經宋本岳本閩本監本戍作戌是也

十一月會吳于鍾離閩本監本毛本脫于字

春秋左傳注疏卷二十七校勘記

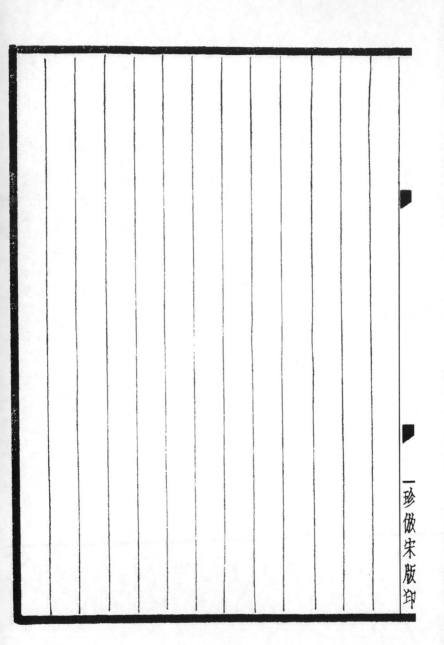

附釋音春秋左傳注疏卷第二十八 成十六年盡十八年

杜氏注　孔穎達疏

經十有六年春王正月雨木冰。無傳記寒過節冰封著樹○雨木冰如字公羊傳曰雨而木冰也舊子付反著直略反【疏】正月雨木冰○正義曰正月今之仲冬時猶有雨未是盛寒雨下即著樹爲冰記寒甚之過其節度公羊穀梁皆云雨而木冰是冰封著樹也今世時有之皆寒甚所致也○夏四月辛未滕子卒不書名未同盟○鄭公子喜帥師侵宋喜。穆公子子罕也○六月丙寅朔日有食之無傳○晉侯使欒黶來乞師將伐鄭黶欒書子○黶於斬反徐於玷反【疏】注黶欒書子○正義曰十八年悼公之入黶尚爲公族大夫此時欒書尚在黶未爲卿而得名見經者襄二十九年鄭公孫段未爲卿而見經杜云蓋以攝卿行然則此亦當以攝卿故書○甲午晦晉侯及楚子鄭伯戰于鄢陵楚子鄭師敗績楚師未大崩楚子傷目而退故曰楚。子敗績鄢陵鄭地今屬潁川郡○鄢謁晚反又於建反【疏】注楚師至敗績○正義曰此戰楚師未至於敗而楚子身傷故書楚子敗績也泓之戰宋公傷股師亦敗績故書師敗而不書宋公敗也君將不言師師以君重於師也戰陳以師相敵死亡既多舉師爲重故師敗君傷者唯書師敗而已不復書君身敗也劉炫又云若君將被殺獲者。爲重既書師敗又書殺獲即韓之戰獲晉侯大棘之戰獲華元雞父之戰獲胡沈之君是也楚殺其大夫公子側側子反背盟無禮卒以敗師故書名○秋公會晉侯齊侯衛侯宋華元邾人于沙隨沙隨宋地梁國寧陵縣北有沙隨亭不見公不及鄢陵戰故不諱者恥輕於執止【疏】注不及至執止○正義曰諸公被執者皆諱不書執此會晉侯不肯見公不諱之者公爲國內有故不及戰期雖不見公非公之罪是爲恥輕於執止故直書之以示諫公之意冀公改過無後犯及歸書公至自會以無罪不諱故依法告廟也

公至自會無傳○公會尹子晉侯齊國佐邾人伐鄭尹子王卿士子爵○曹伯歸自京師爲晉侯所赦故書歸諸侯歸國或書名或不書名或言歸自某或言自某歸。無。傳義例從告辭○九月晉人執季孫行父舍之于苕丘苕丘晉地舍之苕丘明不以歸不稱行人非使人○苕音條使所吏反

疏注苕丘至使人○正義曰昭十三年晉人執季孫意如以歸此言舍之苕丘明其不以歸也大夫因使被執無罪者則書行人以見無罪於。時行父從公伐鄭在軍見執雖則無罪不稱行人以其非使人故也季孫意如得釋而歸書意如至自晉此行父得釋不書至者釋例曰賈氏以爲書執行父舍于苕丘言失其所不書至者刺晉聽讒執之示己無罪也案傳因之苕丘以別晉都無義例也公待于鄆與行父。俱歸厭於公尊故不書行父至耳若欲示無罪則宜於執見義今既直書其執處絕不書至乃所以示終於見執非示無罪也穀梁以行父至不致者爲公在故與杜義合也

冬十月乙亥叔孫僑如出奔齊公未歸命國人逐之○十有二月乙丑季孫行父及晉郤犨盟于扈晉許魯平故盟○公至自會無傳伐而以會致史異文○乙酉刺。公子偃魯殺大夫皆言刺義取於周禮三刺之法○刺本又作刾七賜反爾雅云殺也

傳十六年春楚子自武城使公子成以汝陰之田求成于鄭汝水之南近鄭地○近附近之近鄭叛晉子駟從楚子盟于武城爲晉伐鄭起○夏四月滕文公卒○鄭子罕伐宋宋滕之與國鄭因滕有喪而伐宋故傳舉滕侯卒侵伐經傳異文經從告傳言實他皆放此宋將鉏樂懼敗諸汋。陂敗鄭師也樂懼戴公

六世孫將鉏樂氏族〇鉏仕魚反徐音在魚反汋七藥反徐音酌一音市藥反陂彼宜反[疏]注樂懼至氏族〇正義曰樂懼是戴公六世孫世本有文也將鉏爲樂氏之族不知所出杜譜於樂氏之下樂鉏將鉏爲一人傳無樂鉏之文不知其故何也退舍於夫渠不儆宋師不儆備〇夫音扶儆京領反鄭人覆之敗諸汋。陵獲將鉏樂懼宋恃勝也汋陂夫渠汋陵皆宋地〇覆徐數目反一音扶又反又芳又反〇衛侯伐鄭至于。鳴鴈。爲晉故也鳴。鴈在陳留雍丘縣西北〇爲于僞反〇晉侯將伐。鄭范文子曰若逞吾願諸侯皆叛晉可以逞逞快也晉厲公無道三郤驕故欲使諸侯叛冀其懼而思德若唯鄭叛晉國之憂可立俟也欒武子曰不可以當吾世而失諸侯必伐鄭乃興師欒書將中軍士燮佐之代荀庚[疏]欒書至燮佐之〇正義曰晉語云鄢陵之役晉伐鄭荊救之欒武子將上軍范文子將下軍與此異者彼孔晁注云上下中軍之上下也傳曰欒書將中軍士燮佐之又曰欒范以其族夾公行引此爲正是彼謂分中軍爲二將將上而佐將下郤。錡將上軍代士燮荀偃佐之代郤錡偃荀庚子韓厥將下軍郤。至佐新軍荀罃居守荀罃下軍佐於是郤犫代趙旃將新軍新上下軍罷矣〇守手又反[疏]注荀罃至罷矣〇正義曰十三年傳云韓厥將下軍荀罃佐之又此年末傳云知武子將下軍郤犫將新軍是其文也三年作六軍其新三軍將佐六人皆賞鞌之功死亡不復。存至此唯郤有韓厥在耳郤至佐新軍不言中下是新軍唯一知新上下軍於是罷矣犫如衛遂如齊皆乞師焉欒黶來乞師孟獻子曰有。勝矣卑讓有禮故知其將勝楚戊寅晉師起鄭人聞有晉師使告于楚姚句耳與往句耳鄭大夫與往非使也爲先歸張本〇句古侯反與音預使所吏

反楚子救鄭司馬將中軍子反令尹將左子重右尹子辛將右公子壬夫過申子反入見
申叔時叔時老在申○過古禾反曰師其何如對曰德刑詳義禮信戰之器也器猶用也德以施
惠刑以正邪詳以事神義以建利禮以順時信以守物民生厚而德正財足則思無邪
○邪似嗟反注皆同用利而事節動不失利則事得其節時順而物成羣生得所上下和睦周旋不逆動順
理求無不具。下應上○應應對之應各知其極無二心故詩曰立我烝民莫匪爾極烝衆也極中也
詩頌言先王立其衆民無不得中正○烝之乘反注同疏注烝衆至中正○正義曰烝衆釋詁文極中常訓也詩頌思文之篇美后稷之德周語云昔我
先○王世后稷故杜以先王言之言先王后稷立其衆人無不得其中正也當堯之末洪水滔天人不粒食皆失其正性后稷教人耕稼以養之各復本性故無
不得中正也是以神降之福時無災害民生敦厖和同以聽敦厚也厖大也○厖莫降反疏注敦厚厖
大也○正義曰皆釋詁文也言人之生計若財物足皆豐厚而多大管子曰倉廩實而知禮節衣食足而知榮辱讓生於有餘爭生於不足是其人生厚大則
心和而聽上命也莫不盡力以從上命致死以補其闕闕戰死者此戰之所由克也今楚內
棄其民不施惠而外絕其好義不建利○好呼報反瀆齊盟不詳事神○瀆徒木反而食話言信不守物○話
戶快反奸時以動禮不順時周四月今二月妨農業○奸音干本或作干疏注禮不至農業○正義曰沈氏云晉亦奸時所以無夭殃者以
鄭既有罪晉人討之楚黨有罪之鄭故獨謂之奸時而疲民以逞刑不正邪而苟快意○疲本亦作罷音皮下注同疏注刑不至快意○正

義曰魯語曰大刑用甲兵其次用斧鉞故大者陳之原野小者致之朝市則征伐之刑刑之大者刑不正邪而苟快意正謂伐晉是也此六句言楚無上六事隨便而言故與上不次服虔以外絕其好爲刑不正邪也食話言爲義不建利也疲民以逞爲信不守物也杜以食話言是言之不信也快意征伐是刑之失所也故不從舊說民不知信進退罪也人恤所底。其誰致死。底至也○底徐音旨又之履反[疏]注底至也○正義曰底聲近至故爲至也在上之信不著於人號令無常動。靖恣意或作東作西或欲遲欲速每事如此不可測量人不知信進退獲罪人人各憂其身不知性命所至誰肯致死戰也子其勉之吾不復見子矣言其必敗不反○復見一本無復字復扶又反[疏]對曰至子矣○正義曰叔時此對首尾相成先舉六名云戰之器也言有此六事乃可以戰若器用然也自德以施惠至信以守物辨六事施用之處也自民生厚至所由克言能用六事得戰勝之意也自今楚內棄其民至疲民以逞言楚不行六事也民不知信以下言楚必敗之意也德者得也自得於心美行之大名有大德者以德撫人是德用之以施恩惠也有。奸邪者斷以刑罰是刑用之以正邪辟也詳。者祥也古字同耳釋詁云祥善也李巡曰祥福之善也事神得福乃名爲祥是祥用之以事神也義者宜也物皆得宜利乃生焉故義所以生立利益也禮者履也其所踐履當識時要故禮所以順時事也言而無信物將散矣故信所以守羣物也人君用此道以撫下民民之生計豐厚財用足則民之德皆正矣德謂人之性行論語云民德歸厚矣即是正也此一句覆上德以施惠由上施恩惠故民生計豐厚也。財用有。利益而每事得節飢則有食寒則有衣其事皆得此一節矣此一句覆上義以建利也政不擾民時節皆順春種夏耨而物得成矣此一句覆上禮以順時也自上及下和睦。相親周旋運轉不有違逆上之所求下無不具下民自知其中無復二心故詩美先王成立我之衆民無不於女先王得其中正言先王善養下民使得中也自上下和睦以下至莫匪爾極總論在上德義禮三事以教於下則在下之人皆無邪惡以信自守即包上刑以正邪信以守物二句也聖王先成於民而後致力於神民既如此是以明神下之福祐時無水旱災害此覆上詳以事神也故下民生計皆豐厚而多大人皆和同其心以聽進止無不盡己之力以從上命戰陳之上有被殺傷者皆致其死命以補其空闕之處此戰之所由得而勝也今楚內棄其國內之民不行施惠是無德也外絕其鄰國之好不得其利是無義也與晉結盟而復背之瀆齊同之盟是無詳也與人要言今背其語食消善言是無信也夏之二月農事正煩奸犯時節而動兵伐人是無禮也晉人無罪苟欲伐之疲勞下民以快己欲是無刑也六事皆無是無器也無器而戰其可勝乎上若有信民。知所適上既無信不知所從從前言則違後令從後令則背前言人既不知在上之信其進與退皆得罪也人人憂其所至不知己之性命將至何處其誰肯致死而戰也子其勉力為之此行也必敗吾不復得見子矣知其必死與之長訣也姚句耳先歸子駟問焉對曰其行速過險而不整速則失志不思慮也不整喪列志失列喪將何以戰楚懼不可用也五月晉師濟河聞楚師將至范文子欲反曰我偽逃楚可以紓憂紓緩也○喪息浪反下同紓音舒夫合諸侯非吾所能也以遺能者我若羣臣輯睦以事君多矣武子曰不可六月晉楚遇於鄢陵范文子不欲戰郤至曰韓之戰惠公不振旅衆散敗也在僖十五年○遺唯季反下注間遺也同輯又作集音同亦七入反箕之役先軫不反命死於狄也在僖三十三年邲之師荀伯不復從荀林父奔。走不復故道在宣十二年○從徐子容反音或如字皆晉之恥也子亦見先君之事矣見先君成敗之事今我辟楚又益恥也文子曰吾先君之亟戰也有故亟數也○亟去吏反數所角反秦狄齊楚皆彊不盡力子孫將弱今三彊服矣（齊秦狄）敵楚而已唯聖人能外內無患自非聖人外寧必有內憂（驕亢則憂患生也○亢苦浪反）盍釋楚以爲外懼乎甲午晦楚晨壓晉軍而陳（壓笮其未備○盍戶臘反壓於甲反徐於輒反陳直覲反下及注皆同笮側百反）軍吏患之范匄趨進（匄士燮子○匄本又作丐古害反）曰塞井夷竈陳於軍中而疏行首（疏行首者當陳前決開營壘爲戰道○行戶郎反一音如字注同壘力軌反）晉楚唯天所授何患焉文子執戈逐之曰國之存亡天也童子何知焉欒書曰楚師輕窕固壘而待之三日必退退而擊之必獲勝焉郤至曰楚有六閒不可失也其二卿相惡（子重子反○窕勑彫反又勑弔反惡如字又烏路反）王卒以舊（罷老不代○卒子忽反下皆同）鄭陳而不整（不整列）蠻軍而不陳（蠻夷從楚者不結陳）陳不違晦（晦月終陰之盡故兵家以爲忌）疏注晦月至忌○正義曰日爲陽精月爲陰精兵尚殺害陰之道也行兵貴月盛之時晦是月終陰之盡也故兵家以晦爲忌不用晦日陳兵也昭二十三年七月戊辰晦吳敗楚師于雞父吳犯兵忌而戰勝者杜云違兵忌晦戰擊楚所不意彼知楚有可敗之機晦是兵家所忌原楚之情必以吳爲不動故以晦日掩之擊楚不備故也在陳而囂（囂喧嘩也○囂許驕反徐讀曰嗷五高反注及後同喧本又作諠況元反嘩本又作譁音華）合而加囂（陳合宜靜而益有聲）各顧其後莫有鬭心（人恤其所底）舊不必良以犯天忌我必克之楚子登巢車以望晉軍（巢車車上爲櫓○巢說文作轈云兵車高如巢以望敵也字林同櫓音魯）疏注巢車車上爲櫓○正義曰說文云轈兵高車加巢以望敵也櫓澤中守草樓也是巢與櫓俱

是樓之別名 子重使大宰伯州犂侍于王後州犂晉伯宗子前年奔楚○大音泰官名大者多同以意求之 王曰騁而左右何也騁走也 曰召軍吏也皆聚於中軍矣曰合謀也張幕矣曰虔卜於先君也虔敬也○幕音莫 徹幕矣曰將發命也甚囂且塵上矣曰將塞井夷竈而為行也夷平也○上時掌反行戶郎反下夾公行同 皆乘矣左右執兵而下矣曰聽誓也左將帥右車右○乘繩證反下同將子匠反下去將同帥所類反下元帥同 疏 注左將帥右車右○正義曰兵車為元帥在中御者在左也其餘將帥皆御者在中將帥在左也左右執兵而下唯御者持車不下耳 戰乎曰未可知也乘而左右皆下矣曰戰禱也禱請於鬼神○禱丁老反或丁報反 伯州犂以公卒告王。公晉侯 苗賁皇在晉侯之側亦以王卒告賁皇楚鬬椒子宣四年奔晉○賁扶云反 皆曰國士在且厚不可當也晉侯左右皆以伯州犂在楚知晉之情且謂楚衆多故憚合戰與苗賁皇意異○憚徒旦反 疏 注晉侯至意異○正義曰服虔以此皆曰之文在州犂賁皇之下解云賁皇州犂皆言曰晉楚之士皆在君側且陳厚不可當以為州犂言晉彊賁皇言楚彊故云皆曰也若如服言賁皇既言楚不可當何故復請分良以擊其左右故杜不用其說晉侯左右皆為此言以憚伯州犂耳 苗賁皇言於晉侯曰楚之良在其中軍王族而已請分良以擊其左右而三軍萃於王卒萃集也○萃似醉反 必大敗之。公筮之史曰吉其卦遇復䷗震下坤上復無變 疏 注震下至無變○正義曰說卦震為雷坤為地復象曰雷在地中復。服。虔云復反也陰盛於上陽動於下以喻小人作亂於上聖人興道於下萬物復萌制度復理故曰復也其筮六爻無變者故言其所遇之卦而已曰南國蹙射其元王中厥目此卜者辭也復陽長之卦陽氣起子南行推陰故曰南國蹙也南國勢蹙離受其咎離爲諸侯又爲目陽氣激南飛矢之象故曰射其元王中厥目○蹙子六反射食亦反注及下射之同中丁仲反注同長丁丈反激古狄反疏注此卜至厥目○正義曰此實筮也而言卜者卜筮通言耳此既不用周易而別爲之辭蓋卜筮之書更有此類筮者據而言耳服虔以爲陽氣觸地射出爲射之象杜以陽氣激南爲飛。矢之象二者無所依馮各以意說得失終於無驗是非無以。可明今以杜言離爲諸侯者案禮器云大明生於東君西酌犧象鄭玄云象日出東方而西行也詩邶柏舟鄭箋云日君象也說卦離爲日故爲諸侯國蹙王傷不敗何待公從之從其言而戰

有淖於前淖泥也○淖乃孝反徐徒較反乃皆左右相違於淖違辟也步毅御晉厲公欒鍼爲右步毅卽郤毅彭名御楚共王潘黨爲右。石首御鄭成公唐苟爲右欒范以其族夾公行二族強故在公左右○共音恭夾古洽反疏注二族至左右○正義曰劉炫云族者屬也屬謂中軍以中軍夾公耳非謂宗族之兵今知非者杜云二族者順傳之文無明言宗族之事劉誣杜以爲宗族妄規其過非也陷。於淖欒書將載晉侯鍼曰書退國有大任焉得專之在君前故子名其父大任謂元帥之職○焉於虔反疏國有至專之○正義曰言國有元帥之大任何得專意廢之而爲御也○注在君至其父○正義曰曲禮曰父前子名君前臣名鄭玄云對至尊無大小皆相名以君至尊爲在君前故子名其父且侵官冒也載公爲侵官○冒莫報反徐莫比反失官慢也去將而御失官也離局姦也遠其部曲爲離局○離力志反注同遠于萬反有三罪焉不可犯也乃掀公以出於淖掀舉也○掀徐許言反云捧轂舉之則公掀起也一曰掀引也胡根反一音虛斤反字林云舉出也

火氣也又丘近反【疏】注掀舉也○正義曰說文云掀舉出也公在於淖知掀當訓為舉也癸巳潘尫之黨與養由基蹲甲而射之徹七札焉黨潘尫之子蹲聚也一發達七札言其能陷堅○尫烏黃反之黨一本作潘尫之子黨案注云黨潘尫之子也則傳文不得有子字古本此及襄二十三年申鮮虞之傅摯皆無子字蹲在尊反徐又在損反一音才官反札側八反徐側乙反【疏】潘尫之黨○正義曰潘尫之子其名為黨襄二十三年申鮮虞之傅摯辟與此同古人為文略言耳以示王曰君有二臣如此何憂於戰二子以射夸王○夸苦瓜反王怒曰大辱國賤其不尙知謀○知音智詰朝爾射死藝言女以射自多必當以藝死也詰朝猶明朝是戰日○朝如字注同女音汝呂錡夢射月中之退入於泥呂錡魏錡○射食亦反下至使射呂錡皆同占之曰姬姓日也周世姬姓尊異姓月也異姓卑必楚王也射而中之退入於泥亦必死矣錡自入泥亦死象○中丁仲反下及注皆同及戰射共王中目王召養由基與之兩矢使射呂錡中項伏弢弢弓衣○項戶講反弢他刀反以一矢復命言一發而中郤至三遇楚子之卒見楚子必下免冑而趨風疾如風楚子使工尹襄問之以弓問遺也【疏】注問遺也○正義曰遺人以物謂之為問問弦多以琴問子貢以弓論語云問人於他邦皆是也曰方事之殷也殷盛也有韎韋之跗注君子也韎赤色跗注戎服若袴而屬於跗與袴連○韎莫拜反又音妹徐莫蓋反跗方于反注之樹反袴苦故反屬章玉反【疏】注韎赤至袴連○正義曰鄭玄詩箋云韎茅蒐染也。韎聲也韋昭云茅蒐今絳草也急疾呼茅蒐成韎也茅蒐卽今之蒨也賈逵云一染曰韎釋器云一染謂之縓縓謂一入赤為淺赤色也跗注兵戎之服自要以下而注於脚跗謂屬袴於下與跗相連周禮司服凡兵事韋弁服鄭玄云韋弁以韎韋爲弁又以爲衣裳晉郤至衣韎韋之跗注是也鄭以跗當爲幅謂裁韋若布帛之幅相縫屬鄭言以爲衣裳則衣裳不連聘禮君使卿韋弁歸饔餼鄭玄云其服蓋韎布以爲衣而素裳鄭以彼非戎事當爲素裳明衣裳不連跗杜言連者。謂要脚連耳若然在軍之服其色皆同耳謂均服振振上下同色郤至與衆同服所以獨見識者禮法雖有此服軍士未必盡然郤至服必鮮華故楚王偏識之識。見

不穀而趨無乃傷乎恐其傷郤至見客免冑承命曰君之外臣至從寡君之戎事以君之靈間蒙甲冑間猶近也○近如字一本或作與音預不敢拜命介者不拜○介音界疏注介者不拜○正義曰曲禮云介者不拜爲。其拜而蓌拜鄭玄云蓌則失容節蓌猶詐也慮其詐甲折○云敢告不寧君命之辱以君辱賜命故不敢自安疏注以君至自安○正義曰劉炫以爲楚王云無乃傷乎恐其傷也荅云敢告不寧告其身不傷耳魏犨云不有寧也以傷爲寧此與魏犨相似今知不然者案僖二十八年魏犨云以君之靈不有寧也謂不有被傷以自寧也知不與彼同者以彼云不有寧謂不有損傷此直云不寧既無有字又先無。被傷之狀與魏犨不同也案檢杜注敢告不寧君命之辱宜連讀之若敢告不寧別自爲句則君命之辱一句零行無所依附故知與彼不同劉君不尋此意以爲與魏犨相似而規杜非也爲事之故敢肅使者言君辱命來問以有軍事不得荅故肅使者肅手至地若今揖○爲于僞反使所吏反注及下同揖伊志反揖也字林云擧首下手也疏注言君至今揖○正義曰周禮大祝辨九拜九曰肅拜鄭司農云肅拜但俯下手今時揖是也說文云揖擧首下手也其勢如今揖之小別晉宋儀注貴人待賤人賤人拜貴人揖三。肅使者而退晉韓厥從鄭伯從逐也其御杜溷羅曰速從之其御屢顧不在馬可及也韓厥曰不可以再辱國君乃止二年鞌戰韓厥已辱

齊侯○溷戸昬戸本二反郤至從鄭伯其右茀翰胡曰諜輅之余從之乘而俘以下從遣輕兵單進以距鄭伯車前而自後登其車以執之○茀府勿反翰徐音韓諜音牒輅五嫁反乘繩證反輕遣政反又如字疏注欲遣至執之○正義曰說文云諜軍中反間也兵書有反間之法謂詐爲敵國之人入其軍中伺候間隙以反告己軍令謂之細作人也此欲令諜迎鄭伯則非一人細作於時鄭伯退走故杜以爲輕兵單進遶鄭伯之前逆距鄭伯使鄭伯前視輕兵不復顧後得自後登其車以執之也鄭軍亂走輕兵獨出其間亦諜之類故翰胡得以諜言之郤至曰傷國君有刑亦止石首曰衞懿公唯不去其旗是以敗於熒乃內旌於弢中熒戰在閔二年○去起呂反熒戸扃反旌音精疏內旌於弢中○正義曰旌謂鄭伯所建之旗弢是盛旌之囊也周禮全羽爲旞析羽爲旌謂空建鳥羽者也但九旗竿首皆有析羽故旌爲之總名故此傳鄭伯與子重所建皆以旌言之其鄭伯所建當是交龍之旂子重所建當是熊虎之旗周禮中秋教治兵辨旗物諸侯載旂軍吏載旗鄭玄云軍吏諸軍帥也凡旌旗有軍衆者畫異物無者帛而已子重爲將自然當建熊虎之旗唐苟謂石首曰子在君側敗者壹大我不如子子以君免我請止乃死敗者壹大謂軍大崩也言石首亦君之親臣而就御與車右不同故首當御君以退己當死戰楚師薄於險薄迫也叔山冉謂養由基曰雖君有命爲國故子必射王有死藝命○冉如炎反爲于僞反射食亦反乃射再發盡殪叔山冉搏人以投中車折軾晉師乃止言二子皆有過人之能○發如字徐音廢殪於計反搏音博中丁仲反折之設反又市列反軾音式囚楚公子茷爲郤至見譖張本○茷扶廢反疏囚楚公子茷○正義曰晉語謂之王子發鉤蓋一名一字也欒鍼見子重之旌請曰楚人謂夫旌

子重之麾也彼其子重也日臣之使於楚也子重問晉國之勇臣對曰好以衆
整曰又何如又問其餘○夫音扶麾許危反日人實反使所吏反下免使者同好呼報反下及注皆同臣對曰好以暇暇閑暇○
閒音閑今兩國治戎行人不使不可謂整臨事而食言不可謂暇食言好整之言○使所吏反又如
字請攝飲焉攝持也持飲往飲子重○往飲於鴆反公許之使行人執榼承飲造于子重承奉也○榼苦
臘反造七報反曰寡君乏使使鍼御持矛御侍也是以不得犒從者使某攝飲子重曰夫
子嘗與吾言於楚必是故也不亦識乎知其以往言好暇故致飲○犒苦報反從才用反受而飲之免
使者而復鼓免脫也○復扶又反注及下同旦而戰見星未已子反命軍吏察夷傷夷亦傷也【疏】注夷
亦傷也○正義曰服虔云金創爲夷杜以戰用五兵唯殳無刃所言傷者皆刃傷也何須於此獨辨金木故知夷亦傷也復言之耳補卒乘補死亡○
乘繩證反下同繕甲兵繕治也展車馬展陳也○陳如字雞鳴而食唯命是聽復欲戰晉人患之苗
賁皇徇曰蒐乘補卒蒐閱也○徇似俊反蒐所留反秣馬利兵秣穀馬也○秣音末脩陳固列固堅也○陳直覲反
又如字蓐食申禱申重也○蓐音辱重直用反明日復戰乃逸楚囚逸縱也○縱子用反王聞之召子反
謀穀陽豎獻飲於子反子反醉而不能見穀陽子反內豎○見賢遍反【疏】注穀陽子反內豎○正義曰鄭玄云
豎未冠者之名故杜以爲內豎也案呂氏春秋云荊共王與晉厲公戰于鄢陵荊師敗共王傷臨戰司馬子反渴而求飲豎陽穀操酒而進之子反曰却酒也

豎陽穀曰非酒也子反曰却酒也豎陽穀又曰非酒也子反受而飲之子反之爲人也嗜酒甘而不能絕於口醉戰既罷共王欲復戰而謀使召司馬子反子反辭以心疾共王駕往視之入幄中聞酒臭而還曰今日之戰不穀親傷所恃者司馬也而司馬又若此不穀無與復戰矣於是遂罷師去之斬司馬子反以爲戮與此不同者傳依簡牘本紀彼采傳聞異辭所說既殊其文亦異王曰天敗楚也夫余不可以待乃宵遁晉入楚軍三日。穀食楚粟三日也○夫音扶三日穀本或作三日館穀誤也范文子立於戎馬之前曰君幼諸臣不佞佞才也○君幼本或作君幼弱何以及此君其戒之戒勿驕周書曰惟命不于常有德之謂周書康誥言勝無常命唯德是與

疏注周書至是與○正義曰周公稱成王之命告康叔以此言也唯上天之命不常於。一人也言善則得之惡則失之唯有德者於是與之楚師還及瑕瑕楚地王使謂子反曰先大夫之覆師徒者君不在謂子玉敗城濮時王不在軍○覆芳服反子無以爲過不穀之罪也子反再拜稽首曰君賜臣死死且不朽王引過亦所以責子反。臣之卒實奔臣之罪也子重復謂子反曰初隕師徒者而亦聞之矣盍圖之聞子玉自殺終二卿相惡○卒從此已前皆子忽反隕于敏反盍戶臘反對曰雖微先大夫有之大夫命側側敢不義言以義命己不敢不受

疏雖微至不義○正義曰微無也縱使雖無先大夫有此舊事今大夫將義命己敢不以爲之義乎側亡君師敢忘其死王使止之弗及而卒戰之日齊國佐高無咎至于師無咎高固子衛侯出于衛公出于壞隤壞隤魯邑齊衛皆後非獨魯明晉以僑如故不見公○壞戶怪反徐音懷隤徒回反

疏

衛侯至壞隤○正義曰出于衛者已出衛竟也公出於壞隤始從壞隤而出猶未出魯竟下云公待於壞隤設守而後行是出國止於壞隤更從壞隤而出

宣伯通於穆姜穆姜成公母欲去季孟而取其室季文子孟獻子○去起呂反將行穆姜送公而使逐二子公以晉難告會晉伐鄭難乃旦反○曰請反而聽命姜怒公子偃公子鉏趨過二子公庶弟○鉏仕居反【疏】注二子公庶弟○正義曰沈氏云以刺公子偃不云弟故也指之曰女不可是皆君也言欲廢公更立君○女音汝公待於壞隤申宮儆備申勑宮備儆京領反○設守而後行是以後後晉楚戰期○守手又反使孟獻子守于公宮秋會于沙隨謀伐鄭也鄭伯未服宣伯使告郤犨曰魯侯待于壞隤以待勝者觀晉楚之勝負郤犨將新軍且爲公族大夫以主東諸侯主齊魯之屬取貨于宣伯而訴公于晉侯訴譖也晉侯不見公○曹人請于晉曰自我先君宣公卽位在十三年國人曰若之何憂猶未弭弭息也既葬國人皆將從子臧所請憂未息○弭亡氏反而又討我寡君前年晉侯執曹伯以亡曹國社稷之鎭公子謂子臧逃奔宋是大泯曹也泯滅也先君無乃有罪乎言今君無罪而見討得無以先君故若有罪則君列諸會矣諸侯雖有簒弒之罪侯伯已與之會則不復討前年會于戚曹伯在列盟畢乃執之故曹人以爲無罪○簒初患反弒音試復扶又反下及下文復請同【疏】注諸侯至無罪○正義曰諸侯發立當由天子但春秋之世王政不行若簒弒而立則侯伯既列於會便是已成爲君臣人得殺之鄰國不得復討往年爲戚之會主爲討曹但晉侯既列於會盟畢乃始執之故曹人以爲

無罪也宣元年會于平州以定公位齊非侯伯而得公位定者縱非侯伯乃是彊鄰既得與會郎為黨援晉若討魯齊必救之於是晉國竟不伐魯是由會齊而公位遂定也君唯不遺德刑遺失也以伯諸侯豈獨遺諸敝邑敢私布之為曹伯歸不以名告傳〇伯如字又音霸〔疏〕注為曹至告傳〇正義曰諸侯被執及歸或名或否雖從告辭傳不為例但諸侯尊貴不斥其名曲禮曰諸侯不生名諸侯失地名滅同姓名是諸侯稱名者是罪責之事彼告者亦量其事之善否惡之則以名告故釋例曰蔡侯般弒父自立楚子欲顯行刑誅以章伯業誘而殺之蔡人深怨故稱名以告春秋從而書之是告者謂其有罪則稱名以告謂其無罪則告不以名此曹人訴君無罪晉侯從而釋之言其無罪而歸故晉人不以名告下云晉侯謂子臧反吾歸而君是晉人告其歸也此傳說曹伯無罪是為經不以名告之傳也

〇七月公會尹武公及諸侯伐鄭將行姜又命公如初復欲使公逐季孟公又申守而行諸侯之師次于鄭西我師次于督揚不敢過鄭督揚鄭東地〇守手又反下注同過古臥反又古禾反〇子叔聲伯使叔孫豹請逆于晉師豹叔孫僑如弟也僑如於是遂作亂豹因奔齊〔疏〕注豹叔至奔齊〇正義曰此時七月也至十月而僑如奔齊昭四年傳稱穆子去叔孫氏及庚宗遇婦人使私為食而宿焉後生豎牛適齊娶於國氏生孟丙仲壬乃云宣伯奔齊穆子饋之則似豹在齊多年僑如始往故服虔以為叔孫豹先在齊矣此時從國佐在師聲伯令人就齊師使豹豹不忘宗國聞自國佐為魯請逆杜不然者若豹以前在齊則非復魯臣聲伯正可因之以請不得云聲伯使豹聲伯安得專使背叛之臣也又聲伯豈無魯人可使而崎嶇艱險遠使他國之人乎今傳言聲伯使豹明在魯軍得為聲伯使耳下云聲伯食使者而後食不言食豹而言食使者明豹因請逆遂即不還還者豹之介耳於時魯師在鄭從鄭向齊塗出於魯豹必過魯乃去故得宿於庚宗彼傳因言宿於庚宗遂說娶於國氏生二子

耳二子之生必在僑如奔後豹之還魯雖無歸年而襄二年始見於經豎牛已能奉雉故杜以爲此年去彼年歸故下注云傳因言其終爲食於鄭郟師逆以至聲伯。戒叔孫以必須所逆晉師至乃食聲伯四日不食以待之食使者使者豹之介○食使音嗣使所吏反注同介音界下文敢介大國同而後食言其忠也○而後食一本作聲伯而後食○諸侯還于制田熒陽宛陵縣東有制澤知武子佐下軍武子荀罃以諸侯之師侵陳至于鳴鹿陳國武平縣西南有鹿邑遂侵蔡未反侵陳蔡不書公不與○與音預諸侯還于頼上戊午鄭子罕宵軍之宋齊衛皆失軍將主與軍相失宋衛不書後也○將子匠反疏注將主至後也○正義曰服虔以失軍爲失其軍糧傳稱諸侯還于頼上子罕宵軍之則軍諸侯之營不軍其輜重安得爲失軍糧也故杜以爲將主與軍相失謂夜裏迸散相失耳此諸侯即伐鄭之諸侯也經書公會尹子晉侯齊國佐邾人伐鄭不書宋衛傳言宋衛皆失軍則宋衛在矣在而不書後至故也曹人復請于晉晉侯謂子臧反吾歸而君以曹人重子臧故子臧反曹伯歸子臧自宋還子臧盡致其邑與卿而不出不出仕○宣伯使告郤犨曰魯之有季孟猶晉之有欒范也政令於是乎成今其謀曰晉政多門不可從也政不由君寧事齊楚有亡而已蔑從晉矣蔑無也若欲得志於魯請止行父而殺之行父季文子也我斃蔑也蔑孟獻子時留守公宮○斃婢世反而事晉蔑有貳矣魯不貳小國必睦不然歸必叛矣。九月晉人執季文子于苕丘公還待于鄆。鄆魯西邑東郡廩丘縣東有鄆城○廩力甚反使子叔聲伯請季孫于晉郤犨曰苟去仲孫蔑而止季孫行父吾與子國親於公室（親魯甚於晉公室○去起呂反下同）對曰僑如之情子必聞之矣（聞其淫慝情○慝吐得反下文同）若去蔑與行父是大棄魯國而罪寡君也若猶不棄而惠徼周公之福使寡君得事晉君則夫二人者魯國社稷之臣也若朝亡之魯必夕亡以魯之密邇仇讎（仇讎謂齊楚○夫音扶朝如字）疏（若朝至夕亡○正義曰朝亡之謂朝失蔑與行父也魯必夕亡謂亡屬他國也下云亡而爲讎是欲棄晉而屬齊楚）亡而爲讎治之何及（言魯屬齊楚則還爲晉讎）郤犨曰吾爲子請邑對曰嬰齊魯之常隸也（隸賤官○爲于僞反）敢介大國以求厚焉（介因也）承寡君之命以請（承奉也）若得所請吾子之賜多矣又何求○范文子謂欒武子曰季孫於魯相二君矣（二君宣成○相息亮反）妾不衣帛馬不食粟可不謂忠乎信讒慝而棄忠良若諸侯何子叔嬰齊奉君命無私（不受郤犨請邑○衣於既反食舊如字對上句應作嗣音）謀國家不貳（謂四日不食以堅事晉）圖其身不忘其君（辭邑不食皆先君而後身）若虛其請是棄善人也子其圖之乃許魯平赦季孫○冬十月出叔孫僑如而盟之僑如奔齊（諸大夫共盟以僑如爲戒）十二月季孫及郤犨盟于扈歸刺公子偃（偃與鉏俱爲姜所指而獨殺偃偃與謀○偃與音預）召叔孫豹于齊而立之（近此七月聲伯使豹請逆於晉聞魯人將討僑如豹乃辟其難先奔齊生二子而魯乃召之故襄二年豹始見經傳）

於此因言其終○難乃旦反見賢遍反○齊聲孟子通僑如聲孟子齊靈公母宋女使立於高國之閒位比二卿僑如曰不可以再罪奔衛亦閒於卿傳亦終言僑如之佞○閒徐音閒廁之閒讀者或如字○晉侯使郤至獻楚捷于周與單襄公語驟稱其伐伐功也疏晉侯至其伐○正義曰周語稱郤至見召桓公與之語召桓公與告單襄公非郤至自與襄公語也襄公論郤至將死者召桓公語耳非語諸大夫也其文與此小異其意與此大同周語詳而此傳略先賢或以爲國語非丘明所作爲其或有與傳不同故也驟稱其伐謂數數自伐其功周語說郤至自伐之言多矣其辭不可具載單子語諸大夫曰溫季其亡乎溫季郤至○語魚據反○疏溫季其亡乎○正義曰周語單襄公荅召桓公云人有言曰兵在頸者其郤至之謂乎卽具論郤至之失乃曰以吾觀之兵在其頸不可久也位於七人之下佐新軍位在八疏位於七人之下○正義曰此時欒書將中軍士燮佐之郤錡將上軍荀偃佐之韓厥將下軍荀罃佐之郤犨將新軍郤至佐之是位在七人之下○而求掩其上稱己之伐掩上功○疏○注稱己至上功○正義曰周語曰郤至自稱己有大功欲求晉國之政召桓公謂之曰吾子則賢矣晉國之舉不失其次吾懼政之未及子也至謂召桓公曰何次之有先大夫荀伯下軍之佐以爲政趙宣子未有軍行而以爲政今欒伯自下軍往是三子也吾又過之無不及也若佐新軍而以之爲政不亦可乎將必求之是掩上功○怨之所聚亂之本也多怨而階亂何以在位怨爲亂階夏書曰怨豈在明不見是圖逸書也不見細微也○見賢遍反又如字注同疏夏書至可乎○正義曰夏書五子之歌第一章也其爲人所怨者豈必在明白之處乎其於人所不見當於是圖謀之此書之言將謂慎其細小之事者也今乃明明言之道己欲掩其上此事甚明其可乎言必不可也杜不見古文故云逸書將慎其細也今

而明之其可乎言郤至顯稱己功所以明怨咎

經十有七年春衛北宮括帥師侵鄭括成公孫○括古活反○夏公會尹子單子晉侯齊侯宋公衛侯曹伯邾人伐鄭晉未能服鄭故假天子威周使二卿會之晉為兵主而猶先尹單尊王命也單伯稱子蓋降爵○六月乙酉同盟于柯陵柯陵鄭西地○柯古河反○秋公至自會無傳○齊高無咎出奔莒○九月辛丑用郊無傳九月郊祭非禮明矣書用郊從史文【疏】注九月至史文○正義曰傳例啟蟄而郊今九月郊祀是非禮明矣公羊傳曰用者何用者不宜用也九月非所用郊也穀梁傳曰夏之始可以承春以秋之末承春之始蓋不可矣九月用郊用者不宜用也賈逵以二傳為說諸書用者不宜用也釋例曰辛丑用郊文異而丘明不發傳因時史之辭非聖賢意也劉賈以為諸言用皆不宜用反於禮者也施之用郊似若有義至於用幣用鄫子諸若此此皆當須書用以別所用者也若不言用則事敘不明所謂辭窮非聖人故造此用以示義也且諸過祀三望之類奚獨皆不書用邪案左氏傳用幣于社傳曰得禮冉有用矛於齊師孔子以為義無不宜用之例也丘明云我師豈欺我哉○晉侯使荀罃來乞師無傳將伐鄭○冬公會單子晉侯宋公衛侯曹伯齊人邾人伐鄭鄭猶未服故也○十有一月公至自伐鄭無傳○壬申公孫嬰卒于貍脤十一月無壬申日誤也貍脤闕○貍力之反脤市軫反○【疏】注十一至脤闕○正義曰杜長曆推十一月丁亥朔六日壬辰十六日壬寅二十六日壬子十日丙申二十二日戊申不知壬申二字何者為誤長曆云公羊穀梁傳及諸儒皆以為十月十五日也十月庚午圍鄭十三日也推至壬申誠在十五日然據傳曰十一月諸侯還自鄭壬申至于貍脤而卒此非十月分明誤在日也又杜於土地之

篇凡有地名二十六所不知所在之國鄖脤卽是其一不知是何國之地故直云鄖也杜又稱舊說曰壬申十月十五日鄖脤魯地也傳曰十月庚午圍鄭則二日未得及魯竟也釋例又曰魯大夫卒其竟內則不書地傳稱季子行東野卒于房是也以此益明鄖脤非魯地矣以下有十二月丁巳朔逆而推之故諸舊說皆以壬申爲十月十五日也公羊穀梁傳以爲待公至然後卒大夫故十月之日書在十一月之下於左傳則不通故杜以爲日誤○十有二月丁巳朔日有食之無傳○邾子貜且卒無傳五同盟○貜俱縛反且子餘反疏注五同盟○正義曰貜且以文十四年卽位宣十七年盟于斷道成二年于蜀五年于蟲牢七年于馬陵九年于蒲十五年于戚此年于柯陵凡七同盟而云五者沈以杜數同盟之例但有君盟者不數大夫之盟此二年盟蜀十七年盟柯陵皆邾之大夫故不數之劉炫幷數二盟而規其過非也○晉殺其大夫郤錡郤犨郤至○楚人滅舒庸

傳十七年春王正月鄭子駟侵晉虛滑虛滑晉二邑滑故滑國爲秦所滅時屬晉後屬周○虛起居反疏注虛滑至屬周○正義曰僖三十三年秦人滅滑經書入則是滅而不有不知滅後屬何國也此言侵晉知此時屬晉耳襄十八年傳楚公子格侵費滑胥靡注云胥靡鄭邑不言費滑杜意當以費滑爲周邑也然則若是周邑當言侵周以別之定六年傳稱鄭伐周馮滑胥靡爾時胥靡亦爲周邑蓋費滑胥靡周鄭之間襄時屬鄭定時屬周衞北宮括救晉侵鄭至于高氏不書救以侵告高氏在陽翟縣西南夏五月鄭大子髡頑侯獳爲質於楚侯獳鄭大夫○髡苦門反獳乃侯反質音致楚公子成公子寅戍鄭○公會尹武公單襄公及諸侯伐鄭自戲童至于曲洧今新汲縣治曲洧城臨洧水○戲許宜反洧于軌反治直吏反疏注洧水○

正義曰釋例云洧水出熒陽密縣西北陽城山東南至潁川長平縣入潁○晉范文子反自鄢陵前年鄢陵戰還使其祝宗

祈死祝宗主祭祀祈禱者曰君驕侈而克敵是天益其疾也難將作矣愛我者唯祝我使

我速死無及於難范氏之福也六月戊辰士燮卒傳言厲公無道故賢臣憂懼因禱自裁○侈尺氏反又尸

氏反難乃旦反下同祝之又反疏注傳言至自裁○正義曰劉炫以為士燮及昭子之卒適與死會非自殺今知非者以傳云使祝宗祈死又云祝我使我

速死無及於難是其欲死之意叔孫昭子心懷憂懼亦與此同身皆並卒故知自裁若其二人之死適與死會春秋之內唯有兩人願死何得身死皆與相當

故杜斟酌傳文以為自殺劉以為偶然而死以規杜失非也何休膏肓以為人生有三命有壽命以保度有隨命以督行有遭命以摘暴未聞死可祈也故杜

以為因禱自裁也傳記此事者欲見厲公無道賢臣憂懼○乙酉同盟于柯陵尋戚之盟也戚盟在十五年○楚子

重救鄭師于首止諸侯還畏楚強○齊慶克通于聲孟子與婦人蒙衣乘輦而入

于閎慶克慶封父蒙衣亦為婦人服與婦人相冒閎巷門○與如字徐音預閎音宏冒亡報反疏于閎○正義曰釋宮云宮中衕謂之壼衕門謂之閎

孫炎曰衕舍間道也李巡曰閎衕頭門也鮑牽見之以告國武子鮑牽鮑叔牙曾孫○武子召慶克而謂之慶

克久不出慙臥於家夫人所以怪之而告夫人曰國子讁我讁譴責也○讁直革反譴遣戰反○夫人怒國子

相靈公以會會伐鄭○相息亮反下相施氏同高鮑處守高無咎鮑牽○守手又反及還將至閉門而索客

蒐索備姦人○索所白反注同孟子訴之曰高鮑將不納君而立公子角國子知之角頃公子○頃音傾

秋七月壬寅刖鮑牽而逐高無咎無咎奔莒高弱以盧叛○弱無咎子盧高氏邑刖音月又五刮反

齊人來召鮑國而立之國牽之弟文子初鮑國去鮑氏而來爲施孝叔臣施氏卜宰匡句須吉卜立家宰句其俱反○施氏之宰有百室之邑與匡句須邑使爲宰以讓鮑國而致邑焉施孝叔曰子實吉對曰能與忠良吉孰大焉鮑國相施氏忠故齊人取以爲鮑氏後仲尼曰鮑莊子之知不如葵葵猶能衛其足葵傾葉向日以蔽其根言鮑牽居亂不能危行言孫○知音智向許亮反本又作嚮行下孟反○冬諸侯伐鄭前夏未得志故十月庚午圍鄭楚公子申救鄭師于汝上十一月諸侯還不書圍畏楚救不成圍而還疏汝上○正義曰釋例云汝水出南陽魯縣大盖山東北至河南梁縣東南經襄城潁川汝南至汝陰褒信縣入淮○初聲伯夢涉洹洹水出汲郡林慮縣東北至魏郡長樂縣入清水○洹音桓一音恒今土俗音袁慮力於反樂音洛下樂乎同或與己瓊瑰食之瓊玉瑰珠也食珠玉含象○瓊求營反瑰古回反含戶暗反本亦作唅疏注瓊玉至含象○正義曰瓊是玉之美者廣雅云玫瑰珠也呂靖韻集云玫瑰火齊珠也含者或用玉或用珠故夢食珠玉爲含象也詩毛傳云瓊瑰石而次玉禮緯天子含用珠諸侯用玉大夫用碧此聲伯得有瓊瑰者案周禮天子含用玉則禮緯之文未可全依或可珠玉兼有故釋例云珠玉曰含泣而爲瓊瑰盈其懷淚下化爲珠玉滿其懷從而歌之曰濟洹之水贈我以瓊瑰歸乎歸乎瓊瑰盈吾懷乎從就也夢中爲此歌懼不敢占也還自鄭壬申至于貍脤而占之曰余恐死

故不敢占也今衆繁而從余三年矣無傷也言之之。莫而卒繁猶多也傳敘數占夢○莫音暮數
所角反【疏】今衆至傷也○正義曰聲伯之意以初得此夢謂凶在己懼不敢占今衆既繁多而從余三年余之此夢凶災散在衆人不在己也故云無傷
○齊侯使崔杼爲大夫使慶克佐之帥師圍盧討高弱○杼直呂反國佐從諸侯圍鄭以
難請而歸請於諸侯○難乃旦反下及注同遂如盧師殺慶克以穀叛疾克淫亂故殺之齊侯與之盟
于徐關而復之十二月盧降使國勝告難于晉待命于清勝國佐子使以高氏難告晉齊欲討國佐
故留其子於外清陽平樂縣是爲明年殺國佐傳○降下江反【疏】待命于清○正義曰欲遣國勝告難故令待命待進止之命在于清地非是使還待命
晉厲公侈多外嬖外嬖愛幸大夫○嬖必計反反自鄢陵欲盡去羣大夫而立其左右終如士燮
言○反自鄢陵本作自鄢陵去起呂反胥童以胥克之廢也怨郤氏童胥克之子宣八年郤缺廢胥克而嬖於厲
公郤錡奪夷陽五田五亦嬖於厲公郤犫與長魚矯爭田執而梏之梏械也○矯居表反
梏古毒反械戶戒反與其父母妻子同一轅繫之車轅既矯亦嬖於厲公欒書怨郤至以其不
從己而敗楚師也欲廢之鄢陵戰欒書欲固壘郤至言楚有六間以取勝也使楚公子茷告公曰此戰
也郤至實召寡君鄢陵戰晉因公子茷以歸以東師之未至也齊魯衛之師與軍帥之不具也曰
此必敗荀罃佐下軍居守郤犫將新軍乞師故言不具○帥所類反守手又反吾因奉孫周以事君孫周晉襄公曾孫悼公

楚王也【疏】注孫周至悼公○正義曰晉世家云悼公周者其先祖父捷晉襄公少子也不得立號為桓叔桓叔生惠伯談談生悼公周是周為襄公曾孫
也○公告欒書書曰其有焉不然豈其死之不恤而受敵使乎謂鄢陵戰時楚子問郤至以弓○使
所吏反君盍嘗使諸周而察之嘗試也○盍戶臘反使所吏反又如字郤至聘于周欒書使孫周見
之公使覘之信覘伺也○覘勑廉反伺音司又絲嗣反遂怨郤至厲公田與婦人先殺而飲酒後
使大夫殺傳言厲公無道先婦人而後卿佐郤至奉豕進之於公寺人孟張奪之寺人奄士郤至射而殺
之公曰季子欺余季子郤至公反以為郤至奪孟張豕○射食亦反厲公將作難胥童曰必先三郤族
大多怨去大族不偪不偪公室○偪彼力反下同敵多怨有庸討多怨者易有功○易以豉反公曰然郤氏
聞之郤錡欲攻公曰雖死君必危郤至曰人所以立信知勇也信不叛君知不
害民勇不作亂失茲三者其誰與我死而多怨將安用之言俱死無用多其怨咎○知音智下同
君實有臣而殺之其謂君何我之有罪吾死後矣若殺不辜將失其民欲安得
乎言不得安君位待命而已受君之祿是以聚黨有黨而爭命爭死命也罪孰大焉傳言郤至無反
心壬午胥童夷羊五帥甲八百將攻郤氏八百人也長魚矯請無用衆公使清沸魋
助之沸魋亦嬖人○沸甫味反魋徒回反抽戈結衽衽裳際○衽而甚反徐音而鴆反而僞訟者僞與清沸魋訟三郤將

謀於榭榭講武堂疏注榭講武堂○正義曰楚語云榭不過講軍實爲是榭爲講武堂傳言將謀於榭似仍未至榭猶在塗也下云殺駒伯苦成叔
於其位位所坐之處則已至榭矣三郤慮公殺己謀欲自安未及謀而已死故云將耳非謂未至榭也或可將謀於榭是未至榭故杜云位所坐處也謂當時
隨便所坐之處故長魚矯得僞訟而殺之若已至榭不應就榭僞訟矯以戈殺駒伯苦成叔於其位位所坐處也駒伯郤錡苦
成叔郤犨處昌慮反○溫季曰逃威也遂趨郤至本意欲稟君命而死今矯等不以君命而來故欲逃凶賊爲害故曰威言可畏也或
曰。畏當爲藏矯及諸其車以戈殺之皆尸諸朝陳其尸於朝胥童以甲劫欒書中行偃於
朝矯曰不殺二子憂必及君公曰一朝而尸。三卿余不忍益。也對曰人將忍君
人謂書與偃○一朝如字疏一朝而尸三卿○正義曰一朝謂一旦也晉語說此事一旦而尸三卿不可益也臣聞亂在外爲姦在
內爲軌。御姦以德德綏遠○軌本又作宄音同御魚呂反下同御軌以刑。刑治近。也不施而殺不可謂德
臣偪而不討不可謂刑德刑不立姦軌並至臣請行遂出奔狄行去也○施如字或式豉反
公使辭於二子辭謝書與偃。也曰寡人有討於郤氏郤氏既伏其辜矣大夫無辱其復
職位胥童劫而執之故云辱也皆再拜稽首曰君討有罪而免臣於死君之惠也二臣雖死
敢忘君德乃皆歸公使胥童爲卿公遊于匠麗。氏匠麗嬖大夫家欒書中行偃遂執公
焉召士匄士匄辭辭不往也召韓厥韓厥辭曰昔吾畜於趙氏孟姬之讒。吾能違兵

畜養也違去也韓厥少爲趙盾所待養及孟姬之亂晉將討趙氏而厥去其兵示不與黨言此者明己無所偏助孟姬亂在八年○去起呂反下同少詩照反

古人有言曰殺老牛莫之敢尸而況君乎二三子不能事君焉用厥也尸主也○爲於虔反

○舒庸人以楚師之敗也敗於鄢陵舒庸東夷國。人道吳人圍巢伐駕圍釐虺巢駕釐虺楚四邑○道音導下及注同駕如字一音加釐力之反虺許鬼反

遂恃吳而不設備楚公子。橐。師襲舒庸滅之○閏月乙卯晦欒書中行偃殺胥童以其劫己故○橐他洛反民不與郤氏胥童道君爲亂故皆書曰晉殺其大夫厲公以私欲殺三郤而三郤死不以無罪書偃以家怨害胥童而胥童受國討文明郤氏失民胥童道亂宜其爲國戮

疏注厲公至國戮○正義曰厲公以私欲殺三郤則三郤無罪經應直云晉殺其大夫不應稱名也又胥童爲欒書中行偃所殺乃直是兩下相殺今經書二者並爲國討之文故傳解之言民不與郤氏郤氏有罪也胥童道君爲亂胥童有罪也故皆書曰晉殺其大夫以二者據其死狀皆非國討故傳正其二者之罪解其並爲國討之意劉炫云杜言三郤不以無罪書正謂不書盜書盜即無罪也胥童之死本非國家所殺故特言胥童受國討文其實傳意幷論郤氏受國討故云皆書曰晉殺其大夫也杜又云郤氏失民胥童道亂乃總釋傳並言二者皆爲國討之意也

經十有八年春王正月晉殺其大夫胥童傳在前年經在今春從告○庚申晉弒其君州蒲。不稱臣君無道○齊殺其大夫國佐國武子也○公如晉○夏楚子鄭伯伐宋宋魚石復入于彭城傳例曰以惡入也彭城宋邑今彭城縣○復扶又反○公至自晉○晉侯使士匄來聘○秋杞伯

來朝○八月邾子來朝○築鹿囿（築牆爲鹿苑○囿音又）○己丑公薨于路寢○冬楚人鄭人侵宋（子重先遣輕軍侵宋故稱人而不言伐○輕遣政反）○晉侯使士魴來乞師（○魴音房）○十有二月仲孫蔑會晉侯宋公衞侯邾子齊崔杼同盟于虛朾（虛朾地闕○虛起居反朾他丁反）○丁未葬我君成公

傳十八年春王正月庚申晉欒書中行偃使程滑弒厲公（程滑晉大夫）葬之于翼東門之外以車一乘（言不以君禮葬諸侯葬車七乘○乘繩證反注同也）

疏（注言不至七乘○正義曰周禮大行人上公貳車九乘侯伯七乘子男五乘謂生時副貳之車也其送葬亦當如之今唯一乘是不以君禮葬也以晉是侯爵故指言侯禮七乘耳諸侯各依命數不是皆七乘也襄二十五年傳齊人葬莊公下車七乘杜以特言七乘明七非舊制故彼注云齊舊依上公禮九乘以齊嘗爲侯伯因而用九九非侯之正法故此以正言之）

使荀罃士魴逆周子于京師而立之（悼公周也）生十四年矣大夫逆于清原周子曰孤始願不及此雖及此豈非天乎（言有命也）抑人之求君使出命也立而不從將安用君二三子用我今日否亦今日共而從君神之所福也（傳言其少有才所以能自固○少詩照反）對曰羣臣之願也敢不唯命是聽庚午盟而入（與諸大夫盟）館于伯子同氏（晉大夫家館舍也）辛巳朝于武宮（武宮曲沃始命君）

疏（辛巳朝于武宮○正義曰服虔本作辛未晉語亦作辛巳孔晁云以辛未盟入國辛巳朝祖廟取其新也）

案晉語稱庚午大夫逆于清原傳云庚午盟而入逆日即盟非辛未也傳與晉語皆言辛巳朝于武宮服本自誤耳孔晁強欲合之非也逐不臣者七人襄羊五之屬。也周子有兄而無慧。不能辨菽麥故不可立菽大豆也豆麥殊形易別故以爲癡者之候不慧蓋世所謂白癡○菽音叔易以豉反別彼列反癡勑疑反○齊爲慶氏之難前年國佐殺慶克○爲于僞反難乃旦反故。甲申晦齊侯使士華免以戈殺國佐于內宮之朝華免齊大夫內宮夫人宮【疏】注華免齊大夫至人宮○正義曰杜世族譜於齊國雜人之中有華免而無士字此注以華免爲大夫則士者爲士官也。官掌刑。故故使殺國佐也於夫人之宮有朝寢之處故云內宮之朝蓋齊侯召入與語而殺之師逃于夫人之宮伏兵內宮恐不勝書曰齊殺其大夫國佐棄命專殺以穀叛故也國佐本疾淫亂殺慶克齊以是討之嫌其罪不及死故傳明言其三罪使清人殺國勝勝國佐子前年待命于清者國弱來奔弱勝之弟王湫奔萊湫國佐黨○湫子小反徐子鳥反萊音來慶封爲大夫慶佐爲司寇封佐皆慶克子既齊侯反國弱使嗣國氏禮也佐之罪不及不祀○二月乙酉朔晉侯悼公即位于朝朝廟五日而即位也厲公殺絕故悼公不以嗣子居喪○殺音試【疏】注朝廟至居喪○正義曰辛巳距乙酉五日先定所脩之政待朔旦而後施之故五日也晉語云正月乙酉公即位孔晁云二月即位言正月者記者誤也厲公被殺而嗣絕故悼公自外而入即位之日即命百官施布政教與居喪即位其禮不同釋例曰厲公見殺悼公自外紹立本非君臣無喪制也若然禮喪服小記云與諸侯爲兄弟者服斬鄭玄云謂卿大夫以下也與尊者爲親不敢以輕服服之言諸侯者明雖在異國猶來爲三年也計歷是文公之曾孫悼。文公之玄孫有緦麻之親法當服斬而云無喪制者悼之父祖去晉適周與本親隔絕無往來恩義厲既見殺悼卽被迎迎之以爲晉君卽與厲公讎敵且葬厲公以車一乘國內尚不以爲君不可責悼公服斬也縱使當爲之斬絕而別立亦非嗣矣始命百官始爲政施舍已責施恩惠舍勞役止逋責○施舍如字一音始豉反逋布吳反逮鰥寡惠及微○鰥石頑反振廢滯起舊德匡乏困救災患匡亦救也禁淫慝薄賦斂。宥罪戾宥寬也○慝他得反斂力驗反宥音又戾力計反節器用節省也○省所景反下同時用民使民以時欲無犯時不縱私欲○縱本亦作從子用反使魏相士魴魏頡趙武爲卿相魏錡子魴士會子頡魏顆子武趙朔子此四人其父祖皆有勞於晉國○相息亮反頡戶結反顆苦果反

【疏】注相魏至晉國○正義曰晉語云使呂宣子佐下軍曰邲之役呂錡佐知莊子於下軍獲楚公子穀臣與連尹襄老以免其子鄢陵之役親射楚王而敗楚師以定晉國而無後其子不可不崇也使彘共子將新軍曰武子季文子之母弟也武子宣法以定晉國文子勤身以定諸侯二子之德其可忘乎故以彘季屏其宗使令狐文子佐之曰昔克潞之役秦來圖敗晉功魏顆以身退秦于輔氏親止杜回其勳銘于景鍾至于今不忘其子不可不興也彼言呂宣子魏相也彘共子士魴也令狐文子魏頡也又曰呂宣子卒公以趙文子能恤大事使佐下軍趙武父祖功名顯著故不復序之是四人父祖皆有勞於晉國荀家荀會欒黶韓無忌爲公族大夫使訓卿之子弟共儉孝弟無忌韓厥子○孝弟音悌本亦作悌

【疏】荀家至孝弟○正義曰晉語云欒伯請公族大夫公曰荀家惇惠荀會文敏黶也果敢無忌鎮靖膏粱之性難正也故使惇惠者教之文敏者道之果敢者諗之鎮靖者修之使茲四人者爲公族大夫也公族大夫職掌教誨故使訓卿之子弟令之共儉孝悌也晉語云韓獻子老使公族穆子受事子朝辭曰厲公之亂無忌備公族弗能死孔晁云備公族大夫則韓無忌先爲公族大夫今言使爲之者悼公始命百官更改新授之使士渥濁爲大傅使

脩范武子之法渥濁士貞子武子爲景公大傅○渥於角反【疏】。使士渥至時使○正義曰晉語云君知士貞子之帥志博聞而宣惠於教
也使爲大傅知右行辛之能以數宣物定功也使爲司空知欒糾之能御以和於政也使爲戎御知荀賓之有。功力而不暴也使爲戎右是四人者皆公知其
能而使之耳范武子爲大傅孤也士蔿爲司空卿也皆前世能者其法可遵故使二大夫居其官而脩其法也二人皆是大夫非孤卿也右行辛爲
司空使脩士蔿之法辛將右行因以爲氏士蔿獻公司空也○行戶郎反蔿于委反將子匠反下軍將同【疏】注辛將至爲氏○正義曰
僖二十八年晉作三行三十一年即罷之以爲五軍其置三行無多年歲彼云屠擊將右行未知此人即屠擊之子孫也爲是其祖代屠擊也正以荀林父將
中行遂以中行爲氏故謂此人之先將右行因以爲氏耳弁糾御戎校正屬焉弁糾欒糾也校正主馬官○弁皮彥反本又作卞同糾居
黝反校戶孝反注同【疏】注弁糾至馬官○正義曰以晉語知是欒糾也周禮大御之長別有戎僕掌御戎車春秋征伐之世以御戎爲重此御戎當是
御之尊者校正當周禮校人校人掌。王馬之政襄九年傳曰命校正出馬知是主馬之官也周禮校人不屬大御此蓋諸侯兼官或是悼公新法此傳所言諸
官皆不得與周禮同也使訓諸御知義戎士尙節義也【疏】注戎士尙節義○正義曰此訓諸御一謂諸是御車之人設令國有千乘乘有一
御皆令此官教之戎士尙節義故訓之使知義如羊斟之徒是不知義也周禮校人主養馬耳不知御車此言校正屬焉乃云訓御蓋令校正助御戎訓御
荀賓爲右司士屬焉司士車右之官【疏】注司士車右之官○正義曰周禮司士掌羣臣之版以詔王治其職非車右之類不得屬車右
也周禮有司右上士也掌羣右之政凡國之勇力之士能用五兵者屬焉其下更有戎右中大夫齊右下大夫道右上士此三右或官尊於司右而司右掌其
政令春秋之世車右爲尊此司士蓋周禮司右之類。爲車右屬官服虔以爲司士主右之官謂司右也使訓勇力之士時使勇力皆車

右也勇力多不順命故訓之以共時之使○共音恭本亦作供下文同 疏注勇力至之使○正義曰所訓勇力之士皆謂爲車右者也設令國有千乘乘

有一右總使此官訓之勇力之士失於彊暴如魏犨之徒不順上命故訓之使共時之使不犯法也 卿無共御立軍尉以攝之省卿

戎御令軍尉攝御而已○省所景反令力呈反 疏卿無至攝之○正義曰卿謂軍之諸將也若欒鍼子養御罕夷解張御郤克之類往前恒有定員掌共卿

御今始省其常員唯立軍尉之官臨有軍事使兼攝之令軍尉兼卿御也 祁奚爲中軍尉羊舌職佐之魏絳。爲司馬

魏犨子也 張老爲候奄鐸遏寇爲上軍尉籍偃爲之司馬偃籍談父爲上軍司馬○鐸待洛反遏於葛反徐音

謁 使訓卒乘親以聽命相親以聽上命○卒子忽反乘繩證反下及注皆同 程鄭爲乘馬御六騶屬焉使

訓羣騶知禮程鄭。荀氏別族乘馬御乘車之僕也六騶六閑之騶周禮諸侯有六閑馬乘車尚禮容故訓羣騶使知禮○騶側留反 疏祁奚

至知禮○正義曰晉語云公知祁奚之果而不淫也使爲元尉知羊舌職之聽敏肅給也使佐之知魏絳之勇而不亂也使爲元司馬知張老之知而不詐也

使爲元候知鐸遏寇之共敬而信彊也使爲輿尉知籍偃之惇帥舊職而共儉也使爲輿司馬知程鄭。爲。端而不淫且好諫而不隱也使爲贊僕晉語皆稱其

才而用之善公之知人也言元尉元司馬元候者此皆中軍之官元大也中軍尊故稱大也輿尉。輿司馬者皆上軍官也輿衆也官與諸軍同故稱衆也從車

者爲卒在車者爲乘使此中軍與上軍軍尉司馬各教其軍之士卒使相親以聽在上之命○注程鄭至知禮○正義曰荀氏別族世本有文周禮齊僕下大

夫掌馭金路以賓朝覲宗遇饗食皆乘金路杜言乘馬御乘車之僕則當彼齊僕也晉語謂之贊僕當時之官名耳周禮掌。馬之官無名騶者襄二十三年傳

稱豐點爲孟氏之御騶則騶亦御之類月令季秋天子乃教田獵命僕。夫七騶咸駕載旌。旐則騶是主駕之官也鄭玄云七騶謂趣馬主爲諸官駕說者也周

禮趣馬下士掌駕說之頒是騶爲主駕之官駕車以共御者程鄭爲乘馬御下士御之贊者故令掌駕之官亦屬之校人職云良馬三乘爲皁皁一趣馬趣馬下士三皁爲繫繫一馭夫馭夫中士六繫爲廏廏一僕夫僕夫上士天子十有二閑邦國六。閑鄭玄云每廏爲一閑閑有二百一十六匹如彼計之每廏有趣馬十八人六閑之騶有一百八人皆屬程鄭而使總領之也戎車貴彊力乘車尙禮容故訓羣騶使知禮令教馬進退使合禮法也。校人乘馬一師四圉三乘爲皁皁一趣馬三皁爲繫繫一馭夫六繫爲廏廏一僕夫六廏成校校有左右天子十二閑馬六種邦國六閑馬四種家四閑馬二種鄭玄云每廏爲一閑二百。二。十六匹易乾爲馬此應乾之策也校有左右則天子良馬五種各有四百三十二匹合二千一百六十匹駑馬三之四百三十二匹則千二百九十六匹合三千四百五十六匹詩云騋牝三千舉大數也玉路駕種馬戎路駕戎馬金路駕齊馬象路駕道馬田路駕田馬駑馬給宮中之役邦國六閑四種去種戎其齊道田各用一閑駑馬三之則千二百九十六匹大夫四閑二種去齊道田馬一閑駑馬三之則八百六十四匹四匹一師也十二匹一。趣馬也三十六匹一馭夫也二百一十六匹一僕夫也

凡六官之長皆民譽也

大國三卿晉時。置六卿爲軍帥故總舉六官則知羣官無非其人○長丁丈反帥所類反下之帥爲帥皆同也

【疏】凡六至譽也○正義曰上已歷言諸官特爲公所知者更復總言所。任皆得其人於時晉立六卿。卿。各下。各有統領羣官非一凡六官之在民上爲長者皆是有德有能之人是民所褒譽者也使魏相以下至程鄭爲乘馬御以上凡有八條之官魏相等爲卿一也荀家等爲公族大夫二也士渥濁爲大傅三也右行辛爲司空四也弁糾爲御戎五也荀賓爲右六也祁奚爲中軍尉至籍偃爲司馬七也程鄭爲乘馬御八也自公族大夫以下七條各云使爲某事而卿下不云使者以卿總攝羣職非偏主一事故也公族大傅司空不云某官屬焉者以其當官自主更無餘官來屬其祁奚爲中軍尉及羊舌職張老魏絳鐸遏寇籍偃雖是數官總爲一條使訓卒乘親以聽命此唯有中軍上軍無下軍之官者蓋時下軍無闕不別立其官故也其卿無

其御立軍尉以攝之一句爲下祁奚爲中軍尉亂緒也大略所叙皆尊官在前卑官在後○注大國至其人○正義曰大國三卿是正法當時晉置六卿爲三軍之將佐皆是帥也於是晉又更置新軍凡有四軍八卿但新軍或置或廢故傳不數之耳六官之長非獨卿身乃謂其下凡爲人之長者皆有民之矣譽故總舉六官則知羣官無非其人者也舉不失職官不易方官守其業無相踰易疏舉不至易方○正義曰所舉用者皆堪其官不有失職者也文任文官武任武官其用爲官各守其業不踰易其方也若文人爲武武人爲文則違方易務不能守其業矣爵不踰德量德授爵師不陵正旅不偪師正軍將命卿也師二千五百人之帥也旅五百人之帥也言上下有禮不相陵偪疏注正軍至陵偪○正義曰傳言不陵不偪者皆謂下不陵偪其上旅卑於師師卑於正知正是軍將命卿也唯舉師旅不相陵偪言上下有禮皆不相陵偪也民無謗言所以復霸也此以上通言悼公所行未必皆在即位之年○復扶又反下及注復入皆同上時掌反疏所以復霸○正義曰霸者把也把持王政鄭玄云天子衰諸侯興故曰霸夏有昆吾商有豕韋大彭周有齊桓晉文此最彊者也故書傳通謂彼五人爲五霸耳但霸是彊國爲之天子既衰諸侯無主若有彊者即營霸業其數無定限也而何休以霸不過五不許悼公爲霸以鄉曲之學足以忿人傳稱文襄之霸襄承文後紹繼其業以後漸弱至悼乃彊故云復霸

○公如晉朝嗣君也○夏六月鄭伯侵宋及曹門外曹門宋城門也遂會楚子伐宋取朝郟楚子辛鄭皇辰侵城郜取幽丘同伐彭城朝郟城郜幽丘皆宋邑○取朝如字郟古洽反郜古報反納宋魚石向爲人鱗朱向帶魚府焉五子以十五年出奔楚獨書魚石爲師告以三百乘戍之而還書曰復入惡其依阻大國以兵威還故書復入○乘繩證反惡烏路反凡去其國國逆而立之曰入謂本無位紹繼

而立復其位曰復歸亦國逆。○復歸音服，一音扶又反。諸侯納之曰歸謂諸侯以言語告請而納之，有位無位皆曰歸。以惡曰復入謂身爲戎首，稱兵入伐，害國殄民者也。此四條所以明外內之援，辨逆順之辭，通君臣取國有家之大例。○以惡本或作以惡入曰復入。

【疏】凡去至復入○正義曰：釋例曰：凡去其國者，通謂君臣及公子母弟也。國逆而立之，本無位則稱入，本有位則稱復歸。齊小白入于齊，無位也；衛侯鄭復歸于衛，復其位也。諸侯納之，有位無位皆曰歸，衛孫林父、蔡季是也。身爲戎首，則曰復入，晉欒盈是也。此所以明外內之援，辨逆順之辭，故經正無石衛衎以表舊制。傳稱凡例，總而明之也。衛人逆公子晉于邢，宜稱入，善其得衆，公子友忠於社稷，國人所思焉，故閔公爲落姑之盟以復之。夫衛公子晉絶位而在邢，魯之季子勢弱而出奔，感得民望，享國有家，是以聖人貴之，殊其文也。莊六年五國諸侯犯逆王命以納衛朔，大其事，故字王人謂之子突。朔黜有違衆之犯，而以國逆告。華元奪國逆，欲挾晉以自助，故以外納赴，春秋從而書之，以示二子之情也。韓魏有穰國之彊，陳蔡有復國之端，故晉趙鞅、楚公子比皆稱歸，從諸侯納之例。言非晉楚之所能制也。侯獳愛君以請，故曹伯有國逆之辭，許始復國，故許叔有國逆之文，此皆時史因周典以起時事之情也。傳例稱諸侯納之曰歸，今檢經諸稱納者，皆有興師見納之事，不須例而自明，故但言納而不復言歸也。衛侯鄭、曹伯負芻皆見執在周，晉魯請而復之，鄭書歸于衛，負芻稱歸自京師，所發事同而文異者，例意本在於歸，不以他文爲義也。賈氏又以爲諸歸國稱所自之國，所自之國有力也。案楚公子比去晉而不送，是無援於外，而經書自晉；陳侯吳、蔡侯廬皆平王所封，可謂有力，而不言自楚，此既明證。又春秋稱入，其例有二：施於師旅則曰不地，在於歸復則曰國逆。又以立爲例，逆而不立，則皆非例所入。鄭之良霄以寇而入，入即見殺，而復例之，例稱凡去其國，明非夫子之制也。周敬王、王子猛不書出而書入，襄王書出而不書入，凡自周無出，故非春秋舊例也。諸在例外稱入，直是自外入內，記事者常辭，義無所取，而賈氏雖夫人姜氏之入，皆以爲例，如此甚多。又依放穀梁云稱納者內難

之辭因附會諸納為義至于納北燕伯于陽傳稱因其衆竊不能通乃云時陽
守距難故稱納此又無證經書楚人圍陳納頓子于頓則頓國之所欲也北燕
伯傳有因衆之文不可言內難也又書納公孫寧儀行父于陳陳縣而見復上
下交驩二人雖有淫縱之闕今道楚匡陳賊討君葬威權方盛傳稱有禮理無
有難此皆先說之不安也沈氏云國逆而立之曰入唯謂國君知不兼臣者以
臣而無位本諸不書故知臣無國逆之例也其復入唯謂臣知者以君雖不君
臣不可不臣君若入國臣無違拒之法且杜云身為戎首稱兵入伐是戎首指
臣為文故知不得兼君也杜所以云四條者通君臣取國有家之大例即是事
通君臣者此據大略而言不復曲細為別也 宋人患之西鉏吾曰何也 西鉏吾宋大夫○鉏仕居反徐在居反吾音魚西鉏吾人名也 若楚人與吾同惡以德於我吾固事之也不敢貳矣 惡謂魚石 大國無厭鄙我猶憾。言己事之則以我為鄙邑猶恨不足此吾患也○厭於鹽反憾戶暗反 不然而收吾憎使贊其政 謂不同惡魚石而用之使佐政 以間吾釁亦吾患也今將崇諸侯之姦而披其地 崇長也謂楚今取彭城以封魚石披猶分也○間如
字又間廁之間釁許靳反疏。不然至吾患○正義曰不然謂不與吾同惡也而
披普彼反注同長丁丈反收取吾之所憎謂魚石是也使佐其楚國之政以
伺間吾之釁隙而侵伐我如此則亦是吾之
所患若晉用楚材皆為楚國之患焉是也 以塞夷庚 夷庚吳晉往來之要道楚封魚石於彭城欲以
絕吳晉之道 疏注夷庚至之道○正義曰夷平也詩序云由庚萬物得由其道是以
庚為道也此云以塞夷庚下云而懼吳晉知謂塞吳晉往來之要道
也吳晉往來路由彭城楚取彭城以封魚石欲以斷絕吳晉往來之道使其不
得往來故吳晉所以懼耳若其不然何其獨云懼吳晉也夷庚止謂吳晉往來
之平道耳非山川險難之名故杜。土地名不得指其所在 逞姦而攜服毒諸侯而懼吳晉 隔吳晉之道故懼攜離也 疏逞姦

而攜服○正義曰逞快也封魚石爲快姦人也攜離也諸侯見楚助賊服從者其心皆離是離其服從者之心吾庸多矣非吾憂也且事晉何爲晉必恤之言宋常事晉何爲顧有此患難○難乃旦反○公至自晉晉范宣子來聘且拜朝也拜謝公朝君子謂晉於是乎有禮有卑讓之禮也○秋杞桓公來朝勞公且問晉故公以晉君語之語其德政○勞力報反語魚據反注同杞伯於是驟朝于晉而請爲昏爲平公不徹樂張本疏驟朝于晉○正義曰詩云載驟駸駸是疾行之名從魯即疾朝于晉也○七月宋老佐華喜圍彭城老佐卒焉言所以不克彭城八月邾宣公來朝即位而來見也○見賢遍反○築鹿囿書不時也非土功時○己丑公薨于路寢言道也在路寢得君薨之道疏言道也○正義曰喪大記云君夫人卒於路寢是在路寢得君薨之道也○冬十一月楚子重救彭城伐宋使偏師與鄭人侵宋子重爲後鎮宋華元如晉告急韓獻子爲政於是欒書卒韓厥代將中軍曰欲求得人必先勤之勤恤其急成霸安彊自宋始矣晉侯師于台谷以救宋台谷地闕○台敕才反一音臺疏成霸安彊○正義曰謂文公成霸安彊自宋爲始言今宋有患不可不救也遇楚師于靡角之谷楚師還畏晉彊也靡角宋地晉士魴來乞師將救宋也季文子問師數於臧武仲武仲宣叔之子對曰伐鄭之役知伯實來下軍之佐也知伯荀罃今彘季亦佐下軍彘季士魴○彘直例反如伐鄭可也伐鄭在十七年事大國無失班爵而加敬焉禮也從之從武仲言○十二

月孟獻子會于虛朾謀救宋也宋人辭諸侯而請師以圍彭城不敢煩諸侯故但請其師爲襄

元年圍彭城傳孟獻子請于諸侯而先歸會葬○丁未葬我君成公書順也薨于路寢五月而葬

國家安靜世適承嗣故曰書順也○適丁歷反【疏】書順也○正義曰自此以前莊宣薨于路寢桓莊僖文宣皆書葬矣今於此公薨之下言道也於葬之下言書順也獨發傳者隱桓閔皆爲人所殺僖公薨于小寢文公薨于臺下皆其薨不得道也莊宣雖薨于路寢莊則子般見殺宣則歸父出奔家國不安非是得道順禮唯成公耳故傳於此發之釋例曰魯君薨葬多不順制唯成公薨于路寢五月而葬國家安靜世適承嗣故傳見莊公之緩舉成書順以包之是也

附釋音春秋左傳注疏卷第二十八

春秋左傳注疏卷二十八校勘記

阮元撰盧宣旬摘錄

附釋音春秋左傳注疏卷第二十八 成十六年盡十八年

〔經十六年〕

雨木冰 淳熙本木誤大

喜穆公子子罕也 淳熙本穆誤穋

故曰楚子敗績 纂圖本子作師非也

若君將被殺獲者爲重 宋本爲字上有復以殺獲者五字是也

無傳義例 宋本淳熙本天放菴翻岳本足利本作傳無義例是也

於時行父從公伐鄭 毛本時誤是

與行父俱歸 監本俱誤但

叔孫僑如出奔齊 漢書五行志引作喬如

刺公子偃 釋文刺作刾云依字作刺案刾俗刺字

〔傳十六年〕

敗諸汋陂 石經宋本岳本汋作汋釋文同

至于鳴鴈 毛本于作於鴈作雁注同

晉侯將伐鄭 毛本伐誤代

郤錡將上軍 纂圖本毛本郤作郄誤下同

死亡不復存 宋本存作補

有勝矣 有字上石經旁增晉字此後人妄加也

時順而物成 淳熙本物誤物

求無不具 淳熙本具誤吴

注烝衆至中正 以下正義五節在對曰至子矣正義之後宋本總入子其勉之節注下

昔我先王世后稷 浦鏜云先下誤衍王字據俗本國語云也

敦厚也 宋本無也字與孔疏摘注合

瀆齊盟 惠棟云崔憬易注云瀆古黷字傳皆以瀆爲黷

食話言爲義 毛本話作語宋本義作並皆非也

人恤所底宋本岳本底作厎與石經合注及正義並同

勤靖恣意閩本監本毛本靖作情非也

有奸邪者盧文弨云奸當作姦

詳則祥也閩本監本毛本則作者是也

財用有科益閩本財作則亦非宋本監本毛本科作利是也○今改作利

和睦相親宋本睦下有而字

以補其空闕之處毛本補作備非

外絕其鄰國之好毛本鄰作隣俗字

民知所適毛本知作之誤

人既不知在上之信宋本閩本監本毛本作上此本誤士今訂正

我若羣臣輯睦以事君多矣石經若字下旁增退字多矣下旁增又何求三字皆非唐刻惠棟云當是晁公武據蜀石經益之案惠說未確釋文輯作集云又作輯案輯與集同

荀林父奔走淳熙本奔走誤作三反

范匄趨進釋文云匄本又作丐史記晉世家注作范丐

注晦月至忌宋本至下有爲字是也

晦是月終陰之盡也監本毛本盡作盛非也

在陳而嚻纂圖本監本毛本嚻作囂下同

嚻喧嘩也岳本嘩作譁釋文作讙譁云本又作喧嘩

楚子登巢車以望晉軍說文引傳作轈車

伯州犂以公卒告王淳熙本王誤玉

必大敗矣石經宋本淳熙本岳本纂圖本監本毛本矣作之是也

服虔云復反也監本服虔云誤作虔云云

爲飛矢之象毛本矢誤失

是非無以可明毛本可字空缺

潘黨爲右石首御鄭成公淳熙本右石二字誤倒

陷於淖石經陷字上旁有公字乃後人妄增非唐刻也

與養由基 漢書班固東都賦作游基

申鮮虞之傳摯 宋本毛本傳作傅是也

鄭玄詩注云 浦鏜云注當作箋是也○今訂正

䠓聲也 段玉裁校本䠓字上增茅蒐二字是也謂齊人急疾呼茅蒐成䠓也

謂要脚連耳 毛本謂作爲非也

識見不穀而趨 案惠棟云識當爲適外傳作屬訓爲適

爲其拜而蔆拜 監本毛本其誤共

又先無被傷之狀 閩本被誤彼

三肅使者而退 淳熙本三作二非也

其右茀翰胡曰 按韋昭國語周語注引作右弗宋庠云古字通

周禮全羽爲旞 閩本監本毛本旞作襚非宋本作旞○今從宋本

但九旗竿首 監本毛本九作凡誤也

故旌爲之總名 毛本爲作謂非

已當死戰 宋本岳本已作己是也纂圖本死戰二字誤倒

好以暇 石經初刻無以字後重刊入故此行十一字

造于子重 纂圖本毛本于作於非

曰寡君乏使 閩本乏誤之

注夷亦傷也 宋本無也字

苗賁皇徇曰 閩本監本徇誤狥

蓐食申禱 岳本禱作檮非也

申重也 監本重誤童

穀陽豎 史記晉楚世家呂氏春秋權勳篇淮南子人間訓作陽穀與今本異

晉入楚軍三日穀 監本三誤二石經日字下後人旁加館字釋文云本或作三日館穀誤國語晉語韋注引作晉師三日館穀即釋文所謂或作之本而館從舍作舘尤爲俗劣

不常於一人也 重修監本一誤明

亦所以責子反 閩本監本毛本反下有也字非

閩子玉自殺 毛本玉作二非

申宮儆備 李善注陸士衡豪士賦序引儆作警說文儆下引傳儆宮文異

申勑宮備 毛本勑作勅纂圖本作敕

是大泯曹也 淳熙本亦作泜仍石經避諱而改宋本岳本纂圖本閩本監本毛本作泯是也注同○今訂正

臣人得殺之 閩本殺誤投宋本人下有不字

乃是彊鄰 閩本監本毛本彊作疆非也

君唯不遺德刑 毛本遺作以誤

注爲曹至告傳 閩本脫注字

子叔聲伯 纂圖本毛本聲作申非也

聲伯戒叔孫 監本戒誤藏

歸必叛矣 顏師古漢書朱博傳注引作畔矣

待于鄆 惠棟云京相璠曰公羊作運字今東郡廩邱縣東八十里有故運城即此城也

使子叔聲伯請季孫于晉 淳熙本孫誤叔

又何求石經求字改刊求字下後人旁增焉字

赦季孫石經赦字上後人旁增而字

使立於高國之閒毛本於作于國作固並非

奔衞亦閒於鄉石經奔字上有遂字乃後人所增惠棟云今本皆脫遂字非確論也

夏書至可乎宋本此節正義在將愼其細也節注下

〔經十七年〕

曹伯郳人伐鄭補各本曹師作曹伯此本誤師今訂正

十一月無壬申日誤也淳熙本誤作許非也

六日壬辰毛本辰誤申

十月庚午圍鄭毛本午下重午字非也

貍脤卽是其一毛本是誤知

〔傳十七年〕

君驕侈而克敵李善注干寶晉紀總論引作君無禮而克敵非

是天益其疾也 纂圖本天作大誤

惟祝我 宋本淳熙本岳本惟作唯與石經合

因禱自裁 纂圖本裁誤言

若其二人之死 閩本監本毛本死作卒

與婦人相冒 毛本冒作肓閩本監本作肙並非

慙臥於家 岳本慙作慚

國牽之弟文子 纂圖本文誤父

卜立冢宰 宋本足利本冢作家是也顧炎武云此施氏之家臣也如論語仲弓爲季氏宰之宰解冢宰非炎武未見舊本故也纂圖本卜作下誤○冢今改作家

葵傾葉向日 釋文向作嚮云本亦作向皆俗鄉字

食珠玉含象 釋文云含本亦作唅纂圖本玉誤王

廣雅云政瑰珠也玟 毛本政作玫亦誤宋本監本作玟是也下同○政今改玟

瓊瑰石而次玉 毛本石誤食

濟洹之水 各本作濟毛本誤齊

言之之莫而卒 詩秦風渭陽正義引作言之至莫而卒毛本莫誤算

討高若 宋本淳熙本岳本纂圖本監本毛本若作弱

反自鄢陵 石經反字一行十一字疑初刻無反字釋文云一本又作自鄢陵

爭死命也 宋本淳熙本岳本纂圖本足利本無也字

八百人也 宋本淳熙本岳本纂圖本足利本無也字

或曰長當爲藏 宋本長作威是也

一朝而尸三卿 惠棟云韓子戴厲公語曰吾一朝而夷三卿鄭注周禮凌人云夷之言尸也是夷與尸古字通又古夷字作𡰥與尸相近故或從尸或從𡰥也

余不忍益也 韓子益作盡

在內爲軌 釋文云軌本又作宄書盤庚正義引作宄漢書元帝紀注軌與宄同也按宄者正字也軌者假借字也

刑治近也 宋本岳本纂圖本足利本無也字淳熙本作刑治也非

辭謝書與偃也 宋本淳熙本岳本纂圖本足利本無也字下故云辱也辭不往也同

公遊于匠麗氏 盧文弨校本云大戴禮記保傅篇作匠黎史記作匠驪則麗當讀平聲案國語周語韋注引作鄺

孟姬之讒 閩本讒誤纔

舒庸東夷國人 宋本淳熙本岳本纂圖本足利本無人字是也

楚公子橐師襲舒庸 纂圖本閩本監本毛本橐誤槖顧炎武云石經橐誤作槖非也案橐師乃楚公子名石經橐字下旁有師字乃後人妄增淳熙本子誤于

〈經十八年〉

晉弒其君州蒲 案蒲字當作滿石刻及諸本作蒲

己丑公薨于路寢 纂圖本閩本監本毛本己誤已

〈傳十八年〉

使程滑弒厲公 李善注劉孝標辨命論引弒作殺

悼公周也 宋本淳熙本岳本纂圖本無也字下言有命也注同

辛巳朝于武宮 正義曰服虔本作辛未晉語亦作辛巳孔晁云以辛未盟入國辛巳朝祖廟取其新也案晉語稱庚午大夫逆于清原傳云庚午盟而入逆日即盟非辛未也傳與晉語皆云辛巳朝于武宮服本自誤耳孔晁強欲合之非也案臧琳云庚午既盟而入故明日辛未即朝於始祖廟服本

是也若作辛巳則與盟而入之日相去十有二日久入而不朝何也故知國語作巳字誤而杜本左傳同之何邪據孔注國語知孔氏所見左傳與服本同作辛未特孔氏不知國語巳字爲誤而強欲通之爲非耳正義謂逆日即盟此說是也至以服本爲誤則偏袒之失

夷羊五之屬也 宋本淳熙本岳本纂圖本無也字

周子有兄而無慧 諸本作慧李善注劉孝標辨命論引作惠古字通

齊爲慶氏之難前年國佐殺慶克故甲申晦 陳樹華云注當入故字之下案宋本淳熙本岳本皆以難字爲句非也

官掌刑故 閩本監本毛本故作政亦非宋本官上有士字無故字是也

悼文公之玄孫 宋本文上有是字

薄賦歛 宋本岳本歛作斂與石經合

武子季 宋本子下有之字與晉語合

魏顆以身退秦于輔氏 宋本身上有其字浦鏜校本于上增師字並與晉語合也

至于今不忘 監本忘作育是也按韋注云育遂也

使佐下軍 宋本監本毛本下作新與國語合

公曰荀家惇惠宋本閩本監本毛本荀作荀是也

無忌愼靖監本毛本愼作鎭下同按明道本國語作鎭靜韋注云鎭重也靜安也

膏粱之性難正也浦鏜校粱作梁是也

使脩范武子之法石經此處脩作偹非

使士渥至時使宋本以下正義六節總入使訓與力之士時使注下

知荀賓之有功力而不暴也宋本閩本有功字監本初刻亦有後剜去毛本無按明道本國語無功字

以晉語知是欒糾也重脩監本欒誤樂

掌王馬之政閩本監本王誤主非也

設令國有千乘閩本監本毛本千作十

爲車右屬官宋本爲上有故字

失於彊暴宋本彊作強閩本監本作疆非也

魏絳爲司馬監本絳作綘非也

程鄭荀氏別族淳熙本作苟氏非

知程鄭爲端而不淫宋本閩本監本毛本作端此本誤瑞今訂正浦鏜正誤云爲字衍文是也

輿司馬者重脩監本輿誤與

掌焉之官閩本監本毛本焉作駕宋本作馬是也○今從宋本

命僕夫七騶咸駕案夫當作及乃與月令合

載旌旗宋本旗作旐與月令合

六繫爲廏毛本爲作馬非也

天子十有二閑毛本閑作閉非下六閑同

校人乘馬此本校誤枚據宋本閩本訂正監本作教亦誤

二百二十六匹宋本二十作一十與鄭注校人合

各有四百三十二匹毛本二誤三

十二匹一趣馬也重脩監本趣誤起

晉時置六卿爲軍師重脩監本置誤蓋

更復總言所任宋本閩本監本毛本作任此本誤住今訂正

卿各下名有統領　宋本無各字名作各是也閩本監本毛本卿下衍名字

不能守其業矣　監本毛本業作職非也

量德授爵　纂圖本毛本授作受非也

曹門宋城門也　宋本淳熙本岳本纂圖本足利本無也字

爲師告　宋本淳熙本岳本纂圖本足利本師作帥

朔懼有違衆之犯　閩本監本毛本違作逆非

華元實國迎　監本毛本迎作逆

侯獳愛君以請　監本毛本獳作孺非也

棄楚公子比去晉而不送　閩本監本毛本送作返非也

又以立爲例　宋本又上重國逆二字與襄廿五年昭廿一年正義合

則皆非例所入　宋本入作及是也監本誤作人下文而入卽入並誤作人

明非夫子之制也　監本毛本夫作天

大國無厭　釋文厭作猒字按古書猒字淺人多改爲厭不知其義不同也如此條正當作猒

鄙我猶憾　石經凡憾字皆作感後人加小此處正作憾疑轉寫之譌

不然至吾患　宋本此節正義在亦吾患也句下

故杜土地名　監本土誤上

有卑讓之禮也　宋本淳熙本岳本纂圖本足利本無也字

且問晉故　淳熙本問誤閒

語其德政　足利本政作也非

非土功時　淳熙本土作此誤

成霸安彊　宋本淳熙本纂圖本閩本監本毛本彊作疆與石經合

成霸安疆　宋本此節正義在自宋始矣句下

靡角宋地　重脩監本宋誤朱

將救宋也　宋本淳熙本岳本纂圖本足利本無也字

唯成公耳　宋本唯字上有得道順禮四字是也

春秋左傳注疏卷二十八校勘記

杜氏注 孔穎達疏

襄公○陸曰襄公名午成公子母定姒諡法因事有功曰襄辟土有德曰襄 疏 正義曰魯世家云襄公名午成公之子定姒所生以簡王十四年即位諡法因事有功曰襄是歲歲在壽星

經元年春王正月公卽位無傳於是公年四歲 疏 注於是公年四歲○正義曰九年傳曰會于沙隨之歲寡君以生晉侯曰十二年矣知於是公年四歲

○仲孫蔑會晉欒黶宋華元衛甯殖曹人莒人邾人滕人薛人圍宋彭城魯與謀於虛朾而書會者稟命霸主非匹敵故○魯與音預

○夏晉韓厥帥師伐鄭○仲孫蔑會齊崔杼曹人邾人杞人次于鄫鄫鄭地在陳留襄邑縣東南書次兵不加鄭次鄫以待晉師○鄫才陵反 疏 注鄫鄭至晉師○正義曰釋例曰兵未有所加所次則書之以示遲速既書兵所加則不書其所次此書次于鄫者爲此魯齊曹邾杞其兵皆不加鄭故書次也傳曰於是東諸侯之師次于鄫以待晉師是韓厥伐鄭此次以待之

○秋楚公子壬夫帥師侵宋○九月辛酉天王崩無傳辛酉九月十五日 疏 注辛酉九月十五日○正義曰顯言此日者欲明下冬聘是十月之初爲王崩日近赴人未至故也

○邾子來朝○冬衛侯使公孫剽來聘剽子叔黑背子○剽匹妙反字林匹召反

○晉侯使荀罃來聘冬者十月初也王崩赴未至皆未聞喪故各得行朝聘之禮而傳善之 疏 注冬者至善之○正義曰禮記曾子問曰諸侯相見揖讓入門不得終禮廢者幾孔子曰六天子崩大廟

火日食后夫人之喪兩霑服失容則廢是王崩當廢禮也今傳釋此朝聘皆云禮也知此冬者是十月之初崩赴未至由其俱未聞喪故得以吉行禮而傳善之

傳元年春己亥圍宋彭城下有二月則此己亥爲正月正月無己亥日誤【疏】注下有至日誤○正義曰長曆推此年正月庚戌朔其月無己亥圍宋彭城經在正月之下傳文下有二月則己亥必是正月月不容誤知是日誤

非宋地追書也成十八年楚取彭城以封魚石故曰非宋地夫子治春秋追書繫之宋【疏】注成十至之宋○正義曰公羊傳曰宋華元曷爲與諸侯圍宋彭城爲宋誅也其爲宋誅奈何魚石走之楚楚爲之伐宋取彭城以封魚石成十八年傳曰楚伐彭城納魚石焉以三百乘戍之而還西鉏吾曰崇諸侯之姦而披其地不言取爲楚邑而云披地長奸是左氏之意亦爲楚以彭城封魚石爲國故注言封魚石也既列爲國非復宋地傳言追書是仲尼新意故云夫子治春秋追書繫之宋也言追書者其地已非宋有追來使屬宋耳非謂夫子在後追。書前事若以追爲在後追前則仲尼新意皆是追書前事非獨此爲追書也

於是爲宋討魚石故稱宋且不登叛人也登成也不與其專邑叛君故使彭城還繫宋○爲于僞反【疏】。注登成至繫宋○正義曰登成釋詁文不與其專邑叛君不與楚得取邑封人故使彭城還繫於宋也釋例曰楚人棄君助臣取宋彭城以封叛者削正與僞雖非復宋地故追書繫宋不與楚之所得是其義也言不登叛人則叛罪重矣不書魚石以彭城叛者孫林父將戚而出故得書云孫林父入于戚以叛此則因楚之力取彭城與宋交爭非欲出附他國故言復入也若總而言之俱是背叛於君故云不登叛人也

謂之宋志稱宋亦以成宋志【疏】。於是至宋志○正義曰魚石舊是宋人今還取宋地以自封若其不繫於宋則成此魚石爲一國之君夫子追繫於宋乃有。二意於是爲宋討魚石宜繫於宋且又不成此爲叛人使得取君之邑以爲一國之主有此

二意故繫之於宋謂之宋志者○言宋人志在攻取彭城故以魚石繫之於宋成此宋人之志○注稱宋至宋志○正義曰此與隱元年謂之鄭志義勢同也鄭伯實不獲殺而經書克謂之鄭志言鄭伯志於殺雖實不克段而書之爲克見鄭伯之志也此彭城實非宋地而經書爲宋謂之宋志言宋人志在取之雖實非宋地而繫之於宋成宋人之志也夫子脩春秋而傳於此二條特言謂之宋志謂之鄭志者夫子所脩春秋或褒或貶皆是夫子之志非取國人之心此宋志鄭志者以其雖是夫子所脩還取二國本志故也案下十年戍鄭虎牢傳云非鄭地也言將歸焉杜云繫之于鄭以見晉志卽此類也於此三事傳例已明故彼不云謂之晉志也

彭城降晉晉人以宋五大夫在彭城者歸寘諸瓠丘

彭城降不書賤略之瓠丘晉地河東東垣縣東南有壺丘五大夫魚石向爲人鱗朱向帶魚府○降戶江反注同寘之豉反瓠徐侯侯吳反一音戶故反垣音袁

疏注彭城至略之○正義曰案莊八年郕降于齊師既書於經則知彭城之降亦合書也今不書者但以其賤故略之也晉欒盈復入于晉下云晉人殺欒盈而書於經此彭城降所以賤略不書者彼以殺之爲重來告故書此以降事爲輕故爲賤略

齊人不會彭城晉人以爲討二月齊大子光爲質於晉

光齊靈公太子○質音致

○夏五月晉韓厥荀偃帥諸侯之師伐鄭入其郛

荀偃不書非元帥○郛芳夫反元帥所類反

疏韓厥至其郛○正義曰傳唯言諸侯之師不見諸侯之國未知諸侯之師是何國師也於是東諸侯之師次于鄫以待晉師則次鄫之師皆不與伐鄭此諸侯之師其中必無齊魯曹邾也案上圍彭城除此五國以外猶有宋衛莒滕薛下云晉侯衛侯次于戚以爲之援則衛師從伐明矣明年戚之會知武子云滕薛小邾之不至皆齊故也於戚之會始怪滕薛不來明此時伐鄭滕薛在矣東諸侯皆次于鄫莒在齊魯之東若其在此當與東人同次前圍彭城亦無小邾此時或無莒與小邾耳諸侯之師當是宋衛滕薛也賈逵云韓厥荀偃帥諸侯之師謂帥宋衛滕薛伐鄭齊魯曹邾杞次

于鄭故諸侯之師不序也入郛不書者晉人先以鄭罪令於諸侯故書伐鄭入郛既敗鄭不復告故不書○注荀偃不書非元帥○正義曰魯師出征並舉諸
將他國之師唯書元帥詳內略外秋之常故杜爲注復時一言之耳春敗其徒兵於洧上徒兵步。兵洧水出密縣東南至長平入。潁○洧
于軌反【疏】注徒兵步兵○正義曰論語云以吾從大夫之後不可徒行徒猶空也謂無車空行也步行謂之徒行故步兵謂之徒。兵也隱四年傳云敗鄭
徒兵注云時鄭不車戰則此亦然也於是東諸侯之師次于鄫以待晉師齊魯曹邾杞晉師自鄭以鄫
之師侵楚焦夷及陳於是孟獻子自鄭先歸不與侵陳楚故不書○焦如字徐在堯反不與音預【疏】注於是至不書○正義曰獻子
先歸傳無其事正以不書侵楚侵陳知其必先歸矣若獻子從師則書不待告以獻子先歸晉不告魯故侵陳楚皆不書也然不知獻子何以先歸傳既不言
未測其故也今贊云則先歸者以前年虛朾會獻子先歸會葬今。公雖即位年又幼小君既新立故獻子先歸晉侯衛侯次于戚以爲
之援爲韓厥援○秋楚子辛救鄭侵宋呂留呂留二縣今屬彭城郡鄭子然侵宋取犬丘譙國酇縣
東北有犬丘城迂迴疑○酇才汗反又子旦反迂音于○九月邾子來朝禮也邾宣公○冬衛子叔晉知武
子來聘禮也凡諸侯即位小國朝之。小事大大國聘焉大字小以繼好結信謀事補
闕禮之大者也闕猶過也禮以安國家利民人爲大○好呼報反
經二年春王正月葬簡王無傳五月而葬速○鄭師伐宋書伐從告○夏五月庚寅夫人姜
氏薨○六月庚辰鄭伯睔卒未與襄同盟而赴以名庚辰七月九日書六月經誤○睔古困反徐又胡忖反【疏】注未與至經誤

○正義曰睔以成六年卽位九年盟于蒲十五年于戚。文七年楚子重伐鄭諸侯救鄭而楚退同盟于馬陵諸侯雖不重序明亦與鄭同盟則是與成三同盟矣與其父盟於法得以名赴其子此云未與襄同盟而赴以名者言其嘗與成同盟於法得以名赴襄也此類多矣注皆云與其父同盟而已此注特言未與襄同盟者以此時鄭既從楚嫌其已背前盟不合更以名赴故明之也此經云六月庚辰鄭伯睔卒傳言七月庚辰鄭伯睔卒經傳必有誤者杜以長曆校之此年六月壬寅朔其月無庚辰七月壬申朔九日得庚辰則傳與曆合知傳是而經誤也此經六月七日其文皆具所言誤者非徒字誤而已乃是書經爲誤七月之事錯書以爲六月故長曆云書於六月經誤言元本書之誤非字誤也

○晉師宋師衛甯殖侵鄭宋雖非卿師重故敘衛上○殖市力反

疏 注宋雖至衛上○正義曰於例將卑師衆稱師將尊師少稱將此晉宋稱師不書將非卿也衛甯殖書將不稱師師少也晉爲兵主故當先書宋雖非卿以師爲重故序甯殖之上

○秋七月仲孫蔑會晉荀罃宋華元衛孫林父曹人邾人于戚己丑葬我小君齊姜齊謚也三月而葬速○齊如字謚法執心克莊曰齊或音側皆反非

疏 注齊謚至葬速○正義曰謚法執心克莊曰齊是齊爲謚也葬而舉謚禮之常也此特云齊謚者以謚齊者少目齊齊同字夫人齊女嫌齊非謚晉大子申生之母稱齊姜者齊女姓姜氏彼齊非謚故此須明之

○叔孫豹如宋豹於此始自齊還爲卿

○冬仲孫蔑會晉荀罃齊崔杼宋華元衛孫林父曹人邾人滕人薛人小邾人于戚遂成虎牢以偪鄭

疏 遂城虎牢○正義曰虎牢是鄭舊邑此時屬晉而不繫晉者莊三十二年注云大都以名通者則不繫國此以名通故不繫晉也十年戍鄭虎牢繫於鄭者傳曰非鄭地也言將歸焉彼爲將歸鄭而繫之鄭也或當虎牢雖已屬晉晉人新得不爲己有故不繫晉也

○楚殺其大夫公子申

傳二年春鄭師。侵宋楚令也以彭城故○齊侯伐萊萊人使正輿。子。賂夙沙衛以索
馬牛皆百匹夙沙衛齊寺人索簡擇好者○萊音來輿音餘本亦作與索所白反疏注馬牛皆百匹○正義曰司馬法丘出馬一匹牛三頭則牛
當稱頭而亦云匹者因馬而名牛曰匹并言之耳經傳之文此類多矣易繫辭云潤之以風雨論語云沽酒市脯不食玉藻云大夫不得造車馬皆從一而省
文也齊師乃還君子是以知齊靈公之爲靈也諡法亂而不損曰靈言諡應其行○應應對之應年末同行下孟反
○夏齊姜薨初穆姜使擇美檟。檟梓之屬○檟古雅反木名疏注檟梓之屬○正義曰釋木云槐小葉曰檟郭璞曰槐當
爲楸楸細葉者爲檟又云大而皵楸小而皵檟樊光云大老也皵皮也皮老而皵。皵者爲楸小少也少而皵皵者爲檟又云椅梓郭璞曰即楸也如彼所云
楸梓皆檟之小別故云梓之屬也以自爲櫬與頌琴櫬棺也頌琴琴名猶言雅琴皆欲以送終○櫬初覲反疏注櫬棺至送終○正
義曰以論死者言櫬知櫬是棺也四年注云櫬。親身棺也以親近其身故以櫬爲名焉禮記檀弓曰天子之棺四重水兕革棺一杝棺一梓棺二鄭玄云杝椵
也所謂。椵棺也梓棺二所謂屬與大棺也記文從內向外水兕革棺最近尸也次椑以椵爲之次屬與大棺乃以梓爲之檀弓又云君即位而爲椑鄭玄云椑
謂杝棺親尸者椑堅著之言也天子椑內又有水兕革棺喪大記云君大棺八寸屬六寸椑四寸如彼記文諸侯之棺三重親身之棺名之爲椑椑即櫬是也
其椑用椵爲之屬與大棺乃用梓耳此以梓爲櫬者名之曰櫬其內必無棺也擇檟爲櫬其櫬必用梓也記唯言即位爲椑不言椑所用木鄭玄據天子之棺
其椑用杝即云椑謂杝棺也天子之椑自用杝則諸侯不必然據此傳文諸侯之椑必用梓也頌。琴者詩爲樂章琴瑟必以歌詩詩有雅頌故以頌爲琴名猶
如言雅琴也櫬琴同文知皆欲以送終也季文子取以葬君子曰非禮也禮無所逆婦養姑者也虧

姑以成婦逆莫大焉穆姜成公母齊姜成公婦○養徐余亮反詩曰其惟哲人告之話言順德之行

詩大雅哲知也話善也言知者行事無不順○話戶快反知音致下同季孫於是爲不哲矣言逆德○爲不哲矣一本作不爲哲矣

【疏】詩曰至哲矣○正義曰詩大雅抑之篇也其惟有知之人告之以善言則順從之爲美德之行矣言之者行事無有不順從者今季孫逆之於是爲不知矣哲知釋言文也

且姜氏君之妣也襄公適母故曰君之妣○妣必履反適丁歷反本又作嫡【疏】注襄公至之妣○正義曰曲禮曰生曰父曰母死曰考曰妣襄公是成公之妾定姒所生齊姜是其適母故曰君之妣也

詩曰爲酒爲醴烝畀祖妣以洽百禮降福孔偕詩周頌烝進也畀與也偕徧也言敬事祖妣則鬼神降福季孫葬姜氏不以禮是不敬祖妣○烝之承反畀必利反注同洽戶夾反偕音皆徧音遍

【疏】詩曰至孔偕○正義曰詩周頌豐年之篇也豐有之年多稻多黍釀之爲酒爲醴以進與祖妣以洽百種之禮爲烝嘗之祭鬼神享之則下與福祐甚周徧言今事妣失禮神將不福祐之也烝進畀與皆釋詁文偕訓爲俱俱亦徧之義也釋言云孔甚也

○齊侯使諸姜宗婦來送葬宗婦同姓大夫之婦婦人越疆送葬非禮○疆居良反

【疏】注宗婦至非禮○正義曰諸姜同姓之女也宗婦同姓之婦也夫人齊姜是齊國之女故使其宗親之婦女來會葬也齊爲姜姓歷世多矣不可姜姓之女姜姓之婦今其皆來魯國莊二十四年大夫宗婦覿用幣者宗婦是同姓大夫之婦知此宗婦亦是同姓大夫之婦然則諸姜是齊同姓之女嫁與齊大夫之爲妻者也禮記檀弓云婦人不越疆而弔人是越疆送葬非禮也

召萊子萊子不會故晏弱城東陽以偪之爲六年滅萊傳東陽齊竟上邑○竟音境

【疏】召萊子萊子不會○正義曰世族譜不知萊國之姓齊侯召萊子者不爲其姓姜也以其比鄰小國意陵蔑之故召之欲使從送諸姜宗婦來向魯耳萊子以其輕侮故不肯會

○鄭成公疾

子駟請息肩於晉欲辟楚役以負擔喻○擔都暫反公曰楚君以鄭故親集矢於其目謂鄢陵戰晉射楚王目○射食亦反非異人任寡人也言楚子在此患不爲他人蓋在己○非異人任絶句任音壬一讀至人字絶句爲于僞反若背之是棄力與言其誰暱我言盟誓之言○背音佩棄力服本作棄功暱本又作昵女乙反徐乃吉反免寡人唯二三子

【疏】集矢至三子○正義曰說文云鳥之短尾者總名爲隹隹在木上爲集集是鳥止之名矢有羽似鳥故亦稱集也楚君被射目者非是爲異人也任此患者爲寡人也今若背之棄其助鄭之力與盟誓之言他人其誰肯親我乎免寡人此棄力背言之責唯二三子耳

○秋七月庚辰鄭伯睔卒於是子罕當國攝君事

【疏】子罕當國○正義曰禮君薨聽於冢宰不須攝行君事此令子罕當國者鄭國間於晉楚國家多難喪代之際或致傾危蓋成公顧命使之當國非常法也子駟爲政已是正卿知當國者爲攝君事矣沈氏云魯襄四歲國家無虞今僖公年雖長大爲偪於晉楚故令子罕當國也

子駟爲政爲政卿子國爲司馬晉師侵鄭晉伐喪非禮諸大夫欲從晉子駟曰官命未改成公未葬嗣君未免喪故言未改不欲違先君意

【疏】官命未改○正義曰先君既葬嗣君正位乃得建官命臣十六年晉侯改服脩官是其事也先君未葬皆因舊事不得建官命臣故云官命未改庶事悉皆未改不可卽違先君言此者不用從晉之意故也

會于戚謀鄭故也鄭久叛晉謀討之孟獻子曰請城虎牢以偪鄭虎牢舊鄭邑今屬晉知武子曰善鄫之會吾子聞崔子之言今不來矣元年孟獻子與齊崔杼次于鄫崔杼有不服晉之言獻子以告知武子

【疏】注元年至武子○正義曰元年伐鄭次于鄫唯有韓厥荀偃於時武子未必在軍當是此會始告之耳

滕薛小邾之不至皆齊故也三國齊之屬

寡君之憂不唯鄭言復憂齊叛○復扶又反下文將復復會同罃將復於寡君而請於齊以城事白晉君而請
齊會之欲以觀齊志得請而告吾子之功也得請謂齊人應命告諸侯會築虎牢若不得請事將在齊將伐齊
吾子之請諸侯之福也城虎牢足以服鄭息征伐豈唯寡君賴之傳言荀罃能用善謀○穆叔聘于宋
通嗣君也○冬復會于戚齊崔武子及滕薛小邾之大夫皆會知武子之言故
也武子言事將在齊齊人懼帥小國而會之遂城虎牢鄭人乃成如孟獻子之謀○楚公子申為右司馬多
受小國之賂以偪子重子辛偪奪其權勢楚人殺之故書曰楚殺其大夫公子申言所
以致國討之文
經三年春楚公子嬰齊帥師伐吳公如晉○夏四月壬戌公及晉侯盟于長樗
晉侯出其國都與公盟于外○樗勑居反【疏】注晉侯至于外○正義曰文三年公如晉公及晉侯盟
盟不書地在晉都也此時晉侯出其國都與公盟于長樗蓋近城之地盟訖還入於晉故公歸書曰公至自晉也文三年盟于晉都此
盟出城外者出與不出皆由晉侯意耳此或是悼公謙以待人不敢使國君就
已出盟于外若似相就然故出城也公至自晉無傳不以長樗至本非會【疏】注不以至非會○正義曰假令公
朝於晉更與晉侯餘處別會即從
會所而歸亦得書曰公至自晉何則一行而有二事者或以始致或以終致出
自當時之意書其所告之事而已所告先後無定例也但此盟于長樗晉侯為
盟之故暫出城耳本非刻期聚會之處唯得以自晉告廟不
得以長樗告也注言本非會解其必不得以長樗致之意也○六月公會單子

晉侯宋公衛侯鄭伯莒子邾子齊世子光己未同盟于雞澤雞澤在廣平曲梁縣西南周靈王新卽位使王官伯出與諸侯盟以安王室故無譏○單音善

疏注雞澤至無譏○正義曰諸侯不得盟天子之臣天子之臣不得與諸侯聚盟盟則加以貶責僖二十九年翟泉之盟貶王子虎稱人是其事也僖八年洮之盟王人在列傳曰謀王室也諸侯共謀王室不譏王人人在盟是由襄王新立命遣與盟故耳此盟單子在列於經亦無譏文靈王以往年新立明是王新卽位使王官之伯出與諸侯結盟以安王室故無所譏與洮之盟同也釋例曰未有臣而盟君臣而盟君是子可盟父故春秋王世子以下會諸侯者皆同會而不同盟洮之盟王室有子帶之難襄王懼不得立告難于齊遣王人與諸侯盟故傳釋之曰謀王室以明王勑其來盟非諸侯所敢與也踐土之盟王子虎臨諸侯而不與同歃故經但列諸侯而傳具載其實此實聖賢之垂意以為將來之永法也一年之間諸侯輯睦翼戴天子而翟泉之盟子虎在列君子以為非天子之命虧上下常節故不存魯侯而人子虎以示篤戒也今雞澤之會單子與盟亦王所命也杜言王使盟者傳無其文正以經無貶責知是命使盟也

陳侯使袁僑如會陳疾楚政而來屬晉本非召會而自來故言如會○僑其驕反

疏注陳疾至如會○正義曰凡盟主召其同好之國刻期而與結盟來不及期則加貶責他國後期則沒其國而不序於列魯君後期則總稱諸侯不復國別歷序文七年公會諸侯晉大夫盟于戚是也僖二十八年踐土之盟陳侯如會此袁僑如會皆本非同好慕義而來喜其來而不責其晚故言陳疾楚政而來屬晉本非召會而袁僑自來故言如會解其後至特書而不貶之意也七年鄭治髡頑如會自是被召而來其人未見諸侯在道而卒故書如會為卒張本與此異也

戊寅叔孫豹及諸侯之大夫及陳袁僑盟諸侯既盟袁僑乃至故使大夫別與之盟言諸侯之大夫則在雞澤之諸侯也殊袁僑者明諸侯大夫所以盟盟袁僑也據傳盟在秋長曆推戊寅七月十三日經誤

疏注諸侯至經誤○正義曰諸侯盟會歷序國君

其下云某人某人皆是大夫也若卿來則書卿名氏文十四年公會宋公陳侯衛侯鄭伯許男曹伯晉趙盾于新城如此之類其事多矣此袁僑來若及盟即序於列當在世子光下今諸侯既盟袁僑乃至不可特爲袁僑更復重盟若其不與之盟則又逆陳來意以袁僑是大夫故使大夫盟之若其陳侯自來諸侯雖則盟訖亦當更與之盟不得使大夫也凡諸侯盟會皆先目後凡上文雞澤之會既以具序諸侯此總言諸侯大夫則雞澤諸侯足以明矣故不復具序諸國從省文耳諸侯大夫既以總書而獨見叔孫豹者經據魯史魯史所記詳內略外僖十五年牡丘之盟下公孫敖帥師及諸侯之大夫救徐獨書魯臣亦此類也言諸侯之大夫其內可以兼袁僑而殊袁僑言及陳袁僑盟者明此諸侯之大夫所以爲此盟者止爲盟陳袁僑耳且上文雞澤之會其內未有陳侯直言諸侯之大夫則不得包陳袁僑故殊之也

○秋公至自會無傳

○冬晉荀罃帥師伐許

傳三年春楚子重伐吴爲簡之師簡選練克鳩茲至于衡山鳩茲吴邑在丹陽蕪湖縣東今皐夷也衡山在吴興烏程縣南使鄧廖帥組甲三百被練三千組甲被練皆戰備也組甲漆甲成組文被練練袍○廖力彫反組音祖下皆同被皮義反徐扶僞反注及下同

[疏]注組甲至練袍○正義曰賈逵云組甲以組綴甲車士服之被練帛也以帛綴甲步卒服之凡甲所以爲固者以盈竅也帛盈竅而任力者半卑者所服組盈竅而盡任力尊者所服馬融云組甲以組爲甲裏公族所服被練以練爲甲裏卑者所服然則甲貴牢固組練俱用絲也練若不固宜皆用組何當造不牢之甲而令步卒服之豈欲其被傷故使甲不牢也若練以綴甲何以謂之被也又組是條繩不可以爲衣服安得以爲甲裏杜言組甲漆甲成組文今時漆甲有爲文者被練文不言甲必非甲名以被是被覆衣著之名故以爲練袍被於身上雖並無明證而杜要愜人情

侵吴吴人要而擊之獲鄧廖其能免者組甲八十被練三百而已子重歸既飲

至三日吳人伐楚取駕駕良邑也鄭廖亦楚之良也君子謂子重於是役也所
獲不如所亡當時君子○要於遙反疏注當時君子○正義曰傳言君子多矣獨此言當時君子者諸言君子論議往事多是丘明自言許
之君子此傳君子謂子重亡多於獲楚人以君子之言咎責子重不得為後世君子故云當時君子楚人以是咎子重子重病之
遂遇心病而卒憂恚故成心疾○咎其九反恚一端反○公如晉始朝也公即位而朝○夏盟于長樗
孟獻子相公稽首相儀也稽首首至地○相息亮反注同疏注稽首首至地○正義曰周禮九拜一曰稽首諸侯事天子之禮也知
武子曰天子在而君辱稽首寡君懼矣稽首事天子之禮孟獻子曰以敝邑介在東表
密邇仇讎仇讎謂齊楚與晉爭介音界爭爭鬭之爭○寡君將君是望敢不稽首傳言獻子能固事盟主○晉
為鄭服故且欲脩吳好鄭服在前年○為于偽反好呼報反將合諸侯使士匄告于齊曰寡君使
匄以歲之不易不虞之不戒寡君願與一二兄弟相見不易多難也虞度也戒備也列國之君相謂兄
弟○易以豉反注同難乃旦反年內同度待洛反以謀不協請君臨之使匄乞盟齊侯欲勿許而難為
不協乃盟於耏外與士匄盟耏水名○耏音而疏盟於耏外○正義曰此是士匄適齊齊侯與盟其盟不離城之左右若是地名山名
不得有外內之異爾雅云厓內為隩外為隈李巡曰厓內近水為隩外為隈孫炎曰內曲裏也外曲表也是水有內外之異知此耏為水名其水蓋曲而近城
故稱耏外讎也○正義曰讎者相負挾怨之名奚負狐狐負奚皆謂之讎此是奚負狐也不是舉之以解怨故下云稱其讎不為諂也○祁奚請

老老致仕晉侯問嗣焉嗣續其職者稱解狐其讎也將立之而卒解狐卒○解音蟹又問焉對曰午也可午祁奚子於是羊舌職死矣晉侯曰孰可以代之對曰赤也可赤職之子伯華於是使祁午爲中軍尉羊舌赤佐之各代其父君子謂祁奚於是能舉善矣稱其讎不爲諂立其子不爲比舉其偏不爲黨諂媚也偏屬也○諂他檢反比毗志反疏稱其至爲黨○正義曰設令他人稱其讎則諂以求媚也立其子則心在親比也舉其偏則情相阿黨也今祁奚以其人實善故舉薦之人見彼善知奚不諂不比不黨也諂者阿順曲從以求彼意故以諂爲媚媚愛也言爲諂以求愛也偏者半廂之名故傳多云東偏西偏軍師屬己分之別行謂之偏師傳云彘子以偏師陷是偏爲廂屬之名也祁奚爲中軍尉羊舌職佐之職屬祁奚復舉其子是舉其偏屬也商書曰無偏無黨王道蕩蕩商書洪範。也蕩蕩平正無私其祁奚之謂矣解狐得舉未得位故曰得舉祁午得位伯華得官建一官而三物成一官軍尉物事也疏建一官而三物成○正義曰尉佐同掌一事故爲建一官也三事成者成其得舉得位得官也官位一也變文相辟耳服虔云所舉三賢各能成其職事案解狐得舉而死身未居職何成事之有能舉善也夫唯善故能舉其類詩云惟其有之是以似之祁奚有焉。詩小雅言唯有德之人能舉似己者。也夫音扶絶句一讀以夫爲下句首○疏詩云至似之○正義曰此小雅裳裳者華之篇也其卒章云右之右之君子有之。維其有之是以似之○六月公會單頃公及諸侯己未同盟于雞澤單頃公王卿士○頃音傾晉侯使荀會逆吳子于淮上吳子不至道遠多難○楚子辛爲令尹侵欲於小國陳成公使袁僑如會求成患楚侵欲袁僑濤塗四世孫【疏】侵欲於小國○正義曰多有所欲求索无厭侵害小國故小國怨也晉侯使和組父告于諸侯告陳服秋叔孫豹及諸侯之大夫及陳袁僑盟陳請服也其君不來使大夫盟之匹敵之宜○晉侯之弟揚干亂行於曲梁行陳次○行戶郎反注同陳直覲反魏絳戮其僕僕御也【疏】魏絳戮其僕○正義曰以車亂行是御者之罪故戮其僕也周禮司寇之屬有掌戮之官鄭玄云戮猶辱也既斬殺又辱之其職云掌斬殺賊諜而膊之凡殺其親者焚之殺王之親者辜之殺人者踣諸市肆之三日鄭玄云膊謂去衣磔之焚燒也辜謂磔之踣僵尸也肆猶申也陳也彼膊焚辜肆皆謂陳以示人然則此言戮者非徒殺之而已乃殺之以徇諸軍昭四年楚戮慶封負之斧鉞以徇於諸侯先徇乃殺之也成二年韓獻子既斬人郤子使速以徇是殺之而後徇也此戮即彼徇之謂也文十年楚申舟抶宋公之僕以徇或曰國君不可戮也彼抶以徇亦稱爲戮下云至於用鉞當是殺之乃以徇也晉侯怒謂羊舌赤曰合諸侯以爲榮也揚干爲戮何辱如之必殺魏絳無失也對曰絳無貳志事君不辟難有罪不逃刑其將來辭何辱命焉言終魏絳至授僕人書僕人晉侯御僕【疏】事君至不逃刑○正義曰此言絳之宿心舊行耳非獨爲此事而言也服虔云謂敢斬揚干之僕是不辟難死之雖然則斬僕信依法也豈是絳之罪而得謂之有罪不逃刑乎不逃不辟此事自亦是矣要本其宿心非是爲此事也將伏劍士魴張老止之公讀其書曰日君乏使使臣斯司馬斯此也【疏】對伏劍○正義曰謂仰劍刃身伏其上而取死也臣聞師衆以順爲武順莫敢違軍事有死無犯爲敬守官行法雖死不敢有違君合諸

侯臣敢不敬君師不武執事不敬罪莫大焉臣懼其死以及揚干無所逃罪懼自
犯不武不敬之罪不能致訓至於用鉞用鉞斬揚干之僕○鉞音越疏臣聞至用鉞○正義曰臣聞師旅兵衆順從上命莫敢違
逆是爲威武此據在軍之衆也軍旅之事守官行法欲討罪人雖有死難不敢辟死犯違法令而從舍罪人是爲共敬也君命既合諸侯臣豈敢畏懼死罪放
舍罪人不爲共敬也今君之師衆違命亂行既已不武謂揚干也執事之臣畏懼其死罪不戮罪人是爲不敬魏絳自謂也不武不敬罪莫大焉是揚干與己
皆有大罪臣若不討非直臣有死罪揚干亦合有死罪臣懼身之死罪連及揚干是臣罪更重無所逃辟重罪也不能以禮漸致教訓至於用鉞以斬其僕是
臣之罪重也臣之罪重敢有不從以怒君心言不敢不從戮請歸死於司寇致尸於司寇使戮之公跣
而出曰寡人之言親愛也吾子之討軍禮也寡人有弟弗能教訓使干大命寡
人之過也子無重寡人之過聽絳死爲重過○跣先典反重直用反注同敢以爲請請使無死晉侯以魏
絳爲能以刑佐民矣反役與之禮食使佐新軍羣臣旅會今欲顯絳故特爲設禮食○食音嗣注同又如字特
爲于僞反疏與之禮食○正義曰與之禮食者若公食大夫禮以大夫爲賓公親爲之特設禮食○使佐新軍○正義曰服虔云於是魏頡卒矣使趙武將
新軍代魏頡升魏絳佐新軍代趙武也世族譜魏頡魏顆魏絳俱是魏犨之子顆長生頡則絳是頡之叔父顆別爲令狐氏絳爲魏氏蓋顆長而庶絳幼而適故也
魏世家武子生悼子悼子生絳則絳是犨孫計其年世孫應是也先儒悉皆不然未知何故張老爲中軍司馬代魏絳士富爲
候奄代張老士富士會別族○楚司馬公子何忌侵陳陳叛故也○許靈公事楚不會于

雞澤冬晉知武子帥師伐許

經四年春王三月己酉陳侯午卒前年大夫盟雞澤三日無己酉日誤○夏叔孫豹如晉○秋七月戊子夫人姒氏薨成公妾襄公母姒杞姓【疏】注成公至杞姓○正義曰二年齊姜薨葬者是成公夫人故此為成公之妾也據傳匠慶之言知是襄公之母以子既為君故得稱夫人而言薨也於時諸國杞鄫之從皆姒姓據大者言之故云姒杞姓疑是杞女而未審故也葬陳成公無傳八月辛亥葬我小君定姒無傳定謚也赴同祔姑反哭成喪皆以正夫人禮母以子貴踰月而葬速【疏】注定謚至葬速○正義曰謚法純行不爽曰定舊說妾子為君其母不得成為夫人故杜詳言之於例。亦同稱薨也祔姑稱小君也反哭成喪書葬也今定姒三禮皆具薨葬備文皆以正夫人之禮者由母以子貴故也釋例曰凡妾子為君其母猶為夫人雖先君不命其母母以子貴其適夫人薨則尊得加於臣子而內外之禮皆如夫人矣故姒氏之喪責以小君不成成風之喪王使來會葬傳曰禮也夫人姒氏薨葬皆以禮備為文明季。子雖議從略賤闕匠慶之言懼而備禮殯葬無賤也傳公子為其母練冠縓緣既葬除之及其嗣位為君非復公子適母薨則申其母尊而先儒同之公子亦謬矣是杜言妾母得為夫人之意也季孫初議欲不成定姒之喪匠慶以君長懼之乃略取季孫之木君子謂之多行無禮必自及也則季孫初議是無禮也既季孫議為無禮明知於禮得成是知妾母成尊是為正法但尊無二上適母若在君尚不得盡禮於其母臣民豈得以夫人之禮事之哉適母既薨則君得盡禮君既盡夫人之禮事其母臣民豈得以妾意。欲之哉故適母薨則妾母尊也哀姜既薨成風乃正出姜既出敬嬴乃正齊姜既薨定姒乃正襄公一世無娶夫人之文故齊婦得正也鄭玄以為正夫人有。以罪廢妾母得成為夫人也哀姜雖被齊殺僖公請而葬之案經薨葬備文安得以罪黜也又齊姜非以罪黜定姒薨葬成尊成風定姒並無譏文知其法

得成也○冬公如晉○陳人圍頓

傳四年春楚師爲陳叛故猶在繁陽前年何忌之師侵陳今猶未還繁陽楚地在汝南鮦陽縣南○爲于僞反鮦孟康音紂直又反一音童或音直勇反非韓獻子患之言於朝曰文王帥殷之叛國以事紂唯知時也知時未可爭今我易之難哉晉力未能服楚受陳爲非時三月陳成公卒楚人將伐陳聞喪乃止軍禮不伐喪[疏]注軍禮不伐喪○正義曰十九年晉士匄侵齊至穀聞齊侯卒乃還傳曰聞喪而還禮也是軍禮不伐喪陳人不聽命不聽楚命臧武仲聞之曰陳不服於楚必亡大國行禮焉而不服在大猶有咎而況小乎夏楚彭名侵陳陳無禮故也爲下陳圍頓傳○咎其九反下同穆叔如晉報知武子之聘也武子聘在元年晉侯享之金奏肆夏之三不拜肆夏樂曲名周禮以鐘鼓奏九夏其二曰肆夏一名樊三曰韶夏一名遏四曰納夏一名渠蓋擊鐘而奏此三夏曲○肆夏戶雅反注及下同九夏一曰王夏二曰肆夏三曰韶夏四曰納夏五曰章夏六曰齊夏七曰族夏八曰陔夏九曰驁夏肆夏一名樊國語云金奏肆夏樊遏渠杜遂分爲三夏之別名呂叔玉云肆夏時邁也樊遏執競也渠思文也韶上招反遏於葛反納夏本或爲夏納誤渠其居反工歌文王之三又不拜工樂人也文王之三大雅之首文王大明綿歌鹿鳴之三三拜小雅之首鹿鳴四牡皇皇者華[疏]金奏至三拜○正義曰奏謂作樂也作樂先擊鐘鐘是金也故稱金奏周禮鐘師掌金奏鄭玄云金奏擊金以爲奏樂之節金謂鐘及鎛也又燕禮注云以鐘鎛播之鼓磬應之所謂金奏也此晉人作樂先歌肆夏肆夏是作樂之初故於肆夏先言金奏也次工歌文王樂已先作非復以金

爲始故言工歌也於文王已言工歌鹿鳴又畧不言工互見以從省耳其實金奏肆夏亦是工人歌之工歌文王擊金仍亦不息其歌鹿鳴亦是工歌之耳○

注肆夏至夏曲○正義曰周禮鍾師凡樂事以鍾鼓奏九夏王夏肆夏昭夏納夏章夏齊夏族夏陔夏驁夏言以鍾鼓奏之也又以文王類之知是樂曲名也杜子春云王出入奏王夏尸出入奏肆夏牲出入奏昭夏四方賓來奏納夏臣有功奏章夏夫人祭奏齊夏族人侍奏族夏賓醉而出奏陔夏公出入奏驁夏定本納夏爲夏納此傳直言之三不執其三之名魯語同說此事而云金奏肆夏繁遏渠天子所以享元侯也文王大明緜則兩君相見之樂也文王之三。盡文王大明緜以文王爲首幷取其次。二篇以爲三則知肆夏之三亦以肆夏爲首亦幷取其次二夏以爲三也且下云三夏天子所以享元侯也三者皆名爲夏知是其次二夏幷肆夏爲三也周禮謂之肆夏昭夏納夏魯語謂之繁遏渠故杜以爲每夏而有二名肆夏一名樊昭夏一名遏納夏一名渠魯語先儒之所說義多不同周禮注載杜子春云肆夏與文王鹿鳴俱稱三謂其三章也以此知肆夏詩也呂叔玉云肆夏繁遏渠皆周頌也肆夏時邁也繁遏執競也渠思文也肆夏遂也夏大也言遂於。天位。也故時邁曰肆于時夏允王保之繁多也遏止也言福祿止於周之多也故執競曰降福穰穰降福簡簡福祿來反渠大也言以后稷配天王道之大也故思文曰思文后稷克配彼天鄭玄云以文王鹿鳴言之則九夏皆詩篇名頌之族類也此歌之大者載在樂章樂崩亦從而亡是以頌不能具數家之說各以意言經典散亡无以取正劉炫云杜爲此解頗允三夏之名而分字配篇不甚愜當何則文王之三卽文王是其一大明緜是其二三鹿鳴之三則鹿鳴是其一四牡皇皇者華是其二然則肆夏之三亦當肆夏是其一樊遏渠是其二安得復以樊爲肆夏之別名也若樊卽是肆夏何須重擧二名雖恥習前蹤亦未踰先哲今刪定知不然者以此文云肆夏之三是自肆夏以下有三故爲部夏納夏凡爲三夏但此三夏各有別名故國語謂之繁遏渠是一字以當一夏若國語直云金奏繁遏渠則三夏之名沒而不顯故於繁字之上特以肆夏冠之云肆夏繁。樊。既是肆夏明遏是部夏渠是納夏也國語擧其難明以會左氏三夏之義劉不曉杜之深意遂欲妄從先儒先儒二說何所。馮準先儒以。樊遏二字共爲執競以渠之一字獨爲思文分字既无定限文句多少任意則杜以樊共肆夏爲句何爲不可劉君與奪恣情不顧曲直妄規杜過於義深非也

乃韓獻子使行人子員問之行人通使之官〇員音云徐于貧反使所吏反下注及文皆同[疏]注行人通使之官〇正義曰周禮大行人掌大賓之禮大客之儀小行人掌使適四方協賓客之禮諸侯行人當亦通掌此事故爲通使之官也此言韓獻子使行人問晉語云晉侯使行人問者彼孔晁注云韓獻子白晉侯使行人問也曰子以君命辱於敝邑先君之禮藉之以樂以辱君子藉薦也〇藉在夜反吾子舍其大而重拜其細敢問何禮也對曰三夏天子所以享元侯也使臣弗敢與聞元侯牧伯〇舍音捨重直用反下皆同敢與音預下及與同依徐音目[疏]注元侯牧伯〇正義曰周禮大宗伯云八命作牧九命作伯鄭玄云牧謂侯伯有功德者加命得專征伐於諸侯也伯謂上公有功德者加命爲二伯得征五侯九伯者也鄭司農云牧一州之牧也伯長諸侯爲方伯也然則牧是州長伯是二伯雖命數不同俱是諸侯之長也元長也謂之長侯明是牧伯文王兩君相見之樂也臣不敢及及與也文王之三皆稱文王之德受命作周故諸侯會同以相樂〇相樂音洛[疏]注及與。相樂〇正義曰及與也釋詁文言不敢與在其間而聞之會語幷陳兩事乃總云皆昭令德以合好非使臣之所敢聞彼。俱不敢。聞此分之爲等級耳詩序文王言文王受命作周大明言文王有明德故天復命武王伐紂緜言文王之興本由大王是文王之三皆稱文王之德能受天命造立周國故諸侯會同歌此以相燕樂也朝而設享是亦二君聚會故以會同言之肆夏既亡不知其篇之義故唯取詩意以解文王鹿鳴耳詩是樂章樂歌詩篇聖王因其尊卑定其。差。等詩有四始風也小雅也大雅也頌也鄭玄以肆夏爲頌之族類其差與頌同矣天子享元侯歌肆夏則於其餘諸侯

不得用肆夏矣當歌文王與兩君相見同也然則兩元侯相見與天子享之禮同亦歌肆夏之類仲尼燕居兩君相見升歌清廟謂元侯也不歌肆夏辟天子也諸侯來朝乃歌文王遣臣來聘必不得同矣當歌鹿鳴也傳言文王兩君相見之樂則其臣來聘不得與其君同亦當歌鹿鳴也燕禮雖以己臣爲主兼燕四方之賓其樂歌鹿鳴是其定差也燕禮升歌訖乃爲笙歌三篇堂下吹笙以播詩也笙歌訖乃爲間歌六篇堂上歌一篇堂下吹一篇相間代也故燕禮云乃間歌魚麗笙由庚歌南有嘉魚笙崇丘歌南山有臺笙由儀是也間歌訖遂合鄉樂周南關雎葛覃卷耳召南鵲巢采蘩采蘋合樂謂堂上堂下合作樂也鄉樂者風詩也燕禮一歌小雅而合鄉樂以合早於歌一等則知諸所歌者其合樂用詩皆卑於升歌一等故鄭玄詩譜云天子享元侯歌肆夏合文王於諸侯歌文王合鹿鳴諸侯於鄰國之君與天子於諸侯同天子諸侯燕其羣臣及聘間之賓皆歌鹿鳴合鄉樂笙閒所用則鄭玄云未聞也燕禮升歌小雅笙歌間歌亦用小雅則笙間用詩與升歌差同而云未聞者升歌合樂其用風雅皆用發首二篇笙用南陔間用魚麗不復更用其首篇者未聞者未知其用何篇也此傳言三夏天子所以享元侯則文王兩君相見之樂亦謂享也雖不言燕燕亦當然此傳晉侯享穆叔爲歌鹿鳴穆叔以己所當得三拜而受燕禮也工歌鹿鳴則是享燕同樂明享之與燕用樂各自同矣若然肆夏之爲樂章樂之最尊者兩君相見尤尙不得用之而燕禮者諸侯燕己羣臣之禮而記云若以樂納賓則賓及庭奏肆夏鄭玄云卿大夫有王事之勞者則奏此樂所以得用之者彼謂納賓之樂郊特牲云賓入大門而奏肆夏示易以敬也鄭玄云賓朝聘者是朝賓聘客俱得用之與此升歌異也

鹿鳴君所以嘉寡君也敢不拜嘉

晉以叔孫爲嘉賓故歌鹿鳴之詩取其我有嘉賓叔孫奉君命而來嘉叔孫乃所以嘉魯君

疏 注晉以至魯君○正義曰詩序言鹿鳴燕羣臣嘉賓正謂燕己之臣以己臣爲嘉賓耳叔孫以晉歌此篇者以己爲嘉賓故拜受之也燕禮記云若與四方之賓燕則公迎之于大門內鄭玄云四方之賓謂來聘者也是燕聘客唯君迎爲異餘悉與己臣同也

牡君所以勞使臣也敢不重拜詩言使臣乘四牡騑騑然行不止勤勞也晉以叔孫來聘故以此勞之○以勞力報反注勞之
同騑芳非反【疏】注詩言至勞之○正義曰詩序曰四牡勞使臣之來謂遣臣出使來歸乃勞之也叔孫以晉歌此篇勞己來聘故重拜受之也魯語云四
牡君之所以章臣之覲也敢不拜章皇皇者華君教使臣曰必諮於周皇皇者華君遣使臣之詩言忠臣奉使能光輝君命
如華之皇皇然又當諮于忠信以補己不及忠信爲周其詩曰周爰諮諏周爰諮謀周爰諮度周爰諮詢言必於忠信之人諮此四事○諏子須反度待洛反
下文注同詢音荀【疏】注皇皇至四事○正義曰此詩本意文王教出使之臣使遠而有光華又當諮問善道於忠信之人今晉君歌此以寵穆叔穆叔執
謙以爲晉侯所教故云君教使臣不云臣獲五善敢不重拜與詩本意異也忠信爲周魯語文也爰於也若遇忠信之人於是訪問詢度諏謀等四事也魯語
云皇皇者華君教使臣曰每懷靡及諏謀度詢必咨於周敢不拜教臣聞之訪問於善爲咨問善道咨親爲詢問親戚之
義咨禮爲度問禮宜咨事爲諏問政事咨難爲謀問患難○難乃旦反注同【疏】咨親至爲謀○正義曰魯語言此四
事唯咨親爲詢與此文同其餘咨材爲諏咨事爲謀咨義爲度三者與此皆異韋昭改從此傳注云材當爲事事難爲難孔晁注云材謂政幹也臣獲
五善敢不重拜五善謂諮詢度諏謀【疏】臣獲五善○正義曰教之咨人即得一善故幷咨爲五魯語云君既使臣以大禮重之以六德孔晁
云既有五善又自謂无及成爲六德言自謂知所无及懷靡謙以問知者此亦即是一德故爲六德也皆是受君之教乃知如此亦是君之所賜故云臣獲也
○秋定姒薨不殯于廟無櫬不虞櫬親身棺季孫以定姒本賤既无器備議其喪制欲殯不過廟又不反哭○過古禾反
【疏】注櫬親至反哭○正義曰櫬者親身之棺初死即當有之將葬以殯過廟葬訖乃爲虞祭今定姒初薨匠慶以君長懼之乃始作櫬知此是季孫以定姒

本賤素无器備議其喪制欲如此耳非是終久遂无之也檀弓曰君即位而爲椑夫人尊與君同亦當生已有櫬今議欲不爲是素无器備故始議之也檀弓又曰喪之朝也順死者之孝心也其哀離其室也故至於祖考之廟而後行殷朝而殯於祖周朝而遂葬士喪禮朝而遂葬與記正同知周法不殯于廟而此及傳八年傳皆云不殯于廟以爲非禮知其將葬之時不以殯過廟耳非是殯尸於廟中也葬訖日中反虞於正寢謂之反哭今故不虞有欲不爲反哭也

匠慶謂季文子匠慶魯大匠曰子爲正卿而小君之喪不成謂如季孫所議則爲夫人禮不成不終君也慢其母是不終事君之道君長誰受其咎言襄公長將責季孫○長丁丈反注同初季孫爲己樹六檟於蒲圃東門之外蒲圃場圃名季文子樹檟欲自爲櫬○爲于僞反下注爲定爲言卜爲執事同圃布古反場直良反疏注蒲圃至爲櫬○正義曰詩云九月築場圃毛傳云春夏爲圃秋冬爲場樹菜蔬爲圃治禾黍爲場場圃同地耳故杜以場明圃圃名蒲也檟是爲櫬之木知季孫樹之欲自爲櫬也匠慶請木爲定姒作櫬季孫曰略不以道取爲略匠慶用蒲圃之檟季孫不御御止也傳曰遂得成禮故經無異文○御魚呂反注同疏注禦止至異文○正義曰止寇謂之禦御即禦也故訓爲止季孫本議欲無櫬不虞今傳唯言取木爲櫬而已尚不知得殯廟虞祭以否不虞即是不反哭不反則不得書葬今定姒薨葬備文則因匠慶之言遂得每事成禮是故經無異文君子曰志所謂多行無禮必自及也其是之謂乎疏季孫至謂乎○正義曰不以道取爲略今律略人略賣人是也季孫言略令匠慶略他木也官非無木可用意欲不成其喪謂木不順其意怒慶此請令略木爲之也匠慶又忿季孫未必無木可用故取季孫之檟其意言遣我略人我止略女季孫令之爲略匠慶奉命而略雖自被略不得止之季孫此議自是無禮也被匠慶略木是自及也君子言古之志記所謂多行無禮必自及者其季孫

之謂乎而釋例論此云議從略賤彼自是解正義之語與此不以道取爲略別也○冬公如晉聽政受貢賦多少之政晉侯享公公請屬鄫鄫小國也欲得使屬魯如須句顓臾之比使助魯出貢賦公時年七歲蓋相者爲之言鄫今瑯邪鄫縣○句其俱反顓音專臾羊朱反比必二反相息亮反[疏]注鄫小至鄫縣○正義曰附庸附大國耳鄫乃子爵而欲得屬魯者春秋之世小國不。能自通多附於大國二十七年齊人請邾宋人請滕邾滕猶尚附人況鄫又小也故杜譬之如須句顓臾之比須句亦子爵使助魯出貢賦耳時公年七歲未能自謀蓋國內共爲此計使相者代公言之晉侯不許孟獻子曰以寡君之密邇於仇讎而願固事君無失官命晉官徵發之命[疏]注晉官徵發之命○正義曰二年鄭子駟以君初喪云官命未改此魯以國小賦重恐失官命二者官命雖同而主意有異故杜彼以未葬解之此以徵發解之文爲說觀鄫無賦於司馬。晉司馬又掌諸侯之賦爲執事朝夕之命敝邑敝邑褊小闕而爲罪闕不共也○朝夕如字褊必淺反共音恭寡君是以願借助焉借鄫以自助○借子亦反注同晉侯許之爲明年叔孫豹鄫世子巫如晉傳○楚人使頓間陳而侵伐之故陳人圍頓間伺間缺○間陳間廁之間伺間音司間音閑又間廁之間又如字○無終子嘉父使孟樂如晉無終山戎國名孟樂其使臣○使臣所吏反因魏莊子納虎豹之皮以請和諸戎欲戎與晉和莊子魏絳晉侯曰戎狄無親而貪不如伐之魏絳曰諸侯新服陳新來和將觀於我我德則睦否則攜貳勞師於戎而楚伐陳必弗能救是棄陳也諸華必叛諸華中國戎禽獸也獲戎失華無乃不可乎夏訓有之曰有

窮后羿夏訓夏書有窮國名后君也羿有窮君之號○夏戶雅反下注皆同羿音詣

疏注夏訓至之號○正義曰夏書五子之歌云太康尸位以逸豫畋于有洛之表十旬弗反有窮后羿因民弗忍距于河厥第五人御其母以從五子咸怨述大禹之戒以作歌其一曰皇祖有訓是大禹立言以訓後故傳謂此書爲夏訓也羿居窮。石之地故以窮爲國號以有配之猶言有周有夏也后君也窮國之君曰羿羿是有窮君之號

公曰后羿何如怪其言不次故問之

對曰昔有夏之方衰也后羿自鉏遷于窮石因夏民以代夏政禹孫太康淫放失國夏人立其弟仲康仲康亦微弱仲康卒子相立羿遂。代相號曰有窮鉏羿本國名○鉏仕居反大音泰相息亮反下及注同

疏注禹孫至國名○正義曰夏本紀禹生啓啓生太康太康是禹孫也爲羿所距書序云大康失邦是爲淫放失國也本紀又云大康崩弟仲康立尚書胤征云惟仲康。肇位四海孔安國云羿廢大康而立其弟仲康爲天子則仲康爲羿之所立但羿握其權仲康不能除去之耳哀元年傳稱有過澆殺斟灌以滅后相相依斟灌故澆滅之是相立爲天子乃出依斟灌則相之立也蓋亦羿立之矣此傳言羿代夏政云不脩民事寒浞殺羿言取其國家則羿必自立爲天子也當是逐出后相羿乃自立相依斟灌斟尋夏祚。猶。尚未滅蓋與羿並稱王也及寒浞殺羿因羿室而生澆澆已長大自能用師始滅后相相死之後始生少康少康生杼杼又年長已堪誘穠方始滅浞而立少康計太康失邦及少康紹國向有百載乃滅有窮據此傳文夏亂甚矣而夏本紀云仲康崩子相立相崩子少康立都不言羿浞之事是馬遷說之踈也

恃其射也羿善射

疏注羿善射○正義曰尚書云太康尸位以逸豫有窮后羿因民弗忍距于河孔安國云羿諸侯名。杜云有窮君之號則與孔不同也羿善射論語文也說文云羿帝嚳射官也賈逵云羿之先祖世爲先王射官故帝嚳賜羿弓矢使司射淮南子云堯時十日並出堯使羿射九日而落之楚辭天問云羿。彈日烏焉解羽歸藏易亦云羿。彈十日。也言雖不經難以取信要言嚳時有羿堯時。有羿則羿是善射之號非復人

之名字信如彼言則不知此羿名爲何也不脩民事而淫于原獸淫放原野棄武羅伯困熊髡尨圉四子皆羿之賢臣○髡苦門反尨莫邦反圉魚呂反而用寒浞寒浞伯明氏之讒子弟也寒國北海平壽縣○東有寒亭伯明其君名○浞仕角反徐在角反伯明后寒棄之夷羿收之夷氏信而使之以爲己相浞行媚于內內宮人疏。伯明后寒棄之○正義曰寒是國名伯明寒君之名也后君也伯明君此寒國之時而棄之不收采也○注夷氏○正義曰此傳再言夷羿故以夷爲氏也而施賂于外愚弄其民欺罔之而虞羿于田樂之以游田○樂音洛下樂安同樹之詐慝以取其國家樹立也○慝他得反後同外內咸服信浞詐羿猶不悛悛改也○悛七全反將歸自田羿獵還家衆殺而亨之以食其子食羿子○亨普彭反煑也食音嗣注同疏家衆殺而亨之○正義曰家衆謂羿之家衆人反羿以從浞爲浞而殺羿也孟子云逄蒙學射於羿盡羿之道思天下唯羿爲愈已於是殺羿則殺羿者。逄蒙也其子不忍食諸死于窮門殺之於國門靡奔有鬲氏靡夏遺臣事羿者有鬲國名今平原鬲縣○鬲音革浞因羿室就其妃妾生澆。及豷恃其讒慝詐僞而不德于民使澆用師滅斟灌及斟尋氏二國夏同姓諸侯仲康之子后相所依樂安壽光縣東南有灌亭北海平壽縣東南有斟亭○澆五弔反豷許器反斟之林反灌古亂反疏注二國夏同姓諸侯○正義曰世本文也處澆于過處豷于戈過戈皆國名東萊。掖縣北有過鄉戈在宋鄭之間○過古禾反注及下同戈古禾反掖音亦漢書作夜孟康音掖疏注戈在宋鄭之間○正義曰哀十二年傳曰宋鄭之間有隙地焉曰嵒戈。錫是也靡自有鬲氏收二國之燼燼遺民○燼才刃反疏注燼遺民○正義曰樵燭

既燒之餘名之曰燼二國之燼謂燒之所殺死亡之餘遺脫之民也思報父兄之讎故靡得收而用之以滅浞而立少康少康夏后相之
子○少詩照反注及下同少康滅澆于過后杼滅豷于戈后杼少康子○杼直呂反【疏】注后杼少康子○正義曰夏本紀少
康崩子帝杼立是也有窮由是遂亡失人故也浞因羿室故不改有窮之號【疏】有窮至故也○正義曰有窮遂亡謂浞亡也武
羅伯困熊髡尨圉本羿棄之浞亦不用失人是國之大患故言之以規悼公也昔周辛甲之為大史也命百官官箴王
闕辛甲周武王太史闕過也使百官各為箴辭戒王過○箴之林反【疏】注辛甲至王過○正義曰晉語稱文王訪于辛尹賈逵以為辛甲尹佚則辛甲文
王之臣而下及武王但文王之時天命未改不得命百官官箴王闕故以為武王時太史也闕謂過失也大史號令百官每官各為箴辭。虞人掌獵故以獵為
箴也漢成帝時揚雄愛虞箴遂依放之作十二州二十五官箴後亡失九篇後漢崔駰駰子瑗瑗子實世補其闕及臨邑侯劉騊駼大傳胡廣各有所增凡四
十八篇廣乃次而題之署曰百官箴皆放此虞箴為之於虞人之箴虞人掌田獵【疏】注虞人掌田獵○正義曰周禮山虞大田獵則萊山
田之野澤虞大田獵則萊澤野萊謂芟其草萊以為殺圍之處詩毛傳云大芟草以為防是也曰芒芒禹迹畫為九州芒芒遠貌畫分
也○芒莫郎反畫乎麥反【疏】注芒芒至分也○正義曰畫分者言畫地分之以為竟也禹貢唯冀州帝都不言竟界以餘州所至則冀州可知也八州各言
竟界云濟河惟兗州海岱惟青州海岱及淮惟徐州淮海惟揚州荊及衡陽惟荊州荊河惟豫州華陽黑水惟梁州黑水西河惟雍州是禹所畫分也經
啓九道啓開九州之道【疏】注啓開九州之道○正義曰既分海內以為九州遂皆以九言之禹貢云九州攸同九山刊旅九川滌源九澤既陂故此
亦言九道言禹開通九州之道也民有寢廟獸有茂草各有攸處德用不擾人神各有所歸故德不亂○攸處如

字本或作攸家擾如小反亂也在帝夷羿冒于原獸冒食也〇冒莫報反又音亡北反十【疏】在帝夷羿〇正義曰帝王之號當時所稱三代稱王自以德劣於前謙而不稱爲帝其統天下實與帝同所謂今之王古之帝也後人之稱先代或以王言帝或以帝言王史記於夏殷諸王皆稱爲帝此羿簒立爲王故以帝稱焉忘其國恤而思其麀牡言但念獵〇麀音憂麀牡也牡茂后反武不可重重猶數也〇重直用反注同數所角反【疏】注重猶數也〇正義曰杜讀爲重累之重故爲數也服虔云重猶大也言武事不可大任用不恢于夏家羿以好武雖有夏家而不能恢大之〇恢苦回反獸臣司原敢告僕夫獸臣虞人告僕夫不敢斥尊虞箴如是可不懲乎於是晉侯好田故魏絳及之及后羿事〇好呼報反下文同懲直升反【疏】於是至及之〇正義曰魏絳本意主勸和戎忽云有窮后羿以開公問遂說羿事以及虞箴乃與初言不相應會故傳爲此二句以解魏絳之意公曰然則莫如和戎乎對曰和戎有五利焉戎狄荐居貴貨易土荐聚也易猶輕也〇荐在薦反又才遜反或云草也易以豉反徐神豉反注同【疏】注荐聚也〇正義曰釋言云荐再也孫炎曰荐草生之再也卽荐是聚也服虔云荐草也言狄人逐水草而居徙無常處劉炫案莊子云。麋鹿食薦卽荐是草也服言是土可賈焉一也邊鄙不聳民狎其野穡人成功二也聳懼狎習也〇賈音古聳息勇反戎狄事晉四鄰。振動諸侯威懷三也以德綏戎師徒不勤甲兵不頓四也頓壞也【疏】注頓壞也〇正義曰頓謂挫傷所壞今俗語云委頓是也鑒于后羿而用德度以后羿爲鑒戒遠至邇安五也君其圖之公說使魏絳盟諸戎脩民事田以時傳言晉侯能用善謀〇說音悅〇冬十月邾人莒人伐鄫臧紇救鄫侵邾敗于狐駘臧紇武仲也鄫屬魯故救之狐駘邾地魯國蕃縣東南有目台亭○紇恨發反駘徒來反徐勅才反番本又作蕃應劭音皮一音方袁反白褒魯國記云陳子遊為魯相番子也國人為諱改曰皮也台吐才反

【疏】注番縣○正義曰魯國地理志曰番讀如藩屏之藩言魯國南藩也汝南陳子游為魯相子游音藩之子也國人辟諱遂改皮音而為番字因而不改也

國人逆喪者皆髽魯於是乎始髽髽麻髮合結也遭喪者多故不能備凶服髽而已○髽側瓜反合結音計本義作髻又作紒音同

【疏】注髽麻至而已○正義曰髽之形制禮無明文先世儒者各以意說鄭衆以為枲麻與髮相半結之馬融以為屈布為巾高四寸著於額上鄭玄以為去纚而紒案檀弓記稱南宮縚之妻孔子之兄女也縚母喪孔子誨之髽曰爾毋從從爾爾毋扈扈爾鄭玄云從從謂大高扈扈謂大廣若布高四寸則有定制何當慮其從從扈扈而誨之哉如鄭玄去纚而空露其紒則髮上本無服矣喪服女子在室為父髽衰三年空露紒髮安得與衰共文而謂之髽衰也魯人逆喪皆髽豈直露紒迎喪哉凶服以麻表髽字從髟是髮之服也杜以鄭衆為長故用其說言麻髮合結亦當麻髮半也於時魯師大敗遭喪者多婦人迎子迎夫不能備其凶服唯髽而已同路迎喪以髽相弔傳言魯於是始髽髽者自此以後遂以髽為弔服雖有吉者亦髽以弔人檀弓曰魯婦人之髽而弔也自敗於臺駘始也鄭玄云時家家有喪髽而相弔知於是始髽髽者始用髽相弔也髽者依喪服婦人為斬衰三年者髽故喪服云女子子在室箭笄髽衰三年是也其齊衰期亦髽故檀弓云南宮縚之妻之姑之喪夫子誨之髽是也其婦人弔服則鄭注檀弓云大夫之妻錫衰士之妻則疑衰皆吉笄無首素總也

國人誦之曰臧之狐裘敗我於狐駘臧紇時服狐裘我君小子朱儒是使朱儒朱儒使我敗於邾襄公幼弱故曰小子臧紇短小故曰朱儒敗不書魯人諱之○朱本或作侏亦音朱

附釋音春秋左傳注疏卷第二十九

春秋左傳注疏卷二十九校勘記　阮元撰盧宣旬摘錄

附釋音春秋左傳注疏卷第二十九 襄元年盡四年宋本春秋正義卷第二十石經春秋經傳集解襄元第十四淳熙本襄下有公字岳本元作一並盡九年

〔襄公〕

〔經元年〕

秋楚公子壬夫帥師侵宋 顏氏匡謬正俗云楚公子王夫字子辛今之學者以其字子辛遂改王夫爲壬夫同是日辰名字相配也案楚有公子午字子庚庚是十幹午是十支法有相配辛壬同在十幹此與庚午不相類固當依本字讀爲王夫不宜穿鑿改爲壬案顏說非也石經以下皆作壬漢書古今人表亦作公子壬夫陸氏穀梁音義壬音而林反

注辛酉九月十五日 監本毛本辛酉誤作無傳

〔傳元年〕

追書前事 閩本監本毛本書作思非也

注登成至繫宋 宋本此節正義在於是至宋志之下

於是至宋志 此節及登城至繫宋節注稱宋至宋志節宋本總入謂之宋志注下

乃有二意　毛本二作三非也

言鄭伯志於殺　宋本志下有在字

非取國人之心　閩本監本毛本心作志

瓠邱晉地　纂圖本毛本地誤城

河東東垣縣東南有壺邱　宋本壺作瓠水經注河水篇云清水又東南逕陽壺城東即垣縣之壺邱亭郡國志河東郡有壺邱亭注引注云縣東南有壺邱亭宋本作瓠邱非也又按河東有垣縣無東垣縣周禮注說文及此杜注皆衍東字宜刪

於戚之會　毛本於作與非也

敗其徒兵於洧上　宋本纂圖本閩本監本毛本於作于

徒兵步兵　案僖二十八年注云徒兵步卒

至長平入頴　案頴字是也毛本足利本誤穎

故步兵謂之徒兵也　重脩監本下兵誤與

今公雖即位　監本公作歸非也

小國朝之　鄭氏周禮大行人注引作大國朝焉小國聘焉賈疏同王制正義引鄭氏周禮注同孔自引左傳仍作小國朝之儀禮聘禮賈疏凡兩見

俱作小國朝焉

〔經二年〕

又七年楚子重伐鄭 監本毛本又誤文

以富鄭 纂圖本閩本監本毛本富作逼宋本淳熙本岳本足利本作偪案偪逼古今字

〔傳二年〕

二年春鄭師侵宋楚令也 纂圖本閩本監本毛本師誤伯

萊人使正輿子 釋文云輿本或作與惠士奇曰荀子云萊不用子馬而齊幷楊倞云或曰正輿氏字子馬

穆姜使擇美檟 郭注爾雅釋木引作使擇美檟

皮老而麄措者爲楸 宋本麄作麤是正字浦鏜正誤措作皵與爾雅疏引樊注合下同

櫬親身棺也 宋本親作櫬非也案四年注作親

所謂椵棺也 宋本椵作椑與檀弓注合

頌琴者 重脩監本琴誤拳

言之者行事 宋本之作知

偕徧也纂圖本毛本徧作偏非也釋文亦作徧

則下與福祐甚周徧宋本閩本監本毛本祐作佑

今其皆來會國宋本今作令是也

婦人不越疆而弔人宋本閩本監本毛本作弔此本誤弟今訂正

是棄力與言其誰暱我釋文云棄力服本又作棄功暱本又作昵案臧林云當從服本作棄功言楚有功于鄭也

此棄力背言之責毛本力言二字誤倒

成公未葬宋本淳熙本岳本纂圖本閩本監本毛本作未此本誤宋今訂正

鄭人叛晉謀討之宋本岳本足利本人作久是也

〔經三年〕

諸侯共謀王室毛本共誤不

不譏王人毛本不誤共

以明王勑其來盟宋本毛本勑作敕

故經但列諸侯案釋例但作唯

止爲盟陳袁僑耳 宋本閩本監本毛本作耳此本誤作且今改正

〔傳三年〕

在丹陽蕪湖縣東 淳熙本蕪誤莞宋本足利本作無此本丹誤月今據各本訂正

今皐吏也 宋本淳熙本岳本監本毛本吏作夷是也

託之君子此傳君子 閩本監本毛本脫此傳君子四字

乃盟於耏外 石經纂圖本毛本於作于釋文亦作于

讎也〇正義曰讎者 此節正義宋本閩本監本毛本在注文解狐卒句下此本與盟於耏外正義合爲一節非是

於是羊舌職死矣 淳熙本羊舌二字誤作善

商書洪範也 纂圖本閩本監本毛本脫也字

能舉似己者〇也 監本〇在也字之下岳本纂圖本毛本並作者也宋本淳熙本作能舉似己者是也

維其有之 宋本閩本監本毛本維作惟

單頃公王卿士 淳熙本脫王字纂圖本毛本作正亦非

事君不辟難 纂圖本毛本不作必非也

事君至不逃刑宋本無不字閩本監本毛本作至不逃非

然則斬僕信依法也宋本信依作依軍不誤閩本監本毛本法作違

非是專爲此事也宋本也作耳

軍事有死無犯爲敬纂圖本毛本事誤仕

而從舍罪人毛本從作放

〔經四年〕

注定謚至葬速毛本至誤之

於例亦同稱薨也宋本監本毛本亦作赴是也

明季子雖議從略賤宋本季下有文字是也

殯葬無闕也閩本監本毛本闕作關亦非宋本作闕是也○今依宋本

豈得以妾意遇之哉閩本監本毛本意作毋非也

鄭玄以爲正夫人有以罪廢閩本監本毛本有以二字誤倒

〔傳四年〕

晉士匄侵奪齊至穀宋本無奪字與十九年經合
周禮以鐘鼓奏九夏淳熙本岳本鐘作鍾
一名樊閩本監本樊作繁案國語作繁
金謂鍾及鎛也宋本鎛作鏞下同
昭夏納夏閩本監本毛本昭作韶下同案周禮鍾師作昭
此傳直言之三不朝其三之名閩本監本毛本朝作拜亦非宋本作拚
文王之三盡文王大明緜閩本監本毛本盡作葢
弃取其次三篇宋本閩本監本毛本三作二是也
呂叔王云宋本王作玉不誤
言遂於天位也宋本天作大位字下有謂王位三字是也
降福穰穰閩本監本毛本穰穰作穰穰非
云肆夏繁樊既是肆夏閩本監本毛本樊作繁既作即非
何所馮準閩本監本馮作馮非後同者不更出

先儒以樊遏二字共爲執競 閩本監本毛本樊作繁非

彼孔晁注云 毛本晁誤鼂

韓獻子白 宋本閩本監本毛本白作曰

加命爲二伯 毛本脫二字

伯長諸侯爲方伯也 重脩監本伯長誤自長

注及與相樂 宋本閩本監本毛本與下有至字是也

彼俱不敢聞 閩本監本毛本俱誤懼宋本聞作閑

定其差等 閩本監本毛本差等誤倒

堂下吹一篇 監本吹誤次

笙由庚 閩本監本毛本庚誤賡

不復更用其首篇者 宋本無者字

尤尚不得用之 宋本尤作猶

所以章臣之覲也 宋本覲作勤是也案國語臣上有使字

能光輝君命毛本命誤君案盧文弨校本輝作煇陳樹華云如廿年公賦南山有臺注能爲國光暉宋本作煇字是也按說文有暉煇無輝輝者煇之俗說文煇暉皆解曰光也

周爰諮諏釋文諮作咨與毛詩合

必咨於周閩本監本毛本咨作諮

事難爲難宋本事難作事當是也

言自謂知所無及按所無當作無所乃與詩傳箋合

懷靡謙以問知者宋本無靡字

今故不虞有欲不爲反哭也宋本故作欲有作者是也

匠慶魯大匠纂圖本毛本大匠誤大夫

言襄公長將責季孫淳熙本責誤費重脩監本誤賁

傳曰遂得成禮宋本淳熙本岳本曰作言

注禦止至異文此節正義宋本摠入季孫至謂乎之後

御卽禦也監本毛本卽誤猶

謂木不順其意　宋本監本毛本謂作請

我止略女　宋本閩本監本毛本止作只非也

小國不能自通　監本毛本能作得

晉司馬又掌諸侯之賦　毛本晉作吾非也

羿居窮石之地　毛本石誤不

羿遂伐相　宋本淳熙本岳本伐作代

惟仲康肇位四海　宋本肇作肈

夏祚猶尚未滅　宋本亦作猶尚閩本監本毛本二字誤倒

杜云有窮君之號　監本毛本杜誤此

羿彈日　段玉裁校本作羿焉彈日與楚辭合

羿彈十日也　段玉裁校本彈作弾是也浦鏜據尚書及論語疏日字下增說文云彈者射六字

堯時有羿　宋本時下有亦字是也

棄武羅伯困　石經宋本淳熙本岳本纂圖本監本毛本作伯因是棄漢書古今人表作柏因史記正義作伯姻

北海平壽縣東有寒亭 監本東作有毛本作柬並非

伯明后寒棄之 宋本此節正義在注文夷氏之下

樂之以游田 淳熙本岳本足利本游作遊

信浞許是也 纂圖本毛本許作計宋本淳熙本岳本監本作詐山井鼎云當作詐

則殺羿者逢蒙也 宋本閩本毛本作逢此本誤連監本作逄亦非

生澆及豷 案惠棟云澆說文引作敖論語作奡管子云若敖之在堯說文引論語奡湯舟是敖與奡通今傳作澆者敖澆聲相近師讀各異故也陳樹華云古今人表作奡師古曰音五到反楚詞所謂澆者也顏氏不引左傳而引楚詞失之論語疏亦云澆卽奡也

東萊掖縣北有過鄉 釋文云掖漢書作夜孟康音掖

曰𩰫戈錫是也 浦鏜正誤錫作鍚案哀十二年傳作鍚

晉稱文王訪于辛尹 宋本晉下有語字是也

每官各爲箴辭 宋本此下有以戒王若箴之療疾故名箴焉言官箴者各以其官所掌而爲箴辭二十六字各本並脫又閩本監本毛本各爲誤作各以

大艾草以爲防是也 監本毛本艾誤芟

淮海惟揚州 閩本監本揚作楊案郭忠恕佩觿曰楊柳也亦州名

人神各有所歸 沈彤云人神當作人獸

雖有夏家而不能恢大之 此本之誤反宋本淳熙本岳本足利本反作之不誤案太平御覽引同今依訂正纂圖本毛本作也閩本監本作而不能恢也並非

麕鹿食荐 案莊子麕作麋荐作薦翻宋本麋字實缺

四鄰振動 纂圖本監本毛本鄰作隣俗字

魯國蕃縣東南有目台亭 宋本淳熙本纂圖本監本毛本足利本蕃作番釋文亦作番云本又作蕃閩本目誤月

於時魯師大敗 宋本毛本時作是非監本大作夫不誤

自敗於壺終始也 閩本壺誤壼監本毛本作臺依檀弓改也宋本監本毛本終作駘山井鼎云駘作鮐與禮記合閩本亦誤終

敗我於狐駘 石經敗我於狐四字重刻蓋初刻脫我字也

襄公幼弱 纂圖本閩本監本毛本脫襄字

春秋左傳注疏卷二十九校勘記

西元二〇二四年三月一日重製一版

春秋左傳正義

冊二（唐孔穎達撰）

平裝四冊基本定價參仟參佰元正
（郵運匯費另加）

發行人　張敏君
發行處　中華書局
臺北市內湖區舊宗路二段一八一巷八號五樓（5FL., No. 8, Lane 181, JIOU-TZUNG Rd., Sec 2, NEI HU, TAIPEI, 11494, TAIWAN）
客服電話：886-8797-8396
公司傳真：886-8797-8909
匯款帳戶：華南商業銀行西湖分行
179100026931
印　刷：維中科技有限公司
海瑞印刷品有限公司

No. N0017-2

國家圖書館出版品預行編目(CIP)資料

春秋左傳正義/(唐)孔穎達撰. -- 重製一版. -- 臺北市：中華書局, 2024.03

冊；　公分

ISBN 978-626-7349-11-3(全套：平裝)

1.CST: 左傳 2.CST: 注釋

621.732　　113001481